企业运营管理

沈庆琼　聂玉林◎主编　苏佳庆　钟晓燕◎副主编

经济管理出版社
ECONOMY & MANAGEMENT PUBLISHING HOUSE

图书在版编目（CIP）数据

企业运营管理/沈庆琼，聂玉林主编．—北京：经济管理出版社，2019.12
（2022.12重印）
ISBN 978 - 7 - 5096 - 6995 - 2

Ⅰ．①企… Ⅱ．①沈… ②聂… Ⅲ．①企业管理 Ⅳ．①F272

中国版本图书馆 CIP 数据核字（2019）第 296250 号

组稿编辑：何　蒂
责任编辑：杜　菲
责任印制：黄章平
责任校对：赵天宇

出版发行：经济管理出版社
　　　　　（北京市海淀区北蜂窝 8 号中雅大厦 A 座 11 层　100038）
网　　　址：www.E - mp.com.cn
电　　　话：(010) 51915602
印　　　刷：唐山昊达印刷有限公司
经　　　销：新华书店
开　　　本：787mm × 1092mm/16
印　　　张：21.5
字　　　数：506 千字
版　　　次：2019 年 12 月第 1 版　　2022 年 12 月第 4 次印刷
书　　　号：ISBN 978 - 7 - 5096 - 6995 - 2
定　　　价：68.00 元

前　言

　　生产，是人类从事的最基本的活动，是一切社会财富的源泉。不从事生产，人类就无法生存，社会就不能发展。随着社会的进步以及服务业的兴起和发展，生产的概念已经扩展到服务领域，并形成包含生产和服务管理的学科体系——运营管理。运营管理的研究内容是生产要素投入如何转化为有形的产品和无形的服务的过程，是企业经营管理的重要内容，它是与市场营销、财务管理并列的企业三大职能之一。出色的运营管理是企业生存取胜的关键要素之一，企业通过运营管理把投入转换成产出，因此运营管理对企业的发展起到了不可替代的作用。

　　过去，人们仅把物质资料的制造过程看作生产，运营管理或生产管理类的教科书大都以机械制造业为背景来编写，以物质资料的生产为研究对象，内容具有一定局限性。现在，运营的概念已经扩大到服务领域，因此运营管理的内容也相应拓展。运营管理不仅需要制造业从业者研究，而且所有从事服务业的从业者也都需要了解，如交通运输、通信、饮食、保健、商业、金融、公用事业等多个行业。因此，本书在强调制造业运营管理发展的同时，也特别突出服务业的运营发展策略和方法。

　　本书作为企业运营管理方面的教材，力求在以下四个方面有所突破。

　　第一，系统性。本书涵盖了运营战略、运营系统设计与规划、运营系统的运行与控制等方面的基本内容，将运营管理活动有机地组织起来，体现运营系统的生命周期的思想。书中按管理对象将各种方法编入不同的管理内容，讲述如何正确处理管理对象和管理方法的关系，增强本书的系统性和逻辑性。

　　第二，实践性。本书融入大量的时事案例，覆盖生产和服务的多个领域，结合图表、流程、方法的论述，以及每章章末设计的实训题，有助于读者将所掌握的运营管理的基本理论和方法与实际运用相结合。

　　第三，启发性。本书对于运营管理相关内容的论述紧紧围绕案例和实践分析展开，在每章开篇导入案例，启发读者的思考；章节中贯穿知识链接，拓展读者思维；每章结尾提供案例阅读思考，加深读者对企业运营管理的理解。

　　第四，定量和定性分析结合。本书在定性分析的基础上较为重视各个运营领域的定量分析方法，希望通过定量分析模型协助生产型和服务型企业走上科学决策的道路。

　　本书从运营系统入手，把制造业和服务业的运营管理思想、理论与方法进行统一集成，系统介绍了运营管理的概念、原理和方法。全书分为三篇十五章，第一篇主要通过企业运营管理、运营战略、需求预测帮助社会组织赢得竞争优势。第二篇通过产品设计和服务设计、运营能力规划、设施选址规划、设施布置、工作设计来规划和设计生产服务运营系统。第三篇通过制定综合生产计划、库存管理、企业资源计划 ERP、作业计划、质量管理、项目管理、供应链管理实现对运营系统的运行与控制。本书不仅图文并茂，而且书中含有大量国外知名公司的阅读材料、国外经典案例以及本土化案例，这些内容对读者深刻领会运营管理的概念、原理和方法都有很大帮助。同时，每章后面一定数量的案例分析、思考练习、能力训练为学习相关知识提供更多有益的素材。

本书顺利出版是团队合作的结果，具体分工如下：本书整体写作框架及统稿工作由沈庆琼负责，第一、二、三、四、六、七、九、十一、十二、十三章由沈庆琼编写，第五、八章由聂玉林编写，第十、十五章由钟晓燕编写，第十四章由苏佳庆编写，全书的图文设计和制作由苏佳庆完成。团队成员为本书的编写工作做了大量的资料搜集、校对等工作，在此一并表示感谢。

在本书的编写过程中，笔者参阅了大量中外同行、专家及学者有关运营管理的著作、论文、报告以及相关行业标准，限于篇幅，书后仅列出了其中主要的参考文献，在此，谨向国内外有关作者表示深深的谢意。

尽管我们在本教材编写和特色方面做出大胆的探索和尝试，但受时间和水平所限，书中难免存在不妥之处，恳请专家同行批评指正。

沈庆琼

2019 年 12 月于福建师范大学协和学院

目 录

第一篇　企业运营管理导论

第二篇　企业运营系统的规划与设计

第三篇　企业运营系统的运行与控制

第一篇　企业运营管理导论

第一章　企业运营管理概论

【学习目标】

描述运营管理的主要工作内容和运营系统的类别；

应用运营系统的输入转化输出分析生活中的运营过程；

分享运营管理的发展过程和未来职业发展

【导入案例】

按需制造：新商业模式的兴起

我们生活在一个日益随需而变的世界里，各种新技术正在推动传统制造向"制造 +服务"的新模式转变。"按需制造"的概念被越来越多的人以多种不同的方式提及，在线3D 打印服务、数字制造、制造即服务、合同制造等概念都属于"按需制造"的范畴。

在传统制造业，企业需要根据客户需求确定工厂规模和生产线，还要考虑零部件交货周期、库存数量、仓储、运输成本等一系列生产因素，以及随之增长的土地、劳动力、税收的变化。所有这些都意味着大量的成本和风险，而基于 3D 打印的按需制造有望改变传统制造的产品交付方式。

这种按需制造模式强调交付速度和在使用传统方法（如 CNC 加工或注塑成型）更经济的情况下大规模生产零件的能力。与此同时，通过使用软件（如预测分析）来提供即时的成本估算，对缩短客户从询价开始到零件产品送达客户手中的交付周期至关重要。在此背景下，3D 打印正在创建一个全新的数字制造生态系统，利用"互联网 + 软件 + 硬件"的模式，使"在线报价 + 线下生产"成为未来的一种行业趋势，而这在很大程度上得益于 3D 打印成本的下降以及新材料技术的发展。

目前，可实现快速周转的按需制造服务正在悄然展开，包括 Proto Labs、3D Hubs、Pleuthora、Star Rapid、Xometry 和 3ERP 等 3D 打印技术公司是这种模式的典型代表。

一、机械加工车间即服务 Proto Labs

美国公司 Proto Labs 的实践很好地诠释了传统制造业向服务业转型的内涵。该公司成立于 1999 年，为用户提供基于在线订单的原型定制和小批量的零部件生产服务。2012 年上市，当前市值超过 28 亿美元，比 Stratasys、3D Systems 和 ExOne 三家 3D 打印公司的市值总和还要大。

该公司自称是"世界上最大、最快的数字制造商"，当用户上传了产品 3D 模型后，在几小时内即可收到带有设计反馈和定价信息的自动报价。从预生产到制造,再到检测和物流,通常在 15 天或更短的时间内即可完成。

目前,该公司在全球拥有 12 个生产基地,每月制造 390 万个零部件,为 60 个国家的 45000 名产品开发人员提供 3D 打印服务。

二、分布式 3D 打印服务平台 3D Hubs

荷兰分布式 3D 打印服务平台 3D Hubs 成立于 2013 年,是在全球 150 个国家和地区拥有涵盖 6370 个 3D 打印服务的网络,据称可以让超过 10 亿人在距家 10 英里的范围内使用合作伙伴的 3D 打印系统。

该公司为各种规模的工程公司和个人提供服务。通过该平台,用户可以获得即时报价,订单确认后,在 5 分钟内即可开始生产。用户通过该平台已经生产了 200 多万个零部件,平均周转时间仅为两天,其效率远超传统制造流程。

2018 年 9 月,该公司宣布将业务重心转移到企业级服务,这在一定程度上印证了工业 3D 打印才是未来 3D 打印最重要的市场。

资料来源:http://www.ceconline.com/manufacturing/ma/88000098940/01/(经整理).

思考:

1. 基于 3D 打印的按需制造有望改变传统制造的产品交付方式。
2. 按需制造对比传统制造有何新变化和新要求?
3. 你如何看待按需制造:新商业模式?

无论是制造型企业还是服务型企业或组织,如何及时向顾客提供有价值的高质量的产品或服务,是运营管理的核心。在企业的日常经营中,一般强调"卡两头,抓中间",即保证物资供应,促进产品销售,控制生产环节。这里的生产环节涉及的主要是运营管理,由此可见,作为中间环节的运营管理在企业管理组织中是多么重要。

第一节 企业运营管理概述

一、运营管理的内涵

(一)运营管理的概念

运营管理(Operations Management)由生产管理(Production Management)演变而来,近 20 年来,生产管理学界对于生产的理解逐渐深化:生产不仅指对有形产品的制造,同时还包括对无形产品——服务的提供。它是指将生产要素投入转换为有形产品和无形服务的产出,通过创造效用而增加附加价值的过程。因此"生产管理"这门课程的名称逐渐演变为生产与运营管理(Production and Operations Management),或统称为运营管理。运营管理所要研究的是在生产过程中的产品或服务进行组织、计划、实施与控制,对与产品生产和服务创造密切相关的各项管理工作的总称。

（二）运营管理的目标

企业运营管理要控制的主要目标是质量、成本、时间、柔性（灵活性/弹性/敏捷性）和服务，它们是企业竞争力的根本源泉。因此，运营管理在企业经营中具有重要的作用。随着企业的生产经营规模不断扩大，产品本身的技术和知识密集程度不断提高，产品的生产和服务过程日趋复杂，市场需求日益多样化，世界范围内的竞争日益激烈，这些因素使运营管理本身也在不断地发生变化。企业可以从上述五个目标出发，通过有效的运营管理系统控制或降低企业成本，实现增值，最终达到顾客满意，只有达到顾客满意才能实现可持续性的经济效益。

二、运营管理系统

（一）运营系统

运营过程是一个输入—转换—输出的过程。在这一过程中，输入的是土地、劳动、资本、信息等资源，经过加工、运输等转换活动，以产品或服务的形式提供给顾客。在输入转换为输出的过程中不可避免地会出现这样那样的问题，如质量达不到内部标准、设备出现故障、成本过高、延误订单的交付等，需要及时发现这些问题并采取措施尽快解决，此即反馈机制。输入、转换、输出过程的直接目标是实现增值，最终目标是达到顾客满意，实现经济效益。引入反馈机制，致力于实现增值并最终达到顾客满意，经济效益的输入—转换—输出的运营过程构成了完整的运营系统，如图1-1所示。

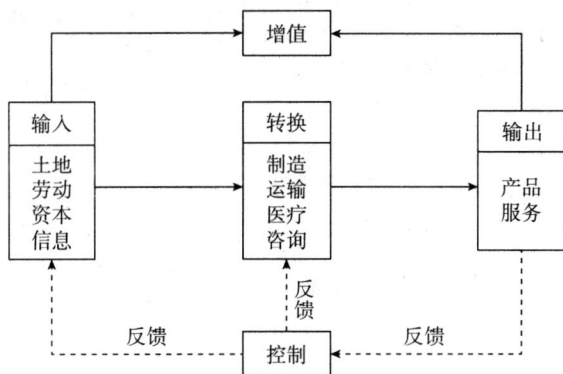

图1-1　运营系统示意图

运营系统的输入、转换、输出示例如表1-1所示。

表1-1　运营系统的输入、转换、输出示例

组织	供应商	输入	转换过程	输出	顾客和细分市场
汽车装配厂	引擎厂、轮胎厂、车架厂、车轴厂、漆料厂、座椅厂	劳动力、能源、汽车零部件、技术规范	焊接、切削、装配、喷漆	汽车、货车	经济用车、豪华车、出租车、货车、救护车、警务用车

组织	供应商	输入	转换过程	输出	顾客和细分市场
航空公司	食品制造商、燃油公司、飞行员培训机构、保险公司	飞机、劳动力、行李、能源、维修零部件、知识	飞机维修、飞行员和飞机调度、行李服务、机舱服务、保险系统	安全与及时的飞行	经济、奢侈私人飞机、商务舱、飞机运输货物空运
炼油厂	原油供应商、公用事业公司（水电气等）管道厂商	原油、能源劳动力、设备、规范	化学反应、分离、分销	汽车、电动机油、燃油	汽车加油站和燃料、零售店、飞机燃料、家庭加热用油
医院	制药公司、设备供应商、食品供应商、器官捐赠人、医疗供应商	病人、病床、医护人员、药物、诊疗设备、医学知识	住院、实验室测试、医生诊断、食物服务、手术、日程安排、药物管理、康复	健康人群、实验结果、准确的账单、社区健康教育	心脏治疗中心、儿科、急救和外科、流动服务、医疗专科医院和病房
比萨餐厅	食品批发商、设备供应商、高校学生	食材、菜单、能源、劳动力、设备	订单获得、送货上门、店内服务、账单支付、食品生产	美味比萨、开心的顾客、快速的服务	物美价廉的比萨、送货上门、店内就餐、折扣市场、公共饮食
政府	高速公路和建筑企业、承包商、就业机构、食品供应商、设备供应商、其他政府部门	劳动力、能源、信息垃圾、犯罪行为、争端、患病人群、低收入人群	医疗福利、食品券、法律服务、监狱、垃圾处理、公园、执照、警察、税务	合理使用纳税人的钱、安全网络、保全措施、税收再分配，干净、安全而有趣的公园	残疾人、低收入人群、罪犯和监狱、企业税收、船只营业执照、建筑验收、周末度假者、儿童监管服务、法院
电子出版商	作者及软件开发商、研究机构、电子书和阅读器供应商	劳动力、知识、软件、电脑服务器、扫描仪、打印机、能源	互联网通信、编辑文字、音频和视频、审核、发行、作品、促销、支付、安全	下载到PC、手机或阅读器中的电子书、信息和知识	休闲书、报纸杂志、时效性很强的书、教科书、参考书

运营系统实现的增值反映了输入与输出之间的差异。输出的价值由顾客愿意为该组织的产品或服务所支付的价格来衡量。增值越多，运营效率就越高。对于非营利组织，输出的价值（如公共交通、治安与消防）是指所实现的社会价值。

（二）运营管理系统的类型

运营管理系统根据其产出分为产品导向型的制造运营系统和服务导向型的服务运营系统两大类。

1. 制造运营系统

制造运营系统根据制造过程中开始为顾客提供服务的不同阶段，分为5种基本类型，即按订单销售、按订单装配、按订单加工、按订单采购、按订单设计。这一分类的核心是根据备货订货分离点在制造运营的不同阶段而划分的。备货订货分离点（Customer Order De - coupling Point，CODP）是指企业在生产活动中由基于预测的库存生产转向响应顾客需求的定制生产的转换点。该划分方式直接体现了产品满足需求方的个性化程度以及制造方的生产效率。两者的关系如图 1 - 2 所示。

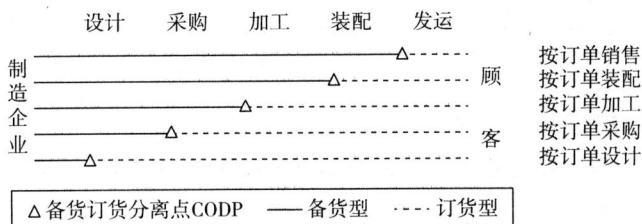

图 1 - 2　制造运营系统的类型

按订单销售（Sale to Order，STO），即在产品组装后接受顾客的订单，也称为备货型运作；按订单装配（Assembly to Order，ATO），即在产品组装前接受顾客订单，按照订单组织装配；按订单加工（Make to Order，MTO），即在产品加工开始前接受顾客订单，按顾客的需求组织加工；按订单采购（Buy to Order，BTO），即在原材料采购前接受顾客订单，按顾客的要求组织采购；按订单设计（Engineering to Order，ETO），即在产品工程设计开始前接受顾客订单，按顾客的需求组织设计，也称为完全订货型运作。

制造运营系统也可以根据制造产品的需求特点，分为大量生产、批量生产、单件生产。例如，福特汽车公司早期的单一车种大量生产方式、通用汽车公司的少数车种批量生产方式、丰田汽车公司的多品种少量生产方式。

2. 服务运营系统

服务运营系统可以根据系统所提供的服务内容、与顾客的接触程度、服务对象与服务行为以及资源的密集度等来划分。具体如表 1 - 2 所示。

表 1 - 2　服务运营系统类型

划分依据	类　型
服务内容	①与产品移动有关的服务：批发零售、运输、储存等 ②与货币移动有关的服务：银行、证券、保险等 ③与信息移动有关的服务：出版、通信、广播、IT 等 ④与公共设施有关的服务：电力、煤气、自来水等 ⑤与娱乐设施有关的服务：电影院、保龄球场、游泳场、滑雪场等 ⑥与专业技术有关的服务：洗衣店、咨询公司、会计师事务所、律师事务所等
与顾客的接触程度	①高度接触：律师事务所、理发店、按摩店等 ②低接触：自动售货机、电影院等
服务对象与服务行为	①有形的对人服务：理疗、美容、旅游场所、食堂等 ②无形的对人服务：教育、广播、看戏、情报等 ③有形的对物服务：洗衣店、货运、维修等 ④无形的对物服务：金融、保险、法律事务所、会计师事务所等

划分依据	类　型
资源的密集度	①大量资本密集服务：航空公司、大酒店、游乐场等 ②专业资本密集服务：车辆维修等 ③大量劳动密集服务：中小学校、商贸餐饮等 ④专业劳动密集服务：律师事务所、专利事务所、会计师事务所等

3. 制造运营系统和服务运营系统的差异

制造系统和服务系统在形式上的不同是显而易见的，两者在运营方面的区别如表1－3所示。

表1－3　制造运营系统和服务运营系统

制造运营系统	服务运营系统
有形产品	无形服务
产品可以储藏、便于调节制造	产品不能储藏、不便于调节运作
与顾客接触程度低	与顾客接触程度高
相对长的顾客反应时间	相对短的顾客反应时间
区域性，国内、国际市场	本地市场
资本密集型	设施规模小
投入的一致性	投入的差异性
产出的一致性	产出的差异性
生产率易测量	服务效率不易测量
质量、工期、成本易控制	服务的质量、时间、成本不易控制

但是，制造运营系统与服务运营系统上述诸方面的差异并非是绝对的，制造业和服务业正朝着相互融合的方向发展。一个组织的成功必须将有形的产品与无形的服务融为一体，不应将两者分开单独处理，如餐馆、酒店、电脑生产商。

三、运营管理的主要内容

不同的组织投入资源不同，转换过程不同，产出的产品也不同。那么，进行组织运营管理需要做哪些工作？这涉及运营管理的范围，也就是对运营管理的内容进行界定的问题。所谓运营管理的内容，即指运营管理活动的内容，也就是组织对制造产品或提供服务的运营过程以及运营系统进行管理的过程中所做的各项管理工作。它包括以下三个方面的内容。

（一）通过制定运营战略、需求预测帮助组织赢得竞争优势

运营战略与营销战略、财务战略一样，是组织的基本职能战略之一。运营战略是企业在运营系统的规划与设计、运营系统的运行与控制以及运营系统的改善与更新方面所做出的长远规划，从而构建组织的核心竞争力，帮助组织获得竞争优势。制定运营战略就是以实现企

业的使命和目标为出发点，从运营管理的角度分析社会、经济、政治环境给企业带来的机会与威胁，针对企业在运营管理方面的优势和劣势，在低成本、高质量、时间、柔性、服务、创新等方面识别并培植企业的核心竞争力，以使企业在市场上获得竞争优势。

运营战略部分要解决的基本问题包括：①企业战略、职能战略、策略之间是怎样的关系？②如何借助运营战略的工具制定运营战略？③如何识别并培植订单赢得要素，在低成本、高质量、时间、柔性、服务、创新等方面识别并培植企业的核心竞争力？④如何衡量并提高生产率？⑤服务业的运营策略有何特征？⑥服务业的运营要素包括哪些以及如何选择？

（二）企业运营系统的规划与设计

就任何一家企业而言，要实现运营，都需要进行产品的开发、设计，配备相应的生产（服务）能力，选择生产（服务）的场所并对其进行内部的布置，对生产（服务）工作进行设计以建立相关标准，这些工作属于运营系统规划与设计部分的主要工作。具体如表1-4所示。

表1-4　企业运营系统的规划与设计要解决的基本问题

内　容	要解决的基本问题
产品设计和服务设计	产品在其生命周期的不同阶段的特点和管理重点是什么？ 如何延长产品生命周期？产品开发的方式有哪些？ 如何做到面向顾客的产品设计？ 工艺流程的类型有哪些？如何进行工艺流程选择？ 服务设计有哪些原则和要素？ 产品和服务设计的常用方法有哪些？
运营能力规划	如何度量运营能力？ 规划运营能力时需要考虑哪些因素？ 运营能力的规划策略有哪些？ 运营能力规划的方法有哪些？ 排队论的方法如何应用到服务运营能力的规划？
设施选址规划	设施选址规划的重要性体现在哪些方面？ 设施类型有哪些？选址规划的一般程序是什么？ 影响选址规划的因素有哪些？制造业和服务业有何差别？ 服务业、零售业如何进行选址？ 选址方案如何做评价？
设施布置	设施布置要解决的基本问题是什么？ 设施布置的类型有哪些？ 生产设施布置的设计方法有哪些？如何进行设施布置？ 服务设施布置的方式有哪些？服务设施布置有何要求？
工作设计	工作设计包括哪些内容？什么是虚拟工厂？ 方法研究和时间研究之间的关系是什么？ 生产时间消耗结构包括哪些？ 如何测定作业时间和劳动定额？ 如何通过时间研究科学地设置工作岗位？

（三）企业运营系统的运行与控制

为了顺利实施运营活动，达成组织的运营目标，需要对组织的运营活动进行运行与控制。运营活动的计划与控制包括：①制订企业综合生产计划，企业资源计划 ERP、进行作业排序，对各类运营活动做出合理安排，以实现各类资源的合理配置，做到能力与需求相平衡；②管好各类库存，以降低成本，提高资源的利用效率；③进行质量管理，保证生产（服务）的质量，提高企业的竞争力，进行合理的进度安排，提高运营时间的利用效率。具体如表 1-5 所示。

表 1-5　企业运营系统的运行与控制要解决的基本问题

内　容	要解决的基本问题
企业综合生产计划	什么是综合生产计划？ 编制综合生产计划的四种策略是什么？ 什么是主生产计划？如何编制主生产计划？ 服务业的综合计划有何特殊性？何谓收益管理？
库存管理	库存有哪些类别和作用？ 库存管理系统存在什么问题？有哪些类别？ 常见的库存控制技术模型有哪些？何时订？订多少？ 库存管理未来的发展是怎样的？
企业资源计划 ERP	MRP 的基本思想是什么？它可以解决什么问题？ MRP 有哪些输入？它的运行逻辑是怎样的？ 如何制定物料需求计划？ ERP 的发展演变经历了哪些阶段？有哪些新发展？ ERP 系统在非制造业有哪些应用？
作业计划	作业排序主要解决什么问题？作业排序的准则是什么？ 不同加工中心的作业排序如何处理？ 影响服务业作业计划的因素是什么？ 服务业如何进行作业排序？ 调整服务能力的策略有哪些？
质量管理	质量管理有哪些发展阶段？ 如何用质量管理的方法和工具识别、分析和解决质量问题？ 如何通过质量管理体系的建立和有效运行来提高质量管理水平？ 6σ 质量水平如何度量？ 如何通过 6σ 方法改进流程？
项目管理	项目是什么？项目管理的主要内容有哪些？ 网络计划技术是什么？ 如何借助网络计划技术对项目做出有效的计划安排与控制？ 网络时间参数如何计算？ 如何进行项目计划的优化？

内　容	要解决的基本问题
供应链管理	供应链管理的主要内容是什么？ 如何选择供应链合作伙伴？ 如何进行供应链构建的设计与优化？ 如何识别与分析供应链的风险，可以采取哪些管理措施？

　　任何一个运营系统都有生命周期。不论其规划与设计如何科学、运行与控制如何精准，都免不了会出现这样那样的问题，即使当时是最好的，也要不断地进行更新。这就是运营系统的改善问题。运营系统改善是指对运营系统和运营活动控制方法的改善。通过运营改善，组织可以借鉴新的运营方式，以增强自身对新的环境变化的应对能力。新的运营方式包括精益生产、计算机集成制造、敏捷制造以及大规模定制、绿色制造。

　　以上三部分内容，构成了运营管理的主要内容，形成了如图1-3所示的运营视图。这也是本书的课程体系框架。

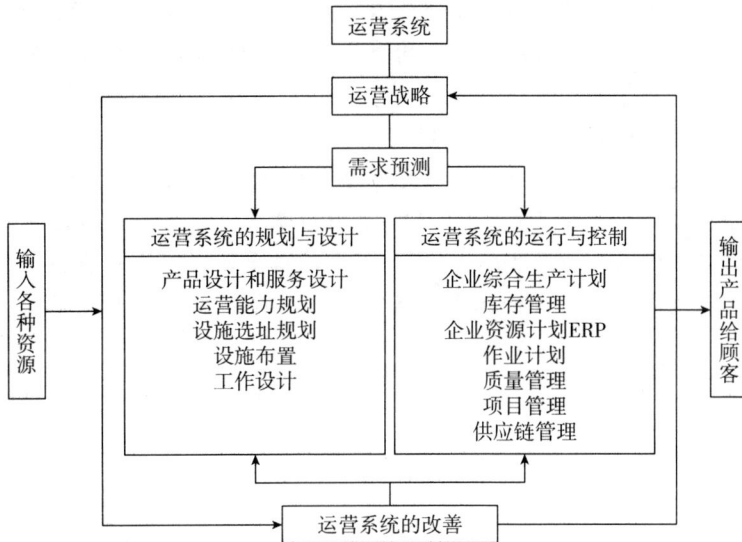

图 1-3　运营系统的主要内容（运营视图）

【延伸阅读】

精益生产的核心内涵简介

　　近年来，随着国民经济的持续、快速发展，制造业的崛起对我国经济飞速发展具有非常重要的现实意义。对于制造型企业来讲，交货拖期、库存资金的大量占压、产品质量不稳定、生产效率低等不良现象已成为阻碍其发展的致命因素。中国制造企业都在应用实施精益生产管理体系，全力推进精益生产管理模式。那么何谓精益生产？其核心内涵是什么？

精益生产（Lean Production）方式源于丰田公司的准时化（Just In Time）生产方式，是由美国麻省理工学院组织世界上17个国家的专家、学者，花费5年时间，耗资500万美元，以汽车工业这一开创大批量生产方式和精益生产方式的典型工业为例，经理论化后总结出来的。精，即少而精，不投入多余的生产要素，只是在适当的时间生产必要数量的市场急需产品（或下道工序急需的产品）；益，即所有经营活动都要有益有效，具有经济效益。精益生产方式的优越性不仅体现在生产制造系统，同样也体现在产品开发、协作配套、营销网络以及经营管理等方面，它是当前工业界最佳的生产组织体系和方式之一。

精益生产方式的核心是消除一切无效劳动和浪费，它把目标确定在尽善尽美上，通过不断地降低成本、提高质量、增强生产灵活性、实现无废品和零库存等手段确保企业在市场竞争中的优势，同时，精益生产把责任下放到组织结构的各个层次，采用小组工作法，充分调动全体职工的积极性和聪明才智，把缺陷和浪费及时地消灭在每一个岗位。

JIT生产方式的基本思想是"只在需要的时候，按需要的量，生产所需的产品"，也就是追求一种无库存或库存达到最小的生产系统。也就是生产的计划和控制及库存的管理。JIT生产方式以准时生产为出发点，首先暴露出生产过量和其他方面的浪费，然后对设备、人员等进行淘汰、调整，达到降低成本、简化计划和提高控制的目的。

JIT的基础之一是均衡化生产，即平均制造产品，使物流在各作业之间、生产线之间、工序之间、工厂之间平衡、均衡地流动。为达到均衡化，JIT采用月计划、日计划，并根据需求变化及时对计划进行调整。JIT可以使生产资源合理利用，包括劳动力柔性和设备柔性。当市场需求波动时，要求劳动力资源作相应调整。设备柔性是指在产品设计时就考虑加工问题，发展多功能设备。JIT强调全面质量管理，目标是消除不合格品。消除可能引起不合格品的根源，并设法解决问题。JIT以订单驱动，通过看板，采用拉动方式把供、产、销紧密地衔接起来，使物资储备、成本库存和在制品大为减少，提高了生产效率。

资料来源：储开宇. 精益生产的内涵与我国现状及发展前景［J］. 科技创新导报，2010（5）：21（经整理）.

第二节　运营管理的演变发展

一、运营管理的历史演变（见图1-4）

（一）关注成本的工业革命阶段（18世纪60年代到20世纪初）

工业革命始于18世纪60年代的英国，19世纪初扩展到美洲大陆和其他国家。19世纪之前农业是世界各国的主导产业，制造业采取的是手工作坊方式，大部分产品由手工艺人和其徒弟在作坊里加工出来。19世纪初由于生产力水平的提高改变了生产方式，即机器代替了人力。其中，最重要的是蒸汽机的发明、劳动分工概念和标准化生产方式的提出。

```
关注成本的工业革命阶段 ──────────────────────►
    关注效率与成本
    的大规模生产 ──────────────────────►
        关注质量与柔性的多品
        种小批量生产 ──────────────────►
            与柔性结合的大规模
            定制化生产 ──────────────►
```

···20世纪初···20世纪70年代···20世纪90年代···21世纪··············

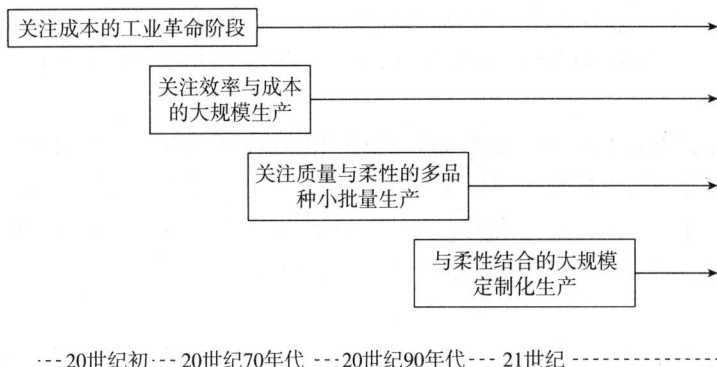

图1-4　运营管理演变的四个时期

1. 蒸汽机的发明

1765 年，英国人詹姆斯·瓦特（James Watt）改良了蒸汽机，使得有动力的机器代替人工劳动成为可能，以蒸汽为动力，运输速度提高了 20 倍（见图 1-5）。这推动了机械工业甚至社会的发展，标志着第一次工业革命的诞生。

瓦特改良的蒸汽机模型

图1-5　瓦特改良的蒸汽机模型

2. 劳动分工理论的提出

1776 年，英国人亚当·斯密（Adam Smith）在其著作《国富论》中提出劳动分工的概念，他以做针为例详细阐述了劳动分工对提高劳动生产率和增加国民财富的巨大作用。他指出："针的制作可以分为 18 道工序，若 18 道工序由一个人完成，一天做不出 20 枚甚至一枚也做不出来；如果每人做一道或几道工序，就会做很多枚，一个小工厂，每人做 2~3 道工序，平均每人每天成针 4800 枚。"

3. 标准化生产方式的提出

1801 年，美国人埃尔·惠特尼（Eli Whitney）提出了标准化的生产方式。正是由于采用了标准化的配件，实现了零件的可互换性，零件无须定制，能快速批量生产，标准化的生产方式使得福特汽车装配线的大量生产成为可能。

尽管工业革命时期的实践和理论的发展使当时的制造业取得了重要的突破，但是由于管理上的欠缺、效率的低下，科学管理应运而生。

（二）关注效率与成本的大规模生产（20世纪初到20世纪70年代）

1. 泰勒的科学管理原理

20世纪初，以弗雷德里克·温斯洛·泰勒（Frederick Winslow Taylor）为代表创立了科学管理原理，给工厂管理带来了巨大变化，泰勒是科学管理原理的创始人，被称为科学管理之父。他通过对工作方法的观察、分析、研究和改进来确定工作的最佳方法，认为管理者应该通过制订计划、认真挑选和培训工人，注重管理部门与工人的合作来提高生产率。

当然，泰勒的科学管理理论也有一定的局限性，如研究的范围较小，内容较窄，侧重生产作业管理。特别是他对人性假设的局限性，缺少人性化，引起了一些工人的不满。除了泰勒，还有不少先驱者对科学管理做出了重大贡献，如吉尔布雷斯夫妇、亨利·甘特和亨利·福特。

弗兰克·吉尔布雷斯（Frank Gilbreth）是一位工业工程师，被称为时间动作研究之父，他通过高速拍摄的方法把工人的工作过程拍成电影记录下来，然后通过电影重放对工作过程的动作进行细微的分析和研究，分析工人工作过程的合理性，据此探索工作优化的途径和方法。

亨利·甘特（Henry Gantt）看到了非物质利益对激励工人的价值，提出了至今仍广泛使用的甘特图。利用甘特图可以使计划的编制更加快捷和直观。甘特图的横轴表示时间，纵轴表示活动项目。

2. 福特的流水生产线

亨利·福特（Henry Ford）是一位伟大的实业家，他是首位将亚当·斯密的劳动分工论和科学管理原理、惠特尼提出的标准化生产方式发挥得淋漓尽致的人。1913年，他为设在密歇根州高地公园的组装工厂推出了流动组装线，从而开始了大批量生产时代。福特式的生产很快表现出生产成本和装配时间的减少，规模经济和产品的标准化使得向一个市场提供大量低价格的汽车成为可能。在科学研究的帮助下，组装一部汽车的时间从728小时缩短到1.5小时。1908~1927年福特公司生产了1500多万辆T型车，亨利·福特也因此被誉为"给世界装上车轮"的人。在接下来的50年里，美国制造商对大规模生产越发精通，他们轻而易举地占领了全球制造领域。

3. 霍桑实验与行为科学

科学管理十分强调运营系统规划与设计以及运行与控制的技术因素，从泰勒时代到20世纪40年代，数学和统计学的发展对生产运营管理的发展起着支配作用。30年代，社会学家梅奥组织了著名的霍桑实验，实验结果激发了社会学家和传统的科学管理研究者的共同兴趣。

实验在美国伊利诺伊州西屋电气公司的霍桑工厂进行，设计实验的目的是研究一定环境因素的改变对劳动效率的影响。然而，研究发现，实际改变这些环境因素条件对产出的影响远不如告知工人将要改变照明条件所带来的影响大。进一步访谈发现，是因为工人感到有责任为保持自己工作小组的高产量而努力。这表明，工人的动机和行为对提高生产率至关重要。

这些成果为行为科学的发展奠定了基础，也为运营管理注入了新的元素。20世纪40

年代，亚伯拉罕·马斯洛（Abraham Maslow）在《人类激励理论》一书中提出了著名的需求层次理论。需求层次理论认为：

（1）人的需求从低到高分为生理需求、安全需求、社交需求、尊重需求和自我实现需求五个层次。

（2）人对不同层次的需求可同时存在，但只有低一层次的需求得到满足后，才会寻求高一层次的需求，即只有较低层次的需求得到满足后，较高层次的需求才会出现并起到激励作用。

（3）同一时期内，总有一种需求占主导、支配地位，这种需求称为优势需求。人的行为主要受优势需求驱动。

（4）即使是同一个人的需求，也会因环境变化引起需求层次的变化。

20世纪五六十年代，道格拉斯·麦格雷戈（Douglas McGregor）提出了X理论和Y理论，X理论假定人们天生就不喜欢工作，只有通过奖惩手段才能使他们把工作做好；Y理论则假定工人是乐意工作的，认为工作能使其身心得到健康发展。70年代，威廉·大内（William Ouchi）提出了Z理论。该理论融合X理论和Y理论，集成了日本的终身雇佣、关心雇员和协同一致的观点以及西方的短期雇佣，专门人才和个人决策与职责的传统观点。所有这些理论都对生产运营管理的发展产生了重要的影响。

4. 数量学派的管理科学

20世纪20~70年代，以美国和欧洲的学者为代表，包括众多数学家、心理学家和经济学家相继提出了各种数量模型，如数学规划（包含线性规划、非线性规划、整数规划、组合规划等）、图论、网络流、决策分析、排队论和库存模型等，促成了运筹学的创立与发展。这些数量模型为第二次世界大战的后勤组织和武器系统设计提供了有效的解决方案，也在工业生产组织中获得了广泛应用，运营管理发展到一个新的阶段。由于取得了一些成功，人们对优化方法寄予很大的期望。但运营管理的对象是社会经济活动，是一种最复杂的运动形式，其行为主体是人，数学模型很难准确地描述生产系统。同时由于数学模型本身的局限性，模型的使用受到限制。

5. 计算机技术与MRP

20世纪70年代的主要进展是计算机技术在运营管理中得到了广泛应用。在制造业中，重大突破是物料需求计划（Material Requirement Planning，MRP）用于生产计划与控制，这一技术可以把一个结构复杂的产品的零部件统一管理。它也能使计划人员迅速地调整生产作业计划和库存采购计划以适应最终产品需求的变化。在MRP的基础上，人们进一步发展出MRPⅡ。MRPⅡ技术已不仅仅局限于运营管理，管理范围扩展到销售部门和财务管理，其意义在于人们可以利用计算机技术把运营、营销、财务三大职能管理的信息集中管理。

从工业革命到20世纪70年代，美国都是世界上最大的商品与服务提供者，也是管理方法和专业技术方面的引领者。它所采取的大规模生产管理方式，可以快速生产出大量产品，大大提高了生产效率和产量，降低了产品成本，满足了公众对共性产品的需求。

（三）关注质量与柔性的多品种小批量生产（20世纪70年代末到90年代初）

20世纪80年代，日本制造商在全球以制造业领导者的全新形象为世界制造业带来了新浪潮。生产与运营领域方面不断涌现出新的管理思想和模式，包括全面质量管理（Total Quality Management，TQM）、准时制生产（Just In Time，JIT）、基于时间的竞争和企业流程再造（Business Process Redesign，BPR）等。另外，计算机辅助设计和制造（Computer Aided Design/Manufacturing，CAD/CAM）、柔性制造系统（Flexible Manufacture System，FMS），机器人生产和以互联网为基础的流程，在现代化的企业生产经营互动中扮演着越来越重要的角色。

总体来说，20 世纪 70 年代末到 90 年代初，以柔性和质量为竞争重点的日本制造业脱颖而出，满足了消费市场对产品多品种、小批量的需求，这种生产方式成为解决这一时期生产问题的新途径。

（四）与柔性结合的大规模定制化生产（20 世纪 90 年代以来）

大规模生产带来了高效率与低成本，却只能满足共性化的需求，难以适应环境的变化；多品种小批量生产柔性高、灵活性强，却难以获得大规模生产的高效率与低成本。进入 20 世纪 90 年代以后，随着企业面临环境的日趋复杂，如何高质量、低成本地满足顾客多样化的个性需求，以提升企业的竞争力，成为摆在许多企业面前亟须解决的问题。此时，大规模定制化生产应运而生，大规模定制化生产结合了大量生产的高效率与低成本，精益生产的高柔性、高质量的特点，其实现得益于以现代信息技术为支撑的电子商务、以价值链为核心的供应链管理以及以模块化、延迟策略为核心的关键技术的应用。

1. 互联网与电子商务

进入 20 世纪 90 年代后，随着互联网技术的不断完善，电子商务蓬勃发展。电子商务（Electronic Commerce，EC）是商业企业、生产企业与消费者个人利用计算机网络进行的商务活动，在信息技术的支持下，它能够打破地理位置和时间的限制，实时实地地为用户提供各类商品和服务关于供求量、发展状况等方面的信息，从而使企业能够更方便准确地研究、了解和把握市场，极大地改变了企业的信息获取、传递方式、客户关系管理方式以及运营方式。借助计算机管理系统与电子商务平台，企业可以实现与用户、供应商的零距离，将电子商务平台上获得的信息迅速转化为内部信息，以信息代替库存，达到零运营资本的目的，同时，实现物流过程的精细化管理，达到零质量缺陷的目标。

2. 供应链管理

供应链最早来源于彼得·德鲁克提出的经济链，后由迈克尔·波特发展成为价值链，最终演变为供应链，它是将供应商、制造商、分销商、零售商直到最终用户连成一个整体的功能网链模式。通过供应链管理，可以把一条供应链上所有节点企业联系起来，实现物流、信息流、资金流的合理流动，从而降低成本，减少社会库存，使社会资源得到优化配置。供应链管理的实现，使运营管理从企业内扩展到企业外，大大促进了运营管理理论与实践的发展。

3. 模块化技术与延迟策略

模块化技术最早被应用于机械产品的开发上，是一种通过设计一系列产品功能模块，将模块进行选择和组合，以构成不同产品，满足市场不同需求的方法。20 世纪 90 年代，模块化思想被广泛应用于欧美国家包括飞机制造、汽车制造、发动机制造、家用电器制造等在内的一些典型制造业领域，以及包括金融行业等在内的服务业产品的开发，甚至被应用于企业的战略资源经营。该方法可以系统地将产品部件及其组合过程融入产品设计和加工制造过程，从而大大提高产品创新的效率，是有效实现大规模定制化生产的基本手段之一。

延迟策略指的是重新设计产品和工艺，以使流程中形成多个产品的差异点尽可能向后延迟的策略。延迟策略在最大限度满足顾客定制化需求、改进顾客服务水平的同时还可以降低成本，提高效益，是有效实现大规模定制化生产的基本手段之一。这两项技术使得本来相互对立的大规模生产与满足顾客的个性化需求统一起来，为大规模定制化生产奠定了基础。

二、运营管理的新发展

正像历史车轮永远不会停息一样，运营管理的发展也不会中断。在可以预见的未来，运营管理至少在以下几个方面有新的发展。

（一）运营战略将受到前所未有的重视

20 世纪 70 年代初，哈佛商学院的维克曼·斯金纳提出了运营战略的概念。运营战略可总结为如何通过运营管理赢得组织的竞争优势。其构成要素包括低成本、高质量、灵活性与服务。现在，越来越多的组织认识到把运营战略与组织的总体战略融合到一起的必要性，认识到现代企业的运营战略对其生存和发展的重要性。可以预见，运营战略将受到前所未有的重视。

（二）制造业与服务业的融合发展

在当前的经济发展中，随着制造业中间投入服务的增加，服务业和制造业的关系正变得日益密切，传统意义的服务业与制造业的边界越来越模糊，两者出现了融合发展的势头。这种融合表现之一为企业内部的融合，即企业内部的制造与服务功能的融合，加入到基础生产中的服务越来越多，有 65%～76% 的人在制造业中从事服务工作，如研发、维修、设计等，这使得企业的作业管理从制造领域延伸到了服务领域，服务在企业产值和利润中所占比重越来越高，很难判断这样一个企业是制造业企业还是服务业企业。表现之二为产业链上制造业与服务业的融合发展。产业链条的运转除生产制造环节外，更多地依靠生产性服务业，如研发、采购、储存、运营、销售、售后服务等，服务业的效率对整个链条的效率影响很大。表现之三为区域内的融合发展，也就是制造业和服务业在一个特定地域的集群化发展，如我国的珠三角、长三角和其他一些地区通过将金融、保险、物流、教育培训等生产性服务业与制造业紧密结合，构成了产业集群的服务支撑体系，推动了产业集群的健康发展。

（三）企业对社会责任问题日益关注

会计丑闻，天价医疗费，股票经纪人散布有关股票的误导信息，侵犯网络信息的隐私性和安全性，行业欺诈，在金融、电信和其他企业中散布顾客的个人信息，有意或无意破坏环境以及随意的加班加点等都属于道德和社会责任问题。随着这些问题的日益严重，已经招致了公众越来越多的关注与不满。从企业角度，越来越多的企业认识到，更多地关注公众和社会的利益，虽然短时期内会牺牲企业的经营业绩，但从长期看，会改善企业在公众心目中的形象，通过吸引大量人才、提高顾客的忠诚度等方式弥补短期的损失。以环境问题为例，环境污染已经成为世界各国所共同关注的严重问题，有关环保问题的法律法规越来越多、内容越来越细，对污染和废物控制不力的企业将受到严厉的处罚。因此，污染控制和废物处理就成为企业管理者必须关心的重要问题，企业需要在运营活动中通过减少废物排放、使用毒性较小的化学制品以及设计出使顾客更容易再处理及再利用的产品和部件等举措来减少环境污染，实现绿色运营。令人欣慰的是，越来越多的企业对企业社会责任问题做出了准确的定位：企业首先应该是遵纪守法的公民，然后才是营利的社会组织。

绿色制造、低碳经济、生态物流等为社会和企业所关注，不再仅仅是时髦的术语。有关环境问题的法规和法令越来越多，内容越来越细，要求越来越严。企业越来越注重减少资源的利用，设计出更容易再处理和再利用的产品和部件，减少废物的排放，最终走向以3R（减量化、再循环、再利用）为基本特征的循环经济快车道。还人类一个美好的生存空间，实现社会的可持续发展。

（四）智能制造成为趋势

智能制造源于人工智能的研究。所谓智能制造，就是面向产品全生命周期，实现泛在感知条件下的信息化制造。智能制造应当包含智能制造技术和智能制造系统。智能制造技术是在现代传感技术、网络技术、自动化技术、人工智能技术等先进技术的基础上，通过智能化的感知、人机交互、决策和执行技术，实现设计过程、制造过程和制造装备智能化，是信息技术、智能技术与装备制造技术的深度融合与集成。智能制造系统不仅能够在实践中不断地充实知识库，具有自学功能，还有收集与理解环境和自身的信息，并进行分析判断和规划自身行为的能力。智能制造是信息化与工业化深度融合的大趋势。两化（信息化＋工业化）融合的制造业就是智能制造。德国提出的"工业4.0"、美国提出的"工业互联网"以及我国提出的"中国制造2025"都是强调新一代信息技术与制造业深度融合，以推进智能制造为主攻方向，建立高度灵活的个性化和数字化的产品与服务的生产模式，以实现制造业的历史跨越发展。

智能制造其实就是把消费者和工厂直接对接，消费者需要什么，工厂就生产什么，然后直接发货给消费者。这时，制造的智能就体现在处理大规模个性化需求上。全面实现智能制造，我们的生活将发生翻天覆地的变化。

【延伸阅读】

2017，脑洞大开重新认识智能制造

智能制造的"智"是信息化、数字化，"能"是精益制造的能力，智能制造最核心的是智能人才的培养。

Miller Ingenuity公司总裁兼CEO Steven L. Blue抛出了一个很有趣的观点："我根本不认为智能制造能够拯救美国制造业。"拥有智能化的工厂，从配送到灯光系统，再到自动化CNC机床都采用了最新的技术，甚至从订单询价到应收账款也都实现了数字化无缝连接。但是他认为这并不代表已经走上了制造业革命之路，智能制造需要从上层开始，而不是底层，智能制造从与员工建立新的合约开始，智能制造从人开始，而不是机器！

一、人才是智能制造的关键

从国际横向视角看，2013年，牛津大学曾经对美国702种工作进行调查，他们预测未来10～20年，将有47%的员工会被机器取代；德国政府计划提升自身制造业的智能化水平，建设智慧工厂，不仅实现产品智能，更实现生产流程的全智能的4.0工业。

机器真的能替代人吗？归根结底，机器还是由人来控制的。未来将是以"人＋机器人"组合的劳动方式呈现，制造业需要的是更多能够"与机器共舞"的高级技工乃至高管。不懂得智能制造，将很难配置生产资源。

"智能制造并不等于机器换人。"菲尼克斯（中国）投资有限公司总裁顾建党认为，机器人并不能完全替代人工，且智能制造与机器人自身发展离不开专业的技术人员，其催生的新产业生态更需要大量合适劳动力。因此，如果不能形成智能人才支撑，企业可能跌入转型陷阱：有智能工厂，却没有人操作。

二、创新型人才是最稀缺的资源

智能制造是上下游全覆盖、全流程定制化的高科技生产方式，把制造业的生产链条"重装升级"，这就树立了未来制造业发展的新标杆，提出了更高的要求。人才是智能制造的关键，《第二次机器革命》一书中的一段话令人印象深刻：创新型人才是最稀缺的资源，他们能够创造出新产品、新服务或新商业模式，正成为市场的主要支配力量。如何供应足量且适宜的人才，满足大量人才"刚需"，恐怕是最为迫切的难题。

我国工信部部长苗圩表示，发展智能制造，要从人才培养、观念更新、设备进步、工艺提升、网络配套、环境安全等各方面实施整体和系统的推进。

资料来源：http://www.ceconline.com/strategy/ma/8800085013/01/（经整理）.

第三节　运营管理者的职业发展

一、运营管理提供诱人的事业发展机会

运营管理是一切企业（制造业和服务业）的三个主要职能之一。运营管理水平是影响企业竞争力的主要因素之一，运营管理在各行业中都提供广泛的事业发展机会。在制造业、邮电通信业、交通运输与仓储中 2/3 的工作属于运营管理工作，建筑与社会服务业、批发零售贸易餐饮以及农林牧渔业中有 1/3 的工作在运营管理领域，所有工作中，约有40％是在运营管理领域。

在这一领域，受过运营管理系统训练的人可以从事制造业和服务业的供应链、质量、库存等管理工作，还可以从事咨询业、IT 行业中与运营管理有关的工作。随着市场与经济环境的变化，运营管理出现了许多新理论、新方法，使得在供应链管理、物流管理等领域出现了供不应求的现象。因此在运营管理这一领域，个人将会有很大的事业发展空间。

根据山东高校毕业生就业信息网统计，2017 年全省共有 2.19 万家单位发布了用人需求，需求人数高达 43.01 万人，较 2016 年增长了 3.54％。制造业、服务业毕业生市场需求量最大。从毕业生就业流向来看，接收 2017 届非师范类毕业生最多的行业为卫生社会保障和社会福利业，占比为 18.83％；制造业接收比例为 10.49％，排名第二；其他接收毕业生较多的还有信息传输计算机服务和软件业以及服务业等。

根据智联招聘网 2017 年秋季公布的《2017 年秋季中国雇主需求与白领人才供给报

告》，互联网产品/运营管理的职位需求，排在人才需求量最大的 10 个职位。如表 1-6 所示。

表 1-6　2017 年智联招聘网秋季人才需求最多的十大职位

排名	职位
1	销售业务
2	行政/后勤/文秘
3	软件/互联网开发/系统集成
4	销售管理
5	教育/培训
6	财务/审计/税务
7	客服/售前/售后技术支持
8	人力资源
9	土木/建筑/装修/市政工程
10	互联网产品/运营管理

根据智联招聘在线数据（见表 1-7），2017 年秋季求职期竞争最激烈的十大职位中，软件/互联网开发/系统集成的竞争指数仍然排名第一，为 101.2。IT 质量管理/测试/配置管理职业的竞争指数绝对值与上一季度基本保持一致；高级管理岗位超过交通运输服务与财务/审计/税务以 59.3 的竞争指数排在第三位，绝对值略有上升。

表 1-7　2017 年秋季求职期职业竞争最激烈的十大职位

排名	职业	竞争指数	上一季度排名
1	软件/互联网开发/系统集成	101.2	1
2	IT 质量管理/测试/配置管理	87.1	2
3	高级管理	59.3	5
4	交通运输服务	56.8	4
5	财务/审计/税务	50.1	3
6	人力资源	47.0	6
7	行政/后勤/文秘	41.5	8
8	土木/建筑/装修/市政工程	38.5	7
9	采购/贸易	36.1	10
10	IT 运维/技术支持	36.0	12

任何一个职能部门，都需要做计划，控制工作质量、提高工作效率，这些方法都可以在运营管理中获得。因此，即使不直接从事运营管理工作，运营管理的方法依然会被广泛应用。

二、运营管理的职业发展

学习了运营管理，很多人想要做运营但是不知道如何入门，运营的具体工作又有哪些，怎么计划运营岗位比较合适，每个岗位的重点又在哪里。下面列出部分岗位和职业发展建议。

（一）运营管理的岗位

1. 运营助理

这一阶段容易出现枯燥状态，工作较细，也较简单，不断地重复。需要学会的技能包括基本的文案、数据整理分析、用户互动维护，办公软件的使用等（不同产品和岗位会有不同）。

2. 运营专员

这一阶段对运营过程有所掌握，知道基本的操作，会负责某一部分的内容。成长时间需要 1 ~ 2 年。

3. 运营主管

这一阶段主要负责方案策划和具体执行监督。需要学会分配管理。成长时间需要 5 年。

4. 运营总监

这一阶段主要负责大项目活动的决策，需要深度思考，对本行业的前景和状态有较好的把握。

5. COO（首席运营官）

这一阶段负责监测公司运作，并直接报告给首席执行官。需要注意打造自己品牌。成长时间预计为 5 年。

6. 公司合伙人

这一阶段可参与公司重大决策、决定具体方向等。

（二）运营管理的职业发展

关于具体运营的职业发展，可以分为专业通道、管理通道、创业通道三类。

1. P 序列（Professional），专业通道

专业通道的发展不参与团队的管理，只做项目，将自己的项目和工作做好做精。P 序列要求大部分的项目要自己来做，对个人专业度要求非常高。专业通道发展路径基本是运营专员—高级运营—运营主管—项目经理—高级项目经理。

在互联网企业，专业通道的职级通常用"P + 数字"表示，如百度的专业通道职级就有 12 级，从 P1 ~ P12，数字越大，对运营的能力要求越高，相应的对公司的贡献也就越大。

2. M 序列（Management），管理通道

运营能力是管理通道的基础，精通运营的不一定可以做管理，但做管理的一定精通运营。如果不喜欢具体的执行工作，可以走管理通道。管理通道发展路径基本是运营专员—高级运营—运营经理（副）—运营经理—高级运营经理（副）—高级运营经理—运营总监（副）—运营总监—高级总监（副）—高级总监—COO（首席运营官）。

在一些大型互联网企业，会有统一的管理通道职级标准，如 M1（M1a、M1b）/M2

（M2a、M2b）/M3（M3a、M3b）/M4/M5。

　　3. 转岗 or 创业通道

　　运营管理是比较侧重技能和经验的岗位，尤其是在开始的头几年，一定要深扎于企业运营中，使运营能力得到一个提升，并学习不同的运营方法，建立自己的核心竞争力。

　　有些运营者会在发展中转岗做产品、设计、市场或电子商务，虽然表面看来是接触不同岗位和不同的职业技能，但对于职业发展来说并不是好事，还是要做细做精。运营走创业通道的发展好坏，早期没办法用职称和工资的高低来衡量，主要得看加入的公司整体市场成绩如何。

　　运营人的职业生涯无时无刻不是伴随着学习的，想要成为一个优秀的运营人，强大的学习驱动力是必备的，这也是就业、事业、创业有成的保障。变化是职业规划中的主旋律，我们没法让职场每一步都按照自己预先设定的轨迹去发展，所以最好的方式只有拥抱变化，并且脚踏实地地走好每一步。

【案例分析】

共享单车运营管理问题

　　自进入互联网时代，包括公共交通车、地铁、公共自行车在内的城市公共交通基础建设已基本完善，民众长途出行已不成问题，但是出行的"最后一公里"问题仍亟待解决。共享单车的"随借随还"模式和自行车庞大的投放数量，相对于其他交通工具有着得天独厚的优势。然而，共享单车服务质量的高低对使用者出行便利与否有直接影响。如果运营管理层面出现问题，其影响很大。对广大使用者来说，共享单车行业只能从倡导文明使用这一方面入手，但是却不能从根本上解决问题。因而，想要共享单车行业长久稳定地发展，要着眼于解决其运营管理问题。

一、共享单车的运营管理现状

　　我国于 2014 年由北京大学学生群体自发成立的 ofo 共享单车公司，效仿国外共享单车公司运营模式，但投放市场后并未得到普遍使用。2016 年 4 月以后，随着摩拜共享单车公司宣布上市，小鸣、小蓝等许多共享单车公司陆续成立，凭借共享单车的创新性和运营模式优势，吸引了民众使用，在一定程度上缓解了城市交通拥堵状况，更是为城市公共自行车服务定点归还所带来的不便提供了解决方案。截至 2017 年 5 月，我国共享单车上规模的企业及其基本运营情况如表 1-8 所示。

表 1-8　截至 2017 年共享单车主要品牌的基本运营情况

	ofo	摩拜	小蓝	小鸣
规模	投放车近 300 万辆	投放车近 300 万辆	投放车 3 万~5 万辆	国内市场可达 189 亿元规模
成本	200 元/辆	3000 元/辆	2000 元/辆	500 元/辆
地区	京、沪、粤、川、闽等 46 座城市	京、沪、粤、川、苏等 33 座城市	京、粤、苏、蓉	沪、粤、苏、浙等 43 座城市

	ofo	摩拜	小蓝	小鸣
押金	99 元	299 元	99 元	199 元
收费标准	2 元/小时	1 元/小时	1 元/小时	2 元/小时
装置（GPS）	无	有	有	有

二、共享单车运营管理问题

共享单车无论是运营方面还是管理方面都存在很多问题。例如，共享单车易丢失、易损坏，但是要寻找维修的地点却很难，使用者不爱惜车辆，故意损坏或据为己有的现象有愈演愈烈的势头，二维码被毁或植入病毒，更有不法分子借运营管理漏洞进行违法犯罪等。种种行径，已从公民道德层面上升到违法违规的层面，违背了用车的原本目的，使用已损坏的车辆也会有一定的危险性，这些问题都亟待解决。艾媒咨询分析指出，在缺乏对共享单车相关破坏行为的有效监督，人为破坏影响用户体验的同时，会进一步提升共享单车运营成本。

（一）共享单车运营的问题

在运营方面，相关公司除了需要从各个方面进行创新性改革，还要对出现的问题及时提出解决方案。在没有经验借鉴的情况下，单车使用的各环节凸显出一些缺陷不能得到及时有效的解决。一是运营公司开发的 APP 不完善，时常会出现未租车成功但计费、GPS 定位不准甚至让不法分子利用其漏洞免费用车等问题。二是由于单车借还采取无桩模式，也没有划定停放区域，其停放较散乱，更无人对这些车辆情况进行进一步的跟进，运营公司也没有对这一现象提出系统的解决办法。三是备受民众关注的押金退还周期长问题。例如，2017 年 9 月酷骑单车官方承认无法退还押金，在此之后其公司总部到访很多为退还押金而来的用户，虽有不少退还成功的案例，但在一段时间后，酷骑单车发布公告宣布线下退款点暂停，退款自然也就不了了之。更有单车公司在运转困难后直接关闭运营平台，导致消费者无从退款，巨额押金的去向引人深思。

在企业竞争方面，自第一家共享单车公司出现并盈利，接下来就出现了无数相似的企业相继上市，争夺市场资源。在一段时间的发展后，有限的市场资源不足以供给数量庞大的公司需求，各公司之间的竞争愈演愈烈，各共享单车公司上演"圈地战争"，为争夺市场资源，以"闪现"形式进行单车布点。作为一个新兴行业，抢占市场资源确实重要，为让企业走在行业前列是必然之举，但因此导致的企业恶性竞争却对市场秩序造成一定的不良影响。

（二）共享单车管理问题

1. 对用户不合规行为的管理不到位

用户在使用共享单车时，存在对共享单车的恶意损坏，在车辆二维码上贴上带有病毒的二维码，给单车上私锁，记住车锁密码污损车牌然后将单车据为己有等，甚至不锁车，使得共享单车成为免费单车。由于运营公司对此类行为并没有相应的处罚管理机制，因而这些不合规行为一直伴随用户的使用过程。

2. 对车辆停放秩序的管理未落实

在共享单车投入市场一段时间后，运营渐入正轨，单车停放秩序却令人担忧，其原因之一就是使用者随意停放的行为没有得到约束。也有新闻报道，说是某地变成了"共享单车垃圾场"，各色单车堆积成山，无人认领，严重影响市容，却无人对其做出相应处置。

3. 对车辆维修的跟进不及时

在后续管理中，极其重要的是对损坏的车辆进行及时的维修更新，这是考验公司管理能力的一项工作，就拿杭州公共自行车来说，每天都会有专人定时回收和投放车辆，损坏的车辆会统一维修后再次回放市场，这样的管理模式使共享单车有了良好的秩序。共享单车要做到每日全线回收的难度大，维修工作基本没有实施，而对于单车损坏问题，运营公司更多的是听之任之，对坏车也没有相应的维修和清理工作。

4. 运营公司与政府的对接不到位

政府在市场中是作为引导者而存在的，理应对乱象进行监督，对运营公司的不足提出整改意见。但是面对种种乱象，政府却未能及时采取相应的措施进行管理，也未将它向正确方向引导，只放任其在一种没有约束的条件下成长。这种态度直接导致了行业市场的任意发展，这样一个原本以"半公益半盈利"为初衷的行业更多地倾向于盈利。没有规矩、没有惩罚，任何一个行业在这种大环境下的发展都不容乐观。

在共享单车兴起之初，企业就画下了一张大饼——信誓旦旦地保证只要能够占领市场并引领全民风潮，利润就会随之而来。而热钱蜂拥而入，给予了共享单车行业最大的成长空间和能力。但遥遥无期、始终未至的盈利预言，耗尽了资本的信心，它们捂住自己的钱袋子不再给共享单车企业输血。资金链断裂后，共享单车企业的脆弱一下子就暴露出来了，一连串的倒闭事件不断出现。即使共享单车收取、挪用押金，也没有扭转自己的颓势。按照常理，应该是到了收获胜利果实的时刻，可惜，共享单车企业依然没能把握自己的命运。

资料来源：徐佳兰，陈楠．共享单车运营管理问题及解决方法［J］．经营与管理，2018（3）（经整理）．

思考：

1. 共享单车运营管理中存在哪些问题？
2. 请对共享单车运营管理问题的原因进行分析。
3. 结合案例和自己的生活体验，请你提出共享单车运营管理的解决方案。

【思考与练习】

1. 描述下列行业的运营系统的输入与输出以及转化过程。

图书馆、航空公司、快餐厅、保险公司、银行、咨询公司

2. 运营管理的主要内容有哪些？
3. 简述运营管理的发展历程。
4. 举例说明企业的管理重点从成本到质量再到定制化转变的必然性。
5. 假如你刚毕业进入一家企业工作，你认为应该如何做才能使自己成为运营管理骨

干？请列出两年内的计划。

【能力训练】

成立学生创业小组，对项目进行考察和调研。拟成立一家公司并准备进行未来的运营发展规划。

具体要求：

1. 分组，形成若干个学生创业小组，这些小组即将进行创业，成立公司。

2. 需要考虑的基本问题：

（1）企业要发展需要哪些战略、策略？

（2）需要研发哪些产品？如何进行产品开发和服务设计？

（3）企业选址应该定在什么地方？

（4）企业内部的设施布置如何进行？

（5）运营能力如何规划？成本如何进行核算？

（6）如何对产品进行质量管理？

（7）库存的盘点，订货量如何确定？

（8）企业的生产计划如何制订、生产车间的作业顺序如何安排？

第二章　运营战略

【学习目标】

　　描述战略金字塔；

　　掌握运营战略的竞争优势要素；

　　解释卡诺模型；

　　描述生产率指标；

　　解释生产率的表达形式；

　　解释三种制定运营战略的方法；

　　描述服务业运营的特征；

　　理解服务业的运营要素；

　　解释服务业运营战略的选择

【导入案例】

超越利润之上的使命陈述

　　如今许多企业，如加利福尼亚有机能量食品公司克里夫巴尔（Clif Bar）和全食食品公司（Whole Foods Market），都在使命陈述中明确说明，其目标不只限于谋求利润、为股东创造财富。正如克里夫巴尔的五项愿景和全食食品公司的依存宣言一样，许多公司的使命中都会说明企业与环境、社会、员工以及谋求利润之间的关系。企业制定的运作战略必须与企业整体目标一致。

　　克里夫巴尔的五项愿景是：

　　1. 保护我们的地球——即使不断发展，也坚持把对地球的影响降到最低限度。

　　2. 保护我们的社区——成为社区的好邻居，回报社会。

　　3. 保护我们的员工——为员工创造具有充实感的工作环境。

　　4. 保护我们的事业——实现企业稳定、健康、长期发展。

　　5. 保护我们的品牌——生产顾客真正需要的产品，品质永不放松。

　　全食食品公司的依存宣言是：

　　全食食品公司是绿色健康食品行业充满活力的领导者。我们的使命就是要成为食品零售界优秀的典范。我们正在各个方面，用最高标准打造我们的事业。在全食食品公司，高质量、绿色健康是我们的追求。

　　我们的口号，"健康的食品、强健的人类、生机勃勃的地球"，说明我们的愿景早已超出一个食品零售商的范围。我们赢得了顾客满意、赢得了优秀和愉快的团队员工、获得了投资回报、促进了环境的改善、赢得地区和更广泛的支持，这些都说明我们正在成功实现我们的愿景。我们之所以能够清晰认识到不同利益相关者（与企业有利害关系并从企业成功中获益的人）间相互依赖的共存体关系，完全是因为我们努力更多、更开放、更富有同情心地与外界沟通。良好的沟通意味着更好的理解和更多的信任。

资料来源：［美］克里夫·勒纳. 爆炸式增长：初创企业如何快速积累1亿用户［M］. 北京：中国青年出版社，2019.

第一节　运营战略

一、运营战略

（一）使命和愿景

1. 使命

使命是组织存在的原因和基础。不管是营利性组织，还是非营利性组织，都要明确其使命。使命因组织而异，取决于组织的性质。例如，医院的使命是救死扶伤；建筑公司的使命是修建住房或公共设施；保险公司的使命是保障生命财产安全；餐饮公司的使命是为大众提供健康美味的食品。准确地定位组织的使命并不是一件容易的事情，需要经过组织上下反复讨论。制定的使命要达到以下几个基本要求：

（1）行业特点鲜明。即让人一眼就能看出该组织的核心业务。联邦快递的"使命必达"非常简洁，让人一看就知道该公司是从事快递业务的。

（2）站位要高。即要体现组织的社会责任。中石油的使命定位为"为中国加油"。一语双关，既反映了石油化工的行业特点，又体现了该公司的社会责任。

（3）简洁明了。组织的使命要简洁明了，以便让全体员工耳熟能详，让客户和社会易懂易记。

2. 愿景

愿景是最高管理者对组织未来的一种期望和描述，愿景体现了组织领导者的立场和信仰。愿景要回答以下三个问题：

（1）要到哪里去？即组织是什么？

（2）未来是怎样的？即组织将是什么？

（3）目标是什么？即组织应该是什么？

每个组织都应明确自身的愿景，而愿景中要包含明确的目标，即组织为了实现使命而制定的中长期指标。目标需要量化，空洞无物的口号无法指明组织的努力方向，员工也会不知所措。目标可能是组织规模方面的，如未来10年内进入世界500强，或年产值保持在同行业第一的位置；目标也可能是市场份额方面的，如5年后在北京地区的市场份额达到30%等。

使命与愿景既有区别，又有联系。使命不同于愿景。使命是组织存在的理由和依据，反映了企业在经济社会中所担当的角色和责任，简单地说就是组织为什么要在社会上存在。愿景则是对组织未来的一种设想。使命与愿景的联系在于愿景体现了组织领导者的价值取向，而若干代组织领导者价值取向的趋同决定了组织使命的定位；同时，正是通过包含了可测评的目标愿景的达到才能实现组织的使命。

让我们看看一些优秀组织的愿景：苹果公司——让每个人拥有一台计算机；迪士尼公司——成为全球的超级娱乐公司；戴尔公司——在市场份额、股东回报和客户满意度三个方面成为世界领先的基于开放标准的计算机公司；中山大学——成为教育行业的黄埔军校。从中可以看出，这些愿景中均包含了可观测的目标：或者成为最好，或者追求世界领先。

（二）组织战略与运营战略

1. 组织战略

组织战略是组织为了实现中长期目标进而实现使命，根据组织的内部条件和所处外部环境的现状与发展变化，对生产经营做出的全局性、长远性、纲领性的谋划。

组织战略的制定过程一般遵循顶层设计、上下结合的原则。首先，高层决策者要对整个形势做出判断，提出总体思路和总体方向，然后交由各个业务部门展开讨论。经过反复磨合，形成简明扼要的组织战略。组织战略与目标和使命的关系可概括为：通过实施所制定的组织战略来达到所确定的中长期目标，进而实现组织的使命。

2. 运营战略

运营战略是指在竞争环境中，为了适应未来发展的变化，根据企业的总体战略，在运营管理中所采取的全局性的、整体性的指导思想或决策，是在企业整体战略的框架下，根据企业各种资源和内外环境，对与运营管理和运营系统相关的基本问题进行分析和判断，确定总的指导思想和一系列决策、规划和计划。运营战略是组织在组织系统的规划与设计、组织系统的运行与控制以及组织系统的维护与更新方面所做出的中长期谋划。职能战略是对组织相应的职能或业务所做出的中长期谋划。除了运营战略，财务战略、营销战略和人力资源战略等都属于职能战略。运营战略要与财务战略、营销战略和人力资源战略等职能战略相得益彰。运营战略与组织战略的关系可以概括为：组织战略用于指导运营战略与其他职能战略的制定，而运营战略与其他职能战略一起对组织战略起支撑作用。根据这个关系，尽管各个职能或业务都不同，但所形成的职能战略都要指向组织战略，都要有利于组织战略的实施。

组织制定战略并实施运营战略，就是要通过运营管理提升组织的竞争力，实施的效果最终体现在质量、成本、时间、柔性、服务、创新等指标的改善上。

（三）战略金字塔

如图 2 - 1 所示，从使命和愿景到组织战略和职能战略，再到策略和方案，构成了一个阶层关系，称为战略金字塔。这一阶层关系由上而下是细化和落实过程；由下而上则是保证和支持过程。同时，不同的职能战略不是孤立的，而是相互联系的。

二、运营战略的竞争优势要素与企业竞争力

（一）运营战略的竞争优势要素

企业的运营战略由企业的竞争优势要素构建。竞争优势是在价值链中为绩效测评及

运营能力所确定的战略重点。可以用不同的方式实现竞争优势，如在价格或质量上比竞争者表现得更好，在设计产品和服务中对顾客需求的变化做出快速反应，或设计周期短、交付快捷。一般来说，竞争优势要素包括成本、质量、时间、柔性、创新、服务（见表2-1）。企业的核心能力就是企业独有的、对竞争优势要素的获取能力。因此，企业的核心能力必须要与竞争优势协调一致。

表2-1 企业的运营战略要素构成

项目	内容
成本	低成本（高自动化设备、改变工作方式、减少浪费等）
质量	产品质量、过程质量
时间	快速交货、按时交货、新产品的开发速度
柔性	生产柔性、服务柔性
创新	产品创新、服务创新、生产设备创新、管理行为创新
服务	增值服务

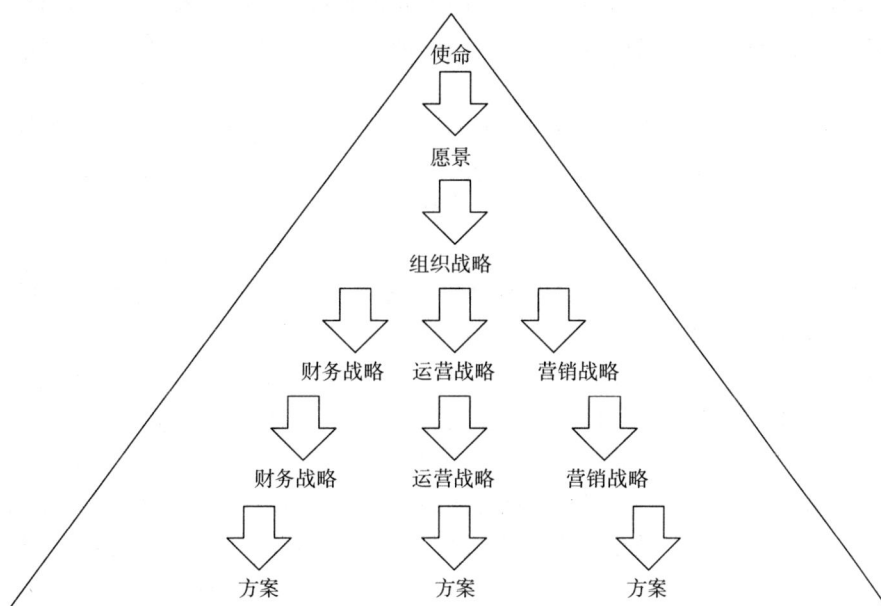

图2-1 战略金字塔

1. 成本

像沃尔玛、永辉超市、福特汽车的 T 型车，许多公司通过成为行业中低成本的领先者来获取竞争优势。在质量、功能相同的情况下，顾客将选择价格较低的产品或服务，运营成本越低，企业在价格上就越有竞争优势。低成本可能源于高生产率和高产能利用率（如福特公司生产 T 型车的生产线），更重要的是，质量的改善会带来生产率的改善，接下来又会带来低成本。因此，持续改善的战略对于实现低成本竞争优势很重要。

2. 质量

质量在实现竞争优势中扮演的角色已经在很多研究中得到证明。质量分为两类：产品

（服务）质量和过程质量。产品质量包括产品的功能、耐用性、可靠性、外观造型、产品的合格率等。质量的好坏反映产品满足顾客需要的程度。质量的竞争力表现在两个方面：一是保持产品的高质量水平；二是提供更好的产品或服务。质量优势源于运营系统的保证能力，即运营系统从工艺、技术、作业过程等方面来控制产品质量达到规定的标准，并保证质量的稳定性。过程质量与产品的可靠性密切相关。过程质量的目标是生产没有缺陷的产品，可以预防性地解决产品的质量问题。对服务业来说，由于服务是无形产品，质量难以度量，因此消费者对服务过程的评价是衡量服务质量的重要标志。

3. 时间

在当今的社会中，时间可能是竞争优势中最重要的一环。在传统的成本、质量方面的竞争不足以使企业与企业之间拉开距离，于是很多企业开始在时间上争取优势。时间上的竞争包括3个重点：快速交货、按时交货、新产品的开发速度。

（1）快速交货。指从收到订单到交货的时间越短越好。对于不同的企业，这一时间长度可能有不同的含义。一个制造大型机器的企业，其生产周期可能需要半年；医院中的一个外科手术，从患者提出要求至实施手术，一般不超过几周；而一个城市的急救系统，必须在几分钟到十几分钟内做出响应。对于制造业企业来说，可以采用库存或留有富余的生产能力来缩短交货时间，但在医院、百货商店则必须以完全不同的方式来快速应对顾客的需求。

（2）按时交货。指只在顾客需要的时间交货，不能晚，也不宜早。对于送餐业的美团或饿了么或者快递行业的 UPS 等企业来说，这个问题可能是最重要的。制造业通常以按订单时间交货的百分比来衡量这一指标。超级市场则可能以在交款处等待时间少于 3 分钟的顾客的百分比来衡量。

（3）新产品的开发速度。它包括从新产品方案产生至最终设计完成所需要的全部时间再加上生产工艺开发时间。当今，由于各种产品的寿命周期越来越短，新产品开发速度变得至关重要，谁的产品最先投放市场，谁就能在市场上争取主动。这一点无论是对制造业企业还是非制造业企业都是一样的。但要注意的是，当产品开发的成本很高、所需技术难度较大、顾客喜好的不确定性也很大时，需慎重考虑是否以这一点为竞争重点。

关于时间竞争，日本企业给了我们很好的启示。以日本汽车工业为例，从 20 世纪 80 年代后半期开始，日本汽车风靡全球，其原因当然有质量好、价格便宜等方面，但很重要的一点是，日本企业在时间竞争上占优势。以交货速度为例，在丰田公司，一份来自国内的订单 4~5 天就能交货，一份来自国外的订单 4 周就能交货。再以产品开发速度为例，日本开发新车所需的时间只是美国的一半、欧洲的 1/3，这是日本车竞争能力强的重要原因。

4. 柔性

要在全球竞争市场中取得成功，要求设计和需求都要具备柔性。柔性是指应对外界变化的能力，即应变能力。从战略的观点看待企业的竞争力，柔性是由与企业运作过程设计直接相关的两个方面构成的。

（1）企业快速转换工艺生产新产品的能力，或者快速转换服务流程提供服务的能力以及能够根据市场需求量的变动迅速增加或减少产量的能力。由于产品更新换代加快、生命周期缩短，这方面的柔性变得越来越重要。市场对产品或服务的需求是波动的，为适应外部环境变化和市场的需求，企业应能够迅速改变产品设计、产品组合以及产品批量生产的能力，这就要求生产运营系统具有柔性。以汽车行业为例，需要持续开发新的车型，那些可以同时在同一装配线上灵活生产许多不同车型的公司，可以根据需求改变而随时改变生产，以更低的产能实现更有利的销售。这就是日本厂商超过美国汽车制造商的一个重要优势。本田的两个工厂，生产讴歌 MDX 交叉型 SUV 以及较低价的领航员，可以生产 30 万辆 MDX、领航员和奥赛德的任何组合。这让本田的生产可以集中在需求量最大的任一车型上。相反，福特、通用和戴姆勒—克莱斯勒等竞争者要生产一种车型就有 3 个工厂之多。

（2）顾客化（Customization）产品与服务，即适应每位顾客的特殊要求，改变设计和生产运营方式的能力，这常被称为大规模定制。例如，高级时装公司，专门用于银行、邮政、航天等特殊用途的大型计算机制造公司，咨询公司，制定个人减肥计划，定制个人网页等，甚至顾客可以参与价值链中的设计、制作、装配或后期加工（自己组合家具）。企业必须非常重视这方面的竞争能力，以此为竞争重点的企业所提供的产品或服务具体到了每一位顾客的特殊要求，因此产品的寿命周期短，产量小。

【延伸阅读】

柔性电子自我修复新技术

柔性电子器件在可穿戴设备等小型装置中应用潜力巨大，但弯折一段时间后电路容易损坏，导致可靠性变差。印度和英国的研究人员日前宣布，他们联合发明了一种可使柔性电子具有自我修复功能的技术，从而解决这一难题。

柔性电子是一种把电子器件安装在柔性、可延性塑料或薄金属基板上的新兴电子技术的通称，柔性电子器件在一定范围形变，如在弯曲、折叠、压缩或拉伸的条件下仍能工作，应用领域非常广泛。如果能进一步改善其稳定性将大大拓展这种技术的应用场景。

印度科学研究所和英国剑桥大学的联合研究团队在美国期刊《物理评论应用》上发表论文称，他们将半径为 5 微米的铜制微球悬浮在作为绝缘体的硅油中，并在硅油中浸入一个断开的电路，以模拟损坏的电路。当在断开的电路两端加上电压，悬浮的铜制微球开始移动并最终形成一个松散的链型簇，从而将断开的电路连接。

研究人员表示，通电后产生的电流和热量使铜制微球移动形成链型簇，并让该链型簇保持稳定，从而构成类似电线的连接。这种铜制微球链的连接具有柔性和伸展性，该方法对电路的修复不需要其他稀有材料或添加任何复杂电路。

资料来源：印英研究人员研发出柔性电子自我修复新技术［EB/OL］. 新华网，www. xinhuanet. com.

5. 创新

创新就是有利于已有的设备、方法或思想的发明、应用或商业化实践。所有形式的创新都浓缩了人类智慧，多年来，产品（如电话、汽车、冰箱、电脑、光纤、卫星、手机等）和服务（如自助服务、网络银行、全套房酒店等）中的创新已经改善了我们生活的质量。在企业中，生产设备和管理行为的创新让整个组织可以更有效率、更好地满足顾客要求。

6. 服务

在当今的企业环境中，为获取竞争优势，企业开始为客户提供增值服务。这无论对提供产品还是对提供服务的企业来说都是重要的。原因很简单，正如范德墨菲所说："市场力来源于服务，因为服务可以增加客户的价值。"

今天，没有任何一家公司会简单地牺牲质量来达到降低成本的目的，或者重视柔性以致无法提供产品和服务。但是组织通常会在这些竞争优势要素中进行权衡，将重点放在其中一个或两个主要因素上。例如，戴尔实现了以下目标：①生产高质量的 PC 机；②按顾客的具体要求进行配置；③努力将它们快速交付到顾客手上。但是，他们不能一直使用租金昂贵的机器，与在商店货架上取下货物相反，顾客必须等待更长的时间才能得到产品。因此，高产品质量和柔性就成为戴尔的第一竞争优势，而成本和时间的重要性要小一些。

（二）企业竞争力

企业想在竞争中获胜，必须在运营战略的指导下通过运营进行竞争，培养自己的竞争能力。企业必须了解顾客的需求，按照市场信号，采用权衡的方法确定企业的竞争重点，从而确定生产系统的主导目标，然后集中企业资源去实施该目标。在这一权衡过程中，可以将运营战略要素划分为订单资格要素和订单赢得要素。

1. 订单资格要素和订单赢得要素

2000 年，伦敦商学院的特里·希尔（Terry Hill）教授首先提出了订单资格要素和订单赢得要素的概念。订单资格要素指组织的产品或服务值得购买所必须具备的基本因素；订单赢得要素指组织的产品或服务优于其竞争对手，从而赢得订单所必须具备的因素。

订单资格要素和订单赢得要素会发生转变。例如，20 世纪 70 年代，日本企业进入世界汽车市场时，改变了汽车产品原先的订单赢得要素，从成本导向变成了质量和可靠性导向。美国的汽车厂商就是在产品质量方面输给了日本的汽车厂商。到了 80 年代后期，福特、通用汽车和克莱斯勒提高了质量，才得以重新进入市场。现在，汽车的订单赢得要素在很大程度上取决于汽车的个性化和新能源，顾客指导厂商需要什么样的产品特征（如可靠性、安全性、设计特征、外观、新能源动力等），然后系统以最低价格购进一辆能满足特定要求的汽车，以实现效用最大化。

2. 卡诺模型

卡诺模型由日本的卡诺博士提出。该模型按顾客满意程度将设计特征概念化，如图 2-2 所示。它将顾客需求按照影响顾客满意的模式分为基本型需求、期望型需求和兴奋型需求三类。卡诺模型可用于识别并培植企业的订单赢得要素，从而增强企业的竞争力。

（1）基本型需求是指使顾客达到基本满意而满足必须的需求。值得注意的是，过度满足这类需求未必使顾客满意；可一旦不能满足基本型需求，顾客会极不满意。例如，口香糖在咀嚼时可以保持四个星期的香味，顾客未必会领情；反过来，咖啡店提供的咖啡烫嘴，顾客可能会暴跳如雷。

（2）期望型需求可以持续地提高顾客的满意度。例如，提高轮胎的使用寿命使顾客的满意度增加；提高手机上网处理速度和高内存设置等，用户会很满意。

（3）兴奋型需求能显著地增加顾客的满意度。虽然不能满足兴奋型需求，顾客不会不满意，但是，一旦某种兴奋型需求得到了满足，就会引起顾客极大的购买欲望，极大地提高产品的营业收入和利润，赢得订单，获得竞争优势。例如，手机的双屏幕和投影功能能积极带动顾客的购买欲望。

值得注意的是，今天的兴奋型需求将成为明天的期望型需求或者是基本型需求。因此，企业在制定运营战略时，应确保满足基本型需求，即确保订单资格要素，然后把关注点集中在期望型需求和兴奋型需求上，以此来识别并培植企业的订单赢得要素，进而形成企业的现实竞争力。

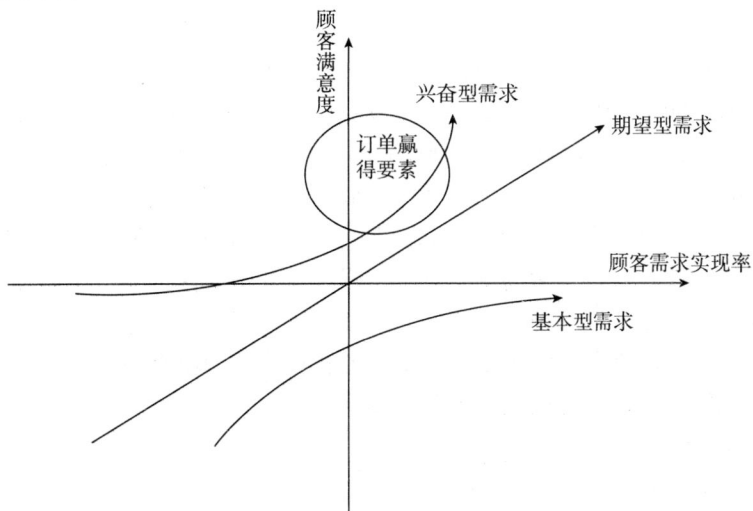

图 2-2　卡诺模型

3. 生产率

生产率反映了企业对资源的有效利用程度，较高的生产率是企业竞争力的直接体现。生产率就是投入产出比，它反映了产出（产品或服务）与生产过程的投入（劳动、材料、能量及其他资源）之间的关系，这是一个相对指标，通常反映企业长期发展趋势。生产率不同于效率，效率是指在给定的资源下达到产出最大。

生产率 = 产出/投入　　　　　　　　　　　　　　　　　　　　　　　　　　　　　　（2-1）

生产率一般分为全要素生产率、多要素生产率、单要素生产率三种。

全要素生产率 = 总产出/全部投入

多要素生产率 = 总产出/部分投入

单要素生产率 = 总产出/单一投入

【例 2-1】某能源加工厂生产电动车电池。生产过程中的主要投入有劳动力、原材料和动力。2016 年，劳动力成本为 190000 元，原材料费用为 40000 元，动力费用为 6000元。2017 年，劳动力成本为 350000 元，原材料费用为 50000 元，动力费用为 7000 元。该公司 2016 年和 2017 年分别生产了 150000 个和 200000 个电池。试进行生产率的分析。

解：

根据式（2-1），2016 年的生产率为：

生产率 = 产出/投入 = 150000/（190000 + 40000 + 6000）= 0.636（个/元）

2017 年的生产率为：

生产率 = 产出/投入 = 200000/（350000 + 50000 + 7000）= 0.491（个/元）

比较得到，2017 年虽然产出增加了，但成本也增加了，所以生产率呈下降趋势。

【例 2 - 2】某玩具加工厂一周内生产出 10000 个产品，产品售价为 5 元/个。为生产这些产品投入了 500 个工时，工时费用为 8 元/小时。此外，还投入折合价值为 5000 元的原材料和 1000 元的管理费用。试计算劳动生产率和多要素生产率。

解：

根据式（2 - 1），

生产率：10000/500 = 20（个/工时）　　　10000/（500 × 8）= 2.5（个/工时费用）

（10000 × 5）/500 = 100（元/工时）　　　（10000 × 5）/（500 × 8）= 12.5（元/工时费用）

多要素生产率：10000/（500 × 8 + 1000 + 5000）= 1（个/单位投入费用）

（5 × 10000）/（500 × 8 + 1000 + 5000）= 5（元/单位投入费用）

影响生产率的因素很多，主要有管理、资本、质量和技术等，除此之外，还有标准化、工作场所的设计和布置、激励制度等。技术本身并不能保证生产率的提高。但是，没有先进的管理反而会降低生产率。早年，中国在引进外资时就有过沉痛的教训：要么引进了过时的设备和技术；要么只引进了先进的设备和技术，而没有引入软件和管理，两者配套好，企业才能发展。企业可以在以下步骤提高生产率：

（1）确定生产率测评指标。

（2）识别影响整体生产率的"瓶颈"环节。

（3）以管理、资本、质量、技术等为切入点提高"瓶颈"环节的生产率。

（4）巩固提高生产率的成果，进行宣传和推广。

第二节　制定运营战略的方法

企业在制定运营战略的过程中，需要掌握、运用一些制定的工具。下面介绍几种最常用的运营战略制定、分析工具。

一、SWOT 分析法

SWOT 分析法是一种用来确定企业本身的竞争优势、竞争劣势、机会、威胁，从而将企业战略与企业内部资源、外部资源环境有机结合的战略分析方法。如表 2 - 2 所示。

在进行 SWOT 分析时，外部环境分析是关键。分析的主要内容包括：①新的市场潜力；②消费者不断变化的需求；③法律、经济、政治和环境的变化；④技术进步；⑤竞争对手的活动。

对企业而言，清楚地确定自身的资源优势和缺陷，了解企业所面临的机会和挑战，对于制定企业的发展战略有着至关重要的意义。在此基础上构建 SWOT 矩阵，根据内外环境分析的结果制定相应的运营战略，从而做到知己知彼，扬长避短。

表 2 - 2 SWOT 分析矩阵

内部优势与劣势 外部机会与威胁	内部优势（S） 1. 2.	内部劣势（W） 1. 2.
外部机会（O） 1. 2.	SO 战略（发展型战略） 用优势去抓住机遇，发挥内部优势，利用外部机会	WO 战略（扭转型战略） 用机会去弥补劣势，利用外部机会，克服内部劣势
外部威胁（T） 1. 2.	ST 战略（防御型战略） 用优势去克服劣势，利用内部优势，回避外部威胁	WT 战略（退却型战略） 克服内部劣势，回避外部威胁

二、波特的五力模型

迈克尔·波特的五力分析模型是一种用于企业竞争战略分析的重要工具。这五种力量分别是供应商的讨价还价能力、购买者的讨价还价能力、潜在竞争者进入的能力、替代品的替代能力、行业内竞争者现在的竞争能力。如图 2 - 3 所示。

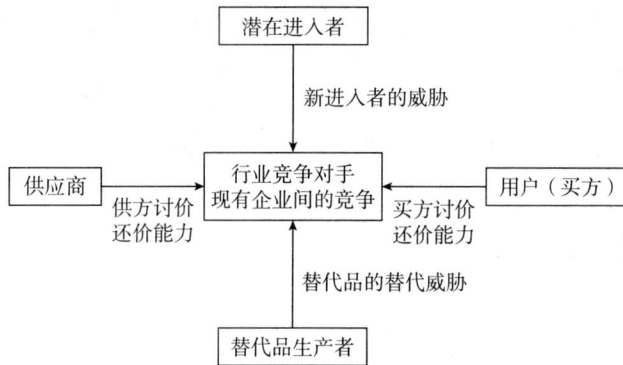

图 2 - 3 波特的五力模型

通过这一模型可以对企业所面临的五个方面的压力进行分析，从而对外部环境中对企业影响最为直接的因素有更深入的了解。其分析结果在企业的选址规划、能力规划、新产品开发等很多方面都能得到应用。

三、BCG 矩阵

波士顿矩阵（BCG 矩阵）是一种规划企业产品组合的方法，用于解决如何使企业的产品品质及其结构适合市场需求的变化，以及如何将企业有限的资源有效地分配到合理的产品结构中去，以保证企业受益的战略规划问题（见图 2 - 4）。其基本思路是：首先评价业务（产品）前景以及各项业务的竞争地位，然后找出各项业务在 BCG 矩阵图上的位置，根据该业务在二维坐标上的位置来做出战略选择。

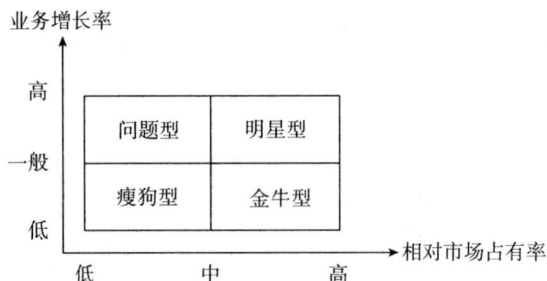

业务增长率

	低 中 高
高	问题型　明星型
一般	
低	瘦狗型　金牛型

相对市场占有率

图 2-4　BCG 矩阵

第三节　服务业的运营战略

服务企业的运营战略与制造企业的运营战略一样，也是企业经营战略不可分割的一部分。对大多数的服务企业来说，服务过程也是一系列的生产作业构成的转换过程。因此，在做战略决策时必须同时考虑运营管理方面的问题。

服务业与制造业在很多方面是有差别的，如第一章所介绍的，制造业生产的多是有形的产品，服务业则提供无形的产品，顾客参与度较低；制造业所生产产品的一致性较高，而服务业往往要求顾客参与其中，以便为顾客提供个性化的服务，因此一致性较低。服务业运营在借鉴制造业生产与运营管理经验的同时，还需要考虑自身的特性，灵活应用运营的知识。

一、服务业运营的特征

1. 顾客参与服务过程

由于顾客作为参与者出现在服务的过程中，这就要求服务经理必须重视服务设施的设计。顾客的知识、经验、动机乃至诚实都会影响服务系统的效率。首先，顾客的参与使得需要管理的人员减少，如福利支出等也相应减少。其次，由于顾客在需要时付出了劳动，因此，服务能力直接随需求而变化，而不是完全受制于员工的人数。这种战略在一些自主性很强的国家里被普遍接受。但把顾客从服务过程中排除出去也是一种普遍的做法。例如，零售信贷，银行鼓励顾客使用电话或计算机交易、直接储蓄和自动支付，顾客无须亲自到银行。而且，商业互联网的出现也提供了购物的另一种可能性。

2. 服务的生产和消费同时发生

服务的生产和消费同时发生，因而服务不能储存，这一事实是服务管理的显著特征。服务无法储存，使得服务业不能像制造业那样依靠存贷来缓冲或适应需求变化。服务是开放系统，受到传递系统中需求变化的全面影响。服务生产与消费同时进行也使得产品的预先检测成为不可能，所以必须依靠其他的指标来保证服务质量。

3. 随时间消失的能力

服务是易逝性商品。例如，飞机上的空座位、医院或旅馆里的空房间。在这种情况下，发生了机会损失。由于服务不能储存，如不使用将会永远失去。服务能力的充分利用成为管理挑战，因为顾客需求变化大，而利用库存适应需求的波动是不可行的。面对需求的变化和服务能力的易逝性，管理人员有以下 3 种基本选择。

（1）稳定需求。通过采取预约的方式；采用价格诱因（如晚间和非周末时间打折）；对高峰期间反营销（如登广告提醒人们提早购物，避开圣诞高峰；双十一的购物优惠提前到 11 月初就开始进行）。

（2）调整服务能力。在高峰期用临时工；根据需要安排工作班次（如电信公司根据电话需求安排接线员）；增加顾客自我服务。

（3）让顾客等候。这种方法会对服务过程产生消极作用，有可能使不满意的顾客转向竞争者，但它有助于充分利用服务能力。航空公司已经明确认识到这一点，它们以折扣价把票卖给排队等候的顾客。

4. 场所的选择取决于顾客

在服务业，顾客和提供者必须亲自见面。可能是顾客前往服务地点，也可能是服务人员前往顾客所在地（如救护车，家教服务）。路程时间和费用在场所选择经济学中得到体现。结果是许多小型服务中心设置在离潜在顾客很近的地方。当然，还要权衡设施的固定成本和顾客的路程成本。由于互联网的广泛使用，服务业也发生了一些变化。例如，顾客可以通过电话或网络购买股票、通过在线系统修大学课程、通过慕课跟老师进行在线交流学习。

5. 劳动力密集

在大多数服务组织中，劳动力是决定组织效益的关键资源，在一个不断扩充的组织中，招聘是获得新知识的重要途径；而在一个发展缓慢或停滞不前的组织中，唯一可行的策略是不断地再培养。服务中顾客与员工之间的交互为员工获得更为全面的工作经验提供了可能。

标准的制定和以适当的方式进行员工培训，是保证服务一致性的关键。在服务业，没有满意的员工，也就不会有满意的顾客。只有认真培训和真正关心员工福利，组织的目标才能实现。

6. 无形性

服务只是一种观点和概念，因此服务的创新没有专利。为了从新的服务中获取效益，企业必须快速扩张，阻止任何竞争者。特许经营是保护市场和建立品牌的工具。通过特许经营，母公司将新观点出售给当地企业家，这样不仅可以保持控制和降低风险，而且可以减少资本投资。在选择服务提供者时，顾客只能依赖服务企业的声誉。在很多服务领域里，为确保服务水准，政府要干预。通过登记注册，签发执照和管制，政府可以向消费者承诺，某些服务企业的培训和服务测试水准达到了特定标准。

7. 衡量产出的困难

服务的测试非常复杂。有一种服务业绩的评估方法是，测量从服务投入到服务产出状态中每位顾客的变化，这种测量的过程被称为交易分析（Transactional Analysis）。

二、服务业运营要素

服务业在快速发展的同时也带来了激烈的竞争。企业要吸引顾客必须依赖于许多变量，如价格、便利、声誉和安全等。有竞争力的服务运营主要依靠8个要素。这8个要素又分为结构要素与管理要素两类。

1. 结构要素

（1）传递系统，它由前台、后台、流程、服务自动化与标准化、顾客参与构成。例如，快餐店让顾客自己取餐具、选食物、拿饮料，然后按顺序结账付款，使之得到随意、简便、省时、低价的服务。

（2）设施设计，包括服务设施的规模、布局、艺术性等。

（3）地点设计，包括服务地址与场所特征、顾客人数、单一或多个特点、竞争特征。例如，家电维修点要设在有足够多的顾客与服务需求的地方，还要考虑提供上门服务。

（4）能力规划，这关系到顾客等候服务的排队、接待量与需求的平衡、服务人员的配置等。例如，医院为了最大限度地利用其服务能力，通过预约登记平衡供求量减少患者等候排队的时间。除医疗服务外还可提供一些辅助性服务，如护理患者和餐饮服务。

2. 管理要素

（1）服务情景，包括服务文化、激励、员工培训与授权等。例如，零售企业要员工热情地接待顾客，为顾客介绍商品性能、提供咨询、使用文明语言、在授权范围内为顾客退换商品等，并培育浓郁的家庭氛围的服务文化。

（2）服务质量，包括标准、测评、监督、期望和感知、服务担保等。熟练而优质的服务让顾客的感知符合或超出期望值，享受超值服务。

（3）能力与需求管理，这取决于员工队伍管理以及调节需求与控制供给的能力。例如，电影院分时段收取不同的票价、航空公司机票候补等。

（4）信息要素，如计算机软件公司登记用户资料、成立用户协会或联谊会、免费提供咨询及更新版本。

以上几个要素比较系统地说明了企业将向顾客提供怎样的服务，以及如何实现企业的战略使命。它们是服务运营战略决策的要点。

三、服务业运营战略的选择和应用

对于服务企业，同样存在如何改善和提高服务运营以适应企业经营战略的问题，因此，也需要制定服务业运营战略。服务业的运营战略在组成要素上包括服务类型的选择、服务能力的扩大、先进技术的应用、服务运营的管理以及供应与服务一体化等方面。

（一）服务类型的选择

服务运营有各种不同的分类方法，如按照与顾客交互和顾客参与程度及劳动密集程度、是否提供有形产品等进行分类。不同类型服务系统的选择取决于所提供服务产品的特性。以满足个性化需求为主的服务项目，如自主配菜的餐厅，应选择高接触系统，而大众化的快餐店应选择低接触系统，以适应快餐营业快捷、方便、低成本的经营战略。

（二）服务能力的扩大

服务系统能力的扩大与生产系统相似但又有不同之处。一方面，当需求增长时，服务系统可以采用扩大设施能力或者增加设施地址的方式提高服务能力。例如，超市、餐厅、银行等，通过增加服务柜台和设施地址应对增长的服务需求。另一方面，由于服务系统不能利用库存来调节满足系统的能力，单纯地按高峰需求量来设置设施能力，可能会在低需求时段内造成能力过剩，从而使企业负担过高的固定成本。像很多服务型公司一样，在旺季和高峰时期采用雇用兼职员工的方式来扩大服务能力，还可以推出一些新的服务项目来充分利用现有系统的能力提高服务量。例如，麦当劳快餐店推出早餐服务来提高设施的利用率，并且起到分流的作用（顾客早餐选择麦当劳，午餐仍在此就餐的可能性减小），减少了高峰期顾客的等待时间。

（三）先进技术的应用

今天的许多服务过程正在走向顾客自我服务的新兴方式，它们常常是应用计算机系统来替换传统的人与人之间的交互业务来往。例如，在银行内设置自动柜员机供顾客使用，大大方便了顾客的取款、查询服务、办卡业务。因此，在设计服务系统时，应根据交付服务的需要确定应用何种技术水平的技术设施（机械化、自动化还是计算机化），来改进和提高服务业务。

（四）服务运营的管理

在许多服务企业中，顾客能否对所提供服务满意的最关键因素是服务质量和排队等待时间。而服务运营活动则直接影响顾客的排队等待时间和服务质量。如何加强服务运营管理往往是服务战略中的一个关键决策，甚至关系到企业的长期成功。例如，超市的经理应能够分别针对营业高峰期与低峰期来调配人员，让一些仓库后勤人员在需要时辅助商场的出纳工作，以减少顾客排队时间。

（五）供应与服务一体化

及时和高效的物资供应代表了服务企业满足需求的能力，对许多服务企业来说，这同样是一个重要的战略决策。例如，一些超市连锁店都设有自己的物资配销中心来控制和保证物资供应；一些大型的快餐公司要确定是自己建立饲养场还是依靠外部的供应商来供应食材。

总体上讲，服务业类型不同，运营战略的重点也不同。对于通用型服务如邮电、交通、银行等，由于运营过程具有共性且比较规范，顾客只介入前台服务过程，其运营战略的重点是考虑规模效益。而定制服务，如医院、律师、建筑、设计等应根据顾客的特殊需求提供服务，没有统一的标准，很难区分前后台，其运营重点主要考虑服务的灵活性、质量与时间效应。对于技术密集型服务，如航空业、通信业需要大量的资金投入。其运营战略重点是考虑设施能力与需求的匹配、资金投入的进度与风险。对于劳动密集型服务，如零售业、餐饮业则重点考虑服务场所的选址与布局、员工的培训与工作方式。

【案例分析】

拼多多运营：从分析到推广技巧

一、拼多多的发展

自20世纪90年代电子商务在中国萌芽，2003年淘宝成立，中国电商进入了快速发展时期。阿里巴巴、京东在综合电商领域争强称霸，传统企业如苏宁、国美等通过数字化的发展不断在电商领域开疆拓土，垂直电商如聚美优品、蜜芽宝贝等在细分领域凭着深耕细作割据一方。

2017年，当整个行业聚焦新零售还在探讨各种可能的突破模式时，才成立2年的拼多多以迅速崛起之姿出现在大众的视野中：2017年12月拼多多用户突破3亿人位居行业第3位，仅次于淘宝和京东；2018年1月，拼多多GMV超过400亿元；2018年6月30日，拼多多正式申请IPO。

拼多多称自己是C2B模式的社交电商平台：一方面将电商与社交进行深度融合，用户通过参与或者发起和家人、朋友等的拼团，用优惠的价格购买商品；另一方面平台通过迅速聚合的大量需求，反向推动上游供给侧生产流通。

在拼多多构建的拼团世界里，社交分享是其核心。当一个用户选择了一款商品后向好友发送拼单邀请，拼单成功后主动发起者能以低价购买到商品，被动参与到拼单的人增加了非目的性购物的机会。在这样的模式下，拼多多借助微信海量活跃用户和低价爆款产品的吸引，实现了快速的传播与裂变。通过拼团打造规模效应，将有大量货物的商家/厂商与用户连接，实现资源均衡。

拼多多更加注重对人的理解，依托微信的海量用户，通过人分享和推荐商品，再通过商品找到合适的人，既用低成本快速获取大量用户，又减少了用户做决策的时间。

二、拼多多的核心用户

拼多多的核心用户场景可以分为以下四类：①直接去拼单：发现符合心意的商品后，发起拼单；②参与拼单：通过分享或浏览信息发现合适商品后，参与拼单；③砍价免费拿：邀请微信好友帮忙砍价；④单独购买：不参与拼团单独购买，单独购买价格高于拼团价格。

虽然低价和拼团是电商常用方式，但拼多多在此基础上选择了更有针对性的用户群体，并且关注用户的体验和感受。

通过低价模式瞄准三四线城市的已婚女性，洞察到她们需要更高性价比的商品，让她们在碎片时间里完成了一次又一次拼团；营造"小确幸"的感觉，并将这种"小确幸"的感觉分享给她们的亲人和朋友，一起购买低价适用的商品。

超低价降低了用户的心理预期，形成了"买到就是赚到"的感觉，并且由于低价的吸引，一部分用户还会继续在拼多多上购物。

三、拼多多的运营模式

拼多多从2015年9月成立至今，平台已经从探索期过渡到了增长期，其在探索期和增长期采用了不同的运营模式。如图 2-5 所示。

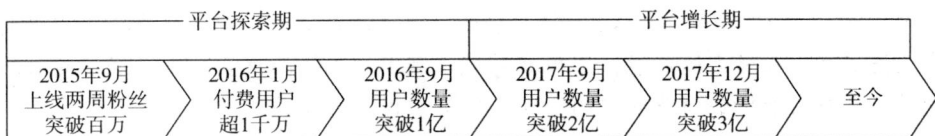

平台探索期			平台增长期		
2015年9月上线两周粉丝突破百万	2016年1月付费用户超1千万	2016年9月用户数量突破1亿	2017年9月用户数量突破2亿	2017年12月用户数量突破3亿	至今

图 2-5 拼多多的生命周期

1. 平台探索期

战略定位：锁定社交电商，将目标人群定位为对价格敏感的人群，解决用户如何购买到高性价比商品的问题。

品类：此阶段推出的商品以生鲜和用户高频购买的生活必需品为主，商品本身性价比的重要性大于品牌内容。

运营：运营广告和营销投入集中于招商入驻和后端产业链上；用户端主要借势微信小程序的影响和微信海量活跃用户，通过微信推荐分享和低价爆款不断为平台引流，并借助围绕低价与分享展开的营销留存用户。

2. 平台增长期

经过探索期对于社交电商的验证和蓄力后，逐渐将目标人群范围扩大到全网对价格敏感的用户并实现了全品类运营，满足用户"想要的都可以拼着买"的需求。

在用户端的运营策略也开始转变，一方面在营销推广方面不断发力，在一线城市的地铁和公交站投放广告、赞助热播的综艺和影视剧，与此同时"神曲"《拼多多》也变得耳熟能详，自此拼多多不仅是只存在家人/朋友聊天里的商品分享和一起砍价，而且是彻底走进了大众视野。另一方面拼多多开始更加注重用户口碑和树立正面的平台形象，持续增大商品打假力度和优化售后服务，并逐渐将从微信获得的用户导流到自身 APP 端。

四、拼多多的启示

深刻洞察用户的需求以及需求背后的情感体验。例如，瞄准对价格敏感的人群，既满足了他们低价购买商品的需求，又满足了用很便宜的价格购买到实用商品的"小确幸"和"买到就是赚到"的感觉。

借助数字化技术建立多元和高效的连接用户方式，及时捕捉用户信息和感知消费需求，并建立起跨越空间和时间限制的消费场景，不断激发和满足用户的消费需求。

通过不断革新的数字化技术，驱动融合与创新，零售企业一方面可以在消费前端最大限度地触达、理解、服务用户，另一方面深入供应链后端，提升产业链整体的资源整合和协调能力。

渠道与资源整合，将不同渠道（线上、线下）、不同终端（PC、移动端、智能终端、VR 等）深度融合与打通，在捕捉用户信息、商品和内容、营销与促销、订单与支付等环节协同配合，构造数字化全渠道体验，如盒马鲜生、永辉超级物种等。

深入供应链后端，通过对用户的洞察和对需求的大量汇集，反向推动生产环节，使生产不再是批量化闭门设计，而是以需求为驱动力并且可以快速响应市场的有计划生产，在拼多多上一部分商品通过"定制化生产＋压缩供应链"来降低成本,既为用户提供了低价商品,又提升了整个供应链效率。

在瞬息万变的商业环境里,还有很多像拼多多一样的企业,借助商业模式的不断创新和数字化技术在产业链上的赋能,实现在时代浪潮中的脱颖而出。而真正经得起时间和用户考验的还是那些能抓住商业本质的企业——提供优质的商品和服务,提升整个产业链服务能力。

资料来源:拼多多值得学习的几点运营道术[EB/OL].百度文库,https://wenku.baidu.com(经整理).

思考:

1. 你对拼多多的运营战略有何评价?

2. 结合拼多多平台的生命周期,你对未来拼多多的发展趋势有什么看法?

3. 未来线上和线下渠道融合打通后,对拼多多会有怎样的影响?

【思考与练习】

1. 世界500强的企业可能在6种主要的竞争优势(价格、质量、时间、柔性、服务、创新)中都做到卓越吗?给出理由,证明你的观点。如果不是,给出例子。

2. 如何理解运营战略、运营能力和企业竞争力之间的关系?

3. 如何利用卡诺模型识别并培植订单赢得要素?

4. 生产率的表达形式有哪些?

5. 简述服务业运营战略的特征。

6. 有竞争力的服务运营包括哪些要素?

7. 制定运营战略的方法有哪些?

8. 在下面给出的组织中,选择你熟悉的组织,描述该组织的使命、战略、竞争优势。其订单资格要素和订单赢得要素分别是什么?如何通过有效的运营管理获得成功?

餐厅、苹果公司、美发店、戴尔、书店、酒吧、早教中心、水果店等

【能力训练】

继第一章提出的成立学生创业小组,现在各小组的项目已初步确定,要求管理者制定出项目的使命、愿景,明确组织战略、运营战略,分析订单的资格要素和订单的赢得要素分别是什么?如何通过有效的运营管理使组织获得成功。

第三章　需求预测

【学习目标】

　　描述预测的基本特征；

　　解释预测的分类；

　　描述预测的步骤；

　　理解预测的影响因素；

　　描述定性预测的四种方法；

　　掌握时间序列的构成成分；

　　应用 Excel 工具进行定量预测

【导入案例】

FICO，"我们知道你明天会做什么"

　　一个人的信用常被用来预测他/她的个人行为。美国个人消费信用评估公司（FICO）在 20 世纪 50 年代发明了信用分。2011 年，FICO 又提出遵从医嘱评分——它分析一系列的变量来确定这个人是否会按时吃药，包括一些看起来有点怪异的变量。例如，一个人在某地居住了多久，这个人结婚了没有，他多久换工作以及他是否有私家车。这个评分会帮助医疗机构节省开支，因为它们会知道哪些人需要得到它们的用药提醒。有私家车和使用抗生素并没有因果关系，这只是一种相关关系。但这就足够激发 FICO 的首席执行官扬言，"我们知道你明天会做什么？"这是他在 2011 年的投资人大会上说的。

　　资料来源：维克托·迈尔—舍恩伯格，肯尼斯·库克耶. 大数据时代：生活、工作与思维的大变革[M]. 杭州：浙江人民出版社，2013（经整理）.

　　Fastcast 利用机票销售数据来预测未来的机票价格；谷歌重复使用搜索关键词来检测流感的传播；麦格雷戈博士用婴儿的生命体征来预测传染病的发生；莫里重新利用老船长的日志发现了洋流。

　　预测是对未来可能发生情况的估计与推测，是制定决策的基础。企业生产活动建立在需求预测结果的基础上。需求预测是考虑市场的各种影响因素，对未来的产品或服务需求进行估计与推测，为企业生产经营决策提供产品和服务的需求信息，也是编制生产计划的依据。

第一节 需求预测概述

一、预测及预测的基本特征

(一) 什么是预测

预测是对未来可能发生的情况的预计与推测。"凡事预则立，不预则废"。预测为人们提供了即将发生情况的信息，以增加成功机会。但是由于未来情况有很大的不确定性，预测不可能是绝对准确的。即使是十分周密的预测，也可能与未来事实不完全相符。需求预测不是一门精确的科学，它是科学与艺术的结合。预测离不开科学测定的数据，离不开数学模型和电脑模拟，也离不开人们的经验和判断。我们不能因为有时天气预报不准确，就完全不相信天气预报，也不能因为预测的失误而否定预测。

预测不仅是长期战略性决策的重要输入，而且是短期日常经营活动的重要依据。任何组织都应当通过预测来指导自己的生产活动。例如，服务行业，服务一般是不能存储的，因此必须尽可能准确地估计未来的需求，以配置适当的服务能力。配置员工太多，势必造成浪费；而员工太少，则可能失去订单，丧失顾客或者加重员工的工作负担。

(二) 预测的基本特征

预测有以下四个基本特征：

1. 总是根据过去的数据或经验推断未来

脱离过去信息的预测只能是臆断，人们总是根据过去的数据或经验加上对未来走向的判断做出预测。

2. 因随机因素，预测总会有一定的误差

预测正好与实际结果完全一致只是一种偶然。预测不可能百分之百准确，不预测更不准确。

3. 群体预测的精度高于单个人的预测

因个人能力、经验的局限性，预测偏差比群体预测更大。例如，每天从福州到北京旅客数量的预测，比预计某个人将到何处出差要准确得多。

4. 预测的精度随时间跨度的增加而降低

根据上午的天气预测当天下午的天气肯定比预测明天下午或下个星期同一天下午的天气更为准确。预测经济变量也服从同样的规律。

二、预测的分类

按不同的性质、目标和特征可以将预测分为不同的类型。

(一) 按性质，分为科学预测、技术预测、经济预测、需求预测、社会预测

1. 科学预测

科学预测是对科学发展情况的预计与推测。它有时可以精确计算出来，如门捷列夫发现了元素周期表，并按照元素周期表预测有 3 个元素尚未发现，他称这 3 个元素为亚铝、

亚硼和亚硅。后来，这 3 个元素被确认为镓、钪和锗。

2. 技术预测

技术预测是对技术进步情况的预计与推测。电力行业对太阳能和核能方面的技术进步速度感兴趣，石油化工行业关心从油页岩里提炼油的技术的发展状况。一方面，技术进步为很多企业提供新的产品和原材料；另一方面，也使一些企业面临同行业或相近行业的更加激烈的竞争。因此技术进步即使不能从根本上改变一种产品，但它引起的生产方式变化可能导致大量的资金节约或浪费。

3. 经济预测

政府部门以及其他一些社会组织经常就未来的经济状况发表经济预测报告。对政府而言，关于未来总的经济形势的估计是十分重要的，因为它是预计税收收入、就业水平、货币需求等经济指标的基础，企业可以从这些报告中获取长期的和中期的经济增长指标，以规划自己的行动。

4. 需求预测

需求预测不仅为企业提供其产品在未来的一段时间里的需求期望水平，而且为企业的计划和控制决策提供了依据。既然企业生产的目的是向社会提供产品或服务，其生产决策无疑会在很大程度上受到需求预测的影响。

5. 社会预测

社会预测是对社会未来发展状况的预计与推测，如人口预测、人们生活方式变化预测、环境状况预测等。

需求预测与企业生产经营活动关系最密切，是本章讨论的重点。需求预测的方法可以应用到其他领域的预测中去。

（二）按预测时间长短，分为长期预测、中期预测、短期预测

1. 长期预测

长期预测是指 5 年或 5 年以上的预测，它是企业长期发展规划、产品开发研究、投资计划、生产能力扩充计划等的依据。长期预测一般通过对市场的调研、技术预测、经济预测、人口统计等方法，加上综合判断来完成，其结果大多是定性的描述。

2. 中期预测

中期预测指一个季度以上 2 年以下的预测，它是制订年度生产计划、季度生产计划、销售计划、生产与库存预算、投资预算的依据。中期预测可以通过集体讨论、时间序列法、回归分析法、经济指数相关法等并结合人的判断而做出。

3. 短期预测

短期预测指一个季度以下的需求前景的预测，它是调整生产能力、采购、安排生产作业计划等具体生产经营活动的依据。短期预测可以利用趋势外推、指数平滑等方法与判断的有机结合来进行。

（三）按主客观因素所起的作用，分为定性预测和定量预测

1. 定性预测

定性预测也称主观预测法，简单明了，不需要数学公式。它的依据来自不同的各种主观意见。定性预测方法包括德尔菲法、部门主管讨论法、用户调查法、销售人员意见汇集法等。

2. 定量预测

定量预测也称统计预测法，其主要特点是利用统计资料和数学模型进行预测。然而，这并不意味着定量方法完全排除主观因素，相反，主观判断在定量方法中仍起着重要的作用，只不过所起的作用小一些罢了。定量预测方法可以分为因果模型和时间序列模型。

三、预测的步骤

一般地，需求预测包括以下步骤：①确定预测的目的；②确定预测的时间范围；③选择适当的预测方法或模型；④搜集、整理、分析数据资料；⑤选择预测模型和方法进行预测，给出预测结果；⑥计算、分析预测误差，对预测过程进行监控，改进预测模型。

四、预测方法选择时的影响因素

需求预测方法很多，选择不同的预测方法对预测工作的效果有很大的影响。一般而言，选择需求预测方法主要应考虑如下因素。

（一）决策问题的要求

1. 决策的层次与范围

一般来讲，决策的层次越高，范围越大，决策问题的重要性越大，那么对预测的要求就越高。例如，对于综合生产计划的决策，应尽量采用多种方法（定性与定量结合）进行预测，以便提高预测工作的准确度与有效性。

2. 决策的时间水平

决策问题设计的时间长度可能只是当前也可能是长远，因而对预测方法的要求也分为短期、中期或长期。

（二）数据的可获得性和准确性

数据的可获得性与准确性影响预测方法的应用。当数据准确时，采用定量预测方法比较合适；当数据本身难以取得或不确保准确时，更适宜采用定性预测方法。

（三）预测人员对预测方法的掌握水平

预测人员对不同预测方法的掌握水平不同，会有不同的应用偏好，人们更偏向于自己比较熟悉的方法。

（四）预测精度与预测成本

预测成本包括时间成本和进行预测所需要的人力与财力成本。大面积的调查研究有利于提高预测精度，但是成本较高。选择预测方法的基本原则是：简单且实用的方法就是最好的方法。

第二节　定性预测方法

一、德尔菲法

德尔菲法（Delphi Method）又称专家调查法，是 1946 年由美国兰德公司（Rand Corporation) 的海曼（O. Helmen）和德尔基（N. Delkey）所创造的。德尔菲是古希腊传说中的神谕之地。在德尔菲又以阿波罗神而著名，传说他常派人到各地征询聪明人的意见。借用这一集中智慧和灵验的地名，寓意这种方法具有超高的预见力。这种方法以预先设定的专家作为征询意见的对象，具体做法如下：

首先是挑选专家，具体人数视预测课题的大小而定，一般问题需 20 人左右。在进行函询的整个过程中，自始至终由预测单位函询或派人与专家联系，不让专家互相发生联系。

专家选定之后，即可开始第一轮函询调查。一方面向专家寄去预测目标的背景材料，另一方面提出所需预测的具体项目。首轮调查，任凭专家回答，完全没有限制。专家可以各种形式回答问题，也可向预测单位索取更详细的统计材料。预测单位对专家的各种回答进行综合整理，把相同的事件、结论统一起来，剔除次要的、分散的事件，用准确的术语进行统一描述。然后将结果反馈给各位专家，进行第二轮函询。

第二轮函询要求专家对所预测目标的各种有关事件发生的时间、空间、规模大小等提出具体的预测，并说明理由。预测单位对专家的意见进行处理，统计出每一事件可能发生日期的中位数，再次反馈给有关专家。

第三轮是各位专家再次得到函询综合统计报告后，对预测单位提出的综合意见和论据加以评价，修正原来的预测值，对预测目标重新进行预测。

上述步骤，一般经过 3～4 轮，预测主持者要求各位专家根据提供的全部预测资料，提出最后的预测意见，若这些意见收敛或基本一致，即可以此为根据做出判断。

德尔菲法通常用于采集数据成本太高或不便于进行技术分析时，适用于长期趋势和对新产品的预测。优点是预测速度较快，成本较低；消除群体压力或某些主导性个体对预测结果产生的负面影响。缺点是专家的选址没有明确的标准，预测责任分散，预测结果的可靠性缺乏严格的科学分析，最后趋于一致意见的随大溜儿倾向。

在使用德尔菲法时应注意以下四个要点：

（1）单一和具体性。要预测的问题单一、明确。一次最好预测一个具体问题。

（2）匿名性。对被选择的专家要保密，避免专家之间的相互影响。

（3）反馈性。预测结果一般是在多次调查、不断反馈、反复综合整理、归纳和修正的基础上形成的。

（4）偏差性。在预测中，应考虑各个专家所具有的经验，对预测问题的熟悉程度以及判断力。实际中，可采用对不同水平专家给以不同权数的方法，对他们的回答结果进行加权处理，以使预测结果更趋于准确。

二、部门主管讨论法

部门主管讨论法通常由高级决策人员召集销售、生产、采购、财务研究与开发等各部门主管开会讨论。与会人员充分发表意见，对某一问题进行预测，然后由召集人按照一定的方法，如简单平均或加权平均，对所有个人的预测值进行处理，得出预测结果。这种方法常用于制定长期规划以及开发新产品。其应用前提条件是参与预测的部门主管具有专门的知识、较丰富的经验以及对市场的洞察能力和分析能力。

这种方法的优点是简单、经济、易行；不需要准备和统计历史资料；汇集了各主管的经验与聪明才智；如果市场情况发生变化，可以立即进行修正。其不足之处是个别权威的观点可能左右其他人发表意见；由于是主管人员的主观意见，故预测结果缺乏严格的科学性；因预测是集体讨论的结果，故无人对其正确性负责，责任不明会导致草率地发表意见。

三、用户调查法

当对新产品或缺乏销售记录的产品需求进行预测时，常常使用用户调查法。销售人员通过信函、电话或访问的方式对现实的或潜在的顾客进行调查，了解他们对与本企业相关产品及其特性的期望，再考虑本企业可能的市场占有率，然后对各种信息进行综合处理，即可得到所需的预测结果。用户的需求决定企业所要生产的产品和提供的服务，但由于顾客太多，同时又很难确定哪些是潜在的顾客，所以常常用用户调查法来征询顾客意见。

这种方法的优点是预测直接来源于顾客期望，较好地反映了市场需求情况；可以了解客户对产品优缺点的看法，了解一些顾客不购买这种产品的原因，掌握这些信息有利于改善产品，有利于开发新产品并且有针对性地开展促销活动。缺点是很难获得顾客的通力合作，函询的低回收率和消费者的不认真回应不可避免；顾客期望不等于实际购买，而且其期望容易随着一些新的情况（如办展销会）出现而发生变化；调查时需耗费较多的人力和时间。

四、销售人员意见汇集法

销售人员和售后服务人员直接与顾客接触，比较了解顾客的需求。销售人员意见汇集法通常由各地区的销售人员估计自己所负责的销售区域的产品销售额和总的市场需求，然后汇总各销售区域人员所估计的销售额，得到预测结果。

这种方法的优点是预测值很容易按地区、分支机构、销售人员、产品等区分开；销售人员的意见受到了重视，增加了其销售信心；抽样较多，预测结果较稳定。缺点是带有销售人员的主观偏见，难以区分哪些是顾客想要购买的。

第三节　定量预测方法

对需求的定量预测方法有很多种，选择不同的预测方法，结果会有所不同。为了简化学习，本节主要选择时间序列平滑模型、时间序列分解模型、因果关系模型三种定量预测方法进行介绍。

一、时间序列预测

（一）时间序列的构成

根据数据的特征可把时间序列分为趋势成分、季节成分、周期成分、随机成分（见图 3 - 1）。

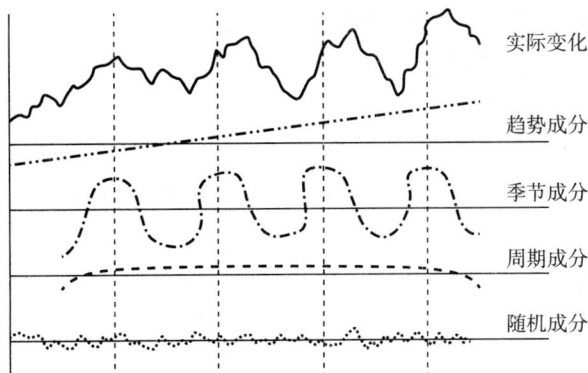

图 3 - 1　时间序列的四种构成成分

1. 趋势成分

趋势成分就是预测数据随着时间的推移呈现出上升、下降或者停留在一定水平上的趋势。趋势成分的预测一般采用线性回归的方法，近似认为其服从线性变化规律。趋势成分是需求预测中最容易获得的预测成分。

2. 季节成分

季节成分是数据按照一年四季的时间交替呈现出的变化规律。对一些带有季节性的产品（如服装、家具、服务业的旅游产品等）作需求预测时，需要考虑季节成分。

3. 周期成分

某些产品的需求在一个比较长的经济周期中呈现规律性的上下波动，这种波动称为经济周期。周期成分与行业甚至国家的经济周期有关。例如，某行业经过若干年后，整体需求下降，而再经过若干年后又出现行业整体需求上升的现象。这种周期性需求的上下波动一般需要几年甚至十几年才能观察到。在一般的企业预测中，这种长时间的周期成分很难预测。

4. 随机成分

某些不确定的随机因素导致的需求变动就是随机成分。例如，股票市场经常受到各种政策变动、个别企业的投资与人事变动的影响。随机成分一般也比较难以预测。

由于周期成分在实际应用中难以确定，一般被归到随机成分中，同时常假设随机波动正负相抵。因此，一般情况下，时间序列模型的应用主要考虑趋势成分和季节成分。

（二）时间序列平滑模型

时间序列平滑模型根据历史数据来预测未来的需求。例如，所收集的过去8周的销售数据可以用来预测第9周的销售量。过去几年的季度销售数据也可以用于预测未来的销售量。时间序列平滑模型分为移动平均法、指数平滑法两种。

1. 移动平均法

移动平均法就是对最近几期的需求进行简单移动平均。每进行一次新的预测就舍弃最远的一期数据，加上最近的一期数据，然后进行平均。在移动平均法中，时间长度的选择取决于预测的用途。例如，为编制预算而进行中期需求预测时，选择月作为时段长度更为合适。但是如果预测时用于补充库存等短期决策，对每周的需求进行预测可能更为合适。

移动平均法细分为简单移动平均法和加权移动平均法。

1）简单移动平均法公式如下：

$$F_{t+1} = \frac{A_t + A_{t-1} + \cdots + A_{t-n+1}}{n} = \frac{1}{n}\sum_{i=t-(n-1)}^{t} A_i \tag{3-1}$$

式中，F_{t+1} 表示第 $t+1$ 期的预测值；A_i 表示第 i 期的实际值；n 表示移动平均用的周期数。

2）加权移动平均法公式如下：

$$F_{t+1} = \frac{\sum_{i=t+1-n}^{t} W_i A_t}{\sum_{i=t+1-n}^{t} W_i} \tag{3-2}$$

式中，W_i 表示第 i 期实际值的权重。如果权重用百分比表示，则 $\sum W_i = 1$。式（3-2）也可以表示为：

$$F_{t+1} = \sum_{i=t+1-n}^{t} W_i A_t \tag{3-3}$$

【例3-1】某电子音响器材公司2017年销售量如表3-1所示。利用移动平均法和加权移动平均法预测2018年1月的销售情况。其中，移动周期 $n=3$ 和 $n=5$，试用简单移动平均法进行预测。加权移动平均预测的移动周期 $n=3$，权重分配为：$W_t = 0.5$，$W_{t-1} = 0.3$，$W_{t-2} = 0.2$。

解：

表3-1 某电子音响器材公司月销售量的移动平均法预测

时期 t	实际值 A_t	简单移动平均 $n=3$	简单移动平均 $n=5$	加权移动平均 $n=3$
2017 年 1 月	36			
2017 年 2 月	37			
2017 年 3 月	35			
2017 年 4 月	40	36.0		35.8
2017 年 5 月	43	37.3		37.9
2017 年 6 月	47	39.3	38.2	40.6
2017 年 7 月	45	43.3	40.2	44.4
2017 年 8 月	40	45.0	42.0	45.2
2017 年 9 月	37	44.0	43.0	42.9
2017 年 10 月	31	40.7	42.4	39.5
2017 年 11 月	34	36.0	40.0	34.6
2017 年 12 月	36	34.0	37.4	33.7
2018 年 1 月		33.7	35.6	34.4

2. 指数平滑法

指数平滑法是利用本期实际值和预测值推算下一期预测值的预测方法。越靠近当前的数据，对未来的影响越大；越远离当前的数据，对未来的影响越小。一次指数平滑法的公式如下：

$$F_{t+1} = aA_t + (1-a) F_t = F_t + a (A_t - F_t) \tag{3-4}$$

式中，F_{t+1} 表示 $t+1$ 期的预测需求；A_t 表示 t 期的实际需求；a 表示平滑系数。其中，$F_1 = A_1$。

【例 3-2】某公司笔记本电脑产品一年的销售变化情况如表 3-2 所示。请分别使用 0.1 和 0.5 的平滑系数预测第 13 个月的销售量。

解：

表 3-2　某公司的月销售额一次指数平滑预测　　　　单位：百台

月份	实际销售量	不同平滑系数的模拟与预测	
		$a = 0.1$	$a = 0.5$
1	50	50.0	50.0
2	58	50.0	50.0
3	55	50.8	54.0
4	65	51.2	54.5
5	68	52.6	59.8
6	66	54.1	63.9
7	70	55.3	64.9
8	78	56.8	67.5
9	80	58.9	72.7
10	69	61.0	76.4
11	70	61.0	72.7
12	74	62.6	71.3
13		63.8	72.7

平滑系数 a 的取值可大可小。如果原有数据构成的数列波动不大，则 a 取小一些。反之，数据波动很大，则取值应当大一些。如果数据波动难以判断，则可以取不同 a 值进行预测，比较预测结果，取预测误差较小的 a 值使用。表 3-2 的数据波动相对较大，从预测结果来看，a 取值 0.5 的误差会小一些，更符合实际需求，所以第 13 个月的销售量为 72.7 百台。

（三）时间序列分解模型

时间序列分解模型有两种形式：乘法模型和加法模型。

加法模型的基本公式如下：

$$F = T + S + C + \varepsilon \tag{3-5}$$

乘法模型的基本公式如下：

$$F = T \times S \times C \times \varepsilon \tag{3-6}$$

式中，F 表示时间序列的预测值；T 表示趋势成分；C 表示周期性变化成分；ε 表示随机成分，S 表示季节成分。

时间序列分解模型的建立是基于这样的观点：需求随时间而变化是多种成分叠加作用的结果。即任何一个需求值是趋势的、季节的、周期的或随机的等多种成分共同作用的结果。时间序列分解模型试图从时间序列值中找出各种成分，在对各种成分进行单独预测的基础上，综合处理各种成分的预测值，以得到最终的预测结果。时间序列分解模型的求解步骤如【例3-3】所示。

【例3-3】某旅游服务点过去3年各季度中式快餐的销售数据如表3-3所示。试预测该公司未来1年各季度的销售量。

解：

求解分为三个步骤进行。

（1）求趋势直线方程。根据表3-3给出的数据采用最小二乘法求出趋势直线 $T = 137.31t + 9970.3$。

（2）估算季节系数。所谓季节系数就是销售量 A_t 与趋势预测值 T_t 的比值的平均值。例如，对季度1，$A_1/T_1 = 1.15$，类似地，可以求出各个季度的 A_t/T_t，如表3-3所示。

表3-3 某旅游服务点过去3年快餐销售记录

季度	季度序号 t	销售量 A_t	4个季度移动平均	季度中点	趋势预测值 T_t	季节系数 A_t/T_t
夏	1	11500			10107.61	1.14
秋	2	10250			10244.92	1.00
冬	3	9800			10382.23	0.94
春	4	10500	10512.5	2.5	10519.54	0.99
夏	5	12350	10725	3.5	10656.85	1.16
秋	6	11080	10932.5	4.5	10794.16	1.03
冬	7	9210	10785	5.5	10931.47	0.84
春	8	11270	10977.5	6.5	11068.78	1.02
夏	9	13300	11215	7.5	11206.09	1.19
秋	10	11180	11240	8.5	11343.4	0.99
冬	11	10280	11507.5	9.5	11480.71	0.90
春	12	12136	11724	10.5	11618.02	1.04

由于季节1、5、9都是夏季，应求出它们的平均值作为季节系数。

$SI(夏) = (A_1/T_1 + A_5/T_5 + A_9/T_9)/3 = (1.14 + 1.16 + 1.19)/3 = 1.16$

同样可得 $SI(秋) = 1.01$；$SI(冬) = 0.89$；$SI(春) = 1.02$。

（3）预测。在进行预测时，关键是选择正确的 t 值和季节系数。在这里，该旅游服务点未来1年的夏、秋、冬、春各季对应的 t 值分别为13、14、15、16，对应的季节系数分

别为 SI（夏）、SI（秋）、SI（冬）、SI（春）。因此该公司未来 1 年销售量分别为：

夏季：$(137.31 \times 13 + 9970.3) \times 1.16 = 13636$

秋季：$(137.31 \times 14 + 9970.3) \times 1.01 = 12012$

冬季：$(137.31 \times 15 + 9970.3) \times 0.89 = 10707$

春季：$(137.31 \times 16 + 9970.3) \times 1.02 = 12411$

二、因果预测模型

时间序列模型将需求作为因变量，将时间作为唯一的独立变量。这种做法虽然简单，但忽略了其他影响需求的因素，如政府部门公布的各项经济指数、地方政府的规划、银行发布的各种金融方面的信息、广告费的支出、产品和服务的定价等都会对需求产生影响。而因果预测可以有效克服时间序列的这一缺点，它通过建立一个数学模型来求解自变量对所研究变量的影响。因果预测模型可分为回归模型、经济计量模型、投入产出模型等。下面主要介绍一元线性回归模型方法。

一元线性回归模型的表达式如下：

$$Y_T = a + bx \tag{3-7}$$

$$b = \frac{n + \sum XY - \sum X \sum Y}{n \sum X^2 - \left(\sum X\right)^2} \tag{3-8}$$

$$a = \frac{\sum Y - b \sum X}{n} \tag{3-9}$$

式中，Y_T 表示一元线性回归预测值；a 表示截距，为自变量 $x = 0$ 时的预测值；b 表示斜率；n 表示变量数；X 表示自变量的取值；Y 表示因变量的取值。

【例 3 - 4】对表 3 - 4 的数据应用一元线性回归法进行预测。

解：

表 3 - 4 一元线性回归方法预测结果

X	Y	X^2	XY
2.5	10512.5	6.25	
3.5	10725	12.25	37537.50
4.5	10932.5	20.25	49196.25
5.5	10785	30.25	59317.5
6.5	10977.5	42.25	71353.75
7.5	11215	56.25	84112.50
8.5	11240	72.25	95540.00
9.5	11507.5	90.25	109321.25
10.5	11724	110.25	123102.00
$\sum X = 58.5$	$\sum Y = 99619$	$\sum X^2 = 440.25$	$\sum XY = 655762$

每种预测方法都有各自的适用性和范围，通过对比总结后，常见定量预测方法的特征

比较如表 3 - 5 所示。

表 3 - 5　常见定量预测方法的特征比较

预测方法	所需数据量	数据特征	预测范围	准备时间	使用难度
简单移动平均和加权移动平均	6~12 个；经常用到周数据	平稳（如无趋势或无季节性）	短期	短	简单
一次指数平滑法	5~10 个	平稳	短期	短	简单
二次指数平滑法	10~15 个	趋势变动但不含季节性	短期到中期	短	稍复杂
趋势—季节型指数平滑	每季至少 4~5 个数据	趋势变动且含季节性	短期到中期	短	一般复杂
线性回归模型	10~20 个，季节性数据	平稳、有趋势且含季节性	短期到中期	短	一般复杂
时间序列分解模型	至少出现 2 个波峰与波谷	复杂、季节性的数据	短期到中期	短到中	简单

【延伸阅读】

大数据预测经典案例

一、沃尔玛：请把蛋挞与飓风用品摆在一起

通过对历史交易记录这个庞大数据库进行观察，沃尔玛注意到，每当季节性飓风来临之前，不仅手电筒销量增加了，而且美式早餐含糖零食蛋挞销量也增加了。因此每当季节性飓风来临时，沃尔玛就会把蛋挞与飓风用品摆放在一起，从而增加销量。

二、沃尔玛：东海岸—中海岸—西海岸

在美国，东海岸、中海岸、西海岸之间有两小时时差。东海岸的沃尔玛营业两小时后，中海岸才开始营业，沃尔玛就会把东海岸当天这两小时的营业情况、相关数据传给中海岸。中海岸根据这个数据知道了这天人们的购物喜好，决定货品怎么摆放，哪些货物摆放在一起会比较好。这种方式给沃尔玛带来了很大的利润。

三、UPS：大数据技术下的最佳行车路径

UPS 多效地利用了地理定位数据。为了使总部能在车辆出现晚点时跟踪到车辆的位置和预防引擎故障，它的货车上装有传感器、无线适配器和 GPS。同时，这些设备也方便了公司监督管理员工并优化行车线路。UPS 为货车定制的最佳行车路径是根据过去的行车经验总结而来的。2011 年，UPS 的驾驶员少跑了近 4828 万公里的路程，节省了 300 万加仑的燃料并且减少了 3 万公吨的二氧化碳排放量。

资料来源：大数据经典应用案例（一）　［EB/OL］．苏州市发展和改革委员会，http：//www. fgw. suzhou. gov. cn.

第四节 Excel 在运营管理中的应用

Microsoft Excel 是最流行的电子表格制作软件,它功能强大、技术先进、使用方便灵活。Excel 除了可以用来制作电子表格、图标等,还可以进行数据分析和预测,对运营管理中实际问题进行建模和运算,帮助运营管理人员提高分析精度和决策速度,并从烦琐的计算工作中解脱出来。

一、数据分析工具的安装及使用

分析工具库是 Excel 自带的分析工具之一,是专门用于统计数据分析的实用工具,在此,以 Excel 2007 版本为例,具体方法如下:安装在"工具"菜单下的"加载宏"命令中,显示为"分析工具库"选项。

在 Excel 2007 中使用数据分析工具,要先加载才行,如图 3 - 2 所示。先打开 Excel,在左上角的 Office 选项中点击 Excel 选项。进入到 Excel 选项对话框中,在左上角的 Office 选项中点击 Excel 选项,在此选择加载项,从中找到分析工具库,选中并点击"确定"按钮。此时工具库已经加载到了,可以进行数据分析。

图 3 - 2 分析工具库的加载

如果提示未安装,则转如下步骤:打开 Excel,在左上角的"Office"选项中点击"Excel 选项"。进入到"Excel 选项"设置对话框中,点击右侧的"信任中心设置",随后可以看到 Excel 是默认了关闭宏选项,选择"启用所有宏",确定后就可以正常打开了。如图 3 - 3 所示。

图3-3 打开信任中心，启用所有宏

二、数据分析应用举例

以【例3-1】为例，在 Excel 里导入数据，打开"数据"选项中的"数据分析"，弹出对话框，如图3-4所示，选择"移动平均"后，弹出对话框，如图3-5所示，选择数据源，"间隔"输入3，点击"确定"，就可以得到预测的数据了。同理可以操作"间隔"为5即移动距离为5的预测值。

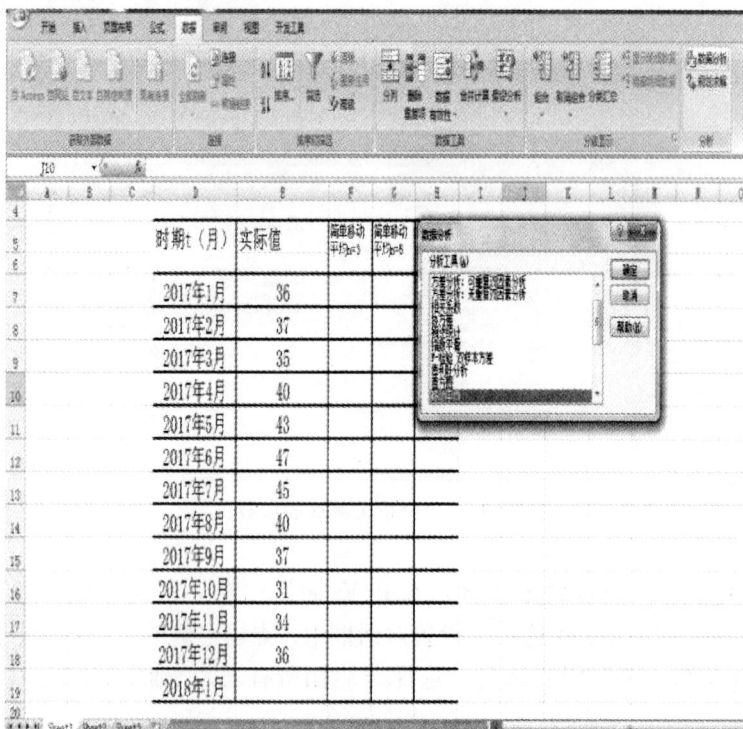

图3-4 移动平均预测法的打开

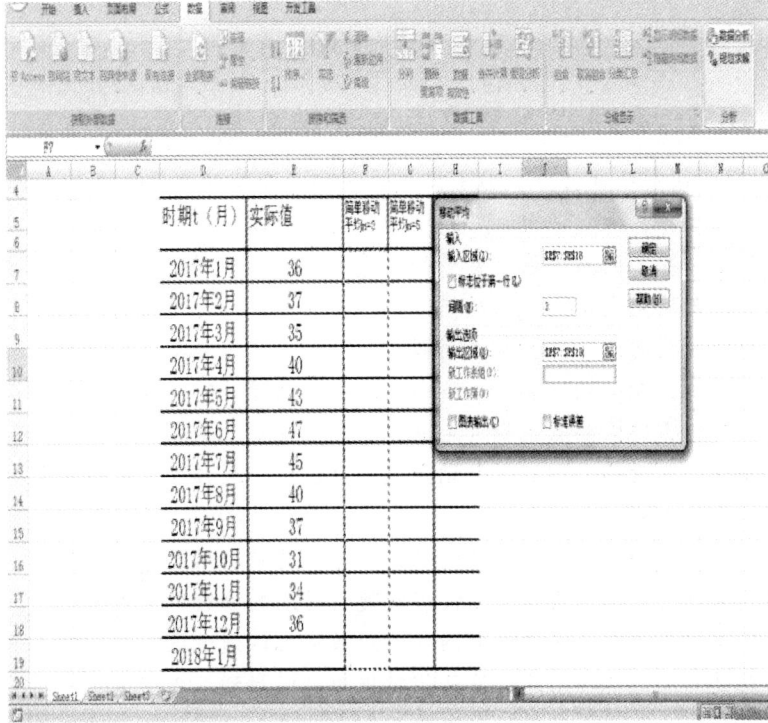

时期t（月）	实际值	简单移动平均n=3	简单移动平均n=5
2017年1月	36		
2017年2月	37		
2017年3月	35		
2017年4月	40		
2017年5月	43		
2017年6月	47		
2017年7月	45		
2017年8月	40		
2017年9月	37		
2017年10月	31		
2017年11月	34		
2017年12月	36		
2018年1月			

图3-5 选择数据源

同样，以【例3-2】为例，在 Excel 里导入数据，打开"数据"选项中的"数据分析"，选择"指数平滑"后，弹出对话框，如图3-6所示，选择数据源，阻尼系数 =1－平滑系数，所以 $a=0.1$ 时，阻尼系数为0.9，选择输出区域，点击"确定"，就可以得到预测的数据了。同理可操作 $a=0.5$ 的预测值。

同理，一元线性回归预测方法同样可以用 Excel 进行预测，大致方法如上，在此不赘述。

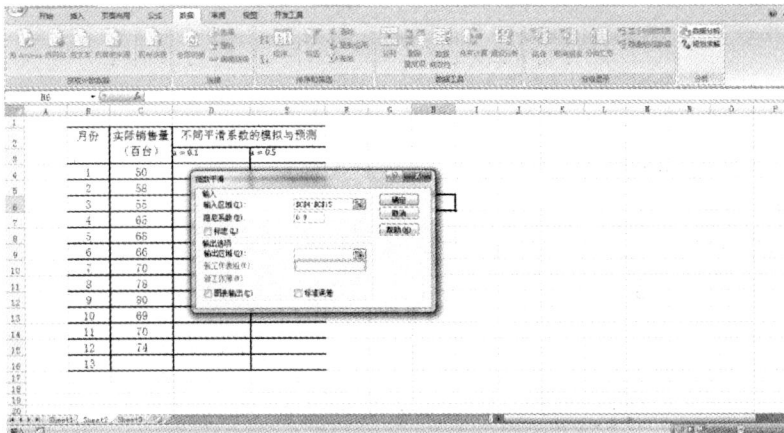

图3-6 指数平滑法的预测过程

【案例分析】

IBM，电动汽车动力与电力供应系统优化预测

在 2012 年进行的一项试验中，IBM 曾与加利福尼亚州的太平洋天然气与电气公司以及汽车制造商本田合作，收集了大量信息来回答关于电动汽车应在何时何地获取动力及其对电力供应的影响等基本问题。基于大量的信息输入，如汽车的电池电量、汽车的位置、一天中的时间以及附近充电站的可用插槽等，IBM 开发了一套复杂的预测模型。它将这些数据与电网的电流消耗以及历史功率使用模式相结合。通过分析来自多个数据源的巨大实时数据流和历史数据，能够确定司机为汽车电池充电的最佳时间和地点，并揭示充电站的最佳设置点。最后，系统需要考虑附近充电站的价格差异，即使是天气预报也要考虑到。例如，如果是晴天，附近的太阳能供电站会充满电，但如果预报未来一周都会下雨，那么太阳能电池板将会被闲置。

系统采用了为某个特定目的而生成的数据，并将其重新用于另一个目的，换言之，数据从其基本用途移动到了二级用途。这使得它随着时间的推移变得更有价值。汽车的电池电量指示器告诉司机应当何时充电，电网的使用数据可以通过设备收集到，从而管理电网的稳定性。这些是一些基本的用途，这两组数据都可以找到二级用途，即新的价值。它们可以应用于另一个完全不同的目的：确定何时何地充电以及电子汽车服务站的设置点。在此之上，新的辅助信息也将纳入其中，如汽车的位置和电网的历史使用情况。而且，这些数据不止会使用一次。而是随着电子汽车的能耗和电网压力状况的不断更新，一次又一次地为 IBM 所用。

思考：

1. 你如何看待基于数据的预测？
2. 未来预测对生产、生活的影响如何？

【思考与练习】

1. 试比较简单移动平均法和加权移动平均法的特点。
2. 时间序列的构成成分包括哪些？
3. 简述德尔菲法的内涵和步骤。
4. 预测有哪些基本特征？
5. 预测有哪些分类？
6. 如何利用回归方法进行需求预测？
7. 对比分析用户调查法、部门主管讨论法、销售人员意见汇集法的优缺点。

【能力训练】

结合学生创业小组项目，对该项目的未来市场需求进行预测。

第二篇　企业运营系统的规划与设计

第四章 产品设计和服务设计

【学习目标】

描述产品的内涵；

解释产品服务设计的方法；

描述工艺设计；

掌握服务设计的内涵和要素；

掌握产品生命周期发展；

解释质量功能展开；

理解产品设计和服务设计的区别；

描述产品和服务设计的原因；

解释服务场景设计和服务流程设计；

解释产品开发的方式；

解释服务设计的原则

【导入案例】

"绿色"汽车需要新的设计语言

网易科技讯2015年4月1日消息，近日，外媒《绿色汽车设计》杂志专访特斯拉首席设计师Frank Schwartz，在谈到特斯拉Model S设计时，Frank表示，"我们整体采用的设计语言为它带来了一种永不过时的感觉，它看上去足够浪漫，但是又没有过度繁复的部件。这款车最酷的地方是它的17英寸触摸屏和用户界面。它可以更换和升级，因此拥有很长的寿命"。

Frank Schwartz在加入特斯拉之前，曾担任通用汽车设计总监、大众汽车助理首席设计师和马自达汽车设计总监。而他主持设计的Model S是特斯拉历史中第一部大规模量产的电动车，接下来，特斯拉的SUV产品Model X也引起业界关注。

"我们设计Model S的出发点是让它成为特斯拉品牌的基石，通过这款车型找到构建品牌的基本要素。我们的努力已经初见成效，我们的品牌不仅独树一帜，而且也极富魅力。我们还要确保新技术不会让人产生陌生和不安的感觉；设计必须要精细，不能让人产生距离感。Model S看起来并不突兀，把它停在一辆来自百年老品牌的汽车旁边也丝毫不会有违和感。"

绿色汽车设计："绿色"汽车是否需要自己的设计语言？

FvH：我觉得绿色汽车需要的是能让顾客感到舒服的东西。有些东西可能特殊过头了。比如说 Green Hemp 就令人感到不安。我们想做的不是用过于先进的动力总成技术把人们吓跑，而是希望打造既有吸引力又美观悦目的汽车，而它正好又是一款电动车。我们并不希望这款车看上去仿佛在说："快瞧瞧我，我是电动的。"我们最不希望的就是顾客为了绿色而出卖自己的灵魂，就像你们为聆风和沃兰达所做的一样。它就像一件舒适的西装，你每天都可以穿着它。有一个埃隆这样的人在后面敦促你，这就成了一项真正的挑战。

资料来源：http://tech.163.com（经整理）.

思考：

你如何理解特斯拉的绿色设计理念？

第一节　产品设计

一、产品设计的内涵

（一）新产品

1. 新产品开发的意义

创新是时代发展的主旋律，对企业而言，唯一不变的事情就是变化，开发新产品是企业生存与发展的重要支柱。

（1）开发新产品有利于促进企业成长。由于任何产品都具有投入期、成长期、成熟期和衰退期，因此，企业想成长、想发展就必须不断进行新产品的开发。

（2）开发新产品可以维护企业的竞争优势和竞争地位。任何产品只要进入成长期后期，只要有利润，必然有大量的同行进入竞争行列，由此，势必造成本企业利润空间的缩小。因此，一个成功的企业应该抢夺先机，开发新产品。

（3）开发新产品有利于充分利用企业的生产和经营能力。因为在总的固定成本不变的情况下，开发新产品能使企业的资源利用率提高，由此使产品的成本随之降低，企业的经营能力也可得到较大的提高。

（4）开发新产品有利于企业更好地适应环境的变化。在经济迅速发展的今天，企业面临的各种环境条件也不断发生变化，如不及时开发新产品去适应环境，企业就会面临被淘汰的境地。如今各行业间的竞争越来越激烈，不同价位、不同材料的产品充斥市场，导致市场对产品的要求越来越高，不断开发新产品使之顺应市场的需要成为一种必需。

（5）开发新产品有利于加速新技术、新材料、新工艺的应用。每一种新产品在研制过程中，都会对技术、材料和工艺提出新的难题，正是在解决这些难题的过程中促进了新的技术、新的材料和新的工艺的产生与应用。例如，在"鸟巢"的主体结构框架设计过程中，为了满足其抗低温、易焊接、抗震性能强的要求，舞阳钢铁厂的科研人员开发出了

Q460 钢材，而且加工的钢板厚度达到 110mm，这些都促进了新材料的研发和新工艺的采用。

综上所述，开发新产品不仅有利于企业的成长、进步和竞争能力的提高，而且也将使企业与社会、自然环境的适应能力大大提高。因此，要把握未来就要把握先机，开发出好的新产品并且尽快占领市场，只有这样，企业才会在激烈的竞争中永远立于不败之地。

2. 新产品的概念

新产品是指在产品特性、材料性能和技术性能等方面（或仅一方面）具有先进性或独创性的产品。所谓先进性，是指由于采用了新技术、新材料而产生的先进性，或由原有技术、经验技术和改进技术综合产生的先进性。所谓独创性，是指产品由于采用新技术、新材料或引进技术所产生的全新产品。

根据对产品的改进程度，可把新产品分为创新产品（Break Through Product）、换代新产品（Next‐generation Product）、改进新产品（Derivative Product）三类。

（1）创新产品。即采用新技术、新发明生产的具有新原理、新技术、新结构、新工艺、新材料等特征的新产品。成功推出创新产品可以使企业获得先入为主的优势。例如，美国摩托罗拉公司于 1973 年推出了第一部手机，日本东芝公司于 1985 年推出了第一台笔记本电脑。这些革命性的产品深刻地改变了人们的生活和工作方式。创新产品可使企业保持持续的竞争力。

（2）换代新产品。即在原来产品基础上，基本原理不变，部分采用新技术、新结构、新材料、新元件，使产品功能、性能或经济指标有显著改进的新产品。例如，电熨斗—自动调温电熨斗—无绳人工智能电熨斗，我国第一台黑白电视机—彩色电视机—等离子电视和液晶电视—3D 电视—智能电视—4K 电视、曲面电视。

（3）改进新产品。即改进原有产品的性能、功能，提高质量，增加规格型号，改变款式、花色而制造出来的新产品。推出改进新产品需要投入的资源很少。改进新产品是对现有产品的补充和延伸，通过不断改进和延伸现有产品线，企业可在短期内保持市场份额。例如，江民公司每年下半年推出的新年序列杀毒软件就属于改进新产品。

（二）产品或服务生命周期分析

1. 产品或服务生命周期的阶段

在产品和服务的有效生命周期内，多数情况下，将经历从研制成功投入市场直至被淘汰退出市场的生命历程，这种历程被称为产品和服务生命周期（见图 4－1）。不同时期的需求不同，在每一个时期，产品运营管理的重点是不同的。

（1）投入期。当产品或服务首次推向市场时，可能被当作新奇事物对待。很多潜在的顾客认为该产品还不完善，在投入期后产品的价格会下降。该时期的运营管理重点是做好市场定位，加强广告宣传和产品推介，强调产品的新颖性。同时，改进工艺，提高效率，稳定市场，降低成本。

（2）成长期。随着时间的推移，设计的改进和需求的增加使产品更加可靠，成本更低。在成长期，生产同类产品的厂家开始增加，其运营管理的重点是进行准确的需求预测，并确定需求将维持多长时间，然后细分市场，做好配套服务，在确保质量的前提下提高生产能力、扩大批量，与此同时，应当着手研制开发新产品。

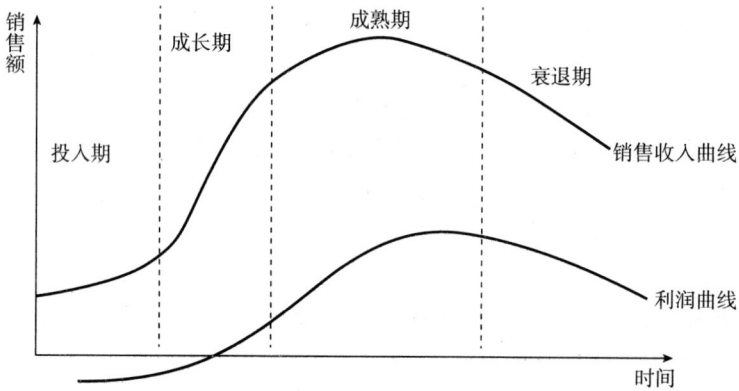

图 4 - 1　产品或服务的生命周期

（3）成熟期。在此时期，产品或服务达到成熟，需求增长趋缓，不必再进行设计变更。总体来看，成本达到最低，生产率达到最高。该时期的运营管理重点是最大限度地降低成本，同时适时推出新产品，同时预测在市场达到饱和并开始呈现下降之前这一时期将延续多长时间。

（4）衰退期。在此时期，需求开始下降，已无订单赢得要素，一个重要决策是，是否要终止该产品或服务，用新的产品或服务来代替，或者放弃这一市场。该时期的运营管理重点是保持当前的产品或服务的优势是巨大的。利用同样的设备，在同样的供应链条件下，借助同样的分销渠道，同样的工人可以生产或提供更多的产品或服务。相应地，成本可以非常低，不需要增加额外的资源，也不需要进行更多的培训。

有些产品没有显示出生命周期，如木质铅笔、剪刀、钉子、小刀、餐具、饮水杯及类似产品，但是，大多数产品都有生命周期，服务也有生命周期。例如，随着较旧产品的逐步退出，对这些旧产品的服务如安装和维修也会逐步退出。

产品经历生命周期的特定阶段所花的时间存在很大的差别：有些产品经历各阶段的时间很短，有些产品则要花更长的时间。

2. 延长产品生命周期的途径

产品生命周期曲线揭示了大多数产品在市场上的销售收入（利润）随着时间变化的一般规律，它表明任何一种产品在市场上有兴旺也有衰退的现象。产品生命周期主要受4种因素的影响，即技术进步的推动、消费者需求和偏好的变化、市场竞争的压力和企业追求经济利益的驱动。在一般情况下，企业为了保持良好的经营状况，要不断地研究开发新产品，要求企业自身在生产第一代产品的同时，试制第二代产品、研制第三代产品、构思第四代产品，这样形成技术储备和新产品梯队，保证不断地有新产品投放市场。与此同时，还要注意新一代产品投放市场的时机选择：若投入过早，会使老一代产品还未结束成熟期就被新一代产品所取代；若投放过晚，则市场有被竞争者占领的危险。

另外，企业开发一代产品是很不容易的，不应该轻易就让它退出市场，应该想方设法延长其生命周期。如图 4 - 2 所示，可以通过以下几种方式：一是增加广告宣传；二是在不改变产品整体结构的基础上，对产品进行局部改进设计，如更换产品的外观和包装、增加某些新结构和新功能等，以吸引新用户和稳定老用户；三是开拓新市场，在产品尚未被认识的新销售区域或经济较落后的区域争取新用户；四是寻找新用途，这一般需要对产品做较大的改进。总之，要千方百计地使这一代产品为企业创造更多的效益。

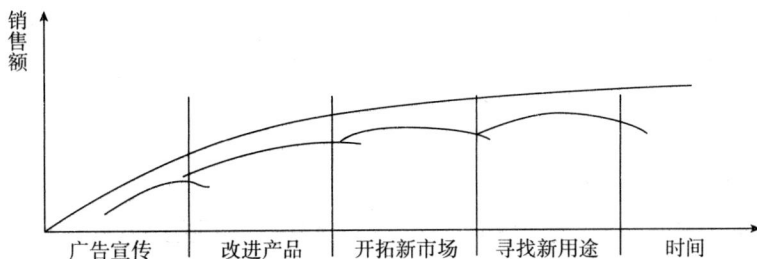

图 4 - 2　延长产品生命周期的途径

（三）产品开发的方式选择

为了使企业保持长久的竞争力，必须不断向市场推出新的产品，为此，企业必须有效响应用户需求，并且能超过竞争对手。选择合适的开发方式，抓住市场机会，快速开发出新产品，用很短的时间将产品推向市场，对一个企业而言是十分重要的，因为产品的市场寿命是有限的。

1. 独立开发

这是独创性的开发方式，企业自行独立开发新产品，要求企业具备较强的科研能力、雄厚的技术力量和保持一定的技术储备。采用领先型开发策略的企业一般采用这种开发方式。

2. 技术引进

技术引进指企业利用国内外的先进技术如直接购买专利、技术诀窍，从事新产品开发的方式。技术引进是许多企业开发新产品的成功经验。利用这种方式可以节省企业的科研经费，减少开发风险，加速企业技术水平的提高，缩短新产品开发周期。这种方式适用于研究开发能力较弱的企业。

3. 技术引进与独立开发相结合

技术引进与独立开发相结合是指只引进关键的核心技术，外围的配套技术由企业自己开发。这种方式可以在充分消化吸收引进的核心技术的基础上，结合本企业的特点进行创新。这种开发方式投资少、见效快，不仅能引进先进技术，而且还能创造出具有本企业特色的新产品，适用于已有一定的开发条件、外部又有比较成熟的开发这类新产品的若干新技术可以借鉴的企业。采用追随型开发策略的企业一般采用这种开发方式。

4. 联合开发

联合开发是指与有关大专院校、科研院所或其他企业合作研究开发。采用这种方式的企业自身有一定的研究开发条件和能力，但尚不具备独立开发的能力，或基于对研究开发的费用高、风险大、联合各方实现优势互补等因素的考虑。

5. 委托开发

委托开发是指企业有新产品的构思创意，但是没有开发能力，从而委托有关大专院校、科研院所或其他生产企业进行产品开发。采用这种方式的企业自身一般不具有研究开发的资源条件和能力，或考虑到研究开发费用太高、风险大等因素。

6. 仿制

仿制是指对其他企业的产品进行分析、拆解、测绘后，形成本企业产品的一种开发方式。从市场竞争和企业经营角度看，在发展新产品中仿制是不可排除的，因其有现成产品和技术可借鉴，技术难度和技术风险小，投入开发的人、财、物都相对少些，开发速度也最快。但是仿制不能全部照抄照搬，处理不好的话将会面临严重的侵权投诉，影响企业的形象和经营活动。

二、产品设计的原则

选择能为企业带来效益的产品很不容易，关键看产品开发人员是否真正具备市场经济的头脑。一方面，新技术的出现对新产品的形成有重要影响；另一方面，则要看企业是否真正把用户放在第一位。产品设计和选择应该遵循以下几条原则。

（一）设计创新性的产品（服务）

设计本身就是创性思维活动，只有大胆创新才能有所发明、有所创造。但是，今天的科学技术已经高度发展，创新往往是在已有技术基础上的综合。有的新产品是根据他人研究试验结果而设计，有的是博采众长加以巧妙的组合。因此，在继承的基础上创新是一条重要原则。

（二）设计可制造性强的产品

可制造性原则表述了产品是否能用现有的生产技术和手段制造出来，并符合产品的质量和成本要求。在产品的设计阶段就考虑产品的可制造性，从而保证设计出的产品易于制造和装配，缩短产品的开发周期，降低产品成本，保证产品质量。

（三）设计可靠性强的产品（服务）

产品设计力求技术上先进，但更要保证使用中的可靠性，即无故障运行的时间长短，这是评价产品质量优劣的重要指标。所以，产品要进行可靠性设计。

（四）设计绿色产品

出色的设计应该兼顾环保，致力于维持稳定的环境，合理利用原材料。同时，设计也不应局限于防止对环境的污染和破坏，应该注意不让人们的视觉产生任何不协调的感觉。

三、质量功能展开

（一）起源与发展

质量功能展开（Quality Function Deployment，QFD）就是在协调产品和服务的设计、制造和营销过程中把关注点集中在顾客需求上的一种思想、一套计划以及沟通工具。它首创于日本。1972 年，日本三菱重工有限公司神户造船厂首次使用了"质量表"。1978 年 6 月，水野滋和赤尾洋二在其著作《质量功能展开》中从全面质量管理的角度介绍了这种方法的主要内容。经过多年的推广、发展，质量功能展开的理论和方法体系逐步完善了，其应用也从产品拓展到服务项目。

（二）质量功能展开的内涵

质量功能展开的内涵是在产品设计与开发中充分倾听顾客的声音。为此，企业应首先利用各种技术了解顾客的真正需求是什么，然后把顾客的需求转换为技术要求。顾客需求，用顾客的话来说就是顾客的声音，代表顾客希望得到的一件产品是什么或一项服务的功能是什么。

质量功能展开是一种集成的产品开发技术。这里的"集成"有以下两种含义：

（1）各种技术的集成，包括顾客需求调查、价值工程和价值分析、FMEA 法失效模式及影响分析、矩阵图、层次分析法等。

（2）各种职能的集成，包括市场调查、产品研发、工程管理、制造、客服等。

【延伸阅读】

失效模式与影响分析

失效模式与影响分析（Failure Modeand Effects Analysis，FMEA）是将一件产品的每个部件都列出来，同时还列出它可能发生的故障、故障的原因、故障的影响，以及怎样通过改善设计来纠正不良影响。例如，插座是一个台灯组件，对于这个组件的典型 FMEA 可能是：

故障：插座破裂；

原因：过热，使灯泡变脆；

影响：可能引起电击；

纠正：使用改善后的材料。

FMEA 可以在制造前就把严重的设计问题揭露出来，并大大改善产品质量和可靠性。现在的失效模式与影响分析越来越多地应用到医疗行业。

（三）质量屋

质量功能展开使用一系列矩阵图形，这些矩阵如房屋的图形，故称为质量屋。质量屋由以下主要部分构成：

（1）左墙——顾客需求；

（2）右墙——竞争力评价表；

（3）天花板——技术要求；

（4）房间——关系矩阵表；

（5）地板——质量规格；

（6）地下室——技术能力评价表；

（7）屋顶——技术要求之间的相关矩阵。

此外，还有一些必不可少的部分，如各项需求对顾客的重要度、技术要求的满意度方向、技术重要度等（见图 4-3）。

建立一个质量屋从确定顾客声音和设计技术特性开始。但是技术特性必须用设计者和工程的语言来表达。质量屋的顶部显示了每一对技术特性之间的相互关系，这些关系可以帮助回答像"产品某一特性的变化是如何影响其他特性的"之类的问题。

接下来，确定顾客需求同技术特性之间的关系矩阵，这个矩阵可以表明最终的技术特性能否与顾客需求相对应，其评估是在调查专家意见、听取顾客反应和在可控条件下实验的基础上进行的。顾客要求和技术特性之间没有很强的关系，则表明最终产品和服务不能满足顾客需求。同样地，如果一种技术特性与任何顾客需求没有关系，那么它就是多余的。下一步就是测评市场效果。包括为每项顾客需求重要性评级，根据每项需求评价现有的产品，突出竞争产品的优劣势。再下来，就要评价竞争产品的技术特性并提出指标。将这些测评同顾客需求的竞争评价做比较，找出市场评估和技术评估之间不一致的地方。基于顾客重要性等级和现有产品的优劣势，确立每项技术特性的指标。

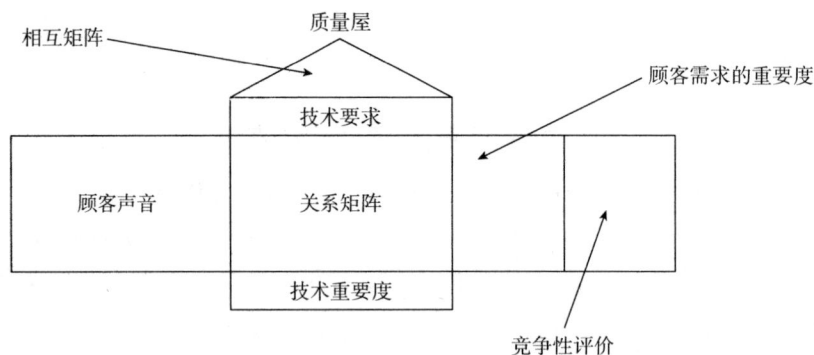

图 4 - 3　质量屋

最后一步就是选择同顾客需求有强关系的、竞争表现不佳的或有卖点的技术特性。展开这些特性，或转换成设计过程中的各项功能，以便采取合适的方法进行控制，确保顾客的声音能够得到反映。那些没有确定为关键性的特性则不需要对其过分关注。

四、工艺设计

（一）工艺及工艺类型

所谓工艺，是指一个组织将输入品转化为输出品的过程中的任何一个环节，经过这些环节转化后的输出品实现了价值增值，其价值要高于原始输入品的价值。按照用途，工艺可以分为以下三种基本工艺类型：

1. 转化工艺

又称化学工艺，是通过生化方法，将一种或几种物质转化为另一种物质，如将铁矿石转化为钢板，或将所有列在牙膏盒上的成分合成牙膏等。

2. 制造工艺

又称物理工艺，是将原材料加工成特定形状的产品，如把钢板冲压成汽车挡泥板或冰箱外壳，将金子制成金饰品等。

3. 装配工艺

即配件组合成产品，如将挡泥板安装在汽车上，将牙膏筒放入牙膏盒。

（二）工艺流程与 P - P 矩阵

1. 工艺流程

工艺流程是指一个组织将输入品转化为输出品所涉及的各个工艺环节组成的过程。如图 4 - 4 所示。

运营系统提供的产品或服务的差异性越大，加工设备的柔性越高，每种产品的产量越小，最终反映为加工作业的重复程度越高。根据加工作业的重复程度，可把工艺流程分为四种，即单件生产、批量生产、大量生产和流程型生产。

（1）单件生产。指一定时期内生产很多种产品，每种产品只生产一件或少数几件的生产组织过程，如制作影视剧、建造大楼、为超级明星定制服装等。单件生产多采用富有柔性的设备，并按照工艺专业化布置设备，要求工人有较高的技术水平。

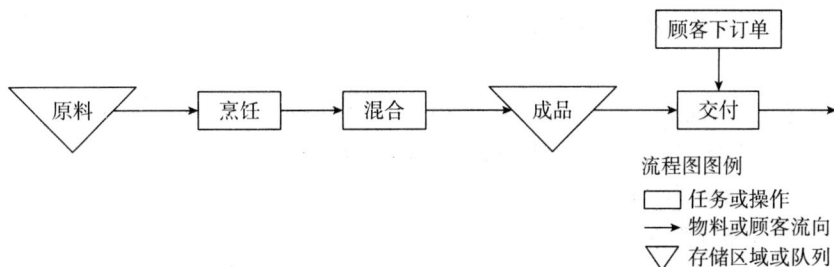

图 4 - 4　一家快餐店的工艺流程

（2）批量生产。指一定时期内生产多种或为数不多的几种产品，每种产品生产的数量有限的生产组织过程，如机械加工、书刊印刷等。批量生产的特点是，当一批产品（零部件）加工完毕改制另一批产品（零部件）时，需要重新调整设备和工艺装备。

（3）大量生产。指一定时期内只生产一种或品种极少的产品，每种产品大量重复生产的生产组织过程，如汽车装配线、饮料灌装线等。大量生产多采用专业化的设备，按照产品专业化布置设备和工艺装备。管理重点是生产线的平衡。

（4）流程型生产。指一定时期内不间歇地生产一种产品的生产组织过程，如化工、炼钢、制药、发电等。流程型生产组织的刚性强，要求上下游工序之间有非常高的协同作业，一旦某一环节出现问题，将带来极大的损失。

2. 工艺分析

工艺分析是对工艺流程的分析，一个不适合公司需要的工艺流程会时刻制约公司的发展，因此了解工艺流程对于确保公司的竞争力非常关键。通过工艺分析，可以了解一个企业是如何运作的，了解原材料与信息是如何流动的，这些要素之间如何实现配合，哪里出了问题（原材料堆积、顾客排队等），从而提出改进措施。

进行工艺分析时，可以借助一些常用的工艺绩效指标作为衡量工艺改进效果和不同阶段生产率变化的标准，从而了解相关情况，或者就此提出工艺改进方案。常用的工艺绩效指标包括以下几个方面。

（1）运行时间。指生产一批零部件所用的时间，由生产单个产品的时间乘以批量计算可得。

（2）安装时间。指使机器能生产特定产品所需要的准备时间，又称准结时间。需要安装时间的机器通常是批量生产的。

（3）操作时间。指生产一定批量的产品所需的运行时间与安装时间的总和，即操作时间 = 安装时间 + 运行时间。

（4）周期。指一项工作从开始到完成所需要的时间。

（5）总生产时间。指产品的实际加工时间和产品在队列中的等待时间。

（6）生产率。生产率 = 输出/输入。

（7）效率。效率 = 实际输出/标准输出。

【例4-1】一台设计用来包装谷物的机器的工作速度是30箱/分钟，每一箱的运行时间是2秒。如果将机器从打包25千克的箱子改装成打包10千克的箱子所需的安装时间是30分钟，则打包20000个10千克的箱子所需要的操作时间是多少？如果一段时间机器的实际工作速度是24箱/分钟，则机器的效率是多少？

解：

操作时间 = 安装时间 + 运行时间

$$= 30 \text{分钟} \times 60 \text{秒/分钟} + 2 \text{秒/箱} \times 20000 \text{箱}$$

$$= 41800 \text{秒}/60$$

$$= 696.67 \text{分钟}$$

机器的效率 = 24/30 = 80%

3. P-P矩阵用于工艺流程选择

P-P矩阵（Product-Process Matrix）最早由Hayes和Wheelwright提出，后来得到了广泛应用。这种矩阵由两个维度组成：产品特性和工艺类型。根据P-P矩阵，参照所加工产品的特性，即产量大小和品种多少，沿对角线选择和配置工艺流程最为经济。反之，偏离对角线选择和配置工艺流程不能获得最佳效益。在P-P矩阵的基础上加上两个箭头，分别代表产品生命周期和单位可变成本，如图4-5所示的扩展P-P矩阵。其中，代表PLC（Product Life Cycle，产品生命周期）箭头的含义是：对同一产品，在投入期倾向于采用单件或批量生产；在成熟期，则倾向于采用装配线；代表单位成本箭头的含义是：当采取单件或小批量生产时，应尽量满足定制化，以弥补单件或批量生产较高的单位可变成本。

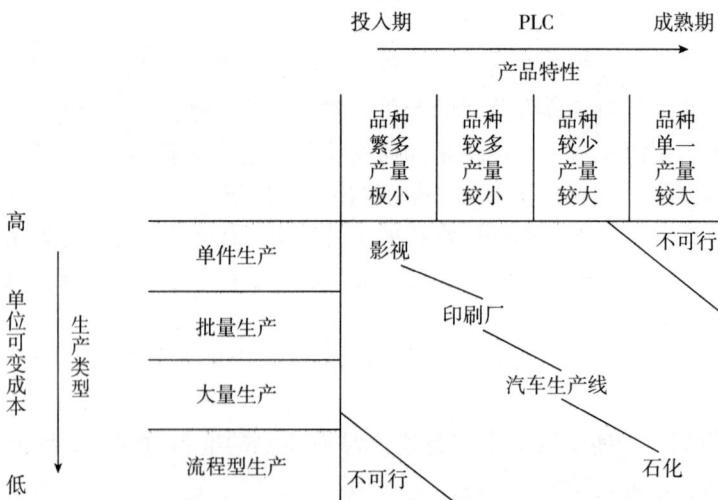

图4-5 扩展的P-P矩阵

第二节　服务设计

一、服务设计的内涵

服务是形成一个过程并对最终用户具有价值的一系列活动。通常，产品是物质的，而服务更多是非物质的。随着物质文明的日趋完善，人们对物质产品本身的关注正在逐渐减少，对通过与产品交互引发的各种服务提出了更多的需求。在服务性经济时代，产品被赋予了新的价值与意义，即只有将服务融入产品中，才是一个完整意义上的产品组合。区别于传统设计的一般范畴，服务设计是一个新兴且非常重要的设计概念，其更关注用户的存在感和愿景的表达，关注文化感受的传递以及深入的生活和情感体验，包含了更多的非物成分。

（一）服务设计的概念

服务设计的概念最早出现在由 G. 索斯泰克于 1982 年和 1984 年分别在《欧洲营销》和《哈佛商业评论》上发表的名为《如何设计服务》和《设计可送达服务》的两篇文章中，接着"设计服务"和"服务蓝图"的概念出现在营销和管理界。它是伴随世界经济的转型而产生的当代设计领域的新名词。

服务设计究竟是什么？至今还没有一个公认的权威定义。不过 31 Volts 服务设计公司给出的描述相当生动，那就是"当你面对两家紧挨在一起的咖啡店，尽管它们以同样的价格出售完全一样的咖啡，但你却选择走进其中一家而不是另一家，服务设计就是使你做出这一决定的那些综合因素"。同样，我们以苹果 iPod 为例，它的第二代到第三代的外形变化并不大，但是背后的服务却使它产生了巨大的变化。第二代 iPod 就是简单的播放音乐功能，可以下载音乐然后播放，但是到了第三代，原来简单的产品却出现了"背后"的服务。你可以在 iTunes 音乐商店订阅、购买音乐，也可以把你的音乐和朋友进行分享，可以进行非常多的互动，也就是说在这个产品背后聚集了不同的服务功能。过去只是一个单一的产品，现在呈现的是一个完整的生态系统。

国际服务设计联盟（中国）主席、清华大学美术学院服务设计带头人、长江商学院特邀教授王国胜提出"服务设计将取代工业设计，开启设计新时代"，"未来的设计将是以人为本的设计，而不是技术导向的设计，而这种设计就是'服务设计'"。

综观现有服务设计的定义，采用较为广泛的服务设计定义是"以全局性的方式为企业提供从用户需求洞察，到为用户提供良好体验涉及的相关内外部活动。服务设计不仅需要考虑用户前台的触点或界面设计，还需要考虑更多的中台和后台的设计，不但涵盖了用户体验，还包括为了实现所有设计的功能，公司所需要的组织变革、流程设计、系统实施等内部活动"。20 世纪 80 年代服务设计一词开始出现后，经过 30 多年的发展，已在全球范围内受到越来越多的关注。欧洲的一些设计强国，如英国和丹麦等，不仅在经济领域大力推行服务设计，更将触角延伸到更为广阔的医疗、健康、教育、基础设施建设等相关公共领域。

从设计文化研究的角度看，服务设计的第一大特征是多维性，概括起来具有三个维度，即人与自然的宏观维度、人与社会的中观维度、人与自身的微观维度。诉求不同，这就决定了服务设计在这三个维度上的目标和方法也各有差异。服务设计在宏观维度中的目标是实现人与自然和谐共处、人与自然共同发展等。从中观维度看，个人与社会是相互依存、相互制约、相互促进、对立统一的关系，服务设计的目的是帮助人积极主动地认识、改造社会，从而推动社会由低级向高级发展。从微观维度看，服务设计的目标则是满足人的合理需求、发展期待，实现个人对自身的深入认识以及诗意的生活。例如，通过设计共享单车服务，在人与自然的宏观维度上可以增加出行者绿色、环保出行方式的选择，减少机动车对自然环境的污染；在人与社会的中观维度上实现了互不相识的人之间可以共享同一个交通工具，节约了社会成本；在人与自身的微观维度上解决了行人出门选择公共交通工具时的"最后一公里"问题，大大提高了出行效率。

（二）服务设计与用户体验

近年来，随着人们生活水平的不断提高，用户体验、以客户为中心等词汇忽如一夜春风来，进入各行各业。服务设计作为一种有效地提高用户体验和服务质量的设计活动，在公共事务和各种企业中发挥着越来越重要的作用。在某种程度上，服务设计思想与用户体验设计紧密联系在一起。用户体验设计的概念可大可小，按照大多数人对用户体验设计的理解，用户体验设计指贯穿各个渠道、连接所有用户接触点的设计实施。用户接触点（Touch Point/Moment of Truth/Contact Point）是指用户在使用某项产品/服务时的接触点，如使用银行的服务，它们的 APP、柜台、网站、客服电话，乃至用户拿到的纸面收据等都可以是用户接触点，用户在这些接触点上会有体验、有情绪。

传统的用户体验设计更偏重单一用户接触点的设计与实施。一个设计较好的用户接触点不仅让用户很好地完成自己的任务，而且有可能改变用户的行为。例如，订票 APP 这个用户接触点可以帮助用户迅速地订机票。同时，用户体验设计还包括跨渠道的用户接触点的设计。因为客户在使用服务、产品的过程中不是仅接触单个触点、一个渠道，而是在无意识的情况下接触多个触点，并跨多个渠道使用这个服务。

对于营业厅来说，用户体验设计主要包括从用户进入营业厅，前台接待人员上前询问所需帮助到用户办理完各项业务离开营业厅的全过程，如取号、等候、叫号、服务、评价等一系列接触点的体验设计。尽管所有流程上的体验设计，营业厅都尽量做到极致，但也不能保证用户没有抱怨。其实，很有可能用户的抱怨并不是针对具体的营业厅服务，而可能是不满意办理还必须让用户亲自到营业厅所浪费的时间，也可能是不满意营业厅办理单次业务上繁杂的手续造成的长时间等待。后面这两种情况从根本上说，都需要站在服务设计角度，从如何优化企业内部的服务流程设计、服务系统架构等方面进行改进。

【延伸阅读】

服务设计与用户体验

用户希望安装一部新电话，首先在手机端或 PC 端浏览了电信的装机服务产品，然后加入购物车，通过手机或网页端进行支付，隔天在预约时间内收到安装人员的确认电话，安装员送来电话机、电话线、装机发票等，完成安装后进行卫生清理，出门时还帮用户把家中的垃圾顺便带下楼。这个例子中涉及了很多的用户接触点（如手机端、网页端，安装员的电话、安装员上门、卫生清理等）以及多个渠道的体验（从手机APP端到网页界面端等）。整个过程中，如何为客户传递始终如一的体验（如下单后写明预期安装日期是第二天10：00～10：30，安装员果然在这个时间上门安装），了解并满足用户在各个接触点的习惯与预期，是用户体验设计需要解决的问题。要做好用户体验设计，团队需要的技能主要有用户数据及研究、内容策略视觉设计、交互设计、前端开发等。

资料来源：胡欣悦. 服务运营管理［M］. 北京：人民邮电出版社，2016.

（三）"服务设计＋"

所谓的"服务设计＋"，是指通过服务设计驱动的产业升级与企业转型。"服务设计＋"就是"服务设计＋各个行业"，这并不是简单的两者相加，而是在知识经济的背景下，基于互联网和移动互联网的大数据基础，通过用互联网思想的服务设计思维来重新定义各个行业的产品、服务，并建立与之适应的高效组织与资源配置体系，让服务设计思维与各行各业进行深度融合。

对于互联网时代的服务设计来说，应充分利用在线数据计算来重新定义或设计各行业的服务。例如，电商亚马逊退出 Amazon Go 彻底抛弃了传统超市的收银结账过程，顾客不再需要提着购物篮等待结账，而只拿起想要的东西，在完全没有收银员的环境下自行选购并通过亚马逊账号付款。因此，对于顾客来说，购物已经摆脱了时间和人力的限制。而这种创新的服务设计带来的改变的关键基础是顾客的账号数据通过互联网实现线上、线下的互通。

伴随全球经济的发展，第三产业高度发展的国家率先开始意识到服务设计的价值，通过系统化服务设计全方位提升服务体验逐渐成为趋势。中国正处在从资源导向到产品导向，再到服务导向的巨大转变过程中，面对席卷而来的服务设计浪潮，越来越多的企业和机构也希望通过实践和学习，将其作为推动转型升级的重要途径。

二、服务设计和产品设计的区别

服务设计的两个关键点是服务要求的变化程度与顾客接触并涉及传递系统的程度，这会影响服务的标准化或必须定制的程度。顾客接触程度和服务要求的变化度越低，服务能达到的标准化程度就越高。没有接触及很少或没有流程变化的服务设计与产品设计极其类似。相反，高可变性及高顾客接触通常意味着服务必须是高度定制的。服务设计的一个相关考虑因素是销售机会：顾客接触的程度越大，销售的机会就越大。

产品设计和服务设计的区别在哪里？一般情况下，服务运营经理必须应付那些对产品行业的管理者不重要或不存在的问题，这些问题包括：

（1）一般情况下，产品可以触摸，服务不可触摸。因此，服务设计经常比产品设计更注重不可触摸因素（如思维的清醒程度、气氛等）。

（2）许多时候，服务的创造和传递总是同时的（如理发、洗车），在这种情况下，抢在顾客之前发现和改正服务中的错误更加困难。这时，员工培训、流程设计及与顾客的关系就显得特别重要。

（3）服务不能有存货，因此限制了其柔性，并使生产能力设计显得非常重要。

（4）服务对顾客来说是高度可见的，因此在设计中必须牢记。这也给流程设计增加了额外的要求，这点通常在产品设计中不存在。

（5）有些服务业进入、退出的阻碍很小，因而给服务设计添加了额外的压力，使它必须进行创新和考虑成本效果。

（6）便利性是服务设计的一个主要因素，选址对服务设计有重要作用。因此，服务设计和位置的选择经常是紧密联系的。

（7）服务系统从顾客接触程度角度看差异很大。有的服务系统很少或根本不与顾客接触，有的与顾客高度接触。以下是不同服务系统类型的一些例子：设防的技术核心（如软件开发）；生产线（如汽车自动冲洗）；个性化服务（如理发、医疗服务）；顾客参与（如节食方案、跳舞课程）；自助服务（如超市）。

（8）需求的交替变化造成了等候和闲置的服务资源。

与顾客很少或无接触的系统的服务设计与产品设计十分相似；而与顾客高度接触系统服务设计通常要求采用一揽子服务提供方案。

当需求变量作为一个因素时，设计者可能从一两个角度进行设计，一方面是从成本效率方面，另一方面就是顾客。

三、服务设计的必要性

美国著名社会学家和未来学家贝尔（Daniel Bell）于1973年在《后工业时代的来临》一书中指出，后工业时代的五个重要特征：①服务经济替代产品经济；②专业技术人员成为产业主导；③理论知识占据首要地位，是社会革新与制定政策的源泉；④对技术的发展进行规划和控制；⑤创造新的智能技术。后工业时代，全球化服务经济的发展趋势促使服务设计成为未来创新的重要思维模式及设计导向。

（一）服务设计是时代发展的需要

2015年是中国经济发展非常有意义的一年，这一年的第三季度中国的现代服务业也就是我们常说的第三产业的生产总值在GDP中的占比超过50%，标志着中国正在从传统的制造大国向服务大国转型。而这个比重值与全球服务产业的占比还存在一定差距：根据世界银行的资料，1960～2000年，美国服务业占GDP的比重从58%上升到74%、英国从54%上升到74%、日本从42%上升到66%。在全球中等收入国家中，服务业的平均比重达到61%，同时，服务业增加值在GDP中的贡献达到63%。事实上，随着第三产业比重的不断增长与网络技术知识经济的发展，全球已经从以制造业为导向的工业时代走向以服务业为导向的后工业时代，即信息时代。

2015年11月，中国政府提出了供给侧结构转型的经济发展战略。供给侧结构性改革就是从提高供给质量出发，用改革的办法推进结构调整，矫正要素配置扭曲，扩大有效供给，提高供给结构对需求变化的适应性和灵活性，提高全要素生产率，更好地满足广大人民群众的需要，促进经济社会持续健康发展。供给侧结构性改革，就是用增量改革促存量调整，在增加投资过程中优化投资结构、产业结构，开源疏流，在经济可持续高速增长的基础上实现经济可持续发展与不断提高人民的生活水平；就是优化产权结构，国进民进、政府宏观调控与民间活力相互促进；就是优化投融资结构，促进资源整合，实现资源优化配置与优化再生；就是优化产业结构、提高产业质量，优化产品结构、提升产品质量；就是优化分配结构，实现公平分配，使消费成为生产力；就是优化流通结构，节省交易成本，提高有效经济总量；就是优化消费结构，实现消费品不断升级，不断提高人民生活品质，实现创新—协调—绿色—开放—共享的发展。

（二）服务设计是产品创新的需要

随着互联网、移动互联网，人工智能的发展与应用普及，近十年来，人们的生活、学习、工作、娱乐的方式发生了深刻的变化。不再停留在简单的功能实现上，人们需要更好的体验、更好的服务，而企业竞争的加剧也促使企业不断创新与变革，商业模式也发生了很大改变，企业需要通过更具竞争力的服务与产品来赢得市场。因此，"对外面向市场和用户把握需求，对内梳理协同系统与资源的服务设计"的创新思维恰逢其时。

（三）服务设计是企业发展的需要

随着社会的发展，服务遍布在生活的每个角落：餐馆、酒店、商店、银行、保险公司、大学、机场……人们的消费预期不断提高，一些现有的服务设施与服务系统已不能满足消费者的需求。毫无疑问，人们从来没有像现在这样关注他们所接受的服务。消费者在售前、售中、售后获得的体验决定着一个品牌和企业的整体品质在消费者心中的地位。消费者可以在几分钟内对他们使用的任何东西——产品及服务，做出评估和比较。在这样的世界里，公司要为它们的行为和提供的产品承担比以往更多的责任，也要对它们传递的服务予以特别关注。

高质量的服务设计可以有效地提高品牌和企业的整体形象，使消费者对服务产生更大的满意度。通过品牌知名度和整体品牌形象的提升，更多的商业机遇也会随之而来。另外，服务设计能够帮助企业提高服务效率，从而节约成本。从生态学的角度来说，服务设计对问题的服务化解决方案减少了有形产品在生产过程中对资源和能源的过度使用。企业能够更好地控制服务提供的内容，并从中获得更多的回报。

服务设计是时代发展与产品创新和企业发展的需要。提倡服务设计不仅顺应了时代变化发展的潮流，也推动了产品的创新和企业自身的发展。未来人工智能将渐渐取代人力，服务经济恰恰是以人力作为资本，成为经济增长的重要因素。服务设计的兴起是需要的也是必然的趋势，大数据一定带来大服务和大设计。

四、服务设计的原则

设计服务时，我们关注的是人与人之间、人与物之间、人与组织之间、不同组织之间的价值和关系的本质。服务设计将人、产品、信息、环境等融合，将以人为本的理念贯穿始终。服务设计不只着眼于不同服务过程中的各个接触点，还着眼于不同接触点的共同作用以及接触点之间的连接关系，最终形成一个完整的体验。设计不再是一个个单独的点，而是一个互动的和谐整体。这里，客户成为服务的一部分。

Stickdorn 曾经为服务设计归纳了五个原则。根据各个行业的不同特点，五大原则可以有不同的侧重点。

（一）以用户为中心

以用户为中心（User - centered），服务需要站在用户的立场上看用户需要什么、用户怎么理解、用户有怎样的习惯和行为、用户的动机是什么。在服务设计中，用户才是整个服务设计流程的中心。因此，一定要站在用户的角度思考问题，讲用户听得懂的语言，满足用户的真实需求。当用户对自己的话费账单有疑问时，也许会查询具体条款。这个增值业务是什么意思呢？虚拟网内本地被叫时长免费到底有多少个限制条件？用户对打电话、接电话、发短信、上网很熟悉，但不一定接触过本地被叫、蜂窝数据等词汇。

（二）共创性

共创性即共同创造。服务设计鼓励所有的利益相关者都参与设计流程。在一个服务系统中，企业、消费者、前台服务者、后台服务者、各种设施，可能还有代理商、经销商等通过一些交互动作，如提供、接触、回馈等，共同构成了服务生态，服务设计需要把这些参与或涉及服务的利益相关者考虑在内，去激发用户、设计师、前台、营销人员、企业管理者、部门经理等角色的创造力。许多企业会通过用户研究来收集用户或者直接服务提供者的想法，但还不够完整地形成一个体系，如果在产品设计初期就让利益相关者参与进来，如制定一个套餐时，让用户和柜台人员、客服人员、售后人员等一起参与，相信能得到更可靠、有效的方法。而且，这种共创促进了利益相关者之间的互动，提升了利益相关者自身的参与感和满足感，不仅能提升用户的忠诚度和自主感，也能提升员工的满意度。

例如，有一些 APP 开发者会建立使用者论坛，在这个论坛里，用户可以及时自由地发表意见，开发者也会积极地互动。一些核心用户会提出十分有价值的建议，开发者也会透露近期的工作，及时预告下次更新的内容。

（三）次序性

服务是在一段时间内的动态过程，用户会历经一段基于时间的体验线。想象在剪辑一段影片，用户与服务系统每一个互动的点就是每个小素材、每张图片。好的影片处理素材精美切题，还需要确定好每个素材、每张图片呈现的时间，控制视频的节奏，最终形成一段令观看者赏心悦目、产生沉浸感的影片。

例如，要制作一个电子相册的视频，如果是温馨的亲情主题，那么照片之间的切换应该比较舒缓，反过来，如果是充满豪气的励志主题，往往快速有力的节奏更能带动观看者的情绪。同样，对于服务的设计，不仅要重视服务触点，还要控制好服务的节奏，服务的节奏会影响用户的心情。在营业厅里的等待时间、投诉之后的反馈时间太长，客户会感到厌烦和焦躁；反之，客服向用户解释消费内容时语速太快，又容易导致客户不满。

（四）实物性

很多时候，服务是在后台默默进行的，用户享受了服务却无法感知到。服务是无形的，但服务可以通过服务实物设计出来，让用户可以更好地感知到服务，从而产生更积极的服务体验。例如，在酒店里，客人晚上回到房间看到折叠整齐的毛巾、浴巾以及垃圾的清理，就马上感知到酒店已经提供了客房服务，这种客房服务是无形的，客人不在的时候所做的清洁、整理等都无法很好地传达出来，客人也无从感受，但通过服务实物，客人感知无形的服务，提升了服务体验。

Google 发布会上呈现的制作理念和发展过程也是同样的道理，大众看到的只是最后精美的成品，实际上，为了让用户得到更好的使用体验，Google 公司付出了许多努力，经过了一次次的修改，这些都是包含在产品中的服务。

还有的餐饮店在当天快结束营业时，会赠送给顾客一小盒蔬菜，让用户记得用餐的美好体验，将服务延长。盒子上印着饭店的 Logo，也起到了宣传作用，而且通过这种方式传递了其所用的时蔬、食材都是新鲜的这一信息。无形的服务需要被适时地展现出来，把服务实物和服务后台连接起来，将无形变有形。

（五）整体性

服务设计是一门交叉性的学科，是一种全面考虑的思维方式。有人说，服务设计就是思考得比较周到的一种方法论。说到设计，人们会想到网页设计、产品设计、平面设计，还有近年来在互联网行业特别流行的交互设计等。这些设计都是为了让用户有更好的体验，而服务设计过程中要注重全局的思考。它不拘泥于对某种设计的改进，而是在设计一种新的方式去解决问题，解决这个问题也许需要产品设计师设计更好的产品，也许需要界面设计师改进界面，也许需要交互设计师完善交互方式。产品、界面甚至客服的交谈方式都是这个服务系统中的接触点。用户的所见、所闻、体验，就是这样的每个互动瞬间，每个触点的共同作用使用户产生了整体的体验。普通用户往往只会说这个牌子或者这个企业好不好，很少有人去分辨各个环节的好坏，也许一次体验不佳的沟通就让用户选择了其他企业的服务。

因此，服务设计认为用户每次与服务的互动瞬间都应该被考虑到，综合考虑视觉、听觉、嗅觉、触觉等维度。不是单一的设计，而是做整体的思考，该付出的工作就去做，如果不通过复杂的设计就能解决问题，那就直接采用更简单的方法。

五、服务设计要素

在服务设计要素上，服务设计师通过改变环境、流程、方式等因素来设计服务，提高用户的服务体验。服务的设计过程一般包含一些不可或缺的要素，对于这些设计要素的思考，是完成好的服务设计的关键。下面从设计角度出发，归纳了一些主要的服务设计要素和内容。

（一）服务显性化设计

让顾客感知重要的服务过程是凸显服务价值的关键。服务的接触点也可以显性化，例如，在网站上购买电影票，放映前几小时会有短信提醒，并告知天气状况，用户就能感受到关怀，通过服务显性化让用户和服务提供者有了情感互动。

服务显性化的方式有很多，视觉化是服务显性化的重要方式之一。许多餐厅将厨房透明化，使客户可以在等待时看到厨师是如何完成菜品的，从而感受厨师细致的做菜过程，在吃菜前就充满期待；一些宾馆会将绣上客户名字的浴袍作为礼物赠送，客户在离开宾馆后依然能记得宾馆贴心的服务。服务的显性化能强化顾客对服务经历的正面印象，将服务的体验延长到服务时间外。

（二）服务接触度设计

根据服务与用户的接触程度，可以将服务分为高接触度的服务和低接触度的服务。在高接触度的服务中，用户的参与度较高，服务方式和流程会清晰地展现在用户面前，其服务设计需要考虑不同类型用户的个性化需求，以及服务对于用户的体验影响等要素。低接触度的服务与用户的交互较少，服务的效率对用户的体验影响较大，所以低接触度的服务可以简洁、高效，更注重服务的结果。

前台通常是高接触度的服务，如营业厅，用户对服务的第一印象和服务价值的瞬间感受主要来自和服务提供者的高接触度互动，这时应该着重优化服务过程，提高服务质量。客户对安装维修等后台服务的接触度较低，服务的过程可能是隐形化的，用户能感知的只是服务的结果，服务应该注重效率，并且可以让服务显性化。

（三）服务过程设计

对于服务过程设计，应该充分考虑服务过程的顺序性、一致性、整体性和可用性四个方面。

1. 服务过程的顺序性

服务就像一部电影，其顺序和节奏对客户的情绪会有极大的影响。通常，服务的顺序分为服务前、服务中和服务后。以用户开通宽带服务为例，服务前，用户会查看各家运营商的宽带广告；服务中，客户会到营业厅取号、排队、接受办理服务，然后回家等待安装，直到安装完成；服务后，用户开始使用宽带服务，并能随时反馈和询问。在整个服务过程中，用户会与不同的触点互动，合理的顺序和服务节奏会影响用户的体验情绪，如果营业厅的排队时间太长或者等待安装的时间太长，那么体验就会下降，就像电影的某个桥段过于拖沓，电影就不好看。

2. 服务过程的一致性

服务过程的一致性是指与用户相关的每个触点都保持一致的用户体验。服务过程的一致性在传统的连锁餐饮行业尤为明显，无论用户去哪一家麦当劳，都会获得相同的服务体验。在通信行业中，同一业务可以在不同的接触点上完成，用户可以通过网站办理业务，也可通过手机客户端完成。服务过程的一致性要求两个触点的体验保持一致，其中一个环节的服务体验没有做好或者服务体验过于优秀，都会造成用户整体满意度下降。

3. 服务过程的整体性

做产品设计的公司各个部门往往分工明确，设计部门完成设计任务，生产部门解决产品的工艺问题，销售部门将产品推向市场，每个部门各司其职。但在服务系统中，这样的明确分工会难以达成服务共识，影响服务的响应性和保证性，最终造成用户体验的割裂。客户对服务的评价来自对整个服务链路的体验，服务流程不连贯就会降低客户对整体服务的评价。重视服务过程的整体性，能让服务的全流程体验保持顺畅。

4. 服务过程的可用性

服务过程的可用性是指用户接受服务完整过程，顺利实现目标的可行性。服务过程的可用性对服务体验有着重大影响。购票网站模糊不清的验证码使得用户无法顺利进入购票页面，导致购票失败，最终用户流失。服务过程的可用性对于商业公司来说非常重要，在用户与触点交互的过程中，要保证服务的过程容易理解并能顺利完成。如果服务的学习成本较高，就应该有专业服务人员帮助完成服务过程。

（四）环境设计

无论是营业厅的实体环境，还是手机上的数字环境，服务一定是在某种环境下产生的。这里的环境包含三个部分，即服务的背景环境（如温度、音乐、气味等）、服务设施的布局、环境中的信息要素。

服务的背景环境会有知觉或无知觉地影响服务体验的全过程。如果餐厅的实体环境脏乱，用户就不会进来享用食物；营业厅里燥热难耐，给用户和服务提供者都会带来情绪上的影响。

服务设施的布局影响服务的使用效率和可靠性。如果将取款机放置于不安全的地点，用户就不会去使用；医院的科室位置没有合理规划，患者就医效率就会下降。

环境中的信息要素能引导用户顺利地完成服务,当用户获取信息有困难时,服务流程就会不顺畅,服务体验也就下降了。路边的引导标牌指示不明,用户就找不到目的地;菜单上的信息可读性差,就会破坏用户点餐的心情。

在设计的过程中,环境因素帮助设计师对复杂的服务系统有全面的把控,不至于陷入细节交错复杂的关系中。环境的设计要依据服务的目的来完成,如取款机要方便获取,但又有私密性。

(五)触点设计

触点是服务设计中的重要因素。触点是用户和服务系统之间的交汇点,可以是有形的,也可以是无形的,大致可以分为物理接触点、数字接触点和人际接触点。用户在火车站使用的自动售票机就是物理接触点,它是服务提供者和服务接受者之间有形的、物理的接触点;用户使用手机买票,就是通过数字接触点来获得服务,它是用户在使用数字设备时的数字系统中的接触点;如果是人工售票,就是使用了人际接触点,它强调人与人之间的接触点。凡是用户在服务过程中感知并发生互动的,都可以算是触点。

好的服务体验不可能靠单一的触点完成,一项完整的服务中会有许多触点,不同类型的触点可以相互转化,是服务生态系统中的重要因素。地铁的售票机旁通常会有服务人员,当用户不会操作自动售票机时,服务人员会上前帮忙,这就实现了物理接触点和人际接触点的转化。

这些触点按一定的顺序连接,为用户和服务之间建立起有效的体验链。要建立可持续的服务生态系统,不同类型触点的设计是关键。餐厅的广告是关键的物理接触点,用户通过广告对餐厅有了第一印象,广告还需要清楚地将顾客引导至餐厅所在位置,否则无法继续后面的服务流程。设计师可以使用用户路程图等工具确认所有触点、改进不好的触点、移除无效的触点。有效的触点提升服务体验,无效的触点只会降低服务的价值。判断触点是否有价值,要看其是不是建立在服务提供者和服务接受者的基础上。触点是服务提供者和服务接受者的互动点,两者的交集点才是有效的触点。触点也是服务评价和量化的关键。

触点作为服务中的关键点,其交互的方式和质量直接影响用户的体验。服务的顺序性、一致性就可以表现为触点触发的顺序性、触点体验的一致性。网上营业厅和实体营业厅的服务体验应该是一致的,如果网上营业厅的体验较差,就会使用户对服务的整体满意度下降。企业必须在任何时间、任何地点都能提供一致的优质服务。

【延伸阅读】

自动取票机的设计

人们在火车站自动取票机取票时,会发现放置身份证的地方是一个斜面,识别身份证时必须用手扶着,不然身份证就很容易掉到地上。想象用户买票的场景,急急忙忙赶火车把身份证放置那里很容易就忘掉了。这样的设计,就是服务设计中的物理触点,很好地提高了用户取票体验。

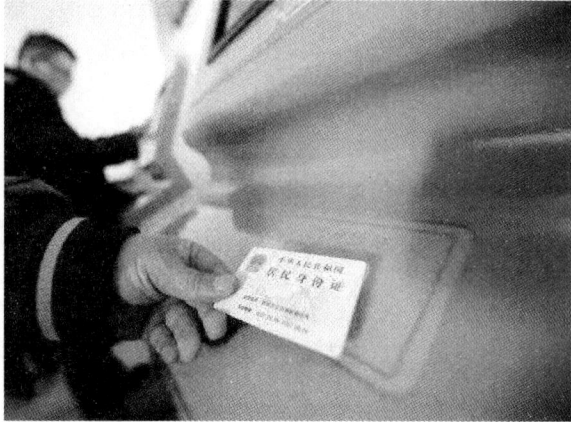

（六）服务原型设计

为了避免在服务实施后才发现错误，给企业带来损失，在设计的过程中就需要反复试验，更正问题。验证设计最好的方法是制作原型。产品的原型通常是实物模型，然后邀请一批用户做可用性测试。服务产生于用户和服务提供者的交互中，制作服务原型最好的办法是以类似讲故事的方式展现服务情景，让用户理解服务的方式，然后获得用户的反馈。服务的体验原型可以分为四个层次，即讨论原型、参与原型、模拟原型和试点原型。

六、产品和服务设计的原因

产品或服务设计对组织的成功尤其具有战略意义。另外，产品或服务设计影响未来的活动。因而，有关这方面的决策是管理者必须做出的一些基本决策。各个组织关注产品或服务设计的原因不同，促使组织进行设计或再设计的主要原因是市场机会和威胁。导致市场机会和威胁的产生是下列一个或多个因素变化的结果。

（1）经济方面的（如低需求、过分的担保要求、降低成本的需求）。

（2）社会和人口方面的（如生育高峰、人口流动）。

（3）政治、责任或法律方面的（如政府换届、安全问题、新规定）。

（4）竞争方面的（如新的或改变了的产品或服务）。

（5）成本或可获得性方面的（如有关原材料、零配件、劳动力的情况）。

（6）技术方面的（如有关产品组件、工艺的技术情况）。

上述每一个因素对产品和服务设计的影响都可能是明显的，这里不妨考虑一下技术因素，它可在多个方面影响产品或服务设计的改进工作。一个明显的方面是新技术直接用于产品和服务上（如速度较快、体积较小的微处理器派生出新一代个人数字助手或蜂窝电话）。技术还可以间接影响产品和服务设计：加工技术的发展可以要求改变现有的设计，使之与新的加工技术相一致。另外，技术对产品设计的影响还体现在新的数字录像技术，该技术可使电视观众在观看录像节目时跳过广告，这意味着广告商（他们赞助了电视节目）不能将其信息传递给观众。为克服这一点，一些广告商采用了使其广告内容作为电视节目整体的一部分战略，也就是说，有演员展示或提到它们的产品以引起观众的注意，无须再通过广告宣传。

第三节　产品/服务设计的常用方法

一、产品设计的常用方法

（一）标准化设计

标准化是指同一种产品或服务下，不同个体之间在使用产品或接受服务上没有差别。例如，计算器、电脑等制造业大批量生产的产品、自动洗车服务等，顾客或物品接受的是本质一样的服务。将标准化的思想应用于产品设计，其优点在于提高生产率、降低设计成本和生产成本；减少员工的培训时间与成本；使工作安排、存货处理、采购、财务等活动的程序更加常规化。但是也应该看到标准化带来的问题，即可能在设计仍有缺陷时就固定设计（标准化），变动设计的高成本增加了改善设计的难度，产品缺乏多样性导致对顾客吸引力的降低等。

（二）延迟差异化

延迟差异化是指当生产一种产品或服务时，暂且不去彻底完成它，延迟至指导顾客的偏好或具体要求后再去完成它。例如，男式裤子在制作时通常裤腿口先不缝边，根据顾客实际需要再调整；家具生产商生产出家具，暂不上色，由顾客来选择着色剂，可在极短的时间内完成上色。这种延迟差异化可以将标准化的高效和多样化的灵活有效地结合起来。

（三）可靠性设计

所有人都希望每天早上汽车开动和电脑工作时没有故障。可靠性（Reliability）就是产品、设备或系统在规定时间内、规定的条件下完成规定功能的能力。它不但直接反映产品各组成部件的质量，而且还影响整个产品质量性能的优劣。可靠性分为固有可靠性、使用可靠性和环境适应性。

（四）绿色设计

绿色设计即 DFE（Design for Environment），也称面向环境的设计或环境友好的设计。绿色设计就是在设计产品时，在保证产品的性能、质量的前提下，考虑产品在其整个生命周期中对资源和环境的影响，使产品对环境的总体影响减到最小。绿色设计体现了循环经济中企业内部小循环的 3R 原则，即减量化（Reduce）、再利用（Reuse）、再循环（Recycle）。所谓减量化，就是通过消耗最少的物料和能源来生产产品；所谓再利用，就是使废旧产品的某些配件或成分能够得到最大限度的利用；所谓再循环，是指把本企业的废弃物资源化。例如，快餐厅的食品包装，多年来已经重新设计了多次，现在已经具备了再循环性和可降解性。

1. 绿色设计的基本要求

绿色设计的基本要求包括：

（1）优良的环境友好性。要求产品在生产、使用、废弃回收、处置的各个环节都对环境无害或危害最小化。

（2）最大限度地减少资源消耗。尽量减少材料使用量和种类，产品在其生命周期的各个阶段所消耗的能源最少。

（3）排放最小。通过各种技术或方法减少制造、使用过程中废弃物的排放量。

（4）最大化可回收利用。在材料的选择、产品结构、零件的可共用性等方面提高产品回收。

2. 绿色设计的主要内容

（1）绿色设计材料的选择与管理。

（2）产品的可拆卸性与可回收性设计。

（3）绿色产品成本分析。

（4）绿色产品设计数据库与知识库管理。

【延伸阅读】

惠普的绿色设计

惠普可称得上 DFE 的典范，惠普与利益相关者合作，致力于降低产品在设计、制造、配送、使用和回收等整个生命周期内对环境所造成的影响。

（1）设计。早在 1992 年，惠普就提出了为环境而设计的概念。即缩小产品尺寸，降低产品在生产和使用过程中的能源消耗，减少原辅材料使用量，开发环保材料并设计更易回收的产品。

（2）制造。要求供应商遵守供应商行为准则，简化产品组装。

（3）配送。通过设计体积小、重量轻的产品来减少运输量，进而减少运输成本和二氧化碳的排放量。

（4）使用。采用寿命更长的电池并加强电源管理，以降低能源消耗。设计多功能产品，以降低能源和材料的使用。设计可升级的产品，延长其生命周期，节省开发和运营成本。

（5）回收利用。提供回收、捐献、租赁、废旧设备处置、翻新等服务。在设计时就考虑拆卸、回收和重复利用的方便性。

（五）稳健设计

有些产品只有在严格条件下才能按设计发挥功能，而有些产品则能在更宽松的条件下实现其设计功能，后者就拥有稳健设计（Robust Design）。考虑一双好的皮靴，显然它不是用于在泥浆和雪堆中跋涉的；再考虑一双沉重的橡胶长靴，它恰好适用于在泥浆或雪堆中行走；橡胶靴就比皮靴更多具备稳健设计。

产品（或服务）的稳健性越好，由于使用环境的变化发生故障的可能性就越低。因此，设计者在产品或服务中引入的稳健性越多，其耐久性就越好，从而顾客的满意水平就越高。同样的观点也适用于生产流程中的稳健设计。环境因素对产品或服务的质量会有消极影响，一种设计对这些影响的抵制能力越高，受消极影响的可能性就越低。例如，许多产品经历加热程序，如食品、陶瓷、钢铁、石油产品和医药制品。熔炉可能不是均匀加热的，热量也可能由于加热位置或时间的差异而不同。解决这个问题的方法可以是设计一种更好的熔炉，也可以设计一种系统以便在加热时能翻动产品使其均匀受热。稳健设计方法开发出的产品不受生产流程中的最小温度差异影响。

日本工程师田口（Genichi Taguchi）的方法就是以稳健设计为基础。他的前提是，设计一种在使用或制造中对环境因素都不敏感的产品经常要比控制环境因素容易得多。田口方法的核心特征是参数设计，这种方法在美国公司最为常用，包括为产品和流程设定特殊规格，从而带来制造差异性、产品变异性及使用条件等方面的稳健设计，田口方法修正了传统实验设计的统计方法。请考虑以下案例：假设某公司在其将要生产的新产品中需要使用 12 种化学材料，这些材料的供应商有两家，但这两家供应商的侧重点有些不同。古典的实验设计方法需要进行 $2^{12} = 4096$ 次测验以确定哪种化学组合是最优的，而田口方法只要测试各种可能组合的一部分。依靠专家来确认最有可能影响产品重要特性的变量，这种组合的数量将戏剧性地降低，据说可能只要 32 种。在数量减少后的组合模型中所确认的最好模型可能是近似最优的组合，但并非最优。这种方法的优点是只需用相关的很少实验，就能很快在产品和流程设计中取得主要进展。

（六）并行设计

并行设计是一种对产品及其相关过程（包括设计制造过程和相关的支持过程）进行并行和集成设计的系统化工作模式。这一模式要求产品的设计开发者从一开始就要考虑从产品的工艺规划、制造、装配、检验、销售、使用、维修到产品的报废为止的整个产品生命周期的所有环节，站在产品设计、制造全过程的高度，打破传统的部门分割、封闭的组织模式，强调多功能团队的协同工作，重视产品开发过程的重组和优化。与传统的设计方法相比，产品并行设计主要强调：开放、跨职能集成，所有团队成员之间积极沟通；产品及其相关过程的同时开发。因此，通过并行设计开发产品，一方面有助于开发人员从设计一开始考虑产品生命周期中的各种因素，产生更好的设计方案，以提高产品设计、制造的一次成功率；另一方面也可以缩短产品开发周期，提高产品质量，降低产品成本，进而达到增强企业竞争能力的目的。

以汽车工业为例，在线性阶段模式下，汽车设计、制模、生产及营销部门明确分工，各司其职。先有设计，后有制模，再有生产，最后营销。在企业运行过程中各部门之间往往会产生许多矛盾，导致设计的不断反复以及生产和营销过程中人力、物力资源的浪费，不利于缩短产品开发周期。采用并行设计的模式下，产品设计、生产及营销等阶段相互交叉，企业各部门密切配合，在整个过程中，既考虑下游因素对上游工序的影响，也考虑上游因素对下游工序的影响。其产品从设计到营销的过程，如图 4 - 6 所示。在汽车产品结构设计的初期，产品设计人员综合考虑汽车应具有的功能、特点以及可制造性、可装配性、可靠性和可维修性等产品生命周期的各种因素后才开始设计工作；模具部门不必等待产品结构设计部门完成设计后才启动。在产品结构设计的早期就及时了解模具的大致要求，只要设计方案基本成型，即可开始探讨模具的设计、制造方法。同样，生产部门（如铸造、加工及装配部门）可以通过密切跟踪产品设计信息，提前做好样品试制的准备工作，完成样品的试制工作，进而提前做好小批量、大批量生产的准备工作。销售部门则可根据上游工序的工作情况，提前拟订销售计划，让用户及早了解产品信息。在整个过程中，采用让产品设计人员投入到生产、营销部的做法，尽早让生产部门掌握产品的生产和制造技术，让销售人员及时了解产品的性能和使用方法。

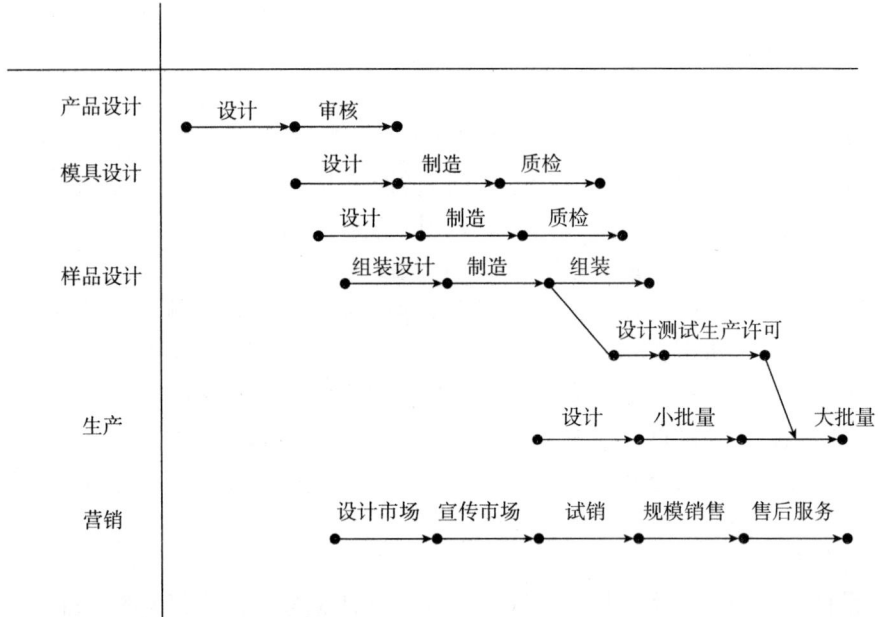

图4-6 汽车的并行设计

二、服务设计的常用方法

服务设计方法主要有流水线法、顾客参与法、授权法、服务蓝图法等。

（一）流水线法

流水线法是按照制造业生产流水线的思想来设计服务的方法。由于流水线的高效率，采用该设计思想可以获得成本领先的优势。麦当劳是将生产流水线方式应用到服务业的典范。原料在别处经过测量或预包装处理，员工不必为原料的多少、质量或一致性而操心。此外，专门有存储设施来处理半成品，在服务过程中不需要对酒水或食品提供额外的存放空间。此外，流水线法取得竞争优势的关键还在于标准化服务。标准化的服务减少了顾客感知的差异性，使顾客接受同等质量的服务，增强顾客的满意度。

（二）顾客参与法

由于服务的生产与消费的同时性特点，服务本身需要顾客参与，顾客与员工之间的交互作用会影响顾客对服务质量的感知。因而在进行服务设计时，将顾客作为企业的资源，让顾客参与服务设计成为了一种新的研发方法。顾客参与一方面可以提高服务的效率，另一方面也提高了服务的定制化程度。同时，顾客对服务的需求随时间推移而发生变化，有高峰期与低谷期，顾客参与便于理顺和调整服务需求，如预约制的设计等。此外，也可以按照与顾客接触的程度来合理设计员工工作以达到高效率提供服务。

（三）授权法

授权法是通过赋予服务人员一定权力，发挥他们的主观能动性，提高组织的服务执行力，改善顾客与员工之间的交互行为，从而提高顾客满意度的一种服务设计方法。这种方法被认为是治疗低品质、低效率服务的一剂良药。授权法认为制度、工作规范等许多细节性的规定是对服务人员自尊的轻视与贬低，当公司的制度像防小偷一样防备员工时，员工工作的主动性与积极性就会降低，不可能真正从长远的角度为企业着想。在实施授权法时，企业可从以下几个方面着手进行：①组织内实行适当的分权；②组织内信息共享；③使员工了解工作环境，熟悉一件工作在整个服务体系中的关系；④有效分析并解释工作的结果，衡量质量、数量与报酬之间的关系。企业可以通过调查员工、调查顾客、关注授权员工比例与组织结构的变化来调整授权幅度。

（四）服务蓝图法——服务流程设计

1. 绘制服务蓝图

服务设计中的常用工具是服务蓝图（Service Blueprint），这是用来描述和分析服务流程的一种方法。服务蓝图的关键要素是将服务流程绘制成服务流程图。服务蓝图就是用箭头线把服务过程中的各项作业（用矩阵框表示）按其前后顺序连接起来的作业顺序图。从横向看可把服务蓝图分为四个层次，即顾客层、前台、后台和支持。第一层次描述顾客的活动，第二层次描述前台服务人员的活动，第三层次描述后台服务人员的活动，第四层次描述支持单位或其他部门的活动。从纵向看，根据特定的服务项目，划分为若干阶段。

图4-7是一个车辆维修的服务蓝图。在服务蓝图中，将车辆修理的基本步骤描述为四个阶段，即预备阶段、问题诊断阶段、修理阶段、付款取车阶段。在每一个阶段，顾客需要做什么、前台服务人员需要做什么、后台服务人员需要做什么以及支持层应该做什么，都有清晰的展示，同时，通过服务蓝图还可以看到各个层次之间是如何联系起来的。

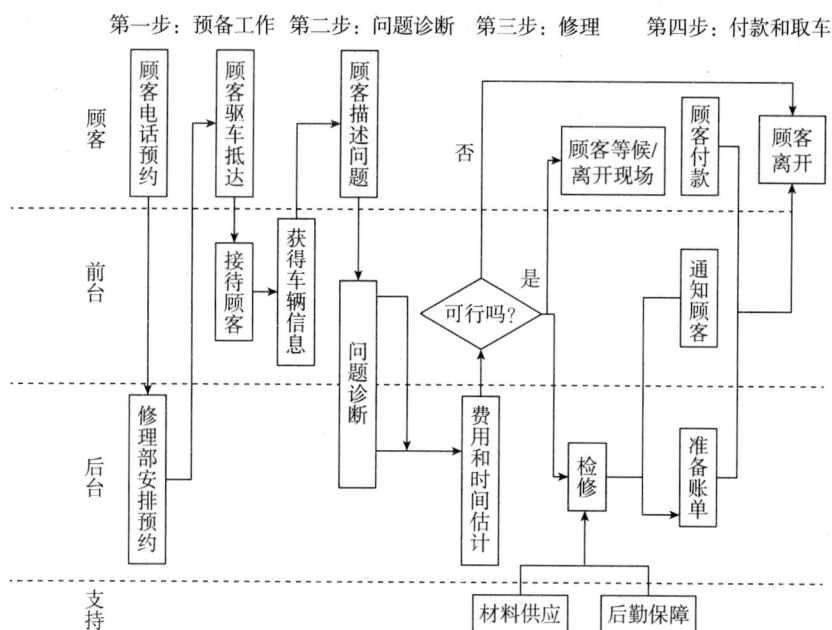

图4-7 车辆修理的服务蓝图

2. 服务质量控制

在进行服务设计时，还要注意分析服务设计与服务提供过程中可能出现的差错并制定预防措施，对企业而言，这是避免服务失败甚至寻求新的发展机会的重要环节。例如，在修车的例子中，可能会存在修理人员或维修用的设备在某一时间不够用，导致顾客较长时间的等候或离开，顾客驱车到达后没有及时接待等问题。需要提前对预约者进行电话回访，增加前台接待人员等预防措施以尽可能避免此类问题的发生。

三、服务场景设计

服务场景（Service Scape）就是所有为顾客带来印象的实体迹象。例如，全世界的人都认识麦当劳（在中国名为"金拱门"）的服务场景。建筑设计（金色拱门）、装饰配置和颜色、活动场所、菜单、包装、员工制服、得来速（麦当劳汽车餐厅）餐馆等都支持了麦当劳在速度、一致性、清洁和顾客服务上的竞争优势。服务场景和服务过程的标准化和一体化都强化了效率。麦当劳的服务场景还帮助确立了它的品牌形象。服务场景设计有三点基本要求：

（一）环境氛围

通过视觉、声音、嗅觉、触觉和温度来呈现。这些服务场景设计是为了愉悦五官。例如，一家专业服务组织，如心理咨询中心，可以在会客室放置舒适的椅子或沙发、播放舒缓的背景音乐、摆放鲜花以及着暖色调，让顾客身心放松，再进行咨询。

（二）空间布置和功能性

合理布置家具、设备和办公室空间。包括建筑物占地面积、外墙，街道和停车场。一家律师事务所或心理咨询中心可能会设计多样的会议区，以保证安静的交谈和私密性。一家大型的商务中心一般会采用办公室、会客室、会议室、活动室、停车场、餐厅等布局。

（三）符号、标志和器物

符号、标志和器物包括墙上的使命书、执照、张贴在公司车辆上的公司标志、摆在走廊里的荣誉证书、印有公司名称的信笺以及公司制服等。例如，医院医生穿白大褂、绿色的手术服，护士穿粉色护士服，空姐的职业套装等。

虽然人们常常会关注服务场景的细节或者某一设计特征，但是决定消费者反应的却是服务场景的整合效应。首先，消费者关注的是整体的服务场景，决定消费者反应的也是整体环境的效果或设计。服务场景的整体化意味着不能将某方面单独进行优化，因为每件物品都依赖于其他的物品而存在，包括气味和音乐都要与环境中的其他因素相协调。其次，很多服务场景都是从审美角度出发进行设计的，但设计者必须记住进行设计最应该注重的地方——亲自使用它的消费者。服务场景是作为一个整体被消费者感受的，想将所有的场景因素整合并非易事。这意味着不能将某方面单独优化而不考虑场景中的其他方面。这就使得服务场景的设计工作就像一门艺术，专业的设计者是不会放过任意一个具体的服务场景的。除了从审美角度进行设计外，好的服务场景设计应该能够时刻考虑消费者的需求，使得服务传递过程能够顺利进行。

四、服务设计面临的挑战

在服务设计中，顾客需求呈现变化性，这种变化性不但表现在具体需求的变化性上，也表现在顾客需求时间的变化性上。因为服务不能存储，在平衡供应与需求时将面临更大的挑战。这在服务时间能够提前安排的行业比较容易处理（如预约医生，学校排课），但是在其他方面就难以解决（如急诊）。另一个挑战是服务难以准确描述，而且本质上是动态的，这在与顾客有直接接触的行业表现得最明显（如一对一服务），带来了很大的变化性。

在工业时代，由于技术落后和材料匮乏，公共服务只能满足人们有用、可用的需求，基本保证服务能实施是当时的目标，而关于服务的体验在所难免地被忽略。随着时代的发展，以往工业时代沿袭下来的服务依然存在诸多的弊病，人们对生活品质的追求不断提高，对于服务，有用、可用已经不能满足人们的需求，更多的是需要满足好用、爱用的需求。所以，服务设计在历史车轮的带动下和人们的热心推动下，正快速地前进着。

【案例分析】

服务设计分享，领悟服务设计思维！

一、初识服务设计

简单地说，服务设计就是一种设计思维方式。枯燥的理论先不说，首先带大家进入一个场景充分理解学习服务设计思维！

你现在是咖啡店的一名服务员，一位顾客走进店里，对着客满的座位区东张西望，想象一下他的需求是什么？你会不会认为，我需要给他提供"一张椅子""一张桌子"，但这些答案都是名词。如果你换一种思维方式把桌子、椅子换成动词来代替，此时他需求的可能就是"他需要坐下来""他需要找个地方休息"。由动词挖掘顾客的需求，你就可以进一步思考帮助他"休息"的方法，不会被原本自己预设的解决方案（椅子、桌子）所局限。

二、服务设计人与人的触点

当我在星巴克吧台跟服务员要一杯拿铁咖啡，服务员转身在给我接咖啡的间隙，转身问我："先生贵姓"，我："免贵姓吴。"当服务员递给我咖啡时说"吴先生，您的咖啡好了"，一句"吴先生"给我很强的亲和力。这就是服务设计过程中人与人之间的触点，给被服务者很好的服务体验！

好的服务设计是无形的，咖啡店以休闲为导向，创造一个使消费者感觉优雅舒适的环境。基于这点平行的横向排队，使顾客之间能看到彼此的表情，产生亲近感，避免焦虑感，当顾客站在柜台旁边，也能很清楚地看到墙上的商品价目表，而不用担心视线被排在前面的顾客阻挡。挑选时能打发时间（或者看到柜台里忙碌的工作人员），有效压抑排队等候的烦躁。

三、酒店的服务设计

开在三亚的酒店，当顾客打开房间门时，我们能提供哪些好的服务设计呢？想一下在酷热的天气下进入房间，顾客最希望得到什么感受，和哪些附加的价值感受。

当推开房门时，提前开好的空调，扑面而来的凉爽是不是给处在炎热环境的顾客很舒服的感受，其次可以闻到淡淡的清香等一系列附加值感受，这样就会给顾客留下很不错的贴心服务感受。

我们在生活中肯定遇到过这样的服务，当你咨询一名店员问题，他如果不知道就会直接告诉你"不知道"或者"你去前台问下吧，我新来的"等，然后你问前台也不知道，这时的你就会很茫然，好失落！真正好的星级酒店的服务文化是：当顾客有问题问到你时，酒店的规定是，让顾客的问题到我为止！不要跟顾客说"不知道"，问到你就要想尽一切办法去解决！

四、服务设计中的价值感受

理发店的集章免费理发活动。一家理发店发送的卡片上面需要集到 5 个章即可免费送一次理发服务，但第一次去不盖章。想得到一次免费服务理发，得去 6 次。

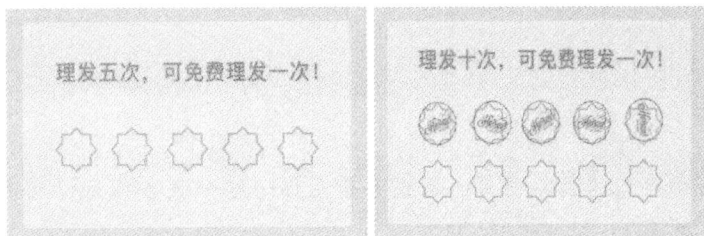

第二家店需要盖 10 个章送一次免费理发，第一次去告诉顾客，您很幸运，我们近期搞活动，这次能给您盖 5 个章，剩下需要您仅再集够 5 个就可以免费理发一次了，同样是六次送一次。

第二家第一次去就给了用户 50% 的价值感受，给用户的感觉是轻轻松松就完了 50% 的任务，这样就大大促进了顾客的再次转化。

两家店其实都是理发 6 次送 1 次，但首先就给用户 5 个章的能够大大提高转化率，原因就是给予了用户更高的价值感受。

服务设计思维能全链路地思考服务流程，上面的例子只是单一的一个环节，服务设计可以发现更多用户路径上的痛点，明显痛点、小痛点、潜在痛点，解决方案也不会单一且局限于细节，而用了服务设计的方法后，解决方案更具整体性，且思路更广。

资料来源：http：//www.sketchui.net/7974.html（经整理）.

思考：

1. 上述服务设计案例体现了服务设计的哪些要素？
2. 体现了服务设计的哪些原则？

【思考与练习】

1. 何谓新产品？新产品有哪些类型？
2. 结合实例说明如何进行服务场景设计？
3. 简述 QFD 的内涵。
4. 何谓产品生命周期？如何延长产品生命周期？
5. 产品在投入期、成长期和成熟期以及衰退期分别有哪些特点？
6. 产品开发的方式有哪些？
7. 工艺分析的绩效指标有哪些？
8. 服务设计的内涵是什么？如何理解用户体验？
9. 什么是"服务设计 +"？
10. 服务设计和产品设计有什么区别？
11. 服务设计的原则包括哪些？
12. 结合生活实例谈谈服务设计要素的影响。

13. 为什么要进行产品和服务设计？

14. 产品设计的常用方法有哪些？

15. 什么是服务蓝图？

16. 服务场景设计的基本要求有哪些？

【能力训练】

1. 选择一个你熟悉的服务项目，用服务蓝图描述这一服务项目，确定其中的质量控制点，并给出控制措施。

2. 参观或调查或走访一家服务型/生产型企业，总结该单位的服务场景布置有哪些讲究（如百货商店、超市、便利店、酒吧、饭店、快餐店、仓库等)？

第五章 运营能力规划

【学习目标】

解释运营能力的内涵和度量；

描述运营能力规划的影响因素；

解释运营能力规划的策略；

了解运营能力规划的步骤；

解释排队论和学习曲线；

描述运营能力规划的方法

【导入案例】

爆满的迪士尼

2006年春节期间，我国香港迪士尼乐园连续两日出现因游客爆满关门禁止入园的事件，近千名游客拥堵在乐园门外。为方便游客到访，我国香港迪士尼乐园自1月3日起推出半年期的有效门票，游客可通过旅行社或网站提前购票，这种售票方式虽然方便了游客购票，却令乐园难以统筹未来单日内到访的游客数，特别是旅游旺季乐园达到接待人数上限时会造成晚到的顾客无法入园。

类似的情况也发生在上海迪士尼乐园，自2016年6月开园以来，上海迪士尼乐园就引起了广大中国游客的极大热情，每到节假日都会有它被"挤爆"的新闻出来。例如，2018年清明假期的第二天，上海迪士尼乐园内游客游览需求持续升温，因人数过多，现场售票已被迫关闭。现场人头攒动，拥挤程度堪比早晚高峰时的地铁。为了保证秩序和游客安全，隔离栏和警戒线不得不上阵。从检票进园到各个项目的游玩都排起了长队，有的热门项目游玩只需要几分钟，却需要等待3个小时。顾客的服务体验大打折扣。

资料来源：http://news.cri.cn/gb/8606/2006/02/08/303@888879.htm（经整理）.

第一节　运营能力概述

一、运营能力的内涵

运营能力可以定义为组织接收、持有、容纳或给付的能力。运营能力的表示方式依具体企业类型的不同而不同，可能是最大原材料加工量、最大产量（产值），也可能是最大运输量、最大库存量、最大床位数、最大就餐人数，等等。例如，汽车制造厂的运营能力可以表述为一定时期内实现的营业收入，制糖厂的运营能力则通常描述为一定时期内压榨的甘蔗量等（见表5－1）。

表5－1　运营能力的表示方法举例

行　业	投　入	产　出
汽车制造	人工小时、机器工时	每班生产汽车数
冶金	炉膛尺寸、钢铁	每天生产钢铁吨数
石油精炼	精炼炉尺寸	每天生产燃油升数
农业	农田亩数	每亩每年生产的谷物斤数
饭馆	餐桌数、座位数	每天招待的客人数
剧场	座位数	每天的票房数
超市	营业面积	每天的营业收入

二、运营能力的度量

运营能力对于企业能否满足未来的产品或服务需求至关重要。为此，需要考虑设计、有效、实际三种运营能力。

（一）设计能力

设计能力是指某一作业单元（一个工厂、一家商店、一个部门、一台机器等）设计理想状态下达到的最大产出。实际设计方案中确定的能力即为设计能力。

（二）有效能力

有效能力是扣除了产品组合的变化、设备定期维修的需要、个人的午餐或休息时间等可控因素导致的设计能力减少以后的运营能力部分，有效能力总是小于设计能力，它对企业的实际产出来说至关重要。决定有效能力的因素如表5－2所示。

（三）实际能力

实际能力是指组织在一定时期内，在既定的有效能力下，考虑实际运营条件后能够实现的产出。实际运营条件包括原辅材料短缺、人员缺勤、机器设备故障、计划与调度失误、质量问题等。

表5-2　决定有效能力的因素

A. 工厂设施：设计、选址、布局、环境	E. 政策
B. 产品/服务：设计、产品或服务组合	F. 运营：排程、物料管理、质量保证、维修策略、设备故障
C. 过程：产量能力、质量能力	G. 供应链
D. 人力因素：工作内容、工作设计、培训和经验、激励	H. 外部因素：产品标准、安全条例、工会、污染控制标准

为测评运营系统的利用率和效率，引入利用率和效率两个概念。利用率和效率分别是实际产出与设计能力和有效能力的比率，即：

利用率 = 实际产出/设计能力　　　　　　　　　　　　　　　　　　　　　　　　　（5-1）

效率 = 实际产出/有效能力　　　　　　　　　　　　　　　　　　　　　　　　　　（5-2）

【例5-1】位于大学城的一家小型中式比萨快餐店每周营业7天，2班制，每班工作6小时。比萨制作流水线的设计产能是每小时400个标准中式比萨。根据快餐店配置的设备及人员，其有效能力是每周30000个标准中式比萨。平均起来，由于个别员工缺勤，加上设备偶尔出现的故障，这家快餐店每周只制作25000个标准中式比萨。试计算这家快餐店的设计能力及利用率和效率。

解：

（1）设计能力 = (7×2×6)×400 = 33600（个）

（2）利用率 = 25000/33600 = 74.4%

效率 = 25000/30000 = 83.3%

从【例5-1】可以看出，这家比萨快餐店的有效能力不到设计能力的90%，效率只达到83.3%，而利用率才74.4%。因此，如果需求旺季来临，该店需要提高有效能力和效率，或者在有效能力既定的前提下，仅通过提高效率来提高产出。

【例5-2】开学后，大学城几所大学的教师和学生陆续到校，对中式比萨的需求量大为增加。但当前的生产能力并不能满足周边几所大学的教师、学生及其他顾客的需求。为此，这家快餐店招聘了若干名技术水平高、责任心强的比萨制作人员，从而使每周的有效能力达到31500个标准中式比萨。同时，该快餐店严格考勤制度，奖勤罚懒，并加强了设备的维护，从而使效率从原来的83.3%提高到88%。试计算：这家快餐店现在的实际产出及利用率。

解：

（1）实际产出 = 31500×88% = 27720（个）

（2）利用率 = 27720/33600 = 82.5%

有效能力决定了实际产出的可能性，因此，提高能力利用率的关键是通过改进产品质量问题、保持设备良好运行条件、充分培训雇员和利用瓶颈设备提高有效能力水平。

第二节　运营能力规划的影响因素和规划策略

一、运营能力规划的影响因素

（一）规模经济效应

规模经济效应（Economics of Scale），是指所有生产要素按同方向增加（或减少）对产量变动的影响。在生产技术水平不变的前提下，当所有生产要素的投入量都按同比例增加时，要素投入量增加与产出量增加之间的关系有下列 3 种情况。

1. 规模报酬不变

规模报酬不变（Constant Returns to Scale），是指报酬增加的幅度与规模增加的幅度相等。即生产要素都增加一倍，产量也增加一倍。

2. 规模报酬递增

规模报酬递增（Increasing Returns to Scale），是指报酬增加的幅度大于规模扩大的幅度。规模报酬递增是规模经济的结果，规模扩大后，相对地减少了生产、销售费用，减少了管理人员的比重，添置了新型机器设备等；规模再扩大后，专业化协作发展，从而使单个厂商降低了总成本费用。

3. 规模报酬递减

规模报酬递减（Decreasing Returns to Scale），是指报酬增加的幅度小于规模扩大的幅度。规模报酬递减是规模不经济的结果，规模过大引起管理效率下降，各项费用增加。

一般地，在一定科学技术水平条件下，随着一个企业运营能力的扩大，最初往往是规模报酬递增；当扩大到一定程度后，就出现规模报酬不变现象；如果继续扩大，超过一定的限度，会出现规模报酬递减现象。因此，运营能力规划应坚持适度原则：尽可能使规模报酬递增，至少保持规模报酬不变，避免规模报酬递减。

【延伸阅读】

规模经济与规模不经济

规模经济的优越性在于随着产量的增加，长期平均总成本下降。但这并不意味着生产规模越大越好，因为规模经济追求的是能获取最佳经济效益的生产规模。一旦企业生产规模扩大到超过一定的规模，边际效益却会逐渐下降甚至趋向于零，乃至变成负值，引发规模不经济现象。

例如，在电力、水资源等公共资源领域，通过集中生产和供应降低资源浪费和重复投资，提高使用效率和经济效益。

然而，在一定规模下，也会产生浪费和成本上升，如在交通服务业，一辆出租车最多可以乘坐 4 名乘客，坐 1 个人成本最低，耗油量最少。如果乘坐 4 个人，经济收益反而降低。从社会角度讲，乘坐 1 个人反而是对交通工具的浪费，空余的 3 个座位实际上是对交通工具使用效率的降低。

如果是地铁、公交车等交通工具，由于单辆单程有较大的乘客载荷，所以能够通过乘客的合理最大化达到收益的最大化，也同样实现社会经济的最大化，降低交通工具承载能力的闲置浪费，降低油耗等能源成本和空气污染成本。

然而，对于地铁和公交而言，由于高低峰时期的乘客量差异较大，使得在低峰期可能空座率很高，即在规模承载能力的前提下，在固定发车行程安排下，反而有可能造成更大的浪费。

这种浪费的不经济现象的产生在于乘客出行预期和计划的不确定性，如果能够提前明确所有站点乘客的乘车时间计划和目的地，理论上可以实现公交线路和时间规划最优，使得空座率最低，不经济浪费降低。

同样，在私有领域，交通工具也存在着较大的浪费，如私家车、单车，停在车库的时间要远远大于路上运行时间，从而导致整个私家车实际保有量大于理论最优保有量。如果在同样的公共道路条件下，同一时刻行驶的车辆越多，堵车的可能性越大，尤其是同时行驶量达到一定阈值时，堵车的概率和严重程度将会快速上升。即在道路交通流量上限的限制条件下，私家车的持有量和使用量存在着瓶颈局限，无法承载无限制的车辆通行能力。从这个角度讲，车辆的规模不经济使用、空座率的居高不下也不利于车辆使用的经济性，从而放大了资源浪费和行驶时间成本，降低了乘客和司机的驾驶体验，提高了汽油等资源的浪费。

共享单车经济从一定程度上实现了交通工具的更有效利用，将私家领域的单车通过分时租赁形式开放给公众使用，从而降低了自行车购买和保有需求。

对于这个现象，从数量分析上可以建立模型，评估在共享单车出现之前所有民众集合自行车购买需求，然后评估共享单车规模化后总的需求量，加上共享单车提供商的需求量，进行对比，从而得出共享单车经济是降低了还是提高了自行车生产和销售需求，是提高还是降低了自行车等资源的利用效率。

综上所述，要提高交通运输领域内的规模经济性，需要综合考虑各种交通工具的承载能力，提高非经济型交通工具的可替代性，通过乘客需求分析和大数据的创新应用，有效规划行车日程和计划，降低空座率和高峰期行车数量，才能实现交通工具的更有效利用，从而实现固定资产、能源、交通公共资源的更经济利用。

资料来源：https://www.jianshu.com/p/c91486f2f1a9（经整理）.

（二）产品生命周期的阶段性

在投入期，市场规模尚不明朗，产品销售尚不稳定，在规划运营能力时应采取滞后策略。

在成长期，市场规模迅速扩大，多数企业倾向于采取超前策略，但是这种策略是否有效，取决于本企业的相对市场占有率、营业增长率、竞争对手采取的策略等。特别地，如果市场上多数公司都迅速扩大其运营能力，其结果是整个市场上运营能力的过剩。当这种情况发生时，更理智的做法是增加在工艺和技术改进方面的投资强度，在产品性能、功能或柔性等方面获得竞争优势。

在成熟期，市场已经饱和，企业的市场份额趋于稳定。此时，应充分利用已有运营能力，并通过降低运营成本来提高盈利能力。如果产品的成熟期持续的时间较长，就适当增加运营能力。

在衰退期，由于需求下降，企业运营能力过剩。此时，可转卖多余的运营能力或推出新的产品或服务，也可以把运营能力转移至劳动力成本较低的地区，以此来延长企业在该产品上的获利时间。

（三）需求的季节性

在设计运营系统和规划运营能力时应充分考虑产品或服务需求的季节性变化。公交系统必须配备足够的运力，以保证在上下班两个高峰时段乘客走得了、走得快，还应考虑恶劣天气（如雨雪天）乘客人数的增加。在非高峰时段，可以把富余的运力用于短途旅游、会务或商务用车等。

利用同一设备或设施生产或提供具有互补性的产品或服务，是应对需求季节性变化最理想的方法。例如，把铲雪机前面的铲子设计成可拆卸式的，在春、夏、秋三季换成能割草的装置。

对增加运营能力相对容易的企业，如劳动密集型的企业，盲目地增加运营能力（如增加生产设施、人员或加工设备）绝不是理智的选择：一方面减少了运营系统的柔性；另一方面增加了固定成本。最好的选择方案是外包、招聘临时工或加班。

（四）与其他能力的配套性

在规划运营能力时，应注意以下3个方面的配套性。

在规划主要业务的运营能力时，应考虑公用工程和其他配套设施的运营能力。例如，当增加汽车旅馆的房间时，必须同时考虑停车场、娱乐设施、食物等的容量和能力。

在规划水、电、汽（气）管网、桥架、仓储面积、运输专用线、内部废水处理设施等公用和辅助设计的运营能力时，需要充分考虑企业二期甚至三期扩建对公用工程的需求。

避免公用和辅助设施的"大马拉小车"现象，即公用工程能力过剩现象。

二、运营能力的规划策略

对企业而言，在制订一项长期产能规划时，必须确定合适的产能水平，以满足当前和未来的需求。因此，运营能力规划要与对产品需求或服务需求的预测结合起来，通过合理规划来满足市场对企业生产产品或提供服务方面的能力需求，这是构建企业竞争力的基础。为此，需要从长期与短期两个方面进行运营能力的规划。

（一）长期运营能力规划策略

长期运营能力规划策略主要涉及投资问题，如新车间建设、拓展医院规模和病床数量、关闭一个分销中心等。随着需求的增长，从长期来看，企业可能面临扩大运营能力的问题。此时，企业可以考虑选择的能力规划策略有三种（见图5-1）。

1. 超前策略

超前策略是指比预测的需求增加提前一个时期扩大生产能力的能力规划策略。采用该策略规划能力可能会出现能力有富余、大于需求的情况，但可以使销售损失最小化。按照产品的生命周期理论，在产品的成长期，产品发展前景较好，增长迅速，可以考虑选择超前策略。

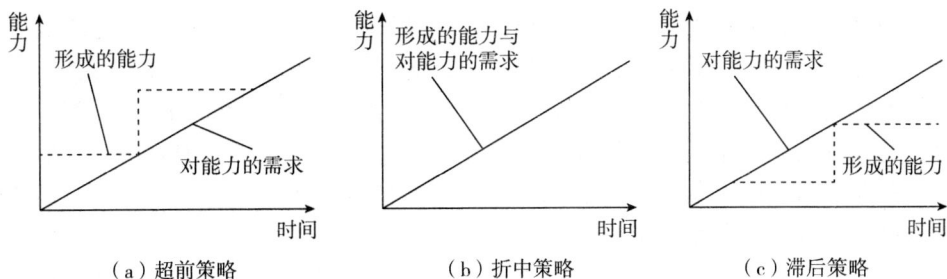

（a）超前策略　　　　　（b）折中策略　　　　　（c）滞后策略

图 5－1　构建运营能力的三种策略

2. 折中策略

折中策略是指按需求的平均值配备能力。采取这种策略，在一般情况下可以较好地实现需求与能力的平衡，但有可能在需求增加时出现能力不足或在需求减少时出现能力富余的情况。

3. 滞后策略

滞后策略是指比预测的需求增加晚一个时期扩大生产能力的策略。此时，可能出现能力不足、小于需求的情况，但可以保证能力以最大负荷生产，不会导致能力的浪费。通常，在产品生命周期的投入期，市场前景尚不明朗的情况下，可以考虑选择能力的滞后策略。

（二）短期运营能力调整

如果短期需求很稳定，同时有足够的产能，那么满足需求而实行的运营管理就很简单，但是需求的波动高于或低于实际能力的变化可能会导致需求与能力的不平衡，需要通过调整来使能力满足需求。一般有两种基本的选择：第一，通过改变内部资源和能力，调整产能来适应需求的改变；第二，通过转移和刺激需求来管理产能。

1. 通过改变内部资源和能力调整短期运营能力

短期内，与需求相比，能力可能出现不足也可能出现富余。常见的调整方式如下：

（1）租赁或共享设备。由于高额的资本费用，受机器和设备可用性所限制的产能水平在短期运营内更难改变。但是可以根据需要租赁设备完成，更具成本效益。另一个方法就是通过创新的合作关系安排以及产能共享。例如，每一家医院都不可能承担所有昂贵的专用仪器的采购。但是几家医院可以成立一个联盟，每一家都集中于一个专科并共享服务。

（2）出售闲置的产能。那些很难减少的固定资产在低需求时期仍然会消耗利润。一些公司可能会把类似电脑存储空间和运算能力的闲置产能出售给外来买家甚至竞争对手。例如，旅馆通常要发展合作伙伴关系，当竞争对手预约超额时为其顾客提供住宿。

（3）改变劳动力产能和调度。劳动产能通常通过短期改变劳动力水平和调度可以很容易实现。加班、加点、临时工以及外包都是增加产能的常用方式。调整劳动力配置，更好地符合需求模式是另一种方式。例如，医院和呼叫中心根据对不同时段都在改变的需求预测，创立了每天的工作时间表。许多快餐厅聘请了大量兼职人员，他们各自工作时间表都不同。

（4）改变劳动技能搭配。聘请合适的人员可以很快学会并针对不断变化的工作要求做出调整，对其进行交叉培训执行不同的任务，这些都为满足波动性的需求提供了可行性。以超市为例，对于工人来说繁忙时从事收银的工作，不忙时就帮助整理货架。

（5）把工作转移到空闲时段。另一个策略就是把工作转移到空闲时段。例如，旅馆职员可以在登记和结账的客人比较少的晚上，准备票据并进行别的书面工作，这就使他们在白天有更多的时间来服务顾客。制造商往往在淡季建立库存，为高峰期保存产品。

（6）发挥库存的作用。对于有形的产品，可以将多余的能力转化为库存存储起来，在需求增加、能力不足时，通过库存以丰补歉。

2. 通过推迟或刺激转移需求管理产能

企业可以通过影响顾客，将需求从产能不足的时期转移到产能过量的时期，解决短期内能力与需求不平衡的问题。有如下一些常用方法：

（1）改变产品或服务价格。价格是影响需求的一个最有力的方法。例如，旅馆可以提供最后一分钟特价房，以填补空房间；航空公司可以在星期三这样的非高峰期提供更好的价位；餐厅在晚上 9 点以后半价刺激需求；电影院日场提供更便宜的电影票。类似地，厂商一般会在进货过多时进行销售折扣来刺激需求、平稳生产进度以及人员需求，同时减少库存。

（2）提供顾客信息。例如，许多呼叫中心，在给顾客的票据上附送注释，或用自动语音留言告知最佳呼叫时间。像迪士尼这样的游乐园在某些游戏器材相当繁忙时，使用警示牌和印刷物告知顾客。

（3）广告和促销。广告在需求影响中扮演了重要角色。节后销售进行了高强度的广告宣传，努力在这样一个传统销售低谷期吸引顾客。产品或服务优惠券在销售低谷库存过多时拉动了需求增长。

（4）增加附属产品或服务。附属产品或服务可以增加到顾客价值包中，在淡季增加需求。电影院在非高峰期为其观众提供商务会议租赁场地和专门的服务。购物中心提供游戏中心来吸引十几岁的年轻人。快餐连锁店提供生日聚会服务来填补高峰就餐时间之间的需求低谷期。延长的时间也代表着周边服务；许多超市一周营业 7 天，一天 24 小时，并鼓励消费者在晚间购物，减少高峰期需求量。

（5）提供预约。预约就是对未来某时某地提供某项产品或服务的承诺。典型的例子就是预约宾馆房间、飞机座位以及外科手术室。预约是一种影响需求并将其可用产能配合协调的方式。预约还可以减少产品或服务供应者和顾客的不确定性。通过预先知道顾客需求何时会发生，运营管理者们可以更好地规划设备和劳动力设置，而不用过多依赖于预测。

三、运营能力规划步骤

（一）估算所需运营能力

如果以所需设备台数表示运营能力，就可以根据产品需求预测、每种产品所需台时定额以及设备可提供的总台时来计算所需的运营能力。

【例 5 - 3】某饮料需配置若干台一次性饮料装瓶机，这种装瓶机可用于灌装巧克力、草莓、蓝莓 3 种口味的饮料。根据市场预测，3 种口味饮料的年需求和所需台时定额如表

5 − 3 所示。如果该公司每年有 250 个工作日，作业制度是每天工作 8 小时，试估算所需装瓶机的台时。

表 5 − 3　3 种饮料需求预测及所需台时

饮料	年需求量（万瓶）	台时定额（小时/万瓶）	所需台时（小时）
巧克力	35	90	3150
草莓	45	130	5850
蓝莓	20	240	4800
合计	90	460	13800

解：

所需设备 = 13800/(8 × 250) = 6.9（台）

根据计算结果，至少需要配置 7 台饮料装瓶机。

（二）核算现有运营能力与所需运营能力之间的差距

两者之差为零表示运营能力与供给平衡，为正数表示运营能力过剩，为负数表示运营能力不足。

（三）调整运营能力

根据现有运营能力与所需运营能力之间的差距，采取超前、滞后、折中策略对运营能力做出相应调整，并给出若干候选方案。

（四）评价运营能力方案

对候选方案以收益分析为主，进行定性与定量分析，选择收益最大的方案。常用的评价方法有盈亏平衡分析法、期望损益值法等。

（五）方案实施

对所确定的最优运营能力方案，从资金、技术、人员等方面给予保障，并确定实施进度。

（六）测评实施效果

把实施效果同期初目标进行对比，如果存在差距，分析所存在的问题，并进行整改。

第三节　运营能力规划的方法

进行运营能力规划的过程也是做决策的过程。根据要处理问题的不同，运营能力规划可以分为确定型、风险型、不确定型三种决策类型。决策类型不同，应用的评价方法也不同。

一、确定型决策下的盈亏平衡分析法

确定型决策是指对未来可能发生的、影响决策结果的经济状态是明确的，如未来一段时期市场对某产品的需求量一般，某产品市场的"春天来了"等。在确定型决策下，可以通过对运营能力规划方案中的盈亏平衡分析来作为方案的经济评价与选择。

（一）盈亏平衡分析方法简介

盈亏平衡分析方法就是通过分析产量—成本—利润之间的关系，确定盈利时的最小产量，即盈亏平衡点（Break Even Point，BEP）。盈亏平衡点即损益分界点，其含义是当产量达到盈亏平衡点时，正好持平，不亏不盈；当产量小于盈亏平衡点时，只亏不盈；当产量大于盈亏平衡点时，才有盈利。

盈亏平衡分析的关键是确定各项成本，成本可分为固定成本与可变成本两大类。总的固定成本不随产量而变动，包括管理费用、租金、财产税、固定资产折旧、部分修理费等。总的固定成本以 F 来表示。总的可变成本随产量而变动，包括原料、包装物和直接人工等。单位可变成本以 v 来表示。

1. 运用盈亏平衡法的前提条件

（1）仅涉及一种产品。

（2）生产的产品全部销售出去。

（3）单位可变成本是不变的。

（4）单位价格保持不变，设为 p。

（5）单位价格大于单位可变成本。

2. 盈亏平衡点的计算

根据上述前提条件，假设某一时期生产 x 单位产品，那么，这一时期的销售收入为 $R = px$。

总成本（用 C 表示）为 $C = F + vx$，达到盈亏平衡时，$R = C$，于是有

$$px = F + vx \qquad\qquad (5-3)$$

解之，得：

$$x = \frac{F}{P-V} \qquad\qquad (5-4)$$

式（5-4）的计算结果即盈亏平衡点。

上述分析过程可用图形方法直观地表示出来，如图 5-2 所示。图中 BEP 即盈亏平衡点，产量低于该点为亏损区，高于该点为盈利区。

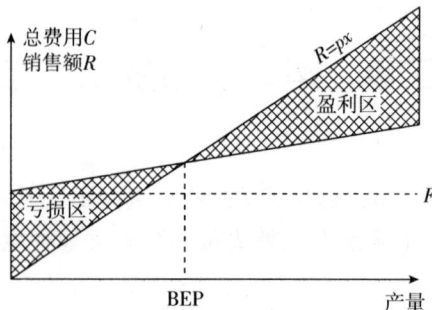

图 5-2　盈亏平衡分析

（二）盈亏平衡分析在运营能力规划中的应用

下面举例说明如何利用盈亏平衡分析法进行运营能力规划。

【例5-4】美乐公司欲在北京亦庄开设一家新厂以满足市场对该公司某种产品的新增需求。运营能力规划方案有3种：新建一条、两条或三条生产线。测算结果表明，3个方案所对应的固定成本分别是980万元、1600万元和2300万元。成本收益分析显示：单位可变成本为15元/箱，单位价格为45元/箱。产量规模与生产线的数量呈简单的线性关系，即3种方案的最大产能分别是30万箱、65万箱和90万箱。根据销售部的调查结果，市场对美乐公司这种饮料的需求不会超过65万箱，试根据上述信息对3种运营能力方案做出评价，并选出最优方案。

解：

（1）当新建一条生产线时，BEP = 980/(45 - 15) = 32.7（万箱）

（2）当新建两条生产线时，BEP = 1600/(45 - 15) = 53.3（万箱）

（3）当新建三条生产线时，BEP = 2300/(45 - 15) = 76.7（万箱）

根据计算结果，当新建一条生产线时，盈亏平衡点为32.7万箱，但是，新建一条生产线时最大运营能力只能达到30万箱，小于盈亏平衡点，这就意味着即使开到满负荷也没有利润。所以，应放弃这一方案。

当新建两条生产线时，盈亏平衡点为53.3万箱，而运营能力可达到65万箱，小于市场需求。所以，只要公司精心管理，把负荷开到82%以上，即产量达到53.3万箱以上，就有利润可得。因此，新建两条生产线是一种可行的方案，容易算得，最大利润为65 × 45 - 1600 - 65 × 15 = 350（万元）。

当新建三条生产线时，盈亏平衡点为76.7万箱，虽然小于新建三条生产线的最大产能（90万箱），却大于市场对美乐这种饮料的最大需求（65万箱）。因此，新建三条生产线没有利润可得，这一方案不可行。

根据以上盈亏平衡分析，美乐公司应该新建两条生产线，并且，按照这一运营能力规划方案，公司每年最多可获得350万元的利润。

二、风险型决策下的期望损益值分析

（一）风险型决策下的期望损益值

风险型决策是指未来可能发生的、影响决策结果的经济状态不止一种，不知道哪种情况一定发生，但是知道每种情况发生的概率是多少。例如，未来一段时期市场对某种产品的需求量可能好、一般、差，概率分别是0.3、0.5、0.2。在风险型决策下，可以通过对运营能力规划方案的期望损益值分析从而做出方案的评价与选择。

运营能力规划方案期望损益值（收益值）的计算公式为：

$$EV_i = \sum P_k V_{ik} \tag{5-5}$$

式中，EV_i表示i个方案的期望损益值（收益值），P_k表示第k种情况下出现的概率，V_{ik}表示第i种方案在第k种情况下的损益值。

【例5-5】某企业打算生产某种产品，据市场预测，产品销路有三种情况：销路好、销路一般和销路差。生产该产品有三种方案：A. 新建生产线；B. 改建生产线；C. 与其他企业合作。据估计，各方案在不同情况下的损益值如表5-4所示，企业应该选择哪种方案?

解:

$$EV_A = \sum P_k V_{Ak} = 220 \times 0.2 + 130 \times 0.5 + (-70 \times 0.3) = 88(万元)$$

$$EV_B = \sum P_k V_{Bk} = 170 \times 0.2 + 140 \times 0.5 + (-30 \times 0.3) = 95(万元)$$

$$EV_C = \sum P_k V_{Ck} = 150 \times 0.2 + 100 \times 0.5 + 20 \times 0.3 = 86(万元)$$

由计算可知,应该选择 B 方案改建生产线。

表 5 - 4   各方案在不同情况下的损益值   单位:万元

方案 ＼ 损益值概率	销路好(0.2)	销路一般(0.5)	销路差(0.3)
A. 新建生产线	220	130	-70
B. 改建生产线	170	140	-30
C. 与其他企业合作	150	100	20

(二)完全信息价值及其应用

在风险型决策环境下,对自然状态发生概率的估计精度越高,决策越正确。特别地,如果在对经济发展态势了解的基础上,能够获得关于自然状态的完全信息(Perfect Information)从而确切知道未来哪种状态一定发生,那么风险型决策就变成了确定型决策。以下利用一些假设数据来说明完全信息价值及其应用。

光大投资公司正在考虑新一轮投资计划,有两种投资方案可供选择。投资回报取决于国家宏观经济政策的走向,即是利好还是利差。根据市场公关部的预测,这两种自然状态发生的可能性分别是 0.58 和 0.42。经济师已经测算出每一种方案在每一种自然状态下的收益值信息,如表 5 - 5 所示。

表 5 - 5   投资方案收益表   单位:万元

方案	利好(0.58)	利差(0.42)	期望收益值
方案一	900	-400	354
方案二	350	90	240.8

根据最大期望值准则,光大投资公司应选择方案一,预期投资回报为 354 万元。但是,如果未来国家出台不利于本行业投资的政策,企业将遭受 400 万元的损失。这是投资者最不愿意看到的。因此,决策者自然想到通过占有完全信息来确定未来到底哪种情况会发生。为此,它必须为占有这些信息付出代价,如发生市场调查费用、信息处理费用等。换言之,这些信息是有价值的,那么完全信息的价值是多少呢?下面就来分析这一问题。

如果决策者通过占有完全信息确切知道未来的自然状态是利差,他必然选择方案二。这样一来,不仅不会损失 400 万元,相反还会得到 90 万元的投资回报。根据决策者最初所掌握的信息,出现利差的可能性是 0.42,所以决策者从方案二中获得的预期收益只有

90×0.42＝37.8（万元）。同样的道理，决策者从方案一中获得的预期收益只有 900×0.58＝522（万元）。因此，如果决策者能够知道未来哪种自然状态一定会发生，那么，总的预期收益是 522＋37.8＝559.8（万元）。这就是确定状态下的最大期望收益值（Expected Value under Certainty，EVC）。如前所述，如果决策者不愿意付出代价去占有完全信息，将选择方案一，获得 354 万元的预期投资回报，即 EV，因此，缺乏完全信息的后果是导致了 559.8－354＝205.8（万元）的机会损失。这一损失即完全信息的价值（Expected Value with Perfect Information，EVPI），即 EVPI＝EVC－EV。

计算完全信息价值的意义在于：企业在投入人力、物力和财力进行市场调查，分析处理信息之前，要对占有信息的渠道、难度及代价做出预测，如果占有完全信息的代价不高，低于完全信息的价值，就付诸行动，把未来的情况调查清楚；反之，不如选择维持现有状态，按照风险型决策环境下的最大期望值准则选择方案。

三、不确定型决策下的能力规划方案评价方法

不确定型决策是指未来可能发生的、影响决策结果的经济状态不止一种，既不知道哪种情况一定发生，也不知道每种情况发生的概率，只知道将要发生几种情况以及对应情况下的损益值。在不确定型决策下，可以借助小中取大原则、大中取大原则或者最小最大后悔值准则对运营能力规划方案进行评价与选择。

（一）小中取大原则

小中取大原则又称悲观准则。按照这种准则，决策者从最不利的角度出发，先计算每个方案在不同自然状态下的收益值，再从这些收益值中选取最大值，所对应的方案就是最佳方案。

（二）大中取大原则

大中取大原则也称乐观准则。按照这种准则，决策者从最有利的角度出发，先计算每个方案在不同状态下的最大收益值，再从这些收益值中选取最大值，所对应的方案即最佳方案。

（三）最小最大后悔值准则

最小最大后悔值准则为后悔值准则（萨维奇准则）。按照这种准则，先计算各个方案的最大后悔值，再从这些最大的后悔值中选择最小值，所对应的方案即为最优决策方案。

【例 5－6】续【例 5－5】某企业打算生产某种产品，据市场预测，产品销路有三种情况：销路好、销路一般和销路差。生产该产品有三种方案：A. 新建生产线；B. 改建生产线；C. 与其他企业合作。据估计，各方案在不同情况下的损益值如表 5－6 所示，企业应该选择哪种方案？

表 5－6　各方案在不同情况下的损益值　　　　　　单位：万元

损益值概率\方案	销路好	销路一般	销路差
A. 新建生产线	220	130	－70
B. 改建生产线	170	140	－30
C. 与其他企业合作	150	100	20

解：

（1）大中取大原则：新建生产线、改建生产线、与其他企业合作所获得的最大收益值分别是 220 万元、170 万元、150 万元。所以应该新建生产线，预期收益是 220 万元。

（2）小中取大原则：新建生产线、改建生产线、与其他企业合作所获得的最小收益值分别是 –70 万元、–30 万元、20 万元。所以应该与其他企业合作，预期收益是 20 万元。

（3）最小最大后悔值准则：如表 5 – 7 所示。

表 5 – 7　收益值与后悔值　　　　　　　　　　　　　　单位：万元

方案	产品销售情况及概率					
	销路好		销路一般		销路差	
	收益值	后悔值	收益值	后悔值	收益值	后悔值
新建生产线	220	0	130	10	–70	90
改建生产线	170	50	140	0	–30	50
与其他企业合作	150	70	100	40	20	0

从表 5 – 7 可以看出，新建生产线和改建生产线、与其他企业合作的最大后悔值分别是 90 万元、50 万元、70 万元，取其中最小值，即 50 万元，所以应该改建生产线，预期的后悔值为 50 万元。

四、排队论在服务运营能力规划中的应用

（一）排队论概述

1. 排队论要解决的问题

排队论（Queuing Theory）是 1909 年由丹麦工程师爱尔朗（A. K. Erlang）在研究电话系统时创立的。排队论的应用领域越来越广泛，理论也日渐完善。特别是自 20 世纪 60 年代以来，由于计算机技术的飞速发展，更为排队论的应用开拓了宽阔的前景。

排队论又称随机服务系统理论（Random Service System Theory），是一门研究拥挤现象（排队、等待）的科学。具体地说，它是在研究各种排队系统概率规律性的基础上，解决相应排队系统的最优设计和最优控制问题。

排队是日常生活和运营中经常遇到的现象。例如，上下班搭乘公共汽车、顾客到商店购买物品、病人到医院看病、旅客到售票处购买车票、学生到食堂就餐等就常常出现排队和等待现象。除了上述有形的队列，还有大量无形的队列，如若干顾客打电话到快餐公司要求送餐，如果快餐公司没有足够的送餐人员，顾客就只好等待。他们分散在不同的地方，形成了一个看不见的队列。排队的不一定是人，也可以是物。例如，生产线上等待加工的原料或半成品、等待修理的机器、等待装卸货物的船只、等待着陆的飞机等。

2. 排队系统

一个完整的排队系统由顾客源、到达特性、排队规则和服务机构四个部分组成。这四个部分之间的关系如图 5 – 3 所示。

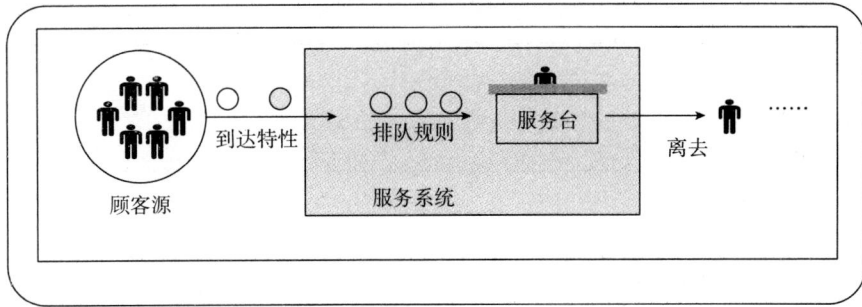

图 5 – 3　排队系统的组成部分

（1）顾客源。到达服务系统的顾客源分为有限总体和无限总体两类。有限总体是指顾客数量是有限的，其增减会影响对其他顾客提供服务。无限总体是指顾客数量足够大，其增减不会显著影响为其他顾客提供服务。

（2）到达特性。多数情况下，顾客到达是随机的。在排队系统中，最常见的随机分布是泊松分布。泊松分布满足以下三个条件：

1）平衡性。即在长度为 t 的时段内，恰好到达 k 个顾客的概率仅与时段长度有关而与时段起点无关。

2）无后效性。即在任意几个不相交的时间区间内，各自到达的顾客数是相互独立的。也就是说，以前到达的顾客情况对以后顾客的到来没有影响。

3）单个性。即在充分小的时段内最多到达一个顾客。

此外，顾客到达服务系统后的耐心程度也对运营管理产生影响。这里假设顾客有足够耐心，即到达服务系统、等待、接受服务。有些顾客则没有足够的耐心：要么等待，如果时间过长，就会失去耐心而离开；要么到达后，如果发现队列过长就不再加入。

（3）排队规则。指决定顾客接受服务次序的准则。最常用的准则有先到先服务准则（FCFS）。对于有些情况，则要遵守业务时间最短者优先准则。有时甚至要遵循后到先服务准则（LCFS），如后进入电梯间的乘客总是先出来，最后放到料堆上的钢材总是先运出去，刚刚到达的军事情报紧要优先处理等。

（4）服务机构。特征的主要指标是服务时间分布。一般地，对每个顾客的服务时间是相互独立的，概率分布是负指数分布。

（二）排队系统的主要数量指标及基本关系

以下介绍最基本的排队模型，即泊松到达、负指数服务时间、一个服务机构、系统容量无限、顾客源无限、先到先服务排队准则。为方便介绍排队系统的数量指标，列出一些常用符号，如表 5 – 8 所示。

表 5 – 8　排队模型常用符号及含义

符　号	含　义
λ	平均到达率
μ	平均服务率（其倒数即顾客接受服务的平均时间）
ρ	服务系统利用率

符　号	含　义
L_q	平均排队长
L_s	平均队长
W_q	平均等待时间
W_s	平均逗留时间
P_0	服务系统中没有顾客的概率
P_n	服务系统中有 n 个顾客的概率

1. 服务系统利用率（ρ）

服务系统利用率是服务能力利用的百分比，即平均到达率与平均服务率之比。虽然提高服务系统的利用率是运营管理的目标之一，但是，刻意地追求 100% 的利用率并不理智。利用率过高会导致服务强度、平均逗留时间和平均等待时间增加。

对单个服务机构的情况如下：

$$\rho = \frac{\lambda}{\mu} \tag{5-6}$$

对单个服务机构，该指标也表示了正在接受服务的顾客平均数，用 r 表示。

对于多个服务机构的情况（设为 M 个），利用率为：

$$\rho = \frac{\lambda}{M\mu} \tag{5-7}$$

2. 排队长（L_q）和队长（L_s）

排队长是指系统中排队等候服务的顾客数。队长是指服务系统中的顾客数，包括正在接受服务的顾客数和排队等候服务的顾客数。排队长和队长的分布影响着服务系统的设计。如果知道了排队长和队长的分布，就能确定排队长超过某个数的概率，从而确定合理的等待空间。平均排队长和平均队长是排队系统中的两个重要指标。平均排队长是任一时刻等待服务顾客数的期望值。平均队长是任一时刻的所有顾客数的期望值。

对最基本的排队模型，由泊松分布的概率公式可以得到：

$$L_q = \frac{\lambda^2}{\mu(\mu - \lambda)} \tag{5-8}$$

$$L_s = L_q + r = \frac{\lambda^2}{\mu(\mu - \lambda)} + \frac{\lambda}{\mu} \tag{5-9}$$

3. 等待时间（W_q）和逗留时间（W_s）

等待时间是从顾客到达服务系统起到其开始接受服务止的时间间隔。逗留时间是从顾客到达服务系统起到其接受服务完成止的时间间隔。平均等待时间与平均逗留时间是排队系统的另外两个重要指标。平均等待时间是任意时刻进入服务系统的顾客等待时间的期望值。平均逗留时间是任意时刻进入服务系统的顾客逗留时间的期望值。最基本的排队模型如下：

$$W_q = \frac{L_q}{\lambda} = \frac{\lambda}{\mu(\mu - \lambda)} \tag{5-10}$$

$$W_s = W_q + \frac{1}{\mu} = \frac{\lambda}{\mu(\mu - \lambda)} + \frac{1}{\mu} = \frac{1}{\mu - \lambda} \tag{5-11}$$

【例5-7】某普通门诊一次只能诊治一位患者，诊治时间服从指数分布，每位患者平均需要12分钟。患者按泊松分布到达，平均每小时到达4人。试求：

（1）该门诊的利用率；

（2）医生空闲时间的比例；

（3）等待就诊的平均患者数；

（4）患者花费在门诊的平均时间。

解：

$$\lambda = 4 \text{ 人/小时}，\mu = \frac{1}{\text{服务时间}} = \frac{1 \text{ 位}}{12 \text{ 分钟}} \times 60 \text{ 分钟/小时} = 5 \text{ 位/小时}$$

（1）该门诊的利用率：$\rho = \dfrac{\lambda}{M\mu} = \dfrac{4}{1 \times 5} = 0.80$

（2）医生空闲时间的比例：$P_0 = 1 - \rho = 1 - 0.80 = 0.20$

即医生有20%的时间是空闲的。

（3）等待就诊的平均患者数：$L_q = \dfrac{\lambda^2}{\mu(\mu - \lambda)} = \dfrac{4^2}{5(5-4)} = 3.20$（位）

取整数为4位顾客。

（4）患者花费在门诊的平均时间：$W_s = \dfrac{1}{\mu - \lambda} = \dfrac{1}{5 - 4} = 1.0$（小时）

（三）基于排队系统经济分析的服务运营能力规划

1. 与排队有关的两类成本

与排队有关的成本可分为两类：与服务能力有关的成本和与等待服务有关的成本。与服务能力有关的成本包括服务人员的工资、服务设施（如收款台、售票窗口、交通工具等的折旧费、维修费、管理费等）。与等待服务有关的成本包括支付给等待服务员工（如等待工具的维修工、等待卸货的卡车司机等）的工资；与预设等待空间（如银行的大厅、机场的候机室等）有关的费用；因顾客在接受服务前离开队列，甚至拒绝等待所导致的业务流失；商誉的降低；因排队对其他业务所造成的干扰。显然，与服务能力有关的成本是服务水平的增函数，而与等待服务有关的成本是服务水平的减函数，两者之和是一条U形曲线，如图5-4所示。

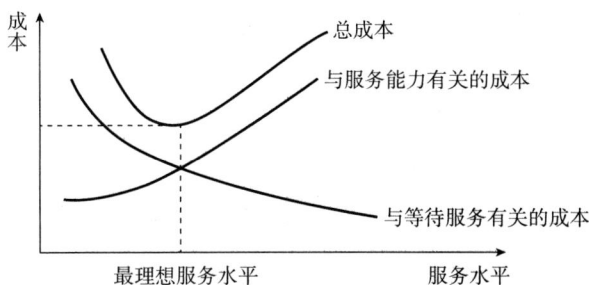

图5-4　服务水平与成本示意图

2. 最佳服务机构数

从图 5-4 可以看出，服务机构数越多，服务水平越高，与服务能力有关的成本越高，但与等待服务有关的成本越低；服务机构数越少，服务水平越低，与服务能力有关的成本越低，但与等待服务有关的成本越高。因此，总成本是服务机构数的函数，并且存在一个最佳服务机构数，此时，总成本最低。

设目标函数为：$C(M) = c_M M + c_w L(M)$ (5-12)

式中，$C(M)$ 表示排队系统平均总费用；c_M 表示给定时间内与服务能力有关的平均单位成本，可根据服务人员、设施的投资和管理费用估算出来；M 表示服务机构数；c_w 表示给定时间内与等待服务有关的平均单位成本，可根据历史数据统计得到；$L(M)$ 表示平均排队长，是关于服务机构数的函数。要确定最佳服务机构数 M^*，可使

$$f(M^*) = \min f(M) = \min[c_M M + c_w L(M)] \quad\quad (5-13)$$

实际上，一般通过仿真方法得到最佳服务机构数，进而确定服务运营能力。

五、学习曲线

（一）学习效应和学习曲线

1. 学习效应

有句俗话叫作"熟能生巧"，意思是当一个人或组织重复从事一项工作时，随着重复次数的增加，会不断地积累相应的知识与经验，知识与经验的积累又会提高工作效率。换言之，随着工人熟练程度的提高，加工单位产品所需的劳动时间呈现出递减的趋势，这种现象就是学习效应。系统地分析和研究学习效应是在 20 世纪 20 年代。当时，在美国的一家飞机制造厂，人们发现生产每架飞机所需的直接劳动时间随着飞机累计数量的增加而有规律地减少。生产第 4 架飞机所需的人工工时比第 2 架的减少了 20% 左右，第 8 架只花费了第 4 架飞机 80% 的工时。也就是说，当产量从 x 架增至 $2x$ 架时，所需的直接劳动时间比第 x 台减少了 20%。而且，曲线在开始阶段下降很快，以后逐渐变得平坦。而后，在其他产业，如汽车、石油化工、人造纤维织物等都发现了类似的现象。当把直接劳动时间和累计数量之间的关系绘制成图形时，得到了后来人们称作的学习曲线（Learning Curves），如图 5-5 所示。

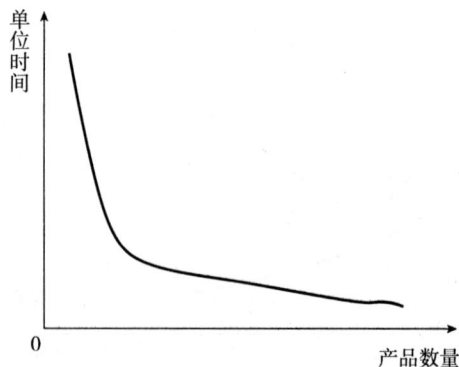

图 5-5 学习曲线

2. 学习曲线的建立

从学习效应的产生过程来看，学习效应主要是操作者提高了熟练程度之后而产生的现象。当生产过程全部由机器来完成时就不存在学习效应了。因此，学习曲线的变化率取决于人工工作与机器工作的比例。实践表明：当人工工作时间与机器工作时间的比例为3:1，即人工占总工作时间的3/4时，学习曲线变化率估计为80%左右；当两者基本接近时，这一变化率为85%左右。学习曲线变化率简称学习率。

给定第一件产品的直接劳动时间和学习率，就可以用下面的数学表达式来描述学习效应：

$$T_n = T_1 n^b \tag{5-14}$$

式中，T_n 表示生产第 n 件产品的直接劳动时间；T_1 表示生产第 1 件产品的直接劳动时间；n 表示累计生产数量；b 表示 lg$r$/lg2（r 为学习率）。

为方便使用，可事先计算出学习曲线的时间因子，并制成表格，表5-9是部分学习曲线的时间因子。表中，对应于每一个学习率，有单位时间和总时间两个因子。例如，当学习率为85%时，生产第10件产品的单位时间因子是0.583，其含义是，生产第10件产品的直接劳动时间是生产第1件产品的0.583倍；总时间因子是7.116，其含义是生产前10件产品的直接劳动时间是生产第1件产品的7.116倍。

表5-9　部分学习曲线的时间因子

产品序号	70%		75%		80%		85%		90%	
	单位时间	总时间	单位时间	总时间	单位时间	总时间	单位时间	总时间	单位时间	总时间
1	1	1	1	1	1	1	1	1	1	1
2	0.7	1.7	0.75	1.75	0.8	1.8	0.85	1.85	0.9	1.9
3	0.568	2.268	0.634	2.384	0.702	2.502	0.733	2.623	0.846	2.746
4	0.49	2.758	0.562	2.946	0.64	3.142	0.723	3.345	0.81	3.556
5	0.437	3.195	0.513	3.459	0.596	3.738	0.686	4.031	0.783	4.339
6	0.398	3.593	0.475	3.934	0.562	4.299	0.657	4.688	0.762	5.101
7	0.367	3.96	0.446	4.38	0.535	4.834	0.634	5.322	0.744	5.845
8	0.343	4.303	0.422	4.802	0.512	5.346	0.614	5.936	0.729	6.574
9	0.323	4.626	0.402	5.204	0.493	5.839	0.597	6.533	0.716	7.29
10	0.306	4.932	0.385	5.589	0.477	6.315	0.583	7.116	0.705	7.994
15	0.248	6.274	0.325	7.319	0.418	8.511	0.53	9.861	0.663	11.384
20	0.214	7.407	0.288	8.828	0.381	10.485	0.495	12.402	0.634	14.68
25	0.191	8.404	0.263	10.191	0.355	12.309	0.47	14.801	0.613	17.713
30	0.174	9.305	0.244	11.446	0.335	14.02	0.45	17.091	0.596	20.727
35	0.161	10.13	0.229	12.72	0.318	15.64	0.435	19.29	0.583	23.67
40	0.15	10.9	0.216	13.72	0.305	17.19	0.421	21.43	0.571	26.54
45	0.141	11.62	0.206	14.77	0.294	18.68	0.41	23.5	0.561	29.37
50	0.134	12.31	0.197	15.78	0.284	20.12	0.4	25.51	0.552	32.14

【例 5 - 8】 某公司生产一种无人机，就最后组装阶段而言，组装第 1 架无人机的直接工时为 500 个小时，经估算，组装这种无人机的学习率为 80% 。试求：

（1）组装第 20 架无人机的直接工时；

（2）组装全部 20 架无人机的直接工时；

（3）组装全部 20 架无人机的平均直接工时。

解：

（1）组装第 20 架无人机的直接工时：500 × 0. 381 = 190. 5 （小时）

（2）组装全部 20 架无人机的直接工时：500 × 10. 485 = 5242. 5 （小时）

（3）组装全部 20 架无人机的平均直接工时：（500 × 10. 485）/20 = 262. 13 （小时）

（二）学习率

1. 学习率的估计

学习现象是客观存在的。对于某一特定的行业，如果生产了一定数量的产品，很容易从学习效应的表达式中推算学习率 r ，学习曲线的应用就很方便、容易。对于一项全新的作业，或作业累计时间不长，可参看类似行业的学习率，然后根据本行业的具体情况作出相应的修正。表 5 - 10 给出了一些行业的学习率范围。在修正学习率时，可以把具体作业过程中手工和机械加工的比例作为一个考虑因素。一般地，手工比例越大，学习效果越明显，即学习率越小。反之，学习效果越不明显，即学习率越大。如 75% 的手工作业，对应着 80% 的学习率。25% 的手工作业，对应着 90% 的学习率。

表 5 - 10　一些特定行业的学习率　　　　　　　　　　　单位:%

行　业	学习率范围
航空航天	80 ~ 85
造船	80 ~ 85
复杂工具的加工	75 ~ 85
电子元器件的制造	90 ~ 95
机械制造	90 ~ 95
电线和电路板的制造	75 ~ 85
焊接作业	85 ~ 90
零部件的装配	85 ~ 90

2. 学习率的提高

学习效应对企业的重要性是不言而喻的，如何提高学习率就成为企业的重要课题。由于学习效应不仅取决于个人学习又取决于组织学习，而且还取决于两者之间的互列效应。因此应从个人学习和组织学习两个方面入手提高学习率。

影响个人学习的因素很多，但最重要的因素有两个，就是初始学习水平与个体学习率。人的个体因素差别较大，有的人初始学习水平高，但是学习率低，有的人初始学习水平低，但是学习率高。许多企业的经验表明，采取下列措施，有利于改善个体学习：①合理选择工人；②合理培训，激励；③提供快速简单的响应帮助；④专业化与重复性；⑤让工人参与工作设计。

不仅个人要学习，组织也要学习。如果说个人学习仅仅着眼于某一个岗位或某一项工作，那么组织学习应至少着眼于 3 个基本层面：首先，组织学习的基础是员工学习，没有员工个体的学习，组织学习将成无源之水无从谈起；其次，组织学习是指管理方面的学习，如企业内部合作、市场促销、与上下游企业的合作等；最后，组织学习是指组织采取有效的措施来促进支持和强化个人学习与组织学习。常见的重要措施有：①有意识地营造或强化良好的文化氛围；②有一套或建立一套制度与办法来指导：如何开展学习、如何巩固学习成果、如何快速推广学习成果；③如何采用相应的技术、程序、方法来支持或辅助学习。

（三）学习效应的应用

学习效应的应用体现在以下几方面：

1. 规划运营能力

如果企业在规划运营能力时，考虑了学习效应，就可以避免过多的富余能力。如果企业在制定生产计划时，考虑了学习效应，就可以使企业更科学地预测未来的生产能力、估计成本和编制预算。

2. 制定劳动定额

科学地制定劳动定额是学习效应的直接应用。劳动定额是指在一定的生产和技术条件下，生产单位产品或完成一定工作量应该消耗的劳动量。标准或在单位时间内生产产品或完成工作量的标准，一般用劳动或工作时间来表示。在制定劳动定额时，只有充分考虑学习效应，才能制定出先进合理的劳动定额。所谓先进合理，就是制定的定额要在已经达到的实际水平基础上有所提高，在正常生产条件下，经过一定时期的努力，大多数职工可以达到、部分先进职工可以超过、少数后进职工也能够接近以至达到的水平。这样的定额才能保证劳动生产率的提高。

3. 控制工程进度

利用学习曲线可以估计生产周期，进而帮助企业制定相应的生产计划和安排作业进度。

4. 新产品定价

当新产品的工艺过程与某类产品的工艺过程相同或相似时，可利用这类产品的学习率来估计新产品的生产周期，估算直接劳动成本，从而为新产品的定价提供依据。

5. 采购谈判

对于大型设备的采购，供货商总会提出工程造价。其中，直接劳动时间是组成部分，学习效应为降低报价提供了依据，使采购商在谈判中处于主动地位。对供货商来说，则可以确定招标底价。总之，利用学习效应有助于公司运营战略的实施，如运营能力、进度、价格和成本控制等。

（四）应用学习效应要注意的事项

根据学习效应的表达式，对产品结构复杂、手工作业占比大、加工数量小的作业，学习效果较为明显。反之，学习效果不显著。这是在应用学习效应时要首先注意的事项。在应用学习效应时，还应注意新产品、新工艺或新设备的投入对学习效应的影响作用。此时，作业时间会有大幅度的增加。此外，学习曲线如使用不当也会带来一定风险。环境变化中的不可测因素有可能影响学习规律，如果管理人员忽视环境动态变化的特性，就可能会给企业带来损失。一个著名事例是道格拉斯飞机制造公司被麦克唐纳兼并的事例。道格拉斯飞机曾经根据学习曲线估计它的某种新型喷气式飞机成本能够降低，于是对顾客承诺了价格和交货日期。结果由于低估了飞机制造过程中的工艺修改对学习曲线的影响，导致对顾客承诺的价格和交货日期不能实现，以致遭到严重的财政危机，这是它不得不被兼并的重要原因之一。

【案例分析】

机动车部汽车驾驶证换新流水线布置

亨利是某机动车部办公室主任，他通过对驾驶证换新活动进行分析，确定了换新步骤及每个步骤需要完成的时间，如表5-11所示。

表5-11　机动车部汽车驾驶证换新步骤及所需时间　　　　单位：秒

序号	步骤	平均完成时间
1	检查换新申请的正确性	15
2	处理、登记付费	30
3	检查档案，确定有无违规和受限制情况	60
4	进行视力检查	40
5	为申请人拍照	20
6	发放驾驶证	30

现在，每个步骤指派不同的人完成，办事员的工作量分配也是不均匀的，负责第3步检查档案的办事员往往匆忙完成，以压缩时间，与其他办事员保持一致，在驾驶证申请旺盛期，申请者往往排长队。

每次换证申请是一个相对独立的流程，亨利决定对办公室进行重新布置，对人员进行重新分派，提高工作效率，每小时可以处理换证的数量达到120个。

亨利发现，步骤1~步骤4可以交给一般的办事员来办理，他们每人每小时的工资是12元。步骤5可以交给一位摄影师来完成，每小时支付的工资是16元。为完成拍摄任务，该办公室每小时需要为每部相机支付10元的租赁费。第6步发放驾驶证需要由穿制服的机动车部官员来完成，这些官员每小时的工资是18元，他们可以胜任除了摄影之外的任何工作。

亨利对工作步骤进行重新审视，第1步检查换新申请是必须完成的，之后才能进行下面的工作。同样，第6步发放驾驶证的工作需要在所有步骤完成以后才能进行。

亨利承受着领导的压力，他必须想办法提高劳动生产率并降低成本，必须使办公室的布置与人力分派适应驾驶证换新申请的需求。否则，就要"做好走人的准备"。

资料来源：杨建华.生产运作管理（第3版）[M].北京：电子工业出版社，2016.

思考：

1. 亨利是如何规划机动车部的运营能力的？

2. 从目前的流程来看，每小时可以处理的最大申请数量是多少？

3. 你对亨利设计的流水线设计有什么建议？

【思考与练习】

1. 对汽车制造厂、啤酒厂、比萨店、航空公司、电影院、会计师事务所等行业进行产能定义。

2. 简述规划运营能力时的影响因素。

3. 构建或改变运营能力的三种策略。

4. 简述规划运营能力的步骤。

5. 何谓完全信息价值？计算完全信息价值的意义在哪里？

6. 简述不确定型决策环境下三种决策方法。

7. 举例说明日常生活中的排队现象，以及你如何看待排队现象？

8. 何谓学习效应？结合实例说明应用学习效应时要注意的事项。

9. 简述如何从个人和组织的角度提高学习率？

10. 某企业建设一条生产线，用于生产一种电子产品。该产品的售价为250元，单位变动成本为160元/件，每年分摊的固定费用为180万元。

（1）试计算盈亏平衡点产量和销售额。

（2）根据预测，该产品的市场容量为20万件/年，如果该企业的市场占有率为30%，企业的最大税前利润是多少？

11. 某企业打算生产一种换代新产品，根据市场预测，产品销量有三种情况：销路好、销路一般和销路差。生产该产品有三种方案：改进生产线、新建生产线、与其他企业合作。具体收益值如表5-12所示。请用不确定型决策环境下的三种决策准则，分别帮助企业做出选择。

表5-12　各方案在不同情况下的收益　　　　　　　　　　　　单位：万元

方案	顾客对本超市商品的需求		
	销路好	销路一般	销路差
改进生产线	180	120	-40
新建生产线	240	100	-80
与其他企业合作	100	70	16

12. 某航空公司在一家新开张的5A级写字楼里开办了售票处，由一名服务生负责预订机票，根据历史数据分析，订票请求服从泊松分布，且均值为每小时15次请求。服务时间服从指数分布，且均值为每次请求3分钟。试求：

（1）服务系统利用率；

（2）服务生的空闲时间比例；

（3）等待服务的平均顾客数；

（4）顾客花费在服务系统中的平均时间。

【能力训练】

结合第一章的学生创业小组所创立的项目，规划自己项目的运营能力，并说明如何通过调整产能或服务能力或调整需求来管理项目运营能力。

第六章　设施选址规划

【学习目标】

　　描述选址规划的必要性和重要性；

　　描述选址规划的一般程序；

　　解释制造业和服务业选址规划的影响因素；

　　解释选址方案的评价方法

【导入案例】

亚马逊第二总部选址——一场美国城市的选秀比赛

　　2018 年 1 月，亚马逊公布了其第二总部选址的候选城市名单，遍布北美的 238 个城市参与了这场选拔，最终只有 20 个城市入围。经过层层筛选，最后留下的候选城市包括靠近华盛顿特区的水晶城，位于得克萨斯州的达拉斯和纽约皇后区的长岛。亚马逊正在对这几个城市进行深度的调研和沟通，最终从中选出一个作为其第二总部的所在地。若是能获得亚马逊的青睐，亚马逊将为这座城市带来 50000 个工作岗位和超过 50 亿美元的投资。这无疑是一笔"巨奖"。

　　一整个夏天，考察和选拔都在秘密地进行着。根据《华尔街日报》的报道，亚马逊已经对少数几个城市进行了二次访问，并正在与几个城市进行谈判。要求当地政府和相关机构提供大量数据，如当地高中生的考试成绩等。从走漏的风声来看，亚马逊可能会更倾向于选择繁华的城市地区作为自己第二总部的所在地。除了最终在这场选拔中获胜，赢得亚马逊第二总部的城市之外，亚马逊可能也会另外选择几个城市开展一些小型业务，这些城市会成为这场选拔中的亚军和季军，随第二总部一起"出道"。

　　亚马逊和不同城市谈判的内容也不尽相同。

　　据知情人士透露，在北弗吉尼亚州水晶城，亚马逊与官员就投资后的奖励进行谈判，同时也与一家房地产投资信托公司 JBG Smith Properties 谈判，讨论后者在水晶城的房地产。水晶城靠近华盛顿特区，毗邻五角大楼，是美国首都旁边的一座卫星城，很多重要的政府部门都选址在这里。

　　纽约也在积极与亚马逊进行沟通，尽管沟通的进度仍不为外界所知。亚马逊看中了纽约皇后区的长岛，那里有大量新建的高层建筑，可以俯瞰曼哈顿，备受年轻专业人才的青睐。这一特性对于以人才为核心资产的科技公司来说非常关键。位于美国西南得克萨斯州的达拉斯则有着更低的生活成本，不征收个人所得税，在减税、补助、基础设施成本分摊等方面的运营成本也相对较低。这是亚马逊正与达拉斯的一群房地产开发商进行谈判，考虑进驻这里的原因。这些房地产商最近在达拉斯购入了一笔房产，并将其指定提供给亚马逊。

相关专家表示，亚马逊可能正在和两个或更多城市进行最终的谈判，还会留有一些城市，作为谈判破裂后的备选项，包括进入了候选大名单的芝加哥和迈阿密。有消息称这两座城市直到最近才和亚马逊开始接触，还没有进行谈判，这意味着它们不一定就已经注定出局。

水晶城所在的华盛顿特区周边一直以来都是最热门的候选地，原因在于杰夫·贝佐斯本人在那里拥有一栋私人房产，还拥有当地的传统媒体——华盛顿邮报。而就在11月6日，根据《华尔街日报》的最新消息，亚马逊正计划将这个第二总部拆成两部分，分设在两个不同的城市。这场选秀最终甚至可能迎来一个双冠军的结局。贝佐斯接受采访时表示，在收集和研究了大量数据后，他们可能最终会凭直觉做出决定。他说，"对于这样一个决策，最好的决策方法是收集尽可能多的数据，让自己沉浸在数据中，但最后追随自己的内心来做出决定。"

资料来源：堪比美国城市的选秀比赛！亚马逊第二总部选址终于落下帷幕！［EB/OL］. http：// www. sohu. com/a/279965290_ 259732（经整理）.

思考：

1. 亚马逊第二总部的选址有哪些考虑？
2. 选址规划的基本程序是什么样的？

第一节　选址规划的基本问题

在全球经济环境下，企业在进行选址决策时，应该选哪个国家、哪个地区？选址应该考虑的因素有哪些？它对企业的生存和发展往往具有决定性的影响。从一定意义上讲，正确的选址是企业成功的一半。厂址的选择是否合理、能否靠近客户和原材料产地、劳动力资源是否丰富、地价高低以及生产协作条件等均直接影响企业的投资效益与运营效益。

一、设施选址的概念

设施选址，是指如何运用科学的方法决定工厂、办公楼、车间、设备、仓库等物质实体设施的地理位置，使之与企业的整体经营运作系统有机结合，以便有效、经济地实现企业的经营目标。设施选址包括两个层次的问题：选位，即选择一定的区域，如国家、地区、省市等；定址，指选择工厂或服务设施的具体地址。

随着供应链概念的引入和不断深化，选址问题越来越成为决定供应链是否优化、是否实现效益最大化的重要条件。现代的供应链管理理念已经日益深入到供应链上企业内部运营的各个方面，包括工厂和设施的增加以及改扩建的各个环节。人们在考虑设施选址时不仅要考虑设施本身的运营成本、产品运输便利程度、人员材料的费用等，还要考虑供应链上下游企业的相互关联，因为只有供应链上各个节点企业的效益实现最大化才能使得整个供应链的效益最大化。

二、设施选址的必要性和重要性

（一）设施选址的必要性

新企业的产生、企业生产能力的扩大（如建新设施）、企业外部条件的变化（如生产资源的成本或数量相对变动、市场需求的数量或结构或价格相对变动）、社会制度或经济政策的变动（如税收、价格、资源使用等政策的改变）等都可能使企业面临设施位置选择的问题。

1. 需求增加

随着产品或服务的需求增长而企业又不能通过扩大现有位置予以满足时，势必产生设施位置的决策问题。为补充现有系统而增加新设施位置常常是一种现实的选择。

2. 资源条件变化

当企业面临原材料、能源和人力缺乏问题时，就可能考虑将现有设施位置向所需资源充足的地方转移，尤其是在某企业的基本输入已在原有地方被耗尽的情形下，如捕鱼或砍伐业，常因原有位置的鱼或树木被暂时耗尽而重新选择位置。开矿和采油业面临同样的情形，尽管间隔的时间更长。

3. 市场条件变化

企业所服务的市场发生转移时，为充分接近市场，企业不得不随之转移，这样能密切地接近顾客、降低运输费用、及时提供产品服务、增强反应速度等。

4. 降低成本

随着经济的发展、城市规模的扩大，原有设施位置可能会出现租金上涨、劳动力费用增加、生活费用增大等情况，从而产生重新选址问题。如美国、日本以及欧洲的发达国家在发展过程中，企业纷纷把设施，不仅仅是生产厂甚至包括公司总部迁往郊外或农村地区，这一方面是为了利用农村丰富而廉价的劳动力资源和土地资源，另一方面是为了避开大城市高昂的生活费用、城市污染、高犯罪率等弊病。在中国，类似的趋势也在发生。例如，在20世纪90年代的北京，随着城市规模的扩大、地价的急剧上涨和城市格局的改变，"退二进三""退三进四"（退出二环路和三环路以内，迁往三环、四环之外）的潮流席卷了很多企业。现在，进一步发展到"退四进五、进六"。

5. 适应城市规划

随着城市的发展，城市的规划也在不断地发生变化，道路拓宽，功能区重新划分，公共设施的建设占地等情况时有发生，企业迁址问题也随之产生。

（二）设施选址的重要性

选址的意义非常重大，具体原因包含以下3个方面。

（1）选址是一项长期性投资，相对于其他因素来说，它具有长期性和固定性。设施选址对设施建成后的设施布置以及投产后的生产经营费用、产品和服务质量以及成本都有极大且长久的影响。一旦选择不当，它所带来的不良后果是通过建成后的加强管理、完善管理等其他措施也不可弥补的。

（2）选址不仅影响企业竞争力，而且也影响运作的其他方面。选址规划影响企业的投资收益、产品或服务的成本以及生产效率。选址规划直接影响供需关系、影响员工的情绪甚至公共关系等。

（3）选址决策与组织的总体战略紧密相关。地理布局决定着直接成本的高低，如原材料和产品的运输成本、劳动力成本及其他辅助设施的成本等。选择低成本战略的企业通常会在劳动力或原料成本较低的地方进行选址；而以为顾客提供快捷服务为经营特色的企业，则会考虑交通的便利性、邻近地区的发展状况以及该地区的未来规划等因素。因此，企业在进行设施选址时，必须谨慎做出决策。

三、设施类型和行业特征

设施类型是影响设施区位选择的主要因素。

（一）重工业企业

重工业一般规模较大，需占用的场地面积和用于设施建设的投资也较大。汽车制造厂、炼油厂和炼铁厂等属于这类企业，对这种类型的企业，厂址通常选在建筑成本低、接近或容易获取原材料的地方，以保持较低的运输成本。重工业企业应与铁路相连，以便重型物资的运输。环境保护问题也是选址的重要决策问题。重工业通常产生工业废料和噪声等污染，因此应远离居民稠密区。

（二）轻工业企业

轻工业企业规模相对较小，通常为生产电子仪器或部件、计算机产品、组装产品、饮料生产等企业。这类企业因生产过程中使用高科技设备，必须保证提供干净和可控制的生产环境，在选址上对环境要求较高，地价和建筑成本可能较高。另外，这类生产对工人的技能要求相对较高，需要考虑容易获取所需的人力资源。需要有便利的交通条件，以利于原材料供应和产品销售的需要。环保问题不是这类企业要考虑的重要因素，因为这类企业通常没有严重的废料排放问题。

（三）仓储与运输业

仓库和配送中心是供应链中的中转点，仓库通常具有收货、搬运、储藏和发货的功能。有些仓库还进行简单的加工或组装的工作。因为仓库所具有的中转性质，使得运输成本成为仓库选址决策的关键因素。另外，还要考虑与市场的接近程度，这取决于供货的要求，包括用户要求的供货频率等。而建筑成本和地价、劳动力资源、原材料的接近情况以及污染问题对于这种地址选择并不是重要的因素。

（四）零售及其他服务业

零售及其他服务型企业通常只需要较小和成本较低的设施。例如，零售商店及超市、宾馆、餐馆、银行和诊所等。然而，有些服务设施如医院、大学、大型饭店等规模和投资都较大，选择这类设施的区位首要考虑的问题是接近消费者。服务设施应当接近它们服务的顾客，而商店应设在便于顾客去购物的地点。尽管地价或租金可能很高，但建设成本不是最主要的因素。

四、选址规划的一般程序

企业选址通常包括以下几个步骤。

步骤1：明确企业选址的优化目标，列出评价选址地点优劣的标准。

一般来说，制造业选址的优化目标是追求成本最小化；服务业选址的优化目标是追求收益最大化。

步骤2：识别选址决策所要考虑的重要因素，如市场位置、运输条件、环保法规等。

步骤3：根据选址总体目标和主要影响因素确定候选区域。

步骤4：找出可供选择的选址方案。

（1）扩建现有的厂址。当选择这种方案时，选址工作比较简单，需要注意的问题只是现有的厂址是否具有可扩建性，不需要考虑重新选择厂址的问题。

（2）在保留现有厂址的基础上，在其他地点增加新的厂址。此时，对制造业来说，新增加的厂址不能距原厂址太远，因为两个厂址之间会存在业务联系，若距离太远，会增加不必要的运输费用。对服务业来说，如零售业、新店的选址需要考虑的因素还有很多，包括交通的便利性、劳动力条件、与供应商的距离、物流配送条件、租金和税金问题以及政府政策等。通常情况下，增加新的厂址是扩张性战略的一种反映，但也不排除是防御竞争对手进入市场的防御性战略的体现。

（3）放弃现有厂址，迁到新的地点。产生这种选择的原因可能有：一是出于环保的考虑。例如，某化工厂的厂址处于市内的优良地段，但是由于从事的生产污染较大，这时就要考虑放弃现有的厂址，搬迁到新的地点。二是原地址与生产或者产品特点不符合。例如，对原材料质量有严格要求的生产企业，厂址应该选择在靠近原材料供应地的地方，以降低运费，得到较低的采购价格。如果现有的厂址距离原材料供应地很远，就有必要调整厂址，搬迁到距原材料近的地址。三是由于行业环境、自然条件、政府政策等影响选址的因素发生变化，使得企业不得不做出迁址的选择。

迁址要考虑的因素还有很多。例如，企业必须对进行迁址的成本及因此而获得的利润与留在原址的成本和利润进行比较和权衡。此外，市场的转移、运输成本的变化等也是要慎重考虑的重要因素。

步骤5：选择定性或定量的评价方法，评估几种选择并做出选址决策。

步骤6：根据评价结构，选择最佳地址。

第二节　制造业和服务零售业的选址规划的影响因素

企业进行选址决策的根本目标是通过选址实现潜在利润的最大化，但是由于制造业与服务业的差异，在考虑具体选址因素时，对于制造型企业来说，大都是通过选址使成本最小化来达到潜在利润的最大化，而对于服务型企业来说，则往往要求在选址时通过靠近消费者以使收益最大来达成潜在利润的最大化。

一、制造业选址规划的影响因素

制造业由于产出的产品具有有形、耐久、可存储等特点，在进行选址决策时需要考虑下列影响因素。

（一）经济因素

1. 运输条件与费用

企业一切生产经营活动都离不开交通运输。原材料、工具和燃料进厂、产品和废物出厂、零件协作加工，都有大量的物料需要运输；职工上下班也需要交通方便。交通便利能使物料和人员准时到达需要的地点，使生产活动正常进行，还可以使原材料产地与市场紧密联系。

在运输工具中，水运运载量大，运费较低；铁路运输次之；公路运输运载量较小，运费较高，但最具有灵活性，能实现门到门运输；空运运载量小，运费最高，但速度最快。因此，选择水陆交通都很方便的地方是最理想的。在考虑运输条件时，还要注意产品的性质。生产粗大笨重产品的工厂，要靠近铁路车站或河海港口；制造出口产品的企业，厂址或仓储中心要接近口岸。

在企业输入和输出过程中，有大量的物料进出。有的企业输入运输量大，有的企业输出运输量大。在选址时，要考虑是接近原材料供应地，还是接近消费市场。

接近原料或材料产地的企业，原材料成本往往占产品成本的比重很大。优质的原材料与合理的价格，是企业所希望的。下述企业应该接近原料或材料产地：①原料笨重而价格低廉的企业，如砖瓦厂、水泥厂、玻璃厂、钢铁冶炼厂和木材厂等；②原料易变质的企业，如水果罐头厂；③原料笨重，产品由原料中的一小部分提炼而成，如金属选矿厂和制糖厂；④原料运输不便，如屠宰厂。

接近消费市场的主要目的是节省运费并及时提供服务。在做选址决策时，要追求单位产品的生产成本和运输成本最低，不能追求只接近消费市场或只接近原料或材料产地。一般来说，下述企业应该接近消费市场：①产品运输不便，如预制板厂；②产品易变化和变质，如制冰厂、食品厂；③大多数服务业，如商店、消防队、医院等。

2. 劳动力可获性与费用

对于劳动密集型企业，人工费用占产品成本的大部分，必须考虑劳动力的成本。将厂设在劳动力资源丰富、工资低廉的地区可以降低人工成本。一些发达国家的公司纷纷在经济不够发达的国家设厂，一个重要原因是降低人工成本。凡使用粗工的企业，工人易于训练，可以随时招用，劳动力的可获性不成为选址的条件。但是，随着现代科学技术的发展，只有受过良好教育的员工才能胜任越来越复杂的工作任务，单凭体力干活的劳动力越来越不受欢迎。对于大量需要具有专门技术员工的企业，人工成本占制造成本的比例很大，而且员工的技术水平和业务能力又直接影响产品的质量和产量，劳动力资源的可获性和成本就成为选址的重要条件。在大城市较容易获得高水平的劳动力资源，选择在城市或城郊建厂容易解决劳动力资源问题。

3. 能源可获性与费用

没有燃料（煤、油、天然气）和动力（电），企业就不能运转。对于耗能大的企业，如钢铁、炼铝、火力发电厂等，其厂址应该靠近燃料、动力供应地。

4. 厂址条件和费用

建厂地的地势、利用情况和地质条件都会影响建设投资。显然，在平地上建厂比在丘陵或山区建厂要容易施工得多，造价也低得多。在地震区建厂，则所有建筑物和设施都要达到抗震要求。同样，在有滑坡、流沙或下沉的地面上建厂也都要有防范措施，这些措施都将导致投资增加。此外，选择在荒地上还是良田上建厂，也会影响投资多少。需要强调的是，我国人均耕地面积有限，选择厂址要尽可能不占良田或少占良田。

地价是影响投资的重要因素。城市地价高，城郊地价较低，农村地价更低。厂址条件还应考虑协作是否方便。和人类一样，企业也需要"群居"，与世隔绝的企业是难以生存的。由于专业化分工，企业必然与周围其他企业发生密切的协作关系。大城市是企业群居的地方，但地价高。因此，这些因素需要综合考虑。

（二）政治因素

政治因素包括当地政府对企业所从事的生产经营活动的鼓励或限制的制度、当地政治局面的稳定程度、法制的完备程度、税负的公平程度等。这些问题在进行选址决策时决不能忽视，否则会带来严重后果。特别是企业在进行海外选址决策时，必须要考虑政治因素，政局稳定是发展经济的前提条件。在一个动荡不安、战乱不断的国家进行选址，往往要冒很大风险。有些国家或地区虽然具备适应建厂的良好自然环境，但其法律体系变更无常，企业权益得不到保障，也不宜设厂。此外，还要了解当地有关环保、税收方面的法律法规，可能对环境造成污染的企业要时刻注意当地的环保规定，而税负过高的地区会使企业财务负担过重。总之，企业在进行跨国选址时，应该选择那些为了吸引外资而在政策法规上提供优惠的国家或地区。

（三）社会因素

投资建厂要考虑的社会因素包括居民的生活习惯、文化教育水平、宗教信仰和生活水平。

不同国家或地区，不同民族的生活习惯不同。企业的产品一定要适合当地的需要。本国畅销和流行的产品或流行的款式，拿到外国就不一定流行了。同样，外国流行的产品或流行的款式，拿到中国就不一定流行，内地畅销的汉族服装、装饰品拿到少数民族地区不见得销得出去，反之亦然。

企业与当地团体的关系也是选址必须考虑的一部分。在某些地区，公众会对某些特殊类型的行业有一些看法甚至持反对意见。企业如果将工厂设在这些地区，将来就可能遇上许多难以预计的麻烦，如超额的税收或者是其他无法估计的公众反应。如果公众被不明的烟尘、噪声或其他不受欢迎的影响所激怒，就可能引起争端。所以企业最好在签订付出高昂代价的条约之前与社区领导会面并提出可能的设想。

在文化教育水平高的地区设厂，不仅有利于招收受过良好教育和训练的员工，而且文化教育水平高的地区的氛围也有利于吸引更多的优秀人才，这对企业的发展至关重要。

到经济不发达地区建厂，要注意当地居民的开化程度和宗教信仰。建厂地的生活条件和水平决定了对员工的吸引力。人们的住房、交通工具、饮食、衣着以及能耗反映了人们的生活水平。但生活水平高的地区，企业付给员工的工资也高，从而产品的成本也高。到贫困地区设厂，人工费用低，如果产品的科技含量不高，对劳动力素质要求不高，是可行的。

（四）地理因素

1. 交通是否便利

企业的进货和出货是否便捷、成本是否低廉和企业所处的地理位置息息相关。靠近港口、铁路和机场势必会大大提高货物的周转速度，同时降低运输成本。

2. 自然环境是否有利于生产

自然因素主要是气候条件和水资源状况。地理条件是一种制约选址的客观因素，企业应避免在那些地质或地势条件不满足要求的区域选址建厂。例如，选址应该尽量排除具有下列特点的地区：地震多发、易遭洪水且地面积水排放不畅、接近废弃的矿坑、地基不能达到设施承载要求、空间面积不足、形状不规则、不能满足未来扩建的要求、地势坡度不够平坦等。气候条件将直接影响职工的健康和工作效率。根据美国制造业协会的资料，气温在 15℃～22℃，人们的工作效率最高。气温过高或过低都会影响工作效率。气温的高低关系厂房和办公室的建筑设计。通过空调来保持适宜的温度不仅作用范围有限，而且耗费能源，增加成本。有的产业对气候条件的要求较高，对气候条件敏感的产业有纺织厂和乐器厂。英国的曼彻斯特是世界著名的纺织业区，温度及湿度合适是主要原因。电影制片厂之所以集中在好莱坞，是因为该地终年温和而干燥，适于室外拍片活动。

（五）其他影响因素

1. 可扩展性

除了根据生产运作规模规划决定所需的面积外，还需考虑必要的生活区、绿化占地等。此外，最重要的是，要考虑未来的可扩展性，一开始就建设到容积极限，不留余地，显然是不明智的。

2. 地质情况

如地面是否平整，地址能否满足未来设施的载重等方面的要求。

3. 周围环境

所选位置能否为职工提供包括住房、娱乐、生活服务、交通等在内的良好生活条件，这也是能使运营系统有效且高效运行的必要条件之一。对于一些技术密集型企业、高科技企业，若选择在大专院校、科研院所等科技人员集中的地区，有利于依托该地区的科技和高知识人才。

二、服务零售业选址规划的影响因素

与制造业企业的设施选址问题类似，服务设施选址也包括两个层次，第一选择地区，第二选择具体地点。服务零售业选择地区时的考虑因素主要有 3 个：该地区的顾客特点（人群密度、平均收入水平等），公用基础设施（道路、水、能源的可利用性等），与顾客的接近程度以及可利用的劳动力素质。但是，对于不同服务行业的企业仍然会有不同考虑。有些服务行业的设施选址由于必须考虑接近顾客，因此受很大约束，如医院、学校、居民服务（邮局、洗衣房、职业介绍所等），而另外一些行业，如运输、仓储、批发等企业，这方面的约束较少。选择地点时的主要考虑因素是周围的可扩展性（包括停车场）、租金以及交通方便与否等。例如，对于零售业企业，必须有足够的停车位和方便的交通。较小的劳动密集型企业往往对低租金更感兴趣，而大公司需要对周围的可扩展性和职工通勤条件做更多的考虑。服务业设施选址总体上主要受到以下因素的影响。

（一）是否接近顾客群

从服务设施的角度出发，服务可分为顾客到服务提供者处、服务提供者到顾客处、服务提供者与顾客在虚拟空间内完成交易 3 类。

如果顾客必须到服务者处，那么服务设施选址就需要考虑服务设施对最终市场的接近与分散程度，设施必须靠近顾客群。例如，宾馆、饭店、银行、商场等，其设施位置对经营收入有举足轻重的影响，该设施周围的人群密度、收入水平、交通条件等将在很大程度上决定这类企业的经营收入。

如果服务的进行需要服务提供者到顾客处，如电梯维修、害虫控制和家庭清洁等，与服务设施对最终市场的接近与分散程度相比，交通条件和工具就成为更重要的关键因素。

服务提供者与顾客在虚拟空间内完成交易是指顾客和服务提供者都不用移动，通过信件、电话、计算机等通信方式提供服务，这种服务方式是对传统服务的创新，知识含量较高，是否接近顾客群已经不太重要了。

（二）消费能力和消费习惯

如果说靠近顾客群增加了企业潜在顾客购买服务的可能性与便利性的话，考虑所在市场的消费能力和消费习惯则会直接决定服务的实际商业交易量，因此在服务业选址时必须予以考虑。

（三）竞争对手的相对位置及反应

对于制造业企业的设施选址来说，与竞争对手的相对位置并不重要，而在服务业中，这可能是一个非常重要的因素：在有些情况下，选址时应该有意识地避开竞争对手，但商店、快餐等服务企业，靠近竞争对手可能有更多的好处。因为同行企业集中在某一地区可以形成知名度较高的行业性市场，如汽车城、服装城、理发店、快餐店等服务行业，在这种情况下可能会有一种聚集效应，即受聚集于某地的几个企业的吸引而来的顾客总数，大于分散在不同地方的几个企业的顾客总数。

（四）当地的经济收入水平

不仅要考虑当地人们的平均收入水平，还要考虑当地的人事劳动工资政策是否满足自己的实际需要。一个地区消费者收入高、人数众多且消费愿望强烈，则该地区购买力强，服务消费量大，企业收入就高。

（五）基础设施条件

基础设施主要是指为服务业正常运营提供所必需的水、电、气等设施，同时还应该考虑交通条件、环境保护等问题。不同的服务对于基础设施的要求也不同。例如，批发中心，选址时应优先考虑交通基础设施较好的地方，而娱乐中心用电量较多，选址时则应优先考虑电力供应充足的发达地方。

（六）交通便利性

便利的交通或停车场对零售企业至关重要。顾客的消费出行需求更多地考虑是否有合适的停车场，道路交通是否畅通等。靠近路边或居民区的商店有机会更能吸引那些开车购买的顾客。

最后还需要注意的是，在当今技术进步日新月异的环境下，有很多服务业行业传统的服务地点的选择模式已经发生变化。例如，传统的银行营业网点布局通常要考虑每一服务半径的人群和要求服务的频率，但现在越来越多的简单服务被 ATM 机、网上银行等所取代，导致银行在营业网点的布局上发生了很大变化。又如，传统的粮油、食品、副食店的选址历来是靠近居民区的，而现在很多大型超市的选址则更看重交通便利、停车方便的位置。因此，企业在考虑服务设施选址问题时，需要思考更多的问题：如果服务不能在一个方便的地方提供，顾客的购买行为是否会改变？服务的可得性和方便性对企业的竞争能力到底有多大影响？能否通过设施地点的改变创新服务，形成竞争优势？如何利用新技术、新系统、新流程来确定最优设施地点？其他企业的设施位置决策是否会对本企业产生影响等。

【延伸阅读】

药店选址的三角布点法

零售连锁门店的选址是一个永恒的难题。日本有一家名叫药黑衣库金的连锁药店，1981 年的经营门店数为 512 家，1987 年营业额占到全日本零售药店营业额的 11%，后来发展成为一家拥有上千家分店的知名医药连锁企业。该药店在创业初期也曾一度陷入困境，几家门店的经营状况非常萧条，公司眼看就要支撑不下去了。为此，其创始人通口俊夫整天苦思冥想突破之道。

一天，通口俊夫沿京阪线坐火车前往仅存的 3 家分店巡查工作，他坐在火车车厢内，心事重重地想着企业经营的困境，很不是滋味。那时，这 3 家分店几乎呈一字形设置在京阪铁路沿线的京桥、干林、梅云 3 个车站旁边。忽然，车厢内一个小孩用手指旋弄一个三角板的情形紧紧抓住了他的视线，只见这名小男孩将他的一只手指伸进三角板中心的孔中，而用另一只手去拨弄、旋转三角板。他看着看着忽然灵感顿生，想起了曾经看过的一本书中讲述：第二次世界大战期间，苏联红军和德军作战，为了能密切配合友军作战，宜采取三足鼎立的布兵模式，这样将此三点连接起来就能有效呼应，保卫好中间的区域。想到此，通口俊夫兴奋得如黑夜中觅得了耀眼的闪电。是啊，企业经营布点配置，不也类同此理吗？

于是，通口俊夫果断决定，将公司过去主要沿铁路干线呈一字形设点的布局彻底抛弃，改为像三角板那样分 3 个顶点重设门店地点。结果，一经试用，经营状况明显好转。原因是这种呈三角形配置的分店格局使得所围起来的中间区域的消费者不论去哪家分店，最后都成为了本公司的顾客。此后，他新开门店时都是先开一家店为据点，然后就近在可以呼应的商圈距离内再开两家店，形成三角形格局，最大限度地扩大商圈覆盖面，并且能实现相互支持的目的；或者以任何两家老店为三角形的两个固定点，再开一家新店，和老店构成一个新的三角形。后来，他又发现，这种布点法在门店的服务、配送、促销宣传、广告、药品调剂、人员调配等方面都能够发挥低成本优势，这为通口俊夫的连锁药店突破瓶颈、走向成功提供了非常有利的条件。

由通口俊夫创造的这一终端选址兵法——三角布点法刚一问世，便立即轰动了整个药品零售业界，药黑衣库金公司也由此财源广进，经营规模像滚雪球般迅速发展壮大，并终于笑傲世界，跻身名企之列。

资料来源：邓华. 运营管理［M］. 北京：人民邮电出版社，2017.

第三节 选址方案的评价

一、选址方案评价的原则

影响选址的因素很多，如要全面评价各因素的作用，需要做科学的定量分析。但大量的成功案例表明，在选址问题上，定性的分析更为重要，定性分析是定量分析的前提，它为定量分析确定了必需的原则。

（一）费用原则

企业是经济实体，经济利益对于企业无论何时何地都是重要的，因此费用原则是首要原则。建设初期的固定费用、投入运行后的变动费用、产品出售以后的年收入都与选址有关。中国成为世界制造工厂，其中最重要的原因是劳动力成本低。联合利华进入我国市场很早，地址选在上海，经营效果很好，但2000年以后经营状况恶化，最主要的原因就是成本高，后来，该公司将工厂迁址安徽，成本降下来了，一切问题都迎刃而解。理论表明，制造业在世界范围内迁移的主要原因就是成本问题。

（二）聚集人才原则

人才是企业最重要的资源，抢占了人才的制高点，就抢得了竞争优势。合理的企业选址是吸引人才的重要因素。反之，因企业地址原因使员工生活不便，导致员工流失的事实时有发生。当然，企业凝聚力是多种因素作用的结果，但不可否认地理位置是重要的因素。北京、上海、广州等城市吸引了大量的人才，而西部地区人才匮乏也很好地说明了这一问题。

（三）长远发展原则

企业选址是一项带有战略性的经营管理活动，因此企业要有战略意识。选址工作要考虑企业生产力的合理布局，要考虑市场的开拓，要有利于获得新技术新思想。在世界经济一体化日益深化的今天，要考虑如何更利于国际竞争。海尔是最早意识到海外投资重要性的企业之一，当国内市场供大于求时，海尔立即开拓国际市场，除亚洲外，把工厂建到了美国的南卡罗来纳州，并在纽约建海尔大厦，为国际化品牌战略打下了基础。

二、选址方案的评价方法

从若干个候选地址中挑选合适地址的决策过程需要运营经理的洞察力和眼光，但是有些定量化的方法将有助于他们的决策。下面介绍三种方法：

（一）因素评分法

因素评分法就是对影响决策问题的主要因素进行评分，并根据其影响决策问题的重要性，对备选方案进行综合评分，在此基础上选择最佳决策方案。因素评分法的内涵在于不但综合考虑了影响选址方案的主要因素，而且考虑了这些因素对选址影响的重要程度，从而使选址建立在科学的基础上。

因素评分法应用于生活和工作的各个方面，如购房、职业规划、旅游路线选择、新产品评价等。这里介绍其在选址规划中的应用。

因素评分法的步骤如下：

（1）识别影响选址规划的重要因素，如劳动力、市场位置、原材料供应、基础设施等。

（2）根据所确定的影响因素对选址规划的重要性，给每个因素赋予权重，并做归一化处理，即让所有因素权重之和等于1。确定权重的具体方法有专家评价法、两两对比排序法等。

（3）确定一个统一的分值，如100分。对每一个备选地址的每一个因素给出评价分值。

（4）将每一个因素的评价分值与其权重相乘并求和，计算出每一个备选地址的综合评价分值。

（5）综合评价分值最高的地址就是最佳选址方案。实际中，为使决策更加客观，也可以设置最低综合评价分值，对超过最低评价分值的少数几个备选方案再结合经济分析方法进行优选。

【例6-1】某连锁超市打算开分店，表6-1是三个备选地址的相关信息。

表6-1　选址因素评分法

主要因素	比重	A	B	C	加权得分		
					A	B	C
邻近已有商店	0.25	100.00	90.00	80.00	25.00	22.50	20.00
交通繁华	0.19	90.00	80.00	85.00	17.10	15.20	16.15
停车场	0.15	60.00	70.00	80.00	9.00	10.50	12.00
租金	0.20	85.00	80.00	88.00	17.00	16.00	17.60
未来扩张潜力	0.10	95.00	100.00	90.00	9.50	10.00	9.00
布局	0.11	70.00	80.00	75.00	7.70	8.80	8.25
					85.3	83	83

解：

从表6-1可以看出，A、B、C三个地址的综合评价分值分别为85.3、83、83。所以，应该把分店选在第一个地址。

（二）线性规划运输问题

运输成本有时在选址决策中扮演非常重要的角色，这是因为在原料运输或成品运输中均会产生运输成本。如果一个工厂是一项运输的唯一起始点或终点，那么公司可以通过将每单位的运输成本合并到每单位的可变成本中，把运输成本算进成本利润选址分析（如果已包含原材料，那么运输成本必须换算为每单位产出的成本，以便与其他可变成本相对应）。

如果商品从不同的发出点运输到不同的接收点，并且在整个体系中增加了新地点

（发出点或接收点），公司应该对运输做独立分析。在这种情况下，运输线性规划模型非常有用。如果有一个新地点增加到现有体系中，就必须用特别的算法来测定最小的运输成本。如果增加了许多新工厂或整个新体系要发展，也可以用这种特别的算法。这种模型被用来分析各种配置方案，它能显示各个方案的最小成本。这些信息可以用于选址方案的评估。

（三）重心法

重心法是一种选择分销中心的位置，从而使运输成本或运输时间降至最低的方法。例如，社区规划者应用重心法来确定火警和其他公共安全中心、学校、社区服务中心的位置，以及医院的位置，老年活动中心，人口密度，公路、机场和零售商的位置等。公安机关和消防机构选址的目标通常是确保在最短的时间内应对突发事件。销售中心选址规划中也会经常用到重心法，目标是使销售成本最低，它把销售成本看作距离和运输数量的线性函数。

采用重心法的前提条件是：已知目的地的地理位置和配送到各个目的地的经济量。这一经济量可以是重量，也可以是数量。例如，应用重心法为医院选址时，这一经济量就是入住附近小区的居民数。

1. 重心法公式

确定重心的坐标位置，这一位置可以作为运营经理寻找新位置的起点。公式如下：

$$X = \frac{\sum_{i=1}^{n} x_i Q_i}{\sum_{i=1}^{n} Q_i} \qquad (6-1)$$

$$Y = \frac{\sum_{i=1}^{n} y_i Q_i}{\sum_{i=1}^{n} Q_i} \qquad (6-2)$$

式中，X 为重心的横坐标，Y 为重心的纵坐标。x_i 表示第 i 个目的地的横坐标，y_i 表示第 i 个目的地的纵坐标，Q_i 表示往第 i 个目的地配送的货运量。

2. 重心法举例

【例 6-2】某品牌汽车公司在福建有 3 个销售点：A 店（24，115）、B 店（27，112）、C 店（25，118），其月销售量如表 6-2 所示。由于销售量剧增，现需要把外地的仓库重心转移到这 3 个分店的附近，即要建一个仓储中心（见图 6-1）。试利用重心法辅助这家汽车公司进行仓储中心选址规划。

表 6-2 某品牌汽车公司 3 个销售点的坐标和销售量

销售点	x，y	每月销售量（辆）
A	24，115	760
B	27，112	900
C	25，118	1230

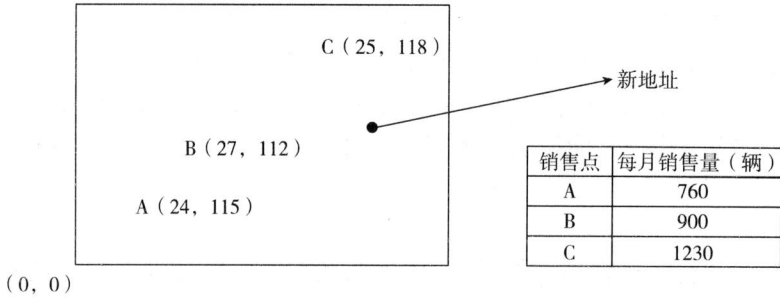

图 6-1 重心法举例

解：

（1）确定现有地址的坐标和销售量；

（2）利用公式求解中心地址的坐标，得到中心仓库位置：

$$X = \frac{\sum_{i=1}^{n} x_i Q_i}{\sum_{i=1}^{n} Q_i} = \frac{24 \times 760 + 27 \times 900 + 25 \times 1230}{760 + 900 + 1230} = 25.3$$

$$Y = \frac{\sum_{i=1}^{n} y_i Q_i}{\sum_{i=1}^{n} Q_i} = \frac{115 \times 760 + 112 \times 900 + 118 \times 1230}{760 + 900 + 1230} = 115.3$$

所以重心的坐标点是（25.3，115.3）。

实际中，采用重心法的要点是：计算出重心位置，在重心位置附近选择几个具备建设工厂或服务设施的城市或位置，再结合经济技术分析选择理想的地址。

【案例分析】

迪士尼不同选址的经济效益分析

同样是迪士尼，有的赚得盆满钵满，而有的却一直在亏损？在多种多样的主题公园中，迪士尼乐园可以说是很有知名度了。因为迪士尼动画作品热播的原因，很多大人也都纷纷前往迪士尼寻找自己的童年回忆。于是迪士尼先后在全球开了6家。最后一家就是上海迪士尼了，据不完全统计，上海迪士尼的日流量是3万人次，这个流量带来的收益也是可想而知的。当上海迪士尼赚得盆满钵满时，却有一家迪士尼乐园亏得让迪士尼害怕，这个乐园就是巴黎的迪士尼乐园。

巴黎迪士尼1992年就成立了，而且它是全世界第二所迪士尼乐园。这座乐园占地1951公顷，这个面积是上海迪士尼的6倍多，而且投资了50亿美元，园区里最出名的游乐场所就是加勒比海盗风格的海岛屋。

但是迪士尼作为外国文化，传入巴黎后，被巴黎人拒之门外，因为法国是欧洲文化的发源地，这美国的"快餐文化"对法国人来说一点也不具有吸引力甚至有法国专家怀疑美国的目的，出面反对迪士尼。所以就算规模再大、投资再多，巴黎迪士尼的客流量仍然很低，收益不容乐观。1992 年建立的巴黎迪士尼，到 2017 年已经建立 25 年了，这 25 年里只有两年实现了盈利，25 年一共亏损了 24 亿元人民币，平均每年亏损 1 亿元人民币。

这个到美国、日本甚至中国都"大获全胜"的迪士尼，在法国究竟遭遇了什么？原来，这跟法国人的观念有关系，法国是一个对自己国家文化有着很强保护意识的国家，迪士尼要在法国建设乐园时，法国的各界知名人士都曾表示过反对，认为这就是美国对法国的一场"文化入侵"，在这些人的带动下，法国民众也普遍不欢迎迪士尼乐园，于是就造成了迪士尼乐园在法国经营惨淡的情景。

此外，选址失误。这个游乐园在设计时都是被很多人看好的，离巴黎市中心不到 35 公里，而法国又是浪漫之都，是世界上最著名的旅游胜地之一。迪士尼乐园就成了人们巴黎游的其中一站，只有很少的游客愿意在迪士尼乐园停留过夜。此外，与美国相比，法国的公共交通更为便利，因此游客很自然地选择在乐园进行一日游，从而省去一笔昂贵的酒店住宿费用。

另外，巴黎不同于上海，门票销售的模式也不同。在上海，节假日或者周末的门票因为人流量大，所以比平日更贵，而巴黎却没有这样规定，是因为法国人太少了吗？他们也许没想到，是消费水平的问题。欧洲人几乎把钱都用在其他地方了。

最后，文化差异。从文化冲突的角度来看，由于美国文化在日本经济成长期一直受到广泛欢迎和大力推广，因而东京迪士尼乐园开业至今都吸引了大量日本当地和到日本旅游的游客，经营状况较好。而与之形成对比的是，欧洲传统文化的优越感对美国文化的代表——迪士尼乐园有着较大的排斥心理，导致乐园从建立到开业都受到了来自当地部分居民的各种阻挠，代表美国文化的宣传推广也受到抵制。

正是由于以上原因，最终导致了迪士尼的决策失误。因此，要开展一项决策，一定要做好信息搜集，充分考虑每一个影响因素，从而做出正确的决策。

资料来源：MBA 智库百科．欧洲迪士尼乐园项目开发失败［EB/OL］．https：//wiki．mbalib．com（经整理）．

思考：

结合案例分析选址对巴黎迪士尼的影响。

【思考与练习】

1. 企业在选址时需要考虑的因素主要有哪些？
2. 结合实例说明制造业和服务业在选址时的出发点有何不同？
3. 结合实例说明选址规划的必要性和重要性。
4. 不同类型的企业各自在选址上有哪些侧重考虑？
5. 一家服装店打算开一家分店，表 6-3 是 3 个可供选择的地点信息，试用因素评分法进行选址决策。
6. 某公司计划修建一家小型制造厂，为 3 个重型制造厂提供零部件，表 6-4 列出了坐标位置与需求量。这家小型制造厂已经有 3 个备选位置，坐标分别是 P（300，320）、D（375，470）、J（470，180），请帮助决策者做出选择。

表6-3 服装店3个候选地点的评分表

选址因素	候选地点			
	权重	A	B	C
人流量	0.25	95	75	80
周边环境	0.05	85	80	95
交通便利	0.20	90	85	90
租金	0.15	80	90	80
竞争对手	0.25	85	70	80
扩展潜力	0.10	70	80	90

表6-4 小型制造厂3个备选地点坐标和需求量

工厂	位置坐标	需求量（件/年）
P	300，320	4000
D	375，470	6000
J	470，180	3000

【能力训练】

结合前面章节的能力训练内容，针对学生创业小组所成立的公司，分析项目的生产地址或者服务场所选择的理由，把影响因素列出来，并做权重分析，最后做出选址规划。

要求：

对3个备选地点进行实地调查，并列举出主要的影响因素，邀请相关专家或老师进行评分，确定权重系数，最后计算出项目的最佳选址。

第七章　设施布置

【学习目标】

描述设施布置的类型；

描述服务设施布置的方式；

描述工艺专业化布置的方法，描述产品专业化布置的方法；

解释装配流水线如何优化；

解释服务设施布置要解决的问题；

分享服务设施布置的典型形式

【导入案例】

精心计划的商店布局

虽然商店的布局对盈利很关键，但多数零售商并没有就业务的类型、商品种类和公司的区位设计最好地布局。这种疏忽可能会导致欲购买公司商品的客户流失。商店布局决定了多数客户逛商店时经过的路线。

在一家食品杂货店里，人们最经常购买的商品是奶制品、水果、蔬菜和面包等。如果杂货商店将这几种商品一起摆放在验货出口附近，许多购物者将只会光顾其中的一两个区域和验货通道。零售商店的布局应该被精心计划，以避免这样的情况发生。零售商总想让顾客走过店内大部分的地方，以增加购买量。如果你去奶制品区的路上要经过饼干区域通道，那么可能会想起还需要点饼干类的小零食充饥，因此会在你的购物车里增加另一件物品。商店的布局会刺激额外的购买。

资料来源：商业空间设计与商品陈列，烘焙店也值得借鉴［EB/OL］. 搜狐网, http://m. sohu. com（经整理）.

思考：

服务设施布置有什么讲究？它跟制造业设施布置强调的重点会一样吗？

第一节　设施布置概述

一、设施布置的内涵

（一）设施布置的概念

设施布置，是指在已经选定的厂址范围内，对厂房、车间、办公楼、设备、仓库、公用设施等物质实体进行合理的位置安排（设施生产单位、生产单位内布局），以确保系统在工作流（材料或顾客）的畅通，从而获得良好的经济效果。

设施布置的基本目标是便于工作、物料和信息顺畅地通过运营系统。具体目标包括：①有助于缩短生产或顾客服务时间；②有效利用空间和人力；③消除工人或物料的不必要搬运，搬运成本最低；④实现安全生产；⑤避免出现瓶颈；⑥有助于达到产品和服务的质量水平。

在进行设施布置时要注意：生产过程的连续性，减少不必要的停顿和等待；尽可能实现平行或交叉作业，缩短生产周期；在需要的时间生产出需要数量的产品；尽量避免瓶颈的出现；生产的节奏性比较强，避免忙闲不均。

（二）设施布置的原则

设施布置时要注意实现人、物、场所的合理配置，使其符合生产运营过程的要求。为此，需要遵守：①便于运输，避免交叉、往返运输；②因地制宜，合理划分区域，有效利用运营面积；③考虑扩建的可能性，为企业后续发展留有余地；④注意环保问题。

二、设施布置的类型

（一）固定式布置

固定式布置又称定位布置，是指将产品或作业对象固定不动，设备和使用的原材料按加工顺序以及移动的困难程度环绕其做同心圆的布置。固定式布置的形式是人员、物料和设备向产品移动。这种布置形式适用于作业对象难以移动、加工件数少、工序时间长的情况。有些产品由于体积庞大、移动困难、批量小或者其他因素只适合采用固定式布置，如飞机、轮船、大型发电机、动力机车、高速公路、手术的病人等。如图 7 - 1 和图 7 - 2 所示。

固定式布置的优点是加工对象的移动较少，节省运输费用，工作程序易于设计和调整；缺点是不适合大批量生产、作业的标准化程度较低。

（二）产品专业化布置

产品专业化布置就是按照安排的工艺流程，即加工路线或加工顺序安排生产单位或设备。每个产品、每条信息或每个顾客都按照一个预先确定好的路线进行加工，而加工顺序的排列是完全一致的。产品专业化布置适用于市场需求量大、重复性生产和标准化的产品，如汽车厂的装配线、玩具生产线、食品加工、家用电器、自助餐馆的服务流程、汽车的自动清洗流程等。图 7 - 3 是产品 A 和产品 B 的专业化布置。

图 7 - 1 动车车厢的固定式布置

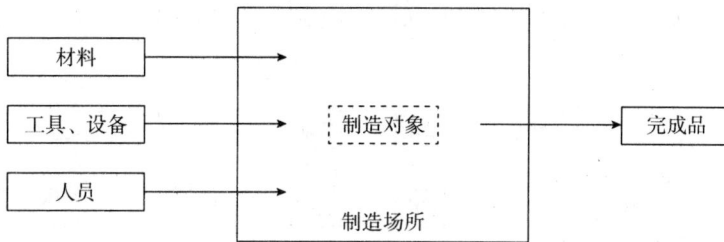

图 7 - 2 固定式布置示意图

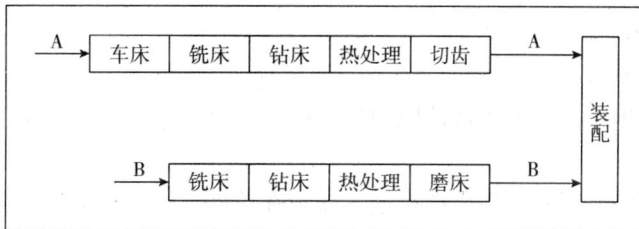

图 7 - 3 产品 A 和产品 B 的专业化布置示意图

产品专业化布置的优点在于：缩短运输路线、减少停放、缩短生产（服务）周期、减少在制品数量、便于管理和控制、便于采用流水线作业的生产组织形式。缺点在于：适应需求变化的能力较差；需要较多的设备，不利于充分利用设备和生产面积；不利于工人技能水平的提高；不利于生产（服务）过程的调节。

（三）工艺专业化布置

工艺专业化布置是一种将类型或功能相同的生产单位或设备集中放在一起工作的方式，如图 7 - 4 所示。工艺专业化布置适合产品品种多、单件小批量生产的企业。即将物流量来往多的部门相邻，以减少物料的搬运时间和搬运费用，使物流成本最小化。例如，飞机制造业将车床、锻床、磨床等设备分别放置，形成机加工车间、锻造车间、磨床车间、热处理车间等。再如，医院根据各科室服务的内容和专业性，分为内科、外科、妇科、儿科、检验科等。此外，学校、银行、航空公司、图书馆等均可采用工艺专业化布置。

工艺专业化布置的优点是对产品品种变换的适应性强，适合多品种小批量生产；设备可以替代使用，生产面积充分利用；个别设备出故障的影响不大；投资和维护费用较低；有利于工人技术熟练程度的提高。但是产品的物流比较复杂，生产过程的连续性比较差；在制品库存比较高；生产周期比较长。

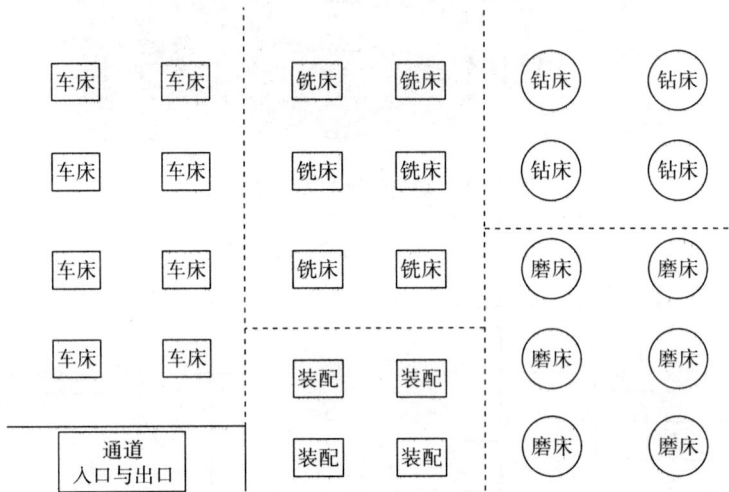

图7-4　工艺专业化布置方案

（四）成组技术

1. 成组技术的内涵

成组技术就是建立在工艺相似性原理的基础上，合理组织生产技术准备和生产过程的方法。

由于成组技术扩大了零件的生产批量，就为在单件、中小批量生产企业采用先进的工艺方法、高效率的自动机床和数控机床以及为采用成组生产单元和成组流水线等先进的生产组织形式创造了重要条件。

2. 成组技术的主要内容

由于工艺相似性和被加工零件的几何形状、尺寸大小、精度要求、材料或毛坯种类等密切相关，所以，成组技术包含以下主要内容：

（1）对企业生产的所有零件，按照几何形状、尺寸大小、加工方法、精度要求、材料或毛坯种类的相似性，依据一定的分类系统进行零件的编码归类分组，达到"以码代形"的作用。

（2）根据划分的零件组，将同类型的零件组建为成组生产单元，成组生产线或成组流水线。成组生产单元是按完成一组零件全部工艺过程配置设备和工艺装备，并按典型的工艺过程布置设备。成组生产单元形式上与流水线相似，但它不受节拍时间的限制。

（3）按照零件的分类编号，为设计新产品选用类似零件，并把零件的分类编号同标准化、通用化工作结合起来。工艺技术人员按照成组工艺的要求使用典型的工艺规程和相应的工艺装备，在生产管理上，按成组零件组织生产。

（4）成批生产单元将成为多品种、中小批生产的理想组织形式。它兼有工艺专业化与产品专业化两者的优点，既富有柔性，能适应多品种生产的要求，又能对按一定的零件分类后形成的零件组进行布置，具有对象专业化的特征。

3. 成组技术的技术经济效果

成组技术的技术经济效果体现在以下四个方面：

（1）减少生产技术准备工作量，缩短生产技术准备周期，降低生产技术准备费用，而且可以使设计、工艺人员从大量的重复性工作中解脱出来，从事创造性的技术工作。

（2）增加生产同类零件的生产批量，有利于采用先进的加工方法。由于成组技术具有通用性、可调性，可使工序的生产批量大大增加，为合理利用高效率设备、建立可调整的多品种流水线创造了条件，为中小批生产自动化开辟了广阔的前景。据统计，成组技术一般可减少设备调整时间60%～70%，设备负荷可提高30%左右。

（3）缩短产品的生产周期，为按期交货提供有利条件。由于简化了设计和工艺工作，扩大了零件生产批量，可以减少设备调整时间和提高劳动生产率，也减少了物料的运输和等待时间。

（4）简化生产管理工作。成组技术的工艺方法、设备、工艺装备和生产作业计划，都是按零件统一的加工要求确定的，有可能实现标准化。但也应该看到，采用成组技术组织生产，由于许多零件合并成一组，集中在一批加工，可能造成某些零件提前生产的情况，发生了额外的库存，增加库存费用；而另一些零件又可能晚于交付日期，因而影响零件配套或向外销售。但是，只要合理安排计划，根据企业全部产品的装配、交付期限，选择适当的成组零件加工顺序，这种缺点是可以避免的。图7-5和图7-6是成组技术前和成组技术后的方案对比。

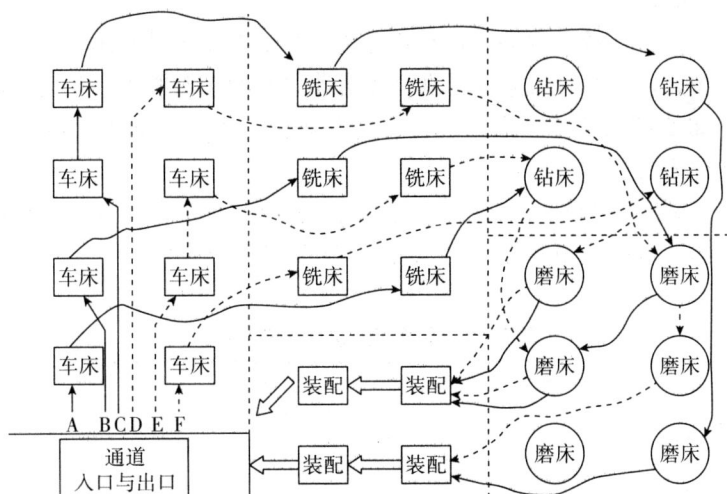

图7-5 成组技术采用前的工艺专业化布置

社会组织在生产或服务时，往往不只采用一种布置形式，如某些工厂总体上是按产品专业化布置（包括加工、部装、总装三阶段），在加工阶段采用工艺专业化布置，在部装和总装阶段采用产品专业化布置，这样可以在产品产量不足以达到使用生产线的情况下，也尽量根据产品的一定批量、工艺相似性来使产品生产有一定顺序，物流流向主要是达到减少中间在制品库存、缩短生产周期的目的。

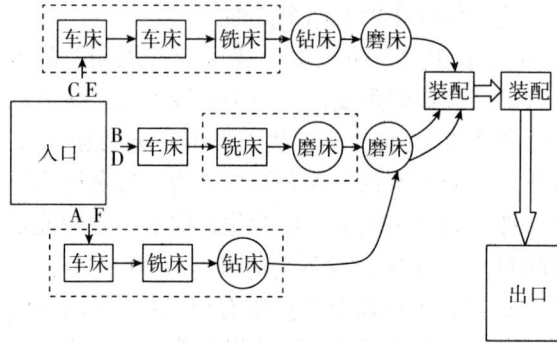

图 7-6　成组技术布置后的方案

第二节　生产设施布置

一、工艺专业化布置的设计方法

（一）从一至表法

从一至表法是一种比较简便的设备布置方法。其基本思想是利用从一至表列出车间内设备之间的相对位，以对角线元素为基准计算机器之间的相对距离，从而找出整个车间物料运量（成本）最小的布置。该方法适合工艺专业化的生产车间内部的设备布置。具体步骤通过下面例题来说明。

【例 7-1】某机械加工车间由 6 个工段组成，相应的有 6 台设备，已知这些设备的移动次数和单位距离运输成本矩阵如表 7-1 和表 7-2 所示。

表 7-1　设备间的移动次数矩阵　　　　　　　　　单位：次/周

	锯床	磨床	冲床	钻床	车床	刨床
锯床		22	42	6	4	18
磨床	22		5	19	6	1
冲床	40	12		10	2	2
钻床	2	42	6		4	7
车床	13	7	10	32		5
刨床	4	10	8	12	39	

表7-2 单位距离运输成本矩阵 单位：元/次

	锯床	磨床	冲床	钻床	车床	刨床
锯床		1.5	1.5	1.6	1.5	1.6
磨床	1.8		1.6	1.5	1.5	1.5
冲床	1.5	1.5		1.5	1.5	1.6
钻床	1.8	1.5	1.5		1.5	1.6
车床	1.5	1.7	1.6	2.0		1.5
刨床	1.5	1.5	1.6	1.5	1.5	

如果不同加工设备之间的运输工具不同，如叉车、手推车、传送带等，那么在进行设备布置时，就需要考虑不同运输工具的运输成本，表7-2表示的是单位距离运输成本。

解：

第一步：计算单位距离每周运输成本，计算结果如表7-3所示。

单位距离每周运输成本 = 设备间周移动平均次数 × 单位距离运输成本

表7-3 每周设备之间的距离运输成本 单位：元

	锯床	磨床	冲床	钻床	车床	刨床
锯床		33	63	9.6	6	28.8
磨床	39.6		8	28.5	9	1.5
冲床	60	18		15	3	3.2
钻床	3.6	63	9		6	11.2
车床	19.5	11.9	16	64		7.5
刨床	6	15	12.8	18	58.5	

第二步：计算单位距离每周运输总成本。把表7-3转化为三角矩阵，得到两台设备之间的每周单位距离运输总成本，如表7-4所示。

表7-4 每周设备之间的距离运输总成本 单位：元

	锯床	磨床	冲床	钻床	车床	刨床
锯床		72.6	123	13.2	25.5	34.8
磨床			26	91.5	20.9	16.5
冲床				24	19	16
钻床					70	29.2
车床						66
刨床						

第三步：按照运输总成本最低的方案进行设施布置。做法就是按照运输成本的大小、交换相关设备的位置，把成本大的安排在居中位置，其他设备根据成本大小安排在其相邻位置，最后得到一个布置方案。如图7-7所示。

	123	16	
72.6	锯床	冲床	刨床	66
	磨床	钻床	车床	
	91.5	70	

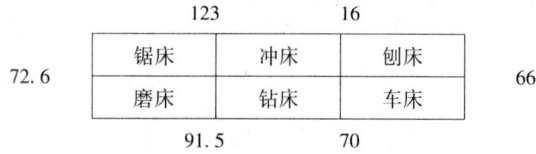

图7-7 运输总成本最低的布置方案

（二）作业相关图法

作业相关图法是通过图解法描述组织各组成部分之间的关系，然后根据关系的密切程度加以布置，从而得出较优的平面布置方案。组织的各组成部分之间的关系密切程度用A、E、I、O、U、X 6个符号表示，并给出相应的分值。如表7-5所示。具体步骤如下：

第一步：将关系密切程度划分为A、E、I、O、U、X 6个等级（见表7-5）。

第二步：列出导致不同程度关系的原因（见表7-6）。

第三步：将待布置的部门一一确定出相互关系，主要是A关系和X关系。根据相互关系重要程度，按重要等级高的部门相邻布置的原则，安排出最合理的布置方案。

表7-5 关系密切程度

代码	重要度	分值
A	极端重要	6
E	非常重要	5
I	重要	4
O	一般	3
U	不重要	2
X	不可接近	1

表7-6 关系密切的原因

代号	关系密切的原因
1	使用相同的设备或设施
2	共享人员或记录
3	共用工作场所
4	人员接触
5	文件接触
6	工作流程上具先后关系
7	做类似工作
8	使用共同的设备
9	其他

【例7－2】一个企业有6个主要部门，1成品库、2工具车间、3修理车间、4生产车间、5零件库、6办公室。计划布置在一个2×3的区域内。已知这6个部门的作业关系密切程度如图7－8所示。请为该企业做出合理布置。

解：

第一步：找出主联系簇A关系并编制主联系簇。A关系包括：1－2，1－3，2－6，3－5，4－6，5－6。原则上从A关系出现最多的部门开始，部门6出现了3次，所以将与部门6关系密切程度为A的部门与其一一联系在一起，如图7－9和图7－10所示。

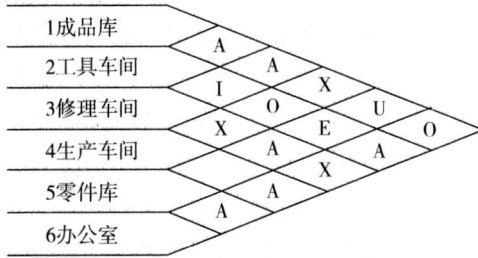

图7－8　某企业的部门作业相关图

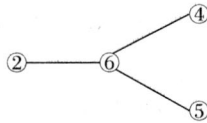

图7－9　主联系簇示意图

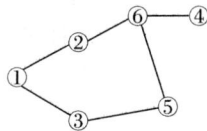

图7－10　各部门主联系簇示意图

第二步：考虑其他A关系部门，如能加在主联系簇上就尽量加上去，否则画不出分离的子联系簇。

第三步：画出X关系联系图，用来核对部门的布置。具体如图7－11所示。

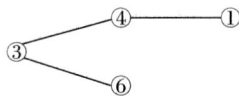

图7－11　X关系联系图

第四步：根据联系簇图和可供使用的区域，用实验法布置所有部门。如表7－7所示。

表 7 - 7　某企业各部门布局示意表

1 成品库	2 工具车间	6 办公室
3 修理车间	5 零件库	4 生产车间

二、产品专业化布置的设计方法

当产品的需求量很大而且能够持续很长一段时间保持稳定时，那么通常可以采用产品专业化布置的方式，即可以按照产品（零部件）的生产流程顺序安排生产资源，使产品（零部件）连续地、协调地、均衡地在各个工作地进行加工或装配，直至生产出成品的一种先进生产组织形式，这称为装配流水线。装配线是一种特殊的产品专业化布置形式。

在开始分析装配线平衡之前，需要了解三个重要概念。如图 7 - 12 所示。

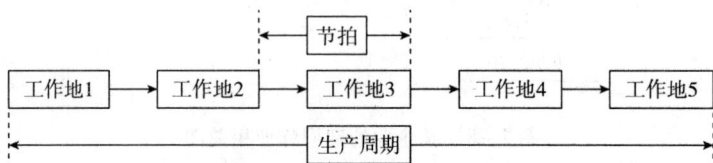

图 7 - 12　节拍与生产周期的区别

工作地是指由工人在不重新调整设备的情况下，对劳动对象连续进行加工的场所。节拍是指工作地上相邻两件产品的产出时间间隔。节拍决定了装配流水线的生产能力。但节拍又不同于生产周期。生产周期是指产品从投入到产出的全部时间间隔。

装配线平衡的目标是将所有工作任务分派到各个工作地，使每个工作地在工作地周期内处于最繁忙状态，以完成最多的操作量，从而使各个工作地的闲置时间最少，提高工人和设备的利用率。装配线平衡的步骤如下：

1. 计算装配流水线的节拍

装配流水线的节拍计算公式如下：

$$CT = \frac{OT}{D} \tag{7-1}$$

式中，CT 为装配线的节拍；OT 为计划期内有效作业时间；D 为计划期内产量。有效作业时间是计划生产的时间，指制度工作时间减去必要的停歇时间。计划期内产量包括计划产量和预计的废品量。

2. 计算最少工作地数

最少工作地数的计算公式如下：

$$N_{\min} = \frac{\sum_{i=1}^{n} t_i}{CT} \tag{7-2}$$

式中，$N_{\min}$ 表示最少工作地数；t_i 表示第 i 项作业的加工时间；CT 表示装配线的节拍。

3. 分配作业单元

把细分后的作业单元分派到各个工作地。分配原则：①所有的先行作业已经分配完毕；②该作业单元的加工时间不能超过该工作地的剩余时间。当不止一个作业单元满足分配条件时，可采用两种优先准则进行挑选：加工时间长的优先；后续作业数多的优先。

4. 装配生产线的效率测评

装配生产线的效率就是工作地时间的利用效率，计算公式为：

$$效率 = \frac{\sum_{i=1}^{n} t_i}{N_{min} \times CT} \qquad (7-3)$$

【例7-3】M产品每天要在传送带上组装400件，每天工作8小时，表7-8给出了M产品的加工过程的作业关系，试进行装配生产线的平衡。

表7-8 M产品的作业关系　　　　　　　单位：分钟

作业单元	紧后作业	作业时间
A	B	0.2
B	E	0.2
C	D	0.8
D	F	0.6
E	F	0.3
F	G	1.0
G	H	0.4
H	—	0.3
总计		

解：

（1）画出M产品的装配顺序图，如图7-13所示。

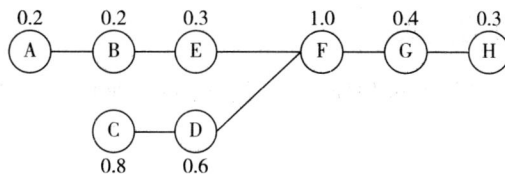

图7-13　M产品的装配顺序图

（2）计算流水线的节拍。

$$CT = \frac{OT}{D} = \frac{8 \times 60}{400} = 1.2 （分钟）$$

（3）计算最小工作地数。

$$N_{min} = \frac{\sum_{i=1}^{n} t_i}{CT} = \frac{(0.2 + 0.2 + 0.8 + 0.6 + 0.3 + 1.0 + 0.4 + 0.3)}{1.2} = 3.167 \approx 4(\text{个})$$

（4）分配作业单元。

按照作业单元的分配原则，当有两个可供分配的作业时，先分配后续作业数多的作业单元。分配结果如表7-9所示。

（5）装配线的效率测评。

$$\text{效率} = \frac{\sum_{i=1}^{n} t_i}{N_{min} \times CT} = \frac{3.8}{4 \times 1.2} = 79.2\%$$

表7-9 作业单元分配结果

工作地编号	剩余时间	可供分配的作业单元	实际分配的作业单元	修正的剩余时间	工作地的闲置时间
1	1.2	A、B、C	A	1.0	
	1.0	B、C	B	0.8	
	0.8	C	C	0.0	0.0
2	1.2	D、E	D	0.6	
	0.6	E	E	0.3	0.3
3	1.2	F	F	0.2	0.0
4	1.2	G、H	G	0.8	
	0.8	H	H	0.5	0.5

第三节　服务设施布置

一、服务设施布置的方式

服务企业的设施布置有服务过程原则布置、产品专业化（对象）原则布置和定位原则布置三种方式。

（一）服务过程原则布置

服务过程原则布置适用于顾客需求差异化较大、顾客化程度较高的服务企业。例如，医院里的病房、放射科、血液化验科、药房分别位于医院的特定区域，需要这些特殊服务的患者必须分别走到提供相应服务的区域。

（二）产品专业化（对象）原则布置

对象原则布置主要是按照服务顺序提供相应服务的布置方式。能够很好地说明按照对象原则布置方式的例子是自助餐流水线，各种食物（如热菜、冷菜、甜品、饮料等）按照特定的顺序放在不同的餐台上，顾客在沿自助餐流水线走动时，可以按照自己的喜好到相应的餐台选取食物。对象原则布置在金融企业、邮政企业、机场服务、快餐业等有着广泛应用，它实现了流水线作业，大大提高了服务质量和服务效率等。

（三）定位原则布置

服务企业采用定位原则布置的例子有：①汽车维修部（所有的流程如刹车维修、加油等都固定在一个位置进行）；②医院的手术室（做手术的患者无法移动，需要固定在手术台上，医生、护士以及手术用的设施及器材围绕患者布置）；③中餐馆，顾客需要的所有不同的菜肴都按照座位送到顾客面前（有时还要在顾客面前的桌子上准备）。

二、服务设施布置要解决的问题

服务设施布置的目标是开发一种节省成本的设施布置形式以满足组织的竞争需要。服务设施布置主要考虑顾客是否在现场。如果顾客不在现场，需要考虑服务的操作效率；如果顾客在现场，需要考虑环境对顾客的影响。例如，超市在货物的布局上强调货品的战略性位置，以及消费者在商店能大量地采购，感觉到愉悦和方便（见表7-10）。

表7-10 服务部门设施布置需要解决的问题举例

举例	产品	流程	办公室	零售	仓库
	自助餐	保险公司	医院	零售商店	运输公司
需解决的问题	各个供餐点之间的平衡	对需要频繁相互接触的员工岗位的妥善安排	有利于为各类病人提供所需要的不同服务	努力将顾客普通需求的商品和会即兴购买的商品陈列在出口处	降低储存和物资处理的成本

在进行服务设施布置时需要注意以下几点。

1. 移动距离应该最短

对于许多批发行业而言，成本的最主要部分就是对货物的管理和搬移，特别是人员、材料和文件的移动距离尽量最短。

2. 空间的充分利用

例如，房地产行业，它的成本一般较高，所以在充分利用空间的同时也尽可能平衡满足日后扩张发展的需要。

3. 具有应变性

产品和服务的变化、需求规模的变化、服务设施的改进等都需要整个设施布置能够随时按要求做出调整。因此需要考虑重新调整以及服务和发展的应变性。

4. 为员工提供满意的物质条件

其中包括良好的照明设备、温控装置、低噪声、自助餐厅等。

5. 服务中为顾客提供方便

在为顾客服务时，要考虑如何节省顾客的时间，为顾客提供便利快捷的服务。设身处地为顾客着想，以顾客的观点来看待商品的陈列、商品采购、商品种类、各项服务等，才会让顾客感到方便满意。

6. 为顾客提供舒适的室内环境

噪声水平、音乐、照明、温度、湿度以及空间布置等因素会影响顾客在接受服务过程中的现场体验感，提高室内环境的舒适度能提高顾客的体验感。

三、服务设施典型场所的布置

组织的工作重点不一样，所以对设施布置的方针策略也各不相同。

（一）办公室布置

随着互联网的普及以及电子通信的发展，非一线员工的工作场所正在发生变化，如何布置他们的办公场所，这需要对办公室布置进行重新思考。根据行业的不同、工作任务的不同，办公室内部的布置有多种形式，但仍然存在几种基本的模式：

1. 传统的封闭式办公室

有些办公楼被分割成多个小房间，伴之以一堵堵墙、一个个门和长长的走廊。这种布置可以保持工作人员足够的独立性，但却不利于人与人之间的信息交流和传递，使人与人之间产生疏远感，也不利于上下级之间的沟通，调整和改变布局的余地不大。公司决策层领导的办公室一般选用此模式，办公室主要选在办公大楼的最高层或者选择在六层或八层的最深处，一人一间单独的办公室，目的是创造一个安静、安全、少受干扰的环境，办公室一般是宽敞明亮，辅以较高档的办公家具，以提升档次。

2. 开放式办公室布置

在一间很大的办公室内，可同时容纳一个或几个部门的十几人、几十人甚至上百人共同工作。这种布置方式不仅方便了同事之间的交流，也方便了部门领导与一般职员的交流，在某种程度上消除了等级的隔阂。但弊病是有时会相互干扰、有时则不可避免地造成职员之间的闲聊等。公司里的一般管理人员和行政人员会经常使用大办公室、集中办公的方式对员工办公区域进行划分，这样的办公室设计可增加职员之间沟通、节省空间、便于监督、提高工作效率。

3. 带有半截屏风的组合办公布置

这种布置方式采用高度 1.2～1.5 米的隔断，利用了开放式办公室布置的优点，又为每一名员工创造了相对封闭和独立的工作空间，减少相互间的干扰（见图 7－14）。而且，这种模块式布置有很大的柔性，可随时根据情况的变化重新调整和布置。有人曾估计，采用这种形式的办公室布置，建筑费用比传统的封闭式办公建筑节省 40%，改变布置的费用也低得多。

当然，在进行办公室布置时，还要注意与公司的管理思路和企业文化的适应性。在思科，无论员工的级别高低，办公面积都相差无几，级别高的人坐在中间地带，邻窗向阳的地方则全部留给普通员工。在蒙牛，以架空的形式把办公室布置在生产线的上方，这体现了靠前指挥的管理思路。

20 世纪 90 年代以来，随着信息技术的迅猛发展，一种更加新型的办公形式出现了——远程办公。远程办公是指利用信息网络技术，将处于不同地点的人们联系在一起，共同完成工作。在这种情况下，人们可以在家里办公、在火车上办公等。由于技术的发展，很多公司都设置了不固定的办公场所，员工可借助互联网，通过微信、QQ、电子邮件和其他视频会议保持联系。

图 7 - 14　带有半截屏风的组合办公模式

（二）零售服务业布置

零售店布置主要探讨设施的相对位置、空间、资源流量、任务分配以及对顾客行为作出响应。设施布置的目的是最大化其销售空间的销售额，使其单位面积的净收益达到最大。商店展示给顾客更多的商品，展示率越高，销售和投资回报率越高。零售店布置涉及的问题很多，但空间的布局、顾客行走路线的设计以及商品陈列是零售店布置必须考虑的主要问题。

无论是大型商场还是连锁超市，大门口一进去看见的总是化妆品柜台或珠宝钻石专柜。为什么在商场一层找不到或很难找到洗手间？为什么扶梯总是设在离商场大门较远的背面？为什么用餐或者看电影总是要到商场的高层？这样做的原因是什么呢？我们从以下几个方面来探讨。

1. 零售店空间布局

（1）增加单位面积销售额。一层是黄金位置，需要靠利润率高的首饰和化妆品来增加单位面积销售额。

（2）强化视觉效果。首饰和化妆品美不胜收，加上年轻漂亮的导购人员，不但可以彰显顾客的高贵，而且可极大地增加视觉效果。

（3）增加随机销售机会。就首饰或化妆品，消费者一般会到专门的珠宝店或化妆品专卖店去购买。把首饰或化妆品放在百货商场或超市增加的是随机销售机会。多数男士不喜欢逛商场或超市，如果不得已陪伴夫人或女友逛街，通常会在一层或顶层等候。如果男士想给对方以惊喜，那么随机销售的机会就来了。

零售店一般把服装布置在二层和三层，百货则布置在三层或四层。这样做的目的也是增加销售机会。当购买百货的顾客穿行二层或三层时，会增加服装的销售机会。

同样是服装，体育专业品牌则通常布置在比较偏僻的一角，原因是这类商品的销售有典型的定向性。凭着顾客对体育专业品牌的钟爱，无论把这些商品放在哪里，他们都能找到。

如果一家商场有咖啡厅或影视播放厅，那么多数会设在顶层，顾客无论是乘观光电梯，还是步行到顶层，商场光彩夺目的装饰一定会给他们留下深刻的印象。返回时，视觉再一次受到冲击。

此外，零售店的空间布局还涉及收款台的规划、展示橱窗设计和摄像头或监视镜布置等。有些面向社区的中小型超市在货架上方的三面墙壁上安装监视镜。其主要目的是在无导购员或导购员很少的情况下，随时观察顾客，当其东张西望寻求帮助时，及时走到他们的身边。

2. 顾客行走路线设计

商场或百货的洗手间一般设置在商场比较内侧的地方，顾客要找到洗手间，需要绕道一定的距离，这样做的目的是给顾客提供一条路径，使他们能够沿途尽可能多地看到商品，并沿着这条路径按需要程度安排各项服务，这就是简单的行走路线设计。行走路线设计包括决定通道的数量和宽度，它们影响服务流的方向。另外，还可以布置一些吸引顾客注意力的标记，使顾客沿预设的路线行走。

3. 商品陈列

顾客进入商场，将直接面对商品，能不能买到称心如意的商品、能不能增加偶然销售机会都与商品陈列有关。对不同的零售店，在商品陈列上会有不同的要求。例如，商场与超市不同，百货店与家具店不同。同样是超市，大卖场与社区便利店也不同。以下简要介绍商品陈列的一些基本要求。

（1）一目了然原则：商品的品名、成分、价格等资料明确。

（2）容易判别原则：使顾客容易判别出商品在什么地方。

（3）易于拿取原则：一般把重要商品陈列在水平视线上下20°的范围内。货架不宜太高（通常1.8米），方便顾客购物。

（4）丰富原则：在有效空间内尽量保持满陈列。

（5）先进先出原则：以防商品过期，降低成本。

（6）关联性原则：相同性质的商品应摆放在一起，易于顾客选购。

（7）整齐而不缺乏生动，为保持整洁，可采用商品群陈列方式，将某些相关的商品集中在一起，成为商场中的特定群落。同群落中的商品整齐划一。结合色彩、照明、音乐、绿化等多种形式营造生动活泼的气氛。

（8）扶梯一般陈列高毛利、冲动性的商品，而且需要经常整理更换。

（9）按价格梯度分布。同一品牌或同类商品，按价格梯度摆放。这样便于顾客在同类商品中对不同价格的质地进行简单比较，不仅方便了对质量敏感的顾客，也方便了对价格敏感的顾客。精明莫过于商家，但拿钱袋子的是顾客。在价格上捉迷藏，最终损失的一定是商家。

【延伸阅读】

宜家家居的布置

著名的国际家居业零售巨头宜家家居加快在华的投资步伐。在上海又建新店。宜家家居漕溪北路新店紧邻八万人体育馆，抵触商业繁华地段。商场面积达33000平方米，为亚洲第一。商场按宜家家居标准模式分两层，底层是自选仓库区和家居用品区，二层是样板间、沙发区、家具区和一个一次可容纳500人的餐厅。商场共有56个样板间，提供7000多种不同商品。在面积增加的同时，该店新增了许多功能性区域，包括一个拥有800个免费停车位的地下停车场，一个170平方米的儿童天地和一个咖啡厅。

在宜家新店外，特意竖起了一排排健身器材供市民进行锻炼。宜家在细微之处实现对大众的承诺。

资料来源：宜家家居（IKEA）亚洲最大店4月16日开张啦［EB/OL］．新浪网，http：//sh.sina.com.cn/local/action/20030416/10249437.shtml（经整理）．

（三）仓库布置

仓库设施的设计与制造业的布置设计有很多不同之处。订货次数是考虑的重要因素，频繁订购的物品应放在靠近仓库设施的入口处，而订购次数不多的物品应放在仓库设施后方。物品间的相关性也十分重要，如物品A通常与物品B一起被订购，把两类相关的物品靠近放置将减少挑选（取回）这些物品的费用和时间。其他要考虑的因素包括通道的数量和宽度、储备分割间的高度、铁路或卡车装卸或以及定期对储存物品进行实物清点的必要性。同时，仓库的布置应满足：①使用频率高的物资尽量放置在便于运输和搬运的地点。例如，放置在仓库过道的两旁或仓库门口，能够减少存储物资在仓库内的运输距离和运输工具的运行距离，提高整个仓库的运行效率；相反，运输次数较低或不经常使用的物资，可放置在距离仓库出口较远的地点。②仓库中应该留出一部分空间，用于物品的包装、分拣和配货。仓库物资在运输前一般需要经过重新包装或简单加工、接受来自厂商或顾客的退货，或者需要进行特别处理等。③仓库处理设备应当能够满足大多数库存物资的操作要求，这样能够提高物资运输的效率，否则，这些设备应该被重新设计或重新配置。同时，应当对仓库设备处理流程进行优化，减少不必要的损耗和多余的能源浪费。④仓库内物资的存储区域应当按照存储物资的周转速度和产品大小来设计，而不是单纯、片面地设计所有的存储货架和仓储工具，最大限度地利用仓库内部空间。

【案例分析】

高校学生食堂的布局设计

高校食堂是为在校大学生提供餐饮服务的专门场所，在学生的大学生活中占有十分重要的地位，学生和学生家长对其的关注度也非常高，因而对食品安全的要求也尤为严格，而食堂的布局设计是否科学合理，对高校学生食堂的食品安全具有十分重要的影响。

国家食品药品监督管理总局2011年颁布的《餐饮服务食品安全操作规范》对餐饮业经营单位和单位食堂的各方面提出了许多要求，尤其是对食堂的布局流程提出了更为具体和更为严格的要求。

一、食堂管理人员要主动及时地介入食堂的前期设计工作

一般情况下，在新建和改造食堂的工作中，通常都是由建筑设计部门负责设计，食品安全监管部门负责把关。建筑设计部门从建筑布局的结构合理性来考虑问题，食品安全监管部门单纯从食品安全的角度来考虑问题，这会带来不从食堂生产加工的实际需要来考虑问题的缺陷，给食堂带来"硬伤"，为以后的使用带来很多麻烦。因此，食堂管理人员应该主动与设计单位沟通，尽可能地把想法和需要传达给设计单位，使他们更多地从使用者

的角度来考虑问题，使得食堂的布局在符合结构合理和食品安全要求的前提下，尽可能地方便食堂的生产加工工作。

二、要结合经营方式来考虑食堂的布局设计

高校食堂的经营业态从传统的大众食堂发展到自选餐厅、风味小吃城、食街、宴席包厢等，极大地丰富和方便了师生们的生活。

不同的饮食经营业态对食堂的布局有不同的要求，如大众食堂通常是集中式加工，加工量大，要求场地隔间要大，风味小吃城里不同的风味小吃由不同的档口加工，加工量也不大，就要求隔间多，面积要求相对小。宴席包厢对出品的质量要求很高，内部分工明细、加工量较少，要求有水台、打荷、厨师一对一的搭配。这些不同的要求都是在进行食堂布局时要统筹考虑的重要因素。

三、要结合厨房设备来考虑食堂的布局设计

在食堂的布局设计中，必须要综合考虑设备的布局，每个功能区都配备不同的设备，每种设备对用电、排水、给水等都有其自身的不同要求，如洗菜池给排水量大，如果洗菜池下面没有设计排水沟，排水就会成很大问题甚至发生购置回来的设备没有地方放，放不进去的情况，严重影响以后的生产加工。例如，凉菜间如果设计过小，必要的专用冰柜就会放不进去。冰柜冰库用电量大，有些还要求三厢电等。在进行食堂布局设计时，不把设备的情况考虑进去，就会带来很多麻烦，应该结合食堂的经营模式和场地布局，合理地配置设备，使设备和场地之间能够尽量做到"无缝对接"、尽可能地利用场地和空间，才能最大限度地发挥设备的功能，为生产加工服务。

四、要合理安排食堂各功能区的布局

在有条件的情况下，物资通道和人员通道尽可能地分开设置。这样既能使货物运输过程中少受干扰，最大限度地方便工作，又能避免人员与货物之间的交叉，有利于食品原料的安全卫生。

主食加工和副食加工分开区域设置。主副食品的加工过程有很大的不同，主食加工一般不需要太多的粗加工过程，而副食品加工，需要按不同的品种进行分类清洗，清洗过程复杂，加工用水量大；主副食品的烹调过程也大不相同，主食一般以蒸为主，而副食的加工则有多种的烹制方法；主副食品加工的设备也大不一样。如果主副食品加工不分开区域设置，生产加工工作就很难开展，也很难保证食品之间不交叉污染。

粗加工区与切配区的布局。粗加工区是指对食品原料进行挑拣、整理、解冻、清洗、剔除不可食部分等加工处理的操作场所。切配区是指把经过粗加工的食品进行清洗、切割、称量、拼配等加工处理成为半成品的操作场所。两者能分开设置独立区域当然最好，但实践中也可以在同一个大区域内按功能区分小区域。

烹调间是指对经过粗加工、切配的原料或半成品进行煎、炒、炸、焖、煮、烤、烘、蒸及其他热加工处理的操作场所，属于准清洁操作区，在这个区域中生料和熟料会同时出现，对操作的卫生要求也非常重要。入口要与切配区的出口相通；成品出口要与成品通道或与备餐间直接相通；半成品与成品要分开区域和工具存放。

要特别重视专间的布局。在《餐饮服务食品安全操作规范》中对专间的定义为：处理或短时间存放直接入口食品的专用操作间，包括凉菜间、裱花间、备餐间、餐分装间等，属于清洁操作区。对于专间，要求比较严格，总的来说要做到"五专"，就是我们通常所说的"专人、专室、专消毒、专工具、专冷藏"。在食堂中，经常涉及的专间就是凉菜间和备餐间，裱花间一般出现在蛋糕店中。

餐用具洗消区的布局。餐用具洗消区一般分为餐用具清洗消毒区和餐用具保洁区。在进行布局时，洗消区内部应该按照清洗—消毒—保洁的顺序进行布局；餐用具清洗区的入口应该与专门设置的残羹通道或直接与就餐大厅相连；清洗区与消毒区可以在同一个大区域内，但保洁区一般应该独立设置；保洁区的入口应与消毒区的出口相连，便于消毒后的餐用具进入保洁区；保洁区的出口应该与成品通道和烹调间相连，便于清洁餐具直接进入备餐间和烹调间使用。

要注意一些辅助功能区的布局。例如，办公室、值班室、潲水间、清洁工具间等，设置得合理可以使食堂显得更加整洁规范，便于工作，设置得不好，会使食堂显得零乱，不利于生产加工。

五、要合理安排食堂各功能区的面积大小

关于食堂各功能区的面积大小的安排，《餐饮服务食品安全操作规范》中作了原则性的规定。

资料来源：孔宇. 高校后勤研究［J］. 2016（6）（经整理）.

思考：

1. 高校食堂的设施布置有哪些讲究？
2. 根据上述案例请结合你所在的大学食堂，分析该校食堂的设施布置。

【思考与练习】

1. 产品专业化布置和工艺专业化布置的内涵是什么？
2. 什么是成组技术？成组技术的经济效果体现在哪些方面？
3. 什么是装配流水线？什么是节拍？
4. 流水生产线平衡的步骤有哪些？
5. 零售服务业设施布置有什么讲究？
6. 服务设施布置要解决的问题有哪些？
7. 结合实例说明如何进行办公室区域的划分和内部布局？
8. 某一装配线每天运转8小时，日产量为240个（包括不合格品），该装配线的作业关系如表7-11所示，试进行流水生产线的平衡。

表7-11　某装配线的作业时间和顺序　　　　　　　　　　　单位：秒

作业单元	紧前作业	作业时间
A	—	60

作业单元	紧后作业	作业时间
B	A	80
C	A	20
D	A	50
E	B、C	90
F	D	30
G	E、F	30
H	G	60
总计		420

【能力训练】

分别考察一家百货商场和连锁超市，分别介绍其空间布局、顾客行走路线的设计和商品陈列的讲究，画出主要的布局，分析该布局的优劣势。

第八章　工作设计

【学习目标】

描述工作设计的理论基础；

解释虚拟工厂；

描述方法研究的内容；

解释方法研究步骤；

解释定额时间和非定额时间；

描述测时法测定的步骤；

解释模特法的内容和优缺点

【导入案例】

华为狼性文化与财富

华为公司总经理任正非说过，"认真负责和管理有效的员工是华为最大的财富。尊重知识、尊重个性、集体奋斗和不迁就有功的员工，是我们的事业可持续成长的内在要求。我永远都不知道谁是优秀员工，就像我不知道在茫茫荒原上到底谁是领头狼一样。企业就是要发展一批狼，狼有三大特性，一是敏锐的嗅觉；二是不屈不挠、奋不顾身的进攻精神；三是群体奋斗。企业要扩张，必须有这三要素。所以要构筑一个宽松的环境，让大家去努力奋斗，在新机会点出现时，自然会有一批领袖站出来去争夺市场先机。""机会、人才、技术和产品是公司成长的主要牵引力。这四种力量之间存在着相互作用。机会牵引人才，人才牵引技术，技术牵引产品，产品牵引更多更大的机会。员工在企业成长圈中处于重要的主动位置。"人力资源是公司最大的财富，运营职能部门是全公司人力资源最为集中的地方，工作设计是运营系统人力资源活动的核心。

资料来源：华为首任 HRD 张建国：认真负责的员工是华为最大的财富［EB/OL］. 新浪网，https：//finance. sina. com. cn（经整理）.

第一节　工作设计概述

一、工作设计的概念

工作设计就是要对整个生产运作活动进行合理分解、分工，明确每个岗位的工作目标，制定工作标准，进行工作环境设计，以增加产出，减少投入。通过工作设计，运用系统分析的方法研究如何更加合理地利用资源排除作业中不合理的经济因素，寻求一种更佳、更经济的工作方法，消除时间、人力、物力、资金等方面的浪费，以提高系统的生产效率。工作研究包括方法研究和时间研究。方法研究主要是通过分析现行的操作或动作，从中发现不合理的因素，并加以改善。时间研究的主要内容是进行作业测定和工作标准设定，进而确定标准作业时间。方法研究是基础，时间研究是目的。

二、工作设计的理论基础

（一）社会技术理论

社会技术理论强调技术因素与社会变化对工作设计的影响，注重促进人的个性的发展，以激发人的积极性和劳动效率。按照社会技术理论的观点，在进行工作设计时，需要考虑两个方面（见图8-1）：一是技术工作设计，如采用什么样的生产工艺进行生产、如何组织物流的流动、如何控制生产的进度与费用等，这些问题反映了系统的技术性；二是社会工作设计，也就是在确定工作内容、工作方法等问题时，需要关注员工的心理、情感等因素。合理的工作系统应该是兼顾技术工作设计与社会工作设计的协调的系统。

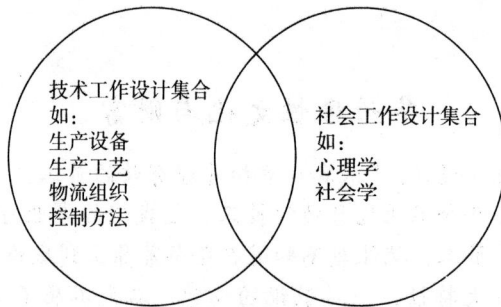

图8-1 社会技术理论的基本观点

作为管理者，应该认识到人具有参加社会交往的需要，有被爱和受尊重的需要，学习是人类天生的特性，也是创新的源头。人与人之间存在差异，学习方式不同，性格、爱好不同，管理者应培养人的天生资质，使人的潜能得到发挥。

（二）分工与专业化理论

以亚当·斯密的分工理论为代表的效率学派认为，进行工作设计时要将工作进行合理分解、分工，分工能够带来专业化，并最终导致劳动生产率的提高。其内在逻辑如图8-2所示。

按照效率学派的观点，分工基础上的专业化带来的优势：对于一般的劳动者来说，对教育水平和技能要求低，培训简单，容易掌握；专注于某一工作有助于提高熟练程度，改进方法，进而提高生产率；承担的责任较少。

但是，也应该看到专业化有可能带来的问题：工作单调，使人厌倦，再加上缺少晋升的机会和对工作的控制，这容易使员工产生不满情绪，从而导致效率下降；不能深入、广泛学习，再就业困难。

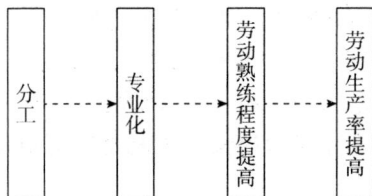

图8－2　劳动分工的内在逻辑

因此，要看到专业化分工的优势与存在的问题，根据工作内容与性质进行分工，不能任意分割，也不是分工越细就越好。

（三）行为科学理论

行为科学理论就是在工作系统的设计中充分考虑人的行为动机，通过提高工人的生活质量从而提高工人的满足感来增强其工作的动力，使工作本身更加富有意义，从而提高人员的满意度。为了使工作更加富有趣味性和意义，工作设计者经常考虑工作扩大化、岗位轮换、工作丰富化和提高机械化的使用等措施。

工作扩大化（Job Enlargement）是指工作向横向扩展。意味着将总任务中很大一部分分派给员工。这构成了水平负载，即将处于相同技能水平的工作附加给员工做。目的是提供提高工作所需技能的多样性和给工人的最终产出以更多的承认，来提高员工对工作的兴趣。例如，可以通过给予员工生产整个产品的任务而不是加工一个部件，或依靠岗位轮换，如病房护士的轮换，不同航班机组人员的轮换来完成工作扩大化。

工作丰富化（Job Enrichment）是指对职责的纵向扩展，赋予工人更多的责任。例如，给一名装配工人更多的测试完整部件的责任，即充当质量检测员的角色。又如，让超市里的货架整理员负责缺货的补充，从而提高他们的责任。增强工作责任方法，集中于提高工人可能的满足感。

工作丰富化的一个高度有效的方法就是采用团队作业。常见的团队有：①任务型工作团队。执行全部作业，而不是专门的装配工作。②虚拟团队。成员用电脑交流，轮流做领导，根据必要加入、离开团队。③自我管理团队。得到授权的工作团队，同时还要承担许多传统的管理责任。

岗位轮换是指作业人员定期交换所从事的工作。岗位轮换有许多优点，如可以拓展员工的眼界、作业技能、经验知识，使作业人员"一专多能、工作岗位一岗多人"，提升作业人员工作的满意度。这种方法可以给员工提供更加丰富、更加多样化的工作内容。由于员工相互交换工作岗位，可以体会到每一个岗位工作的难易，这样比较容易使员工理解他人的不易之处，互相体谅，结果使整个运营流程得到改善。

【延伸阅读】

岗位轮换

深圳华为公司实现职务轮换与专长培养制度，他们对中高级主管实行职务轮换，没有周边工作经验的人不能担任部门主管；没有基层工作经验的人不能担任科级以上干部。上海通用汽车公司的公关总监任剑琼认为："我们上海通用的许多管理人员都在不同岗位工作过，这叫角色换位或者叫轮岗，公司提供机会让你成为一个全才。你在你的部门很出色，但是你不知道别的部门是怎么运作的。如果你轮岗，你就会知道你的上游和下游在怎么做。你的眼界就会开阔，你考虑问题的出发点就会是全局化，不会有扯皮现象。"

（四）人因工程学

人因工程学主要关心工作设计中生理学方面的内容，考虑工作场所即作业区的环境因素对员工的身心影响。

工作场所的设计应考虑到人体测量因素、神经学因素等。充分认识到工作场所可以影响工作绩效，工作场所如何使员工消除疲劳，避免受到身心损害。

工作环境设计应当符合各国政府制定的劳动场所工作条件的职业健康安全法规，主要考虑工作温度、噪声水平、工作地各种粉尘等。测定环境因素，采取相应的劳动保护措施。近年来在写字楼中工作的人员越来越多，人因工程学的原则也应用到办公室类型的工作中，主要关注办公设备的辐射、噪声以及办公设备与桌椅、照明的合理设计与布置。

在现代运营系统工作设计中，运用人因工程学的原则与方法对于保护员工的身心健康、提高员工生活质量、激发其创造力、提高工作效率、提高运营系统的获利能力等具有重要意义。

（五）授权

授权是在行为主义工作设计的基础上发展起来的。授权的基础是工作自主，并赋予员工改变工作本身即完成工作方式的权利。要求员工参与工作，授予员工设计自己工作的权利，有时还要求员工参与到运营系统的战略决策中来，并承担相应的责任。

授权不是不需要领导，不是放任自流，不是"每个人都当老板"。相反，真正的授权需要目标明确的、指导性强的强势领导，授权模式更多地依赖权利的影响，而不是靠直接的命令。授权模式基于相互的尊重，通过有效的沟通技巧加强领导，同时又兼顾了员工个人的追求与自由的天性。员工意识到他们得到了充分的尊重与理解，员工的积极性与创造性才能充分地发挥出来。

聪明的管理者通过合理分配决策权限，将授权作为一种自然而有效的方式来激励员工参与企业运营就能产生无尽的创意，管理者就能够游刃有余地应对复杂局面。上海通用汽车公司制造运营系统就实行了充分的授权，授权有利于员工不断地改进其工作，在通用，员工能够体会到不断改进工作的乐趣，上海通用制造总监余秀慧说："既然让你做了，授权给你，我不会过多地介入。这改变了传统的命令式管理方式。"管理在很大程度上由他律变成了自律，即自主管理。余秀慧认为管理者的主要责任有两个：支持与指导。线上的工人在某种意义上就是管理者的客户，管理者通过支持、指导这些客户，使他们工作更安全、质量和效率更高，整体成本更低。授权就是给员工注入一种诱发创造性的激素，"这是激励创造性的体制，是一种不容易看到的东西。它能够使工人始终以一种充满热情的方式来重复他的工作，使他们能够在体力强度能支撑的情况下，依然愿意开动脑筋来改变这个流程，使工作更有创造性。"

普华永道的咨询顾问们注意到：组织变革的许多重大举措与员工授权结合起来才会收到持久的效果。企业领导越是强有力，授权所取得的效益也就越大，对企业文化的影响越深远。

（六）柔性作业

随着信息技术的不断发展，以及知识经济时代的来临，柔性化管理方式成为企业管理的重要趋势。柔性管理对立于刚性管理，刚性管理以规章制度为中心，凭借制度约束、纪律监督、奖惩规则等手段对企业员工进行管理，这是科学管理的泰勒管理模式。柔性管理则是以人为中心，依据企业的共同价值观和文化、精神氛围进行的人格化管理，它是在研究人的心理和行为规律的基础上，采用非强制性方式，在员工心目中产生一种潜在的说服力，从而把组织意志变为个人的自觉行动。

柔性管理的最大特点在于它主要不是依靠外力（如上级的发号施令），而是依靠人性解放、权力平等、民主管理，从内心深处来激发每个员工的内在潜力、主动性和创造精神，使他们能心情舒畅、不遗余力地为企业不断开拓新的优良业绩，成为企业在全球市场竞争中取得竞争优势的力量源泉。

柔性作业有三个重要的方面，分别是技能柔性、时间柔性和地点柔性。

技能柔性指员工队伍的多技能化有利于柔性化运营系统，要求企业重视知识管理，重视对员工的培训，建立学习型组织。相应地，企业薪酬系统应重视员工技能，而不是单纯视输出数量的多少来决定薪酬的高低，因为多技能的员工可根据企业环境变化的需要调换到其他岗位，能适应这一岗位未来的智能化与信息化的需求，在生产过程出现瓶颈现象时可以被转到生产过程的其他环节工作，保证生产顺利进行。由此看来，多技能员工具有的价值是单一技能员工所无法比拟的，上海通用汽车公司柔性生产线上的工人要达到上海通用严格的上线生产标准，必须经过严格的培训。为适应柔性化生产，制造部门的工人必须至少掌握 3 个工位的工作内容，从成立到 2002 年，上海通用已经派了大约 800 人次到海外培训。

时间柔性指使员工的供应与工作的需求相互匹配。这类系统为每一位员工确定一个核心工作时间段，其他时间则由员工灵活支配。

地点柔性即远程作业，指利用网络化信息系统提供的支持，许多工作可实行远程作业，建立虚拟办公室，在任何地点都可以工作。

三、虚拟工厂

约 2/3 的美国劳动力都在收集、组织、分析并传播信息。信息技术正在显著地改变工作设计，并在短短的几十年就以不可思议的速度迈向超出时间、文化和物理空间界限的虚拟世界。我们正在经历用信息化取代了像纸质文件记录等实物的这一过程。现代的图书馆使用电子化的方法储存大量档案。像银行、保险、教育、法律和保健这类信息密集型产业都使用了虚拟的工作场所。

远程工作人员通过使用信息技术可以在家中、旅馆、机场或其他远程位置办公。无线手机和电脑、传真机以及虚拟业务室使其几乎可以在任何地方进行工作。一个虚拟业务室声称"在一个城市办公，但人却并没有真正在那里"。这种虚拟业务室提供留言和电话答复服务，安排预约和办公设备租用，提供实际邮寄服务以及其他的业务支持。

虚拟的除了工厂还有团队，这在当今商务世界里越来越重要。将虚拟小组成员在不同地理位置进行整合，如中国的产品设计者和工程师可以同德国的同事共事，在每一件工作快要结束时递交文件，来确保持续的产品开发。这种运营管理模式可以在虚拟工厂的基础上来实现。

【延伸阅读】

大李的加减乘除法

最近，易通公司在推行人人成为经营者的管理模式，以员工为中心，让员工参与企业管理，使每一个员工真正当家做主，为员工提供了自我表现、自我发展的舞台。

精加工车间主轴斜盘生产线的值班长，人称大李，他貌不惊人，但是小组经营得却很有特色，其拿手绝活就是加减乘除法。

大李常对人说，作为一个班组长，首先必须学会做加法。大李认为，推行经营者的目的就是要最大限度调动每个员工的积极性、创造性，指标无情，管理有情。所谓加法，就是在经营中要做大"蛋糕"，在管理中要以人为本，充分调动每个员工的积极性。有一个职工，几天没有来上班，大李经了解得知，其父亲刚刚过世，当晚，他上门送去1200元慰问金。这个职工深受感动，在工作中表现更加积极，一些老师傅家里发生了困难，生产小组会派人主动上门帮助，实行经营指标考核后，全组人人会算账、个个能理财，积极主动抢任务。

大李所谓的减法，就是千方百计减少开支，想方设法降低生产成本。首先，利用退休自然减员机会来提高劳动生产率。该生产线原有员工62人，现在已经精减到50多人，工资成本大幅度下降。其次，精打细算，节省各种生产资料，过去铣床每月用铣刀80把，缺损了就扔掉，现在员工学会了经营核算，铣刀缺损后，磨好了再用，物尽其用，每月只用35把，少用了45把，按照每把60元计算，每月可以节约2700元。

大李最感兴趣的是做乘法，生产任务增加了，又减员增效，最好的办法就是要提高员工的岗位技能，实现一人多岗，提高劳动生产率。过去，生产线一个萝卜一个坑，机械式的员工一人一机。现在，要求每个员工必须学会和掌握各种设备的操作技能，做到一人多岗。这样，员工适应了柔性化生产的需要，劳动效率明显提高。为了适应岗位竞争，许多文化程度不高的老员工主动要求学习技能，学习计算机应用技术，由要我学变成了我要学。

大李的所谓除法，就是把一个经营体的经管压力，层层分解并传递到每一个成员肩上，最大限度地激发起每一个员工的主观能动性。他认为，经营者模式就是一个最典型的除法公式。为此，他根据设备、班次划分为几个生产块，挑选骨干人员作为块长，让他们挑担子压任务，并给予一定的权限，让他们充分施展自己的才能。过去，班组出现问题时，小组长能推则尽量向上推，自己往往不拿主意。现在块长处理问题说了算，自己能解决的不再往上推了。对于这一转变，大李得意地说："这叫除法效应。"

资料来源：邓华. 运营管理［M］. 北京：人民邮电出版社，2017.

第二节　方法研究

方法研究是指在一定的生产技术组织条件下，运用科学的方法对现行作业进行系统的记录和分析，寻求最经济、最合理、最有效的工作程序和操作方法，以达到生产效率最高且成本最低的一种管理技术。

一、方法研究的过程

（一）确定研究对象

方法研究的对象和范围非常广泛，一般来说，方法研究的对象主要集中在系统的关键环节、薄弱环节，或带有普遍性问题的方面或实施容易、见效快及效果明显的项目上。研究对象可以是一个生产运作系统的全部或局部。

（二）确定研究目标

虽然方法研究的主要目标是消除各种浪费、提高系统的效率，但确定研究对象后仍需要细化方法研究目标。细化的目标包括减少作业所需要的时间；节约生产中物料消耗；提高产品质量；增强员工工作安全性，改善工作环境与条件；改善员工的操作方法，降低员工的疲劳程度；提高员工对工作的兴趣和积极性等。

（三）现状分析

研究对象确定后，将现在采用的操作方法相应地记录下来。可借助各类专用表格技术来记录过程，以便进行过程分析；动作与时间研究可借助摄像机来记录。根据记录的工序或操作进行详细分析是制定改进方案的基础。方法研究一般规定，在分析考察每一个工序时应从原因、对象、地点、时间、人员、方法等方面入手，不断提出问题，进行考察，即5W1H法。如表8-1所示。

表8-1　5W1H法的基本内容

	为什么这项工作必不可少？	WHAT	这项工作的目的何在？
WHY	为什么这项工作要以这种方式、这种顺序进行？	HOW	这项工作如何更好地完成？
	为什么为这项工作制定这些标准？	WHO	何人为这项工作的恰当人选？
	为什么完成这工作需要这些投入？	WHERE	何处开展这项工作更为恰当？
	为什么这项工作需要这种人员素质？	WHEN	何时开展这项工作更为恰当？

（四）制订改进方案

这是工作分析的核心内容，包括建立新方法和评价新方法两项主要内容。在构思新的工作方法时，可以在现有工作方法的基础上，通过精简—删除—合并—重组4项技术对现有方法实施改进。

（五）选择新方案

经过改进后的工作方法可能会有许多，需要分别对它们进行技术经济分析和评价以及安全性、可靠性及管理方便性分析和评价，从中选出最优方法或次优方法。

（六）实施新方案

新方案的实施比方法研究本身的难度要高，当新方案一开始不被人了解而且改变了人们多年的习惯时，往往会遇到较大的阻力，因此应做好相应的培训工作，不能急于求成。

二、方法研究的内容

方法研究的内容包括过程分析、动作分析和操作分析3个方面。

（一）过程分析

过程分析是指运用简明符号绘制的程序图对现行方法予以系统的记录。根据程序对现实进行客观、准确的描述，可以利用工作研究的分析方法改善现行作业过程中经济、低效率的步骤、设置、操作、动作等，使生产作业过程更合理、更经济。

1. 过程分析符号及说明

过程分析使用的符号及含义如表8-2所示。

表8-2　过程分析使用的符号及含义

名　称	符　号	含　义
加工	■	表示一个加工或装配操作工序
	◎	文字加工处理，表示生成一个记录
	●	文字加工处理，表示往一个记录上添加信息
运输	⇨	表示用小车搬运物料、传送带运送工件、专人传送信息
储存	▽	生产、作业或检查过程中必要的储存
延误	⊃	在加工、运输、检查之前发生的不可避免的耽搁
检验	□	对通知格式、代表数据、材料的数量和质量进行检验

2. 过程分析图表技术

过程分析的方法用于制造业企业可称为生产过程分析。生产过程分析是针对产品生产过程进行的系统分析，是研究生产过程的重要手段，它通常是从原材料投入开始，到成品产出为止，按工艺顺序，用一定的符号，以工序为单位，将整个加工过程全部记录下来，绘制成生产过程分析图表，据以进行研究分析。它是寻求理想生产过程的一种方法，主要包括以下4种。

（1）产品分工序分析，是以产品为对象，运用加工和检验两种符号对产品生产过程进行的总体分析。其目的是为了了解产品从原材料投入开始到成品形成为止的整个生产过程都由哪些生产环节、多少主要工序组成，经过什么样的加工工序。

（2）工艺流程分析，是运用加工、搬运、检验和停滞4种符号，对零件从毛坯开始到零件制成为止的全过程，按工艺顺序具体而定量地进行调查、描述和分析。其分析的内容包括物品流动的数量、搬运的距离、消耗的时间、工艺方法、作业地点、作业人员、使用的机器设备、工装夹具、容器等。

（3）平面流程分析，是指按被研究对象加工过程的实际经过路线，在厂区平面图和车间设备布置图上用加工、检验、搬运、停滞等要素符号和连接线描绘研究对象的流动路线，从而进行分析以找出不合理的厂房和设备布置的过程。

（4）人机联合分析，是指观测和分析作业者与机器在同一时间内的工作情况，寻求合理的方法，使人的操作和机器的运转协调配合，以充分发挥人和机器的效率。

（二）动作分析

动作分析是对工人在执行任务时所涉及动作的系统研究，其目的是减少不必要的动作，确定最佳的操作顺序以取得最大的效率。它是由美国工业工程的开拓者吉尔布雷斯夫妇发明的。

1. 动作分析原则

吉尔布雷斯的研究工作奠定了动作分析原则的基础，这些原则为设计出高效的工作动作程序提供了指导。动作分析总原则是经济有效，具体包括身体利用原则、工作地布置原则、工具和设备的设计原则。

（1）身体利用原则。双手应同时开始和结束某件任务的基本分工；双手不应同时闲着，休息期间除外；双手完成的动作应对称。只要可能，应尽量应用惯性。如果必须要用肌肉来克服惯性，则应被减少到最小程度。涉及方向的突然或急剧变化时，连续的曲线运动比直线运动可取。

（2）工作地布置原则。所有工具和材料应按最好成绩的顺序固定放置，尽量消除或减少寻找和选择的动作。升降传送装置应减少加工部件的移取时间，只要有可能，完工部件应被自动移开。所有的材料和工具应位于正常工作区内。

（3）工具和设备的设计原则。只要可能，应把两个或多个工具联合成一个来完成复合加工操作。所有的杠杆、把手、手轮和其他控制设备应容易操作，并且设计得具有机械优势。

2. 动素的划分

动作分析是将工作分解成细小的动作单元，通过对动作单元的减少、组合和重排的分析来改进工作方法。

美国机械工程师协会将人体动作或操作概括为 18 个动作单元（或动素），如图 8-3 所示。

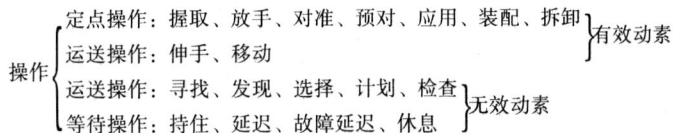

操作
- 定点操作：握取、放手、对准、预对、应用、装配、拆卸 ┐有效动素
- 运送操作：伸手、移动 ┘
- 运送操作：寻找、发现、选择、计划、检查 ┐无效动素
- 等待操作：持住、延迟、故障延迟、休息 ┘

图 8-3 人体操作的动作单元

3. 动作分析的基本方法

动作分析的基本方法有目视动作分析法、影片录像分析法和既定时间分析法。

（1）目视动作分析法。由观测者用目视的方法对操作者左右手动作进行观察，用一定的符号，按照操作顺序记录下来，然后进行分析，并提出改进意见。

（2）影片录像分析法。用电影摄影设备或录像设备把操作者的动作拍摄下来，然后进行分析，并提出改进建议。

（3）既定时间分析法。对作业进行必要的基本动作分解，根据预先确定的最小动作单元时间表，求得每个动作单元的时间值，从而决定出标准作业时间的方法。

（三）操作分析

操作分析主要研究以人为主体的程序，使操作者（人）、操作对象（物）、操作工具（机）三者科学地组织、合理地布局与安排，以减少作业时间的消耗，减轻操作者的劳动强度，保证工作质量。操作分析的种类根据不同的工序作业对象和调查目的，可分为人机操作分析、联合操作分析和双手操作分析。

1. 人机操作分析

在机器的工作过程中，了解在一个操作周期（加工完一个物件的整个过程称为一个操作周期）内机器操作与工人操作的相互关系，以充分利用机器与工人的能量。在平衡操作时，则要利用人机操作图。人机操作图可将生产过程中工人操作的手动时间和机器的机动时间清楚地显示出来。在现代化生产中，机器设备几乎都是全自动或半自动的，操作机器的工人成了监督机器的工人。在每一操作周期中，工人总有大部分的闲余时间，这些闲余时间如能加以利用，不但可以提高生产力，而且能降低成本及提高工人的收入。

2. 联合操作分析

在实际生产中，常用两个或两个以上操作人员同时对一台设备（或一项工作）进行操作，则称为联合操作作业。联合操作作业分析常采用联合操作分析图，此图是使用普通的时间单位，记录一个以上的工作者、工作对象及机器设备的动作，以显示其相互关系的图形。因此，当需要了解某一工作程序内各个对象的各种不同动作的相互关系时，最好的方法就是画联合操作分析图。

3. 双手操作分析

生产中工序的作业主要是靠工人的双手来完成。记录、分析如何用双手进行实际操作，以提高作业效率，则称为双手操作分析。分析时常采用双手操作程序图。双手操作程序图以双手为对象，记录其动作，表示其关系，并可指导操作者如何有效地用双手从事生产性的工作，提供一种新的动作观念，找出一种新的改善途径。

第三节　时间研究

时间研究又叫作业测定，即对实际完成工作所需时间进行测量和预测，是工作研究的一项基本技术。时间研究的目的是建立工作标准，还包括把实际作业时间与标准作业时间对比，寻找改进的方向；减少工人空闲和等待物料的时间。

一、生产时间消耗结构

（一）定额时间

定额时间是指在产品设计正确、工艺完善的条件下，制造产品或进行作业所用的时间。它由作业时间和宽放时间组成。

1. 作业时间

作业时间指直接用于完成生产任务、实现工艺过程的时间，主要消耗在加工工艺过程中。它又分为基本时间和辅助时间两部分。

（1）基本作业时间是指直接执行基本工艺过程，用于改变劳动对象的物理和化学性质的时间消耗。例如，毛坯制造、机械加工、热处理、装配、油漆等。

（2）辅助作业时间是指为保证基本工艺过程的实现而进行的各种辅助性操作所消耗的时间。例如，装卸、进刀、退刀、测量、换刀具、夹具、工具等。

2. 宽放时间

宽放时间指劳动者在工作过程中，因工作、休息和生理需要，在作业时间上需要予以补偿的时间。包括布置和照管工作地时间、休息和生理需要时间、准备与结束时间。

（1）布置和照管工作地时间是指工人用于布置工作场地，使工作得以经常保持正常状态所消耗的时间。

（2）休息和生理需要时间。休息时间是指工人在劳动中为消除疲劳所需要的时间。工人的疲劳感觉与作业环境、劳动强度、操作姿势和作业内容的单调性有关，疲劳强度高则休息时间就长。生理需要时间是指工人上厕所、喝水、擦汗、洗手等所花费的时间。

（3）准备与结束时间是指为完成一项工作，在开始前的准备工作与加工完毕后的结束工作所消耗的时间。如了解任务、熟悉图纸、调整设备、准备工机具、工件交付检验。

宽放时间一般以宽放率表示：宽放率 = 宽放时间/作业时间。

（二）非定额时间

非定额时间是指在工作时间内因停工或执行非生产性作业而损失的时间。包括非生产工作时间、非工人造成的损失时间和工人造成的损失时间。

1. 非生产工作时间

非生产工作时间是指工人在上班时间内做了与本生产无关的工作所消耗的时间，如开会、到仓库领料、废次品的返修等。

2. 非工人造成的损失时间

非工人造成的损失时间是指因管理不当或企业外部原因使工人工作发生中断的时间，如停工、停料、等待图纸、停电、任务不当等。

3. 工人造成的损失时间

工人造成的损失时间是指工人违反劳动纪律造成的时间损失，如缺勤、迟到、早退、办私事等。

二、作业时间测定

作业时间测定是对实际完成工作所需时间的测量，是工作研究的一项主要内容。组织可以采用许多不同的方法开发时间标准，常用方法有测表时间法、历史时间法、预定时间标准法、工作采样法。选择哪一种方法取决于要求的详细程度和工作本身的性质。对于要求非常详细并且可以重复的工作，通常采用测时法和既定时间标准设定法进行分析。当作业或活动在流程时间固定的设备上完成时，通常使用历史时间法，这样可以不进行直接观察。当工作或活动的周期长或发生频率较低时，则需要选择工作采样法。

（一）测时法

测时法是 19 世纪末由 F. W. 泰勒引入的，它是时间标准测定中最为广泛采用的方法，主要适用于短而重复性的工作。测时法是基于对某个工人多个工作周期的观察来开发时间标准，然后将之应用于机构中执行相同任务的其他人的工作的方法。测表时间法的基本步骤如下。

1. 工作分解

工作分解即把要进行时间研究的工作分解成多个作业单元或动作单元。例如，在把花瓶包装的例子中（把两个花瓶装入一个包装盒中，封口、码放）可以把这一作业单元分为以下四个作业单元：准备花瓶和包装盒，将衬垫放入包装盒，将花瓶放入包装盒，包装盒封口、码放。进行作业测量时要注意，3 秒钟以内就可以完成的动作不宜作为一个单独的作业单元。

2. 测时

测时即用秒表或其他工具观察和测量每一个作业单元。选择一个训练有素的人员，测量其在正常发挥的条件下在各个作业单元上所花费的时间。常用的测时法是连续测时法，即研究人员在每个作业单元的动作结束时，记下该时刻，然后根据两个作业单元结束时刻的差计算得出第二个作业单元所花费的时间，以此类推，计算出所有工作单元所花费的时间。如表 8 – 3 所示。

表 8 – 3　时间研究数据记录表　　　　单位：分钟

作业单元		观测记录									
		1	2	3	4	5	6	7	8	9	10
准备花瓶和包装盒	t	0.56	0.55	0.60	0.53	0.54	0.55	0.51	0.52	0.57	0.59
	r	0.56	3.34	6.10	8.97	11.79	14.72	17.51	20.18	23.04	25.81
将衬垫放入包装盒	t	0.21	0.23	0.22	0.25	0.23	0.27	0.22	0.24	0.26	0.22
	r	0.77	3.57	6.32	9.22	12.02	14.99	17.73	20.42	23.30	26.03
将花瓶放入包装盒	t	0.82	0.83	0.82	0.83	0.85	0.81	0.83	0.85	0.82	0.86
	r	1.59	4.40	7.14	10.05	12.87	15.8	18.56	21.27	24.12	26.89
包装盒封口、码放	t	1.20	1.10	1.30	1.20	1.30	1.20	1.10	1.20	1.10	1.20
	r	2.79	5.50	8.44	11.25	14.17	17.00	19.66	22.47	25.22	28.09

3. 确定样本大小

确定样本大小，即根据经验公式确定为了达到所需要的时间精度，必须重复观测的次数。样本数是观察时间的变化幅度、期望的精确度和预期的置信水平的函数。期望的精确度通常用观察时间的均值百分数表示，样本数可用公式确定为：

$$n = \frac{zs}{a\bar{t}} \tag{8-1}$$

式中，z 表示与置信度对应的分位数；s 表示某作业单元样本标准差；a 表示估计精度，以与真正的时间值（未知）的偏离程度（%）来表示；t 表示对某作业单元观测得到的时间平均值。样本标准差可按式（8-2）计算：

$$s = \sqrt{\frac{\sum (t_j - \bar{t})^2}{\hat{n} - 1}} \tag{8-2}$$

式中，t_j 表示第 j 个工作循环的观测时间值，$\hat{n}$ 表示观测次数。

在上述的花瓶包装中，取 95% 的置信度，测定值的精度为 2%，结合表 8-4 的数据，可以算出样本大小 n。

表 8-4　常用的置信度及其对应的分位数 z

期望的置信度（%）	对应的分位数 z	期望的置信度（%）	对应的分位数 z
90.0	1.7	98.0	2.33
95.0	2.0	99.0	2.58
95.5	2.0	100.0	3.00

4. 制定标准作业时间

标准时间研究涉及 3 种时间的计算，观察时间（OT）、正常时间（NT）和标准时间（ST）。观察时间是记录时间的算数平均值，因此

$$OT = \frac{\sum t_i}{n} \tag{8-3}$$

式中，OT 为观察时间；$\sum t_i$ 为记录时间之和；n 为观察次数。

正常时间是对观察时间的调整，用观察时间乘以绩效因子来计算。绩效因子用以判断和评价被观察者的工作速度是高于还是低于正常工作速度。高于正常工作速度时大于 1，低于正常工作速度时小于 1。

$$NT = OT \times PR_{NT} \tag{8-4}$$

式中，NT 为正常时间，PR_{NT} 为绩效因子。

标准时间是一个人在不发生延迟和中断的情况下完成任务所需的时间长度。它不包括如工人喝水、休息等个人延迟，机器调整和维护、等待材料等不可避免的延迟和休息间歇等因素消耗的时间。因此，一项工作的标准时间应该是正常时间加上一部分宽放时间。即：

$$ST = NT \times (1 + A) \tag{8-5}$$

式中，ST 为标准工作时间，A 为宽放时间因子。

假定上述包装花瓶的例题中的宽放系数取值为 0.10，则包装花瓶的标准作业时间可计算如下：

$$ST = NT \times (1 + A) \tag{8-6}$$

具体数据如表 8-5 所示。

表 8 - 5　观察样本的相关数据

作业单元	各时间值的求解			
	$\sum t_i$	$\bar{t}$	PR_{NT}	NT
准备花瓶和包装盒	5.52	0.552	0.9	0.4968
将衬垫放入包装盒	2.35	0.235	1.05	0.24675
将花瓶放入包装盒	8.32	0.832	1	0.832
包装盒封口、码放	11.9	1.19	0.9	1.071
标准作业时间				2.912

（二）历史时间法

历史时间法也称标准要素法，其基本原理是在不同种类的工作中，存在大量相同或相似的工作单元，实际上不同工作是若干种工作单元的组合。企业经过多年研究，收集和记录了许多工作中普遍存在的动作单元的单元时间，形成动作单元时间档案。从某个时点以后，许多动作单元时间可以直接从档案中读出供分析人员使用。

这种方法的优点在于：一是不用对每一项工作进行完整的研究，节约了大量的时间和费用；二是分析人员不占用工人的工作时间，减少了工作中断；三是不需要进行绩效因子的评定。这种方法的不足之处在于档案时间可能存在某种偏颇或某些不精确的因素。

（三）预定时间标准法

预定时间标准法又称动作时间法，其基本原理是先把作业过程的操作分成若干基本动作，对这些基本动作进行详细观测，然后制定基本动作的标准时间表。当需要确定某项工作的作业时间时，只需要把完成作业任务的操作过程分解为这些基本动作。从基本动作的标准时间表上查出各基本动作的标准时间，将其加总求和，就得到该作业的正常时间，再加上宽放时间，就可以得到该作业的标准作业时间。

预定时间标准法的基本步骤如下。

（1）作业分解。将作业分解为各个有关的动作要素。

（2）查动作要素时间表，确定各动作要素的时间值。

（3）计算作业正常时间。作业正常时间 = 各动作要素时间值的和。

（4）标准时间 = 正常时间 + 宽放时间。

根据基本动作的分类和使用时间单位的不同，PTS 可以分为很多种，其中最常用的方法有时间衡量法（Methods of Time Measurement，MTM），模特法（Modular Arrangement of Pre - determined Time Standard，MOD）等。

MTM 是按基本动作单元（足动、腿动、转身、俯屈、跪、站、行、手握）和执行因素（伸手、搬运、旋转、抓取、对准、拆卸、放手）设定作业时间标准及查定正常作业时间、制定作业标准时间的方法。采用这种方法，需要将工作分解成基本的动作要素，测量所涉及的距离，评估动作要素的难度，然后参照合适的数据表获得动作要素时间，再将所有涉及的基本动作要素时间求和，得到工作的标准时间。MTM 动作要素的时间单位称为 TMU，1TMU = 0.036 秒（相当于每分钟 1667TMU），由专门的组织经过严格测定、反复试验后确定每一个基本动作要素的标准时间数据表。MTM 适用范围广泛，分析方法较为复杂，大多数工作均可通过 MTM 所设定的作业时间标准，查找、计算出作业时间标准，精度较高。但这种方法不适用于研究机械所控制的工作或动作、需经判断的工作以及设计绘图等精细工作。

模特法将动作分为移动动作、终止动作、身体动作和其他动作四大类，共计 21 种，以 MOD 为时间单位，1MOD = 0.129 秒。其动作分类与时间值如表 8-6 所示。

表 8-6 模特法的动作分类与时间值

动作分类	动作名称	符号	时间值 MOD	动作分类	动作名称	符号	时间值 MOD
移动动作	手指动作	M1	1	身体动作	踏板动作	F3	3
	手的动作	M2	2		步行动作	W5	5
	前臂动作	M3	3		向前探身动作	B17	17
	上臂动作	M4	4		坐和站起动作	S30	30
	肩动作	M5	5				
终止动作	触碰动作	G0	0	其他动作	校正动作	A4	2
	简单抓握	G1	1		施压动作	C4	4
	复杂抓握	G3	3		曲柄动作	E2	4
	简单放下	P0	0		眼睛动作	D3	2
	注意放下	P2	2		判断动作	F3	3
	特别注意放下	P5	5		重量修正	L1	1

这种方法的优点在于：一是可以用来为新设生产线的新工作设定工作标准；二是分析人员不占用工人的工作时间，减少了工作中断；三是不需要进行绩效的评估；四是设定的时间标准的一致性很高。这种方法的局限性是：不适用于进行多品种小批量生产、以工艺对象专业化为生产组织方式的企业；不同的分析人员采用不同的方法对基本动作进行分解会产生不同的时间估计值；忽略了实际时间与各个动作顺序相关的可能性；需要考虑的调节因素很多。

（四）工作采样法

工作采样法无须对动作时间进行记录，而是估计人或机器在某种行为中所占用的时间比例。工作采样法用样本的估计值近似代替真实值，存在一定的出错率，因此，估计值必须在大量观察的基础上得出。在给定的置信度下，估计的精度依赖于样本容量。工作采样法的程序是：①明确研究对象（人或机器）；②设计观察方式；③决定观测的时间长度；④确定观测的样本数；⑤观察和记录数据；⑥检验估计值可靠性；⑦结论。

工作采样法的优点是：观测者不需要进行专门训练，可以同时进行几种行为的观测；所需的观测时间较少，是一种比较经济的工作研究方法。其缺点是观测所需样本容量较大，需要保证估计的精度。另外，对于重复性工作而言，这种方法不太经济。工作采样法所需要的观察次数可能非常大，从几百次到几千次不等，这取决于活动和活动所要求的精度等级。

【案例分析】

UPS 与时间赛跑

联合包裹服务公司（UPS）雇用了 15 万名员工，平均每天将 900 万个包裹发送到美国各地和世界 180 多个国家和地区。它们的宗旨是：在邮运业中办理最快捷的运送。为此，UPS 的管理者系统地培训他们的员工，使他们以尽可能高的效率工作。

UPS 的工业工程师对每一位司机的行使路线进行了时间研究，记录了司机等待红灯、通行、按门铃、穿过院子、上下楼梯、中间休息喝咖啡的时间，甚至上厕所的时间，并将这些数据输入计算机中进行分析，从而对送货、取货和暂停活动设立了工作标准，在此基础上给出了每一位司机每天工作的详细时间标准。效率专家一致认为：UPS 是世界上效率最高的公司之一。

如果 UPS 不是利用作业测量法，就无法与美国其他众多的公司抗衡。在 UPS 里有约 1000 位工业工程师利用时间研究为大量与管理密切相关的任务制定工作标准。UPS 为司机制定了每天取送 130 件包裹的目标，为了完成任务，司机必须严格遵守工程师设定的程序：当他们接近发送站时，需要松开安全带，按喇叭，关发动机，拉起紧急制动，把变速器推到一档上，为送货完毕后的启动离开做好准备，这一系列动作极为严格。然后，司机从驾驶室出溜到地面上，右臂夹着文件夹，左手拿着包裹，右手拿着车钥匙，看一眼包裹上的地址，把它记在脑子里，以每秒钟 3 英尺的速度快步走到顾客的门前，先敲一下门以免浪费时间找门铃。送货完毕，他们在回到卡车上的路途中完成登录工作。

事实证明，UPS 是世界上效率最高的公司之一。联邦捷运公司每人每天取运 80 件包裹，而 UPS 却是 130 件。高效率在为 UPS 带来丰厚利润的同时，也给员工们提供了不错的收入，据悉，UPS 的司机每小时的报酬是 15 美元，远远高于行业的平均水平。

资料来源：马克·M. 戴维斯等. 运营管理基础［M］. 汪蓉等译. 北京：机械工业出版社，2004（经整理）.

思考：

1. 针对 UPS 的例子，谈谈你对工作设计的认识。
2. 你赞同 UPS 的做法吗？为什么？

【思考与练习】

1. 何谓工作设计？
2. 工作设计有哪些理论基础？
3. 何谓虚拟工厂？
4. 简述 5W1H 法的基本内容。
5. 简述方法研究的基本过程。
6. 如何进行过程分析？
7. 时间研究的目的是什么？
8. 生产时间消耗结构包括哪些内容？

9. 试述时间研究的步骤。

10. 工作采样法的程序是什么？

【能力训练】

结合你所在的学校，调查学校如何把人文因素设计到教职工和学生身上。

第三篇 企业运营系统的运行与控制

第九章　企业综合生产计划

【学习目标】

描述综合计划的位置；

解释综合计划的基本策略；

解释综合计划所包含的成本；

应用线性规划方法和运输模型方法；

解释主生产计划的内涵；

描述主生产计划的逻辑运算；

描述服务业综合计划的特点；

解释收益管理

【导入案例】

宾馆饭店最佳收益的法宝：收益管理系统

宾馆饭店是继航空客运业之后最先成功开发使用收益管理系统的行业。过去，旅客常通过电话预约或临时登记入住宾馆饭店。随着网络的普及，许多宾馆饭店先后建立了各自的网站以方便旅客上网预订房间。宾馆饭店的经营管理者们随时通过计算机系统查询有关旅客预订及客房分配情况，并相应地做出各种不同的决策。例如，经理们每天须制订客房价格，考虑是否拒绝或接受某个旅客或团体的预订等决策。这些决策的好坏往往直接影响宾馆饭店的盈利。常见的以成本为基础的定价方法虽然简便易行，但往往缺乏竞争的灵活性，且不能反映市场需求的动态变化。此外，有的经理往往凭借个人的经验，或者直接照搬其竞争对手的方法。所做的决策常带有盲目性，缺乏科学的根据。为此，许多宾馆饭店先后开发使用了各自的收益管理系统，以尽量避免做出错误的决策。

收益管理系统的开发使用，不仅帮助宾馆饭店经营管理者们迅速、准确地做出各种决策，同时也使宾馆饭店的总收益获得极大的提高。如今美国的许多中、高档宾馆饭店均开发使用收益管理系统，并专门成立了收益管理部门。大家熟悉的饭店有六洋酒店集团（Six Continents Hotels，Inc.）所属的假日饭店（Holiday Inn），玛丽奥特国际饭店（Mariott International Hotels），希尔顿国际饭店（Hilton International），韦斯汀酒店（Westin Hotels）等。其中玛丽奥特国际饭店最先开发使用收益管理系统。其董事长兼首席执行官比尔·玛丽奥特曾说，"收益管理不仅为我们增加了数百万美元的收益，同时也教育了我们

如何更有效地管理。"

　　资料来源：王剑. 宾馆饭店最佳收益的法宝：收益管理系统［EB/OL］. 世界经理人，http：//www：ceconline. com/manufacturing/ma/8800031312/02/（经整理）.

思考：

何为收益管理？

第一节　综合计划概述

一、综合计划

（一）综合计划概念

　　综合计划是指企业的产品或服务在一年左右的中期生产计划。综合计划在生产计划体系中起到承上启下的作用，一方面是落实运营能力规划方案，另一方面是制定主生产计划、物料需求计划和生产作业计划的前提。综合计划的目的是确定生产率、劳动力水平和当前存货的最优组合。计划期一般是6～18个月。如图9-1所示。

　　综合计划是衔接长期战略计划和短期企业作业计划之间的纽带，要处理的是将预测的产品需求转化为企业的产品产出任务计划，计划的焦点是如何有效地利用资源能力，最大限度地满足市场需求并取得最佳经济效益。制定具体的计划策略，必须与企业长期目标和长期战略框架相一致，并符合企业战略生产能力决策和资金预算决策。

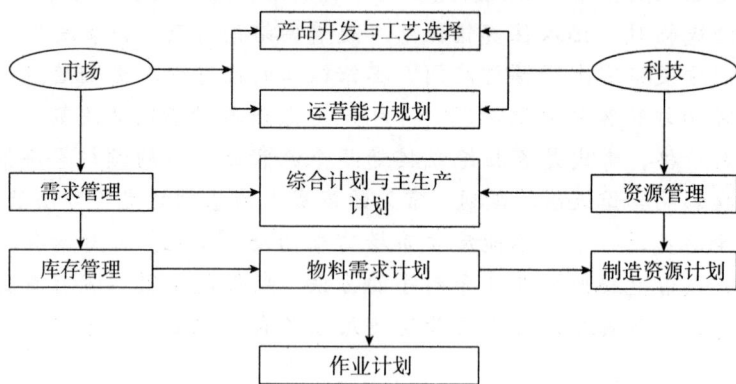

图9-1　生产计划层次关系

（二）综合计划的基本策略

　　市场需求的相对波动性和生产能力的相对稳定性使得需求与产能之间相差很大，因此，企业在编制综合计划时，需要采取一些措施来应对需求的波动，平衡综合需求与生产能力。

1. 追逐策略

追逐策略是指在计划期内，通过调整生产能力来匹配需求，即计划量随需求而变，不断追赶需求的变化。当需求发生变化时，通过雇用或解雇员工使生产能力与需求达到一致，即通过加班、雇员、减员或外包业务等方法实现。该策略的成功与否取决于需求上升时是否可以雇用到经简单培训就可以胜任的人员。优点是存货水平相对低；缺点是运营的稳定性较低，特别是当需求减少时工人会有意放慢速度，因为他们害怕订单一旦完成后就会失去工作。

2. 均衡策略

均衡策略是指保持生产率不变，生产维持一定的水平，通过库存的缓冲作用、提前或延迟交货来应对需求的波动。它适用于需求变化不大的情况，如大量生产的装配工业。这种策略的优点是人员相对稳定、产出均衡；缺点是潜在的顾客服务水平降低会产生成本，库存成本也会有所增加以及库存容易出现陈旧化的风险。

3. 稳定的劳动力水平——可变劳动时间

利用柔性的人员班次安排或者加班改变工作时数，从而改变产出量，使产量与订单数量相匹配。这种策略有利于维持员工队伍的稳定，避免员工的一些情感影响。

4. 混合策略

混合策略是指将均衡策略与追逐策略混合使用，分阶段跟踪需求的变化。即采用长期追逐、短期均衡的策略。在需求变化规律不明显以及混合生产（备货型和订货型）的情况下可以使用此策略。其优点是：一方面在短期内采用均衡生产计划的方法，使生产组织方便，有利于稳定生产秩序与设备的利益；另一方面在长期内采用追赶的策略，最大限度地利用流动资金，减少滞销与积压。

（三）综合计划的成本

综合计划的成本包括生产成本、库存持有成本以及未履行订单的成本等。具体如下：

1. 基本生产成本

计划期内生产某种产品的固定成本和变动成本就是基本生产成本，包括直接或者间接的劳动力成本、正常工资和加班工资。

2. 库存持有成本

库存持有成本包括库存占用资金成本，还包括存储、保险、税收、损坏以及陈旧造成的成本。

3. 缺货或延期交货成本

缺货或延期交货成本很难计算，延期交货会引起赶工生产成本、企业信誉丧失、销售收入下降等。

4. 与生产速率相关的成本

与生产速率相关的成本包括雇用、培训以及解雇人员相关的成本。临时雇用工是避免这种成本的一种好方法。

5. 转包成本

转包成本是付给承包商的生产产品的费用，转包成本可高于或低于自制的成本。

二、综合计划的编制

编制综合计划的方法有很多，如经验法、试算法、图表法、线性规划方法、计算机仿真方法等，这里主要介绍线性规划方法和运输模型方法。

（一）线性规划方法

大多数企业接受订单都是以利润最大化为主要的决策目标，基于这一目标，订单选择的方法可以用线性规划方法。一般线性规划模型由决策变量、目标函数、约束条件三部分组成。

1. 决策变量

决策变量指系统中有待确定的未知因素，但系统可控。这些因素对系统目标的实现和各项经济指标的完成起到决定性作用，故称为决策变量，如生产计划中产品的品种和数量等。

2. 目标函数

目标函数是系统目标的数学描述。线性规划的目标是利润最大、效率最高、成本最低、消耗最小等。

3. 约束条件

约束条件是指实现系统目标的限制条件，包括系统内部和外部两个方面的限制条件，如订单约束、生产能力约束、原材料约束、库存水平约束等。决策变量必须满足非负约束。

【例 9 - 1】某企业需要生产 6 种产品（$P_1 \sim P_6$），各产品需要使用的原料有 4 种。表 9 - 1 给出了对各产品加工所需的基础数据。试根据信息制定下一年度的 6 种产品的生产计划量。

表 9 - 1　企业生产经营数据

产品	单位产品需求量						可供应量
	P_1	P_2	P_3	P_4	P_5	P_6	
原料 1	2	3	2	4	2	2	500
原料 2	2	3	4	3	4	5	680
原料 3	2	2	3	1	5	2	400
原料 4	3	3	3	2	1	1	700
单件利润（元）	18	30	25	21	21	27	

解：

（1）确定决策变量：设 x_1、x_2、x_3、x_4、x_5、x_6 分别为 6 种原料的需求量。

（2）目标函数：依据表 9 - 1 的数据可以得到目标函数：

$$Z_{max} = 18x_1 + 30x_2 + 25x_3 + 21x_4 + 21x_5 + 27x_6$$

（3）可用工时的约束条件如下：

$$2x_1 + 3x_2 + 2x_3 + 4x_4 + 2x_5 + 2x_6 \leq 500$$

$$2x_1 + 3x_2 + 4x_3 + 3x_4 + 4x_5 + 5x_6 \leq 680$$

$$2x_1 + 2x_2 + 3x_3 + x_4 + 5x_5 + 2x_6 \leq 400$$

$$3x_1 + 3x_2 + 3x_3 + 2x_4 + x_5 + x_6 \leq 700$$

（4）非负约束如下：

x_1，x_2，x_3，x_4，x_5，$x_6 \geq 0$

建立模型后，可以手工计算得到最优解，对于复杂的模型可以借助计算机软件求得最优解。本例题采用 Excel 求解得到：$x_1 = 0$，$x_2 = 121.8$，$x_3 = 21.8$，$x_4 = 0$，$x_5 = 0$，$x_6 = 45.5$。

此时，利润最大，为 5427.2 元。

（二）运输模型方法（表上作业法）

对于约束条件较少的生产计划问题，可以用运输模型的表上作业法求得最优解。根据成本最小化或利润最大化原则，分配有限资源，以获得最优的问题解决方案。一般情况下，综合计划的目标是使总成本最小。总成本包括正常生产成本、加班成本、外协成本和库存持有费用。

（1）正常生产成本：是指在正常生产状况下的单位产品的生产成本，主要包括原材料、动力费用、直接人工和制造费用，公式如下：

正常生产成本 = 每单位产品正常成本 × 正常生产数量

（2）加班成本：是指包括正常成本在内的、因生产时间之外增加了劳动时间所发生的成本。公式如下：

加班成本 = 每单位产品加班成本 × 加班生产数量

（3）外协成本：是指自制改为外协时，所支付的外协加工费和外协管理费等，对于短期的临时外协加工，其加工费可能大大高于本企业的正常生产成本。公式如下：

外协成本 = 每单位产品外协成本 × 外协生产数量

（4）库存持有费用：即库存产品的保管费用，包括保管产品所发生的材料费、动力费、人工费、制造费、利息、保险费、因损耗所发生的费用、因库存占用资金所造成的机会成本等。

表上作业法的基本假设是：每一个计划期内正常生产能力、加班生产能力以及外协量均有一定限制；每一个计划期预测的需求量是已知的；全部成本都与产量呈线性关系；不允许缺货。

在用表上作业法时，要标出生产方式、每一个计划期的需求量、生产能力、初始库存量以及可能发生的成本。表 9-2 是表上作业法的规范用表。

表 9-2 中每一行表示一个计划方案，如第 1 行表示期初库存，它可以用来满足 4 个单位计划期内任一期的需求。第 2 行是第 1 个计划期内正常工作时间的生产量，它也可以用来满足 4 个单位计划期内任一期的需求。接下来的两行是第 1 个计划期的加班生产量和外协量，也可以用来满足 4 个单位计划期内任一期的需求，其余类推。

表 9-2 中各列分别表示计划所覆盖的各单位计划期、各计划期未使用的生产能力和总生产能力。每一单元格右侧的数字表示包括生产成本和库存成本在内的单位产品成本。例如，在第 1 个计划期，正常时间的生产成本是 r，如果在第 1 个计划期生产出来的产品用来满足第 2 个计划期的需求，因为又发生了一个计划期的持有费用 h，则成本为 $r + h$。第 1 个计划期生产的产品，如果用来满足第 3 个计划期的需求，则成本为 $r + 2h$，以此类推。

虽然，成本最低的方案是当期生产、当期销售。但是，由于生产能力的限制，这一点并不是总能达到。表上作业法的具体步骤如下：

表 9-2　表上作业法编制综合计划的规范用表

		计划期					生产能力	
计划期		第 1 期	第 2 期	第 3 期	…	第 n 期期末库存	未用	全部
期初库存		0		h	$2h$	$(n-1)h$		I_0
1	正常	r	$r+h$	$r+2h$		$r+(n-1)h$		R_1
	加班	t	$t+h$	$t+2h$		$t+(n-1)h$		O_1
	外协	s	$s+h$	$s+2h$		$s+(n-1)h$		S_1
2	正常	$r+b$	r	$r+h$		$r+(n-2)h$		R_1
	加班	$t+b$	t	$t+h$		$t+(n-2)h$		O_1
	外协	$s+b$	s	$s+h$		$s+(n-2)h$		S_1
3	正常	$r+2b$	$r+b$	r		$r+(n-3)h$		R_1
	加班	$t+2b$	$t+b$	t		$t+(n-3)h$		O_1
	外协	$s+2b$	$s+b$	s		$s+(n-3)h$		S_1
需求		D_1	D_2	D_3	…	D_i		

注：r 为每单位正常生产成本；t 为每单位加班成本；s 为每单位外协成本；h 为每期每单位持有成本；b 为每期每单位延迟交货成本；I_0 为计划期初库存；R_i 为第 i 个计划期的正常生产能力；O_i 为第 i 个计划期的加班生产能力；S_i 为第 i 个计划期的外协生产能力；D_i 为第 i 个计划期的需求量。

（1）将有关需求、生产能力以及成本的数据填入规范用表中。

（2）在规范用表中列出"未用生产能力"，在编制综合计划开始时，未用能力与可用能力相等。

（3）在第 1 列（即第 1 个单位计划期）寻找成本最低的单元，尽可能将生产任务分配到该单元，但不得超出单元所在行的生产能力和该所在列的需求。

（4）如果该列仍然有需求尚未满足，重复步骤（3），直至需求全部满足。

（5）在其后的各单位计划期重复步骤（3）、步骤（4），注意在完成一列后再继续下一列。

（6）使用原则：一行内各单元记入量的总和应等于该行的总生产能力，而一列内各单元记入的总和应等于该列的需求。遵循这条原则才能保证未超过生产能力，并且全部需求得以满足。

编制综合计划的表上作业法体现了一种重要的管理思想：面向成本，产销平衡。

【例 9-2】某家具公司生产多种家具产品，为了迎接下半年的销售需求，公司管理层准备用表 9-3 的信息为后面的 4 个月制定一个综合计划。已知期初库存为 4 件，生产能力可以达到 50 件，期末库存预设为 5 件，此外，要求不能延迟交货。

解：

根据表上作业法的操作步骤，得到表 9-4 的结果。

根据表 9-4 可以得到该家具公司的综合计划表（草案）如表 9-5 所示。

表 9 – 3　家具公司综合计划表

		计划期			
		第 1 期	第 2 期	第 3 期	第 4 期
市场需求（件）		60	43	65	50
生产能力（件）	正常生产	50	45	45	45
	加班生产	10	9	9	9
	外协生产	3	3	3	3
单位成本（元）	正常生产	300			
	加班生产	350			
	外协生产	500			
	单位持有费用	50			

表 9 – 4　表上作业法的计算结果

计划期		第 1 期		第 2 期		第 3 期		第 4 期		未用	全部
期初库存		4	[0]		[50]		[100]		[150]		4
1	正常	50	[300]		[350]		[400]		[450]		50
1	加班	6	[350]		[400]		[450]		[500]	4	10
1	外协		[500]		[550]		[600]		[650]	3	3
2	正常			43	[300]	2	[350]		[400]		45
2	加班				[350]	9	[400]		[450]		9
2	外协				[500]		[550]		[600]	3	3
3	正常					45	[300]		[350]		45
3	加班					9	[350]		[400]		9
3	外协						[500]		[550]	3	3
4	正常							45	[300]		45
4	加班							9	[350]		9
4	外协							1	[500]	2	3
市场需求		60		43		65		55		15	238

表 9 – 5　综合计划表（草案）

计划期	第 1 期	第 2 期	第 3 期	第 4 期
正常生产	50	45	45	45
加班生产	6	9	9	9
外协生产	0	0	0	1
周转库存	0	11	0	5

周转库存计算如下：

第 1 个月：$0 = 4 + (50 + 6) - 60$

第 2 个月：$11 = 0 + (45 + 9) - 43$

第 3 个月：$0 = 11 + (45 + 9) - 65$

第 4 个月：$5 = 0 + (45 + 9 + 1) - 50$

该计划的总成本是各单元生产任务乘以单位成本的总和，即：

第 1 个月：$50 \times 300 + 6 \times 350 = 17100$

第 2 个月：$43 \times 300 + 2 \times 350 + 9 \times 400 = 17200$

第 3 个月：$45 \times 300 + 9 \times 350 = 16650$

第 4 个月：$45 \times 300 + 9 \times 350 + 1 \times 500 = 17150$

总成本为 68100 元。该方案可以提交给企业高层管理层。在确定主生产计划层次每一具体品种产品的产量和生产时期时，不但要考虑综合计划分解的结果，还要根据最新的市场需求和已落实的订单以及届时的库存和能力信息进行修正。

第二节　主生产计划

一、主生产计划内涵

（一）综合计划与主生产计划

对每一项物料都必须准备一个主生产计划。主生产计划（Master Production Schedule，MPS）是指根据预期产品到达量、订货提前期和现有库存等因素而规定的计划期内必须完成的具体产品的数量和进度。主生产计划通常是滚动的生产计划，其时间跨度为 2 ~ 3 个月，并按月进行更新。如图 9 - 2 所示。主生产计划要确定每次订货所需的最终物料项的数量和交货日期，一般按周制定。最终物料项通常是完成品，具有独立需求，也可能是主要的部件或模块。

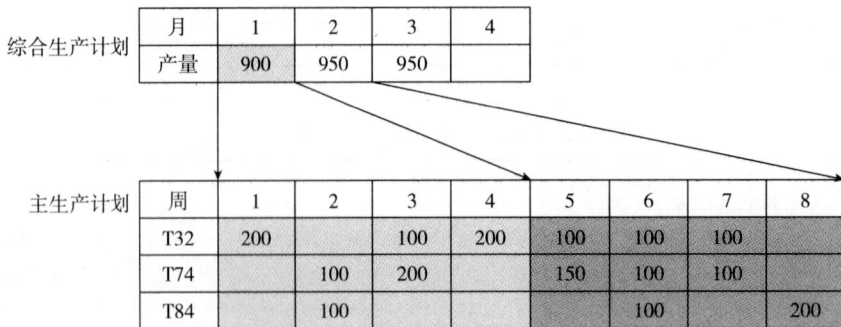

综合生产计划

月	1	2	3	4
产量	900	950	950	

主生产计划

周	1	2	3	4	5	6	7	8
T32	200		100	200	100	100	100	
T74		100	200		150	100	100	
T84		100				100		200

图 9 - 2　某产品综合计划与某产品 T 系列具体规格的主生产计划

（二）主生产计划的时界（时间围栏）

对主生产计划期间的不同部分所允许的变化予以限制，常设定时界（如在第4、第7周设定），确定允许的变化程度。

主生产计划存在四种状态：①冻结状态：即计划不允许有任何改变；②稳定状态：即允许产品族内部有一些特殊的微小的变化（只要所需部件可获得）；③可变状态：即允许某种程度较大的变化（只要总体能力需求水平基本保持不变）；④开放状态：允许任何的改变。如图9-3所示。

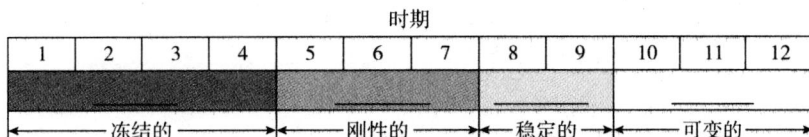

时期

| 1 | 2 | 3 | 4 | 5 | 6 | 7 | 8 | 9 | 10 | 11 | 12 |

←———冻结的———→←———刚性的———→←—稳定的—→←———可变的———→

图9-3　MPS的时间围栏

（三）可承诺量

综合计划基于预测，主生产计划基于实际顾客订单。主生产计划面向生产，又联结销售。可承诺量（Available to Promise，ATP）又称为待分配库存，是指在一段时间内，生产数量多于顾客订单的数量。对于这些没有订单关联的产品会形成库存，而且始终存在，除非在各主生产计划到达之前又接到新的订单。

各期的ATP等于本期MPS（如果有的话）减去直到下一个MPS到达为止的全部订单。对于第一周，则需加上期初库存量。如果计算出来的某一期的ATP为负数，则取消当期的ATP的计算，并且更新上一期的ATP，即从上一期的ATP中减去所欠缺的数量。

计算ATP的一个主要目的是用来判断能否接受未来到达的新订单。具体结合下面的例题进行说明。

二、主生产计划的编制

（一）主生产计划的输入

MPS的输入包括从综合生产计划分解出来的每一种产品的产量、对产品的需求（预测的、已承诺的订单）、预期库存信息、生产能力等。

（二）主生产计划的计算逻辑

MPS涉及期和量两个关键指标：生产批量和生产时期。生产批量可以通过对经济生产批量进行修正得到。为确定生产时期引入一个中间变量，即预期库存量（Projected On-hand Inventory，POH），其计算公式如下：

$$I_t = I_{t-1} + P_t - \max(F_t, CO_t) \tag{9-1}$$

式中，I_t 为第 t 期的预期库存量，I_{t-1} 为 $t-1$ 期的预期库存量，P_t 为第 t 期的MPS生产量，F_t 为第 t 期的预测量，CO_t 为第 t 期要发货的订单数量。

一旦预期库存量变为负数就启动MPS。下面以电动汽车的主生产计划说明MPS的运算逻辑。

【例9-3】基于新能源的需求增加趋势，某品牌汽车制造商要编制其旗下某款电动汽车 9 月和 10 月两个月的主生产计划。已知期初库存为 60 辆，厂家固定生产批量（经济生产批量）为 120 辆，9 月和 10 月的需求预测和订单如表 9-6 所示。问题：制定 9 月和 10 月的电动汽车的 MPS、完成 MPS 表格；如果编制完 MPS 后，又陆续有新订单到达，该如何做计划？

表 9-6　新能源电动汽车的需求预测和顾客订单　　　　　　　　　单位：辆

期初库存：60	9 月				10 月			
	周次				周次			
	1	2	3	4	5	6	7	8
需求预测	40	40	40	40	70	70	70	70
顾客订单	48	30	35	55	58	55	40	0

解：

根据公式，可以计算出各期的预期库存量，如表 9-7 所示。

表 9-7　各期的预期库存量　　　　　　　　　单位：辆

期初库存：60	9 月				10 月			
	周次				周次			
	1	2	3	4	5	6	7	8
需求预测	40	40	40	40	70	70	70	70
顾客订单	48	30	35	55	58	55	40	0
预期库存量	12	-28						
MPS 量								

从表 9-7 可以看出，第 2 周的预期库存量为 -28 辆，这说明在这一周必须启动 MPS 了，否则无法满足订单需求。根据已知条件，MPS 为 120 辆，可以求得当期的预期库存量为 92 辆，继续求解后面各周的预期库存量和主生产计划量，就可以得到如表 9-8 所示的主生产计划。

表 9-8　各期的主生产计划量　　　　　　　　　单位：辆

期初库存：60	9 月				10 月			
	周次				周次			
	1	2	3	4	5	6	7	8
需求预测	40	40	40	40	70	70	70	70
顾客订单	48	30	35	55	58	55	40	0
预期库存量	12	92	52	117	47	97	27	77
MPS 量		120		120		120		120

从表9-8可以看出，在主生产计划到达之前会有数量不等的库存，而且这些库存中有的有订单关联，有的却没有订单关联，这种库存就是待分配库存ATP。ATP等于本期MPS（如果有的话）减去直到下一个MPS到达为止的全部订单。对于第1周则需加上期初库存量。在电动汽车这一例中，期初60辆的库存有48辆有订单关联，余下的12辆却没有订单关联，即第1周的ATP计算过程为：12 = 60 - 48。对于第2周的ATP计算过程是：55 = 120 - 30 - 35，依次类推，其余各期的ATP可以采用同样的方法进行计算，结果如表9-9所示。

表9-9　各期ATP的计算结果　　　　　　　　　　单位：辆

期初库存：60	9月				10月			
	周次				周次			
	1	2	3	4	5	6	7	8
需求预测	40	40	40	40	70	70	60	60
顾客订单	48	30	35	55	58	55	40	0
预期库存量	12	92	52	117	47	97	37	97
MPS量		120		120		120		120
ATP	12	55		7		25		120

计算ATP的一个主要目的是用来判断能否接受未来到达的新订单。如表9-10所示。

如1号订单，要求在第2周有35辆的交付订单，由于第2周有55辆的ATP量，显然是够的，因此可接受该订单。在2号订单中，要求第5周有10辆的新订单，由于ATP量只有7辆，生产单位为近期的主生产计划，属于稳定状态时期，如果接受该订单，那么要更改主生产计划，结果将是一系列的连锁反应，最后导致不必要的损失。但是，如果该工厂接到3号新订单，虽然新订单比ATP量还多出了5辆，但由于订单的交货期比较靠后，有比较充足的缓冲时间来调整主生产计划，这就是MPS的时间围栏。

表9-10　电动汽车新订单汇总表

订单序号	订货量（辆）	交货时间（周序号）
1	35	2
2	10	5
3	30	7

（三）主生产计划的输出

通过制定MPS，要输出预期库存量、包含期与量两个标准的MPS、待分配库存ATP。

第三节　服务业的综合计划

一、服务业综合计划的特殊性

服务业的综合计划要考虑目标顾客的需求、设备的生产能力以及劳动力的生产能力。由此，产生的计划是一个以时间为基础的服务员工需求计划。典型服务系统的综合计划如医疗服务业、航空服务业、餐饮业、运输业、金融业以及娱乐行业等。

下面是不同服务系统综合计划的例子：

医院：应用综合计划来分配资金、人员和供应品来满足患者对医疗服务的需求。例如，计划病床接受能力，药物、外科供应品和人员需求都要依据对患者负荷的预测来确定。

航空公司：需要考虑很多因素，如飞机、空勤人员、地勤人员以及多重的路线和降落/起飞地点等，而且服务能力的决策还必须考虑座位的一定比例分配给不同类型的旅客，以使利润或收益最大化。

餐馆：对于提供高价值产品的服务企业，如餐馆，其综合计划主要目的就是平滑服务比率，确定员工规模和管理需求以与固定的服务能力相匹配，一般的方法通常涉及在松弛时建立库存，而在忙时消耗这些库存。但是需要考虑两个方面的不同，一是在餐馆中，库存是容易腐烂的，加工好的食品只能存放很短的时间；二是在快餐馆中，空闲和高峰期经常发生，而且周期相对较短。

二、服务业综合计划的特点

综合计划在制造业和服务业中虽然有某些近似之处，但也有一些重要差异，通常与制造业和服务业的差异有关。

（一）服务需求难以预测

服务需求的变动很大，而且具有一定的不确定性，如餐馆、警察、消防、医疗急诊等，顾客需要即时服务，如果需要得不到满足，他们就会去别的地方。这些因素为服务提供者预测需求带来了更加沉重的负担，因此，服务提供者必须特别注意服务能力水平的制定。

（二）可供服务能力难以测量

由于服务效率受到顾客参与的影响，有时服务过程需求的变动也很大，加上市场需求的变化较大，需要服务者的任务变异性可能更大。因此实际中准确测量服务能力和建立简单的服务能力测量指标很困难。这种困难增加了计划的难度，如银行柜台的员工除了要跟客户打交道，还要被要求从事多种多样的交易和信息请求，为其服务能力建立恰当的测量指标非常困难。很多组织为了适应需求，纷纷对自己的员工进行交叉技能培训来达到提高员工的柔性的目的，以适应更多岗位的需求。另外，无论制造业还是服务业，使用兼职员工都是一个重要选项。注意，在自助式服务系统中，劳动力（顾客）自动调整了需求。

（三）服务能力与需求应相匹配

制定服务业的综合计划时，应尽可能使服务能力与需求相匹配。不像制造业的产出，大多数服务都是不能储存的。例如，法律咨询和法庭审判等服务就不能储存，服务只在提供时发生。因此在需求淡季为旺季建立库存的选择方案无法实现。另外，未用服务能力实质上是一种浪费，如饭店闲时的座位不能储存下来以供应忙时的座位需求使用。此外不能因为需求的浪费就降低服务水平，制定计划时服务能力与需求应相匹配。

由于服务能力是易失性的（如一个航班上的空座位不能用于另一个航班），在决定如何匹配供给与需求时，综合计划人员需要将服务能力的这种特点考虑进去。收益管理是应用价格策略来寻求达到收益最大化的方法。因此，在需求低迷时，提供价格折扣来吸引更多的顾客。反之，对高峰期需求，提高价格来抑制需求对供应能力的影响。收益管理的使用者包括航空公司、餐馆、剧场、宾馆、旅游、航游线路和停车场等。

三、收益管理

（一）收益管理的内涵

收益管理（Yield Management）是指在特定的时间，以合适的价格分配最佳类型的能力给最合适的顾客，实现收益的最大化。收益管理是动态的综合计划系统，可以预测需求，对制定综合计划至关重要。

收益管理起源于航空业，现在一般应用在酒店订房、电影订票、租车货运服务、医院管理、音乐会订座、游船公司订座以及网上拍卖等，同样，收益管理还可以应用到合同谈判和供应链管理领域。从运作的角度看，采用收益管理的服务企业具有如下特点：①对顾客需求或市场可以进行细分；②产品或服务在消费前进行销售，或产品可以提前销售；③市场需求波动很大；④固定成本较高，变动成本很低；⑤生产或服务能力相对固定；⑥存货易逝。

旅馆或酒店基本具备上面的特点。酒店可以在工作日时间为商务旅行者提供一套价格，在周末时间为旅游度假者提供另一套价格。酒店前期的投资很高，但是后期每套房的可变成本（如清洁和洗漱用品）很低。前一天限制的客房能力不能放到第二天来售卖。酒店客房可以接受大型会议场地的预订或旅行团的预订。潜在顾客可能缩短他们在酒店的居住时间或根本不能如约而来。

（二）收益管理的主要内容

收益管理的主要内容包括需求预测、弹性定价、产能分派、超额预订四个方面。

1. 需求预测

主张通过市场预测来掌握未来市场的需求情况，然后根据预测结果把一部分优势资源保留下来，以便在合适的时间和适当的时机，以更高的价格出售给有购买意愿或最有价值的顾客。收益管理的决策是建立在对市场供求关系的预测以及消费者购买行为分析的基础上的，而非主观臆断。

2. 弹性定价

服务企业的定价结构在顾客看来必须是合乎逻辑的，且对不同的价格要有合理的解释。例如，酒店的海景房，价格比普通的房间高；又如，航班的商务舱和经济舱。定价以市场为基准而做出弹性价格，而不是以成本为基准。定价的核心是靠价格调整供需，而不是靠产能。定价还应当与具体能力问题密切相关，如在需求高峰期生产能力足够满足需求，那么降价以刺激非高峰期的需求就是定价的重点；如果生产能力不足，采取措施使顾客在淡季来购买（或者创造出备选的服务地址）则可能会增加收益。

3. 产能分派

企业组织管理策略包括安排额外的员工以满足高峰需求；增加顾客的合作共同生产；创造可调整的生产能力；利用闲置的生产能力提供补充服务；对工人进行多技能培训为高峰需求做储备。

4. 超额预订

以酒店为例，超额预订是指接受超过酒店可供房数的订房，再适当增加订房数量以弥补客人不到或临时取消的空房。为了使客房出租率尽可能接近100%，一般的酒店经理都接受超额预订，以增加酒店的收益。现在很多企业都会开发出创新性的方法来安抚遭受超额预订的顾客，如航空公司经常给超额预订的乘客提供其他航班的免费机票，酒店会给超额预订的顾客免费提供车辆送客人到别的酒店甚至承担房间差价等。

为了使收益管理更有效，采取弹性、多重价格结构应具有可行性，对顾客来说做到合乎情理；应用细分市场及数量预测；利用价格杠杆调整应用的期间；研究顾客行为，从而把握细分市场上的需求的变化规律。

【案例分析】

家电制造企业生产计划

我国是家电制造大国，国内有众多的家电厂，产品不仅在国内销售，还有很多企业的产品出口到全球，并承接国外的制造订单。家电产品制造有共同的特点，那就是产品的各组成配件需要经由各分厂/车间进行生产，另有部分配件要从外部采购，最后再组装为成品。

以一个大型空调制造企业为例说明。首先要由几个分厂生产空调的配件，主要包括注塑成型、控制电路板生产、钣金加工等，另外，压缩机和电机要从外部采购。工厂的需求包括市场预测和外部订单两种。市场预测的需求以月为单位，客户订单的需求则精确给出日期，出口的订单因为要考虑交货船期因素，不能延迟。每个分厂负责自己的生产排程，配件厂的生产计划以总装厂的工作计划为订单，而总装厂的排程以分厂的生产排程为条件。

需求计划不等于生产计划，家电销售和制造是有淡季和旺季的，夏天是空调销售旺季，春节前电视是销售旺季，在销售旺季来临之前的几个月是生产的旺季，旺季和淡季的产量会相差数倍。在旺季，全部生产线开动、日夜加班都不能满足要求，而淡季可能需要停掉部分生产线、工人部分时间休假或需要裁减员工。

过多的休假和加班对企业和员工都非常不利，企业的生产应该尽量连续而均匀。要达到这个目的就需要对需求进行很好的规划，将需求转换为生产计划，确定什么时间应该生产什么产品，产量与工作时间如何安排。同时，也要考虑库存成本，避免库存过大，使生产与库存取得平衡，企业才能得到最大的利益。

要将市场预测/订单转换为生产计划，要考虑以下几个方面的问题：

（1）员工的工作时间，在淡季要保证基本工作时间，旺季不超过最大允许加班时间。

（2）主资源（生产线，机器设备）的最大生产能力，瓶颈资源是什么，使用瓶颈资源的产品配件要优先提前生产。

（3）模具、贵重的测试仪器限制，这些虽是辅助资源，但采购的成本较高，又需要较长的时间，因此要考虑这些资源的限制，资源比较紧张的配件要提前较长时间生产。例如，注塑厂对于模具数量有限的配件要提前生产作为库存。

（4）配件生产与总装的配合。总装厂要生产马上出货的订单，也要生产出一定的库存。各配件厂在淡季既要配合总装厂的装配计划，又要生产出一些库存的配件，用于旺季组装。

（5）物料采购要按实际的生产计划，最好精确到天或周，不要以月为单位，以降低材料库存。

很多大型企业产品种类繁多，有的达到数百种，配件有几千种之多。各种产品交叉共用配件，不同产品的部分配件又会共用模具等资源。对于这种企业，将长期需求转换为实际的生产任务，协调各分厂的生产计划和外购物料的采购计划，是一个至关重要而又复杂艰巨的工作。

大部分企业的生产计划都是主管凭经验手工编制的。首先总装厂的主管根据需求，查看各种配件的库存，考虑分厂的配件供货能力，决定近几天可以生产什么产品，并通知各分厂总装的生产计划。由于计算量的关系，详细排程一般不会超过一周，长期的计划只能估算。在大部分工厂，由于模具的限制，影响总装排程的瓶颈是注塑成型，注塑每日可以供应的各种配件数量有限。分厂与总装的计划编制是互相依赖的关系，但是在人工作业模式下很难提供精确的数据供对方使用，结果就会造成一方面半成品的库存偏高，另一方面工厂为了完成出货产生很多紧急插单，生产线上的切换过多，影响了设备利用率，浪费资源。

从采购方面分析，如压缩机的采购，空调厂是每月下一次订单，但是供应商会将月订单拆开成不同时间段的周订单，分多次交货。如果不给供应商明确的时间表，供应商的交货顺序并不能与工厂的生产计划顺序相匹配，如果交货延期，就有可能造成生产延误，另外，还会有些提前交货的材料要在仓库中放置很久。工厂为了避免欠料引起交货延期，通常采取高库存的策略，即提前下单。如果能够给供应商精确的日期，按照实际的生产需求日期交货，就可以大大降低库存，减少欠料概率。

从上面的分析可以看出，在人工编制计划的方式下，总装厂与各分厂的生产计划、物料采购计划很难完全配套，虽然各分厂都要生产库存，但是要生产什么、提前多久合适、生产多少、这些配件何时可以装配等都没有明确的数据。这样会造成很多问题，包括交货延迟多、库存水平偏高、计划的稳定性不好、紧急切换过多等。交货延期直接影响产品的市场销售，而过多的切换会造成资源的浪费（如注塑机上的产品切换会造成材料和工时的浪费）。另外，提前生产过多的半成品，不只增加库存成本，半成品有可能因长时间不用造成报废。虽然企业很清楚这些问题的存在和损害，在当前这种计划模式下，这些缺陷是无法克服的。

资料来源：郑云．家电制造企业生产计划策略［EB/OL］．世界经理人，http：//www.ceconline.com（经整理）．

思考：

1. 传统的企业工作计划有什么问题？
2. 家电企业在制定综合生产计划时需要考虑哪些问题？
3. 结合所学知识和方法，你对家电企业制定综合计划有什么看法和建议？

【思考与练习】

1. 描述生产计划体系的层次关系。
2. 试述编制综合计划的两种基本策略。
3. 综合计划里有哪些成本？
4. 用线性规划方法编制综合计划的思路是什么？
5. 用表上作业法编制综合计划要考虑哪些成本项目？
6. MPS 有哪些输入和输出？
7. 预期库存量的含义是什么？
8. 计算 ATP 的目的是什么？
9. 某品牌洗衣机企业生产 3 种不同规格的洗衣机。根据以往订单情况预测，9 月的需求为 240 台，10 月的需求为 320 台。目前，已知 9 月顾客订单情况如表 9 - 11 所示。9 月的期初库存为 50 台，如果按固定经济生产批量 100 台安排生产，试制定 9 月和 10 月的 MPS。

表 9 - 11　某品牌洗衣机企业 9 月和 10 月的需求预测和顾客订单情况　　　　单位：台

期初库存：50	9 月				10 月			
	周次				周次			
	1	2	3	4	5	6	7	8
需求预测	60	60	60	60	80	80	80	80
顾客订单	43	25	28	50	0	0	0	0

【能力训练】

考虑如何计划举办一次晚会或大型聚会。为成功举办此项活动，你需要什么资源？你如何计划以确保在恰当的时间拥有所需要的资源？

第十章　库存管理

【学习目标】

　　理解库存的定义、种类、作用等基本理论；

　　掌握独立需求库存控制、确定型库存控制以及随机型库存控制模型；

　　理解并掌握供应商管理库存、集配中心模式等库存管理模式和实施方法；

　　了解多级库存优化与控制的含义与有关方法

【导入案例】

前置仓实践探索及发展思考

　　随着新零售的到来，所有的活动都围绕着消费者而展开，商家将竞争焦点落在如何为客户和消费者提供更好的服务，提高消费者体验上。前置仓原本是电商为提升配送时效而在更加靠近消费者的地方设置的小型仓库，在新的零售环境下被赋予了更多功能，为满足消费者的物流时效需求以及个性化需求提供了可能。

一、何谓前置仓

　　前置仓本来是电商为了满足配送时效性要求，在更靠近消费者的地方设置的小型仓库。之后，随着新零售的发展，到家服务快速兴起，各类企业都开始了相关业务探索。特别是生鲜电商企业希望离消费者越来越近，前置仓得到垂直电商、社区团购、"超市＋餐饮"等新物种的青睐，其典型代表如每日优鲜。

　　除了电商特别是生鲜电商在积极布局前置仓以外，永辉、沃尔玛等传统商超，新物种盒马鲜生等也是前置仓模式的代表。与每日优鲜等主营线上的模式不同，这几类商业主体将线下门店延伸出仓的功能，线上线下相互引流，以店为仓，仓店一体。

　　从这些企业的尝试来看，无论是传统超市、生鲜电商、重构线下超市的新零售业态还是电商平台布局的前置仓，其目的都是为了更快地满足消费者的需求，同时促进商家业务的增长。可以说，前置仓是为了提升服务能力，满足更快的物流需求而诞生的。

二、前置仓未来发展

　　前置仓目前在仓储、配送等物流作业上仍然需要大量依靠人力，未来随着人力成本不断上升，如何在物流技术层面寻求自动化解决方案是需要思考的重点。据悉，直通仓正与某物流科技企业合作探索无人仓。而在仓店一体的前置仓内，主要应用的是信息化系统，如订单管理系统等，物流设备的使用主要是为了减少作业人员的移动。例如，在盒马鲜生及京东 7FRESH 店内采用了悬挂链、输送线等物流设备，并大量采用手持终端等设备，以提高作业效率。而在末端配送环节，随着无人科技的发展，特别是 5G 技术的应用，末端无人送货有望在未来 5 年内得到大范围应用。专家表示，这一趋势必将改变整个配送环节的成本和对接方式甚至影响整个到家服务商业模式，促进前置仓的发展进化。但是从现阶段来看，如何获得更多的流量、扩大业务体量、优化履单成本才是前置仓生存和发展的重点。

资料来源：任芳. 前置仓实践探索及发展思考 ［J］. 物流技术与应用，2019（6）：10.

思考：

1. 什么是前置仓？
2. 前置仓的特点是什么？
3. 前置仓未来发展的趋势如何？

第一节　库存理论基础

一、库存的定义

库存（Inventory/Story）是指用于将来目的的暂时处于闲置储存状态的企业资源，从物流的观点来看，就是指流速为零的存货（原材料、零部件、成品等）。库存系统是指用于控制库存水平、决定补充时间及订货批量大小的一整套制度和控制手段。库存具有整合需求和供给、维持各项活动顺利进行的功能。库存控制的目的是在满足顾客服务要求的前提下通过对企业的库存水平进行合理控制，提高物流系统的效率，以强化企业的竞争力。有效地管理库存对于降低整个物流系统成本有非常重要的作用，对于企业的正常运作与发展有重要的意义。

二、库存的种类

（一）周期库存

周期库存（Cycle Inventory）是为了满足连续补货期间的平均需求而存储的必要库存，它是企业总库存的主要组成部分。周期库存在很大程度上取决于生产批量的规模、经济运输批量、存储空间的限制、订货提前期、供应商的数量折扣等。控制这类库存，主要要处理订货批量，订货周期与库存持有成本、订货成本之间的优化。

（二）季节性库存

一些商品具有明显的季节性消费特征，如空调、日历等。在某些季节的销售高峰期，产品会供不应求；在其他季节，产品则会滞销。因此，需要在高峰季节来临之前开始生产，保持一定量的库存，这便是季节性库存（Seasonal Inventory）。控制这类库存，需要考虑企业生产能力与季节库存量之间的优化，因为，投资设备、扩大生产能力可以降低季节库存量。

（三）安全库存

安全库存（Safety Inventory）又称缓冲库存，是为了防止产品制造与供应的意外情况而设立的一种库存，其目的是防止与减小因不确定因素而造成的负面影响。设置安全库存的原因主要有三：一是为了防止供应商发生生产事故、原材料运输不能按期到达等意外情况造成材料供应短缺，需要设立安全库存；二是产品销售的不可预测性，也要存储一定量的成品库存；三是预防本企业生产发生的意外情况，设立半成品的安全库存量等。这种库存在企业的库存总量中占有很大的比例，据有关资料统计，安全库存在零售业总库存中所占的比例高达1/3左右。减少意外情况发生，降低不确定性是降低安全库存的一种方法。

（四）中转库存

中转库存（In - transit Inventory or Pipeline Inventory）也叫运输库存或在途库存。由于运输不会瞬时完成，因此在存储点、运输中途就会存在库存，这些库存主要是为了中转货品而存在。具体来讲，中转库存就是指尚未到达目的地，正处于运输状态或等待运输状态而储备在运输工具中的库存。这类库存与物流系统的设计息息相关，对企业而言也十分重要，它的地点、状态以及预计到达时间等将对企业的订货计划与库存控制工作产生重要影响。

三、库存的作用

由于库存在企业成本中占有相当大的比重，其水平的少许下降就能带来利润的大幅上升，所以企业缩减库存的意愿都是强烈的。但是要想做到这一点却非易事，有时甚至会面对来自企业内外的巨大压力。那么库存对于企业而言具有哪些必不可少的作用呢？如果作一个客观的评价，它确实对企业经营做出了重大贡献。库存的作用主要有以下几点。

（一）获得规模经济的好处

随着产量的提高，生产中的固定成本可以得到更好的分摊，因而产品的平均生产成本可以得到降低，为取得这种规模经济效益，企业倾向于采用大批量生产方式，从而创造了大量库存。此外，企业为获得批量购买和大批运输的折扣也会导致库存的堆积。

（二）平衡供需

由于竞争的压力，企业要想保持市场占有率就必须保证充足的产品供应，创造产品的时间效用和地点效用，即在市场需要的时间和地点及时提供产品，这就要求产品必须在需求发生之前就提前被生产出来并运送到市场上。而市场需求又是瞬息万变的，一旦库存不足，就会造成销售的损失和客户的流失，使企业遭受损失。因此，许多企业为以防万一都会在预测基础上追加安全库存量，这进一步导致了库存的增加。

（三）防止需求和订货的不确定性

市场供求情况瞬息万变，保持合理的库存就可以应付急时之需，使企业得以适应市场的变动。此外，由于某些原料或产品的季节性（如食品厂用来制造果汁的水果和用于供应圣诞市场的礼品等），也会导致必要的库存积累。更有一些企业出于投机的动机，进行"囤积居奇"式的库存储备。

四、库存的相关概念

（一）需求

1. 独立需求与相关需求

20 世纪 60 年代，IBM 公司的约瑟夫·奥列基博士提出了对物料的需求分为独立需求与相关需求的概念。所谓独立需求是指需求变化独立于人们的主观控制能力之外的一类需求，其数量和出现的概率是不确定的、模糊的。相关需求也称为从属需求，是指物料的需求量存在一定的相关性。一种物料的需求由另外一种物料的需求引起，这种物料的需求不再具有独立性。在企业内部，最终产品的需求是独立需求，而产品的零部件则属于相关需求。相关需求是物料需求计划的主要研究对象。独立需求的库存控制与相关需求的库存控制原理不同。独立需求对一定的库存控制系统来说，是一种外生变量（Exogenous Variable），相关需求则是控制系统的内生变量（Endogenous Variable）。

2. 确定性需求与随机需求

需求还可以分为确定性的和随机性的，如生产活动中对原材料的需求一般是确定的，而销售活动中对商品的需求则往往是随机的。对于随机需求，主要通过分析其概率分布来研究。一旦库存量降到订货点就必须安排订货，从订货开始到收到订货批量为止的这段时间，称为订货提前期，简称提前期或前置期。严格来讲提前期是不确定性的，随机的，但在应用中，常常将它近似看成是一个确定的常数。

（二）库存系统评价指标

简单地说，库存系统的评价可以用库存投资规模的大小来衡量。但是，这无法衡量库存投资与所产生效益之间的关系；而库存周转率则可以将库存水平与产品的销量联系起来。

1. 库存周转率（Inventory Turnover）

库存周转率可以表示为年销售金额与平均库存投资的比值。若用 I 表示年销售额，O 表示年平均库存投资额，则库存周转率 $n = I/O$。库存周转率常用来比较同行业的不同公司之间的库存管理水平，高的库存周转率往往意味着高的库存投资回报。但是，无法评价库存系统在满足顾客需求方面的性能，因此，引出另外一个指标：顾客满足率（Fill Rate）。顾客满足率又可以分为产品满足率和订单满足率两种。

2. 产品满足率（Product Fill Rate）

产品满足率就是当顾客对某种产品提出需求时，库存系统中有存货，能够立刻满足顾客需求的百分率，产品满足率实际是单一产品的顾客满足率，可以定义为每年产品缺货量的期望值。产品满足率 = 1 - 年需求量。

产品满足率以 0 到 1 表示。由于通常情况下，年需求量是一定的，所以，提高产品满足率就意味着控制和减少产品缺货量的期望值，为了突出周期服务水平，可以采用顾客需求不满足率来强调连续改进周期服务水平。

3. 订单满足率（Order Fill Rate）

订单满足率就是当顾客发出某个订单需求时，库存系统中有该订单中的所有产品，能够立刻满足顾客需求的百分率。由于顾客订单往往同时包括多种产品，因此订单满足率常常会低于产品满足率。大量事实都表明任何一张订单都可能包含多种产品。因而顾客服务水平更好的表示方法为加权平均满足率（Weighted Average Fill Rate，WAFR）。其原理是：假设所订货的产品种类已知，WAFR就等于订单上每种产品组合出现的频率乘以订单完全履行的概率，如果WAFR目标值已定，那么就需要调整每种产品的服务水平以达到期望的WAFR。

4. 周期服务水平（Cycle Service Level）

周期服务水平指在所有的订货周期中，可以满足顾客所有需求的周期所占的比率。

5. 库存平均周转时间（Average Inventory Turnover Time）

库存平均周转时间即为平均库存量与平均需求的比值。

（三）库存成本

库存成本是指维持库存和不维持库存所花费的代价，库存成本与库存系统的经营有关。它是输入到任何库存控制模型的基本经济参数，由以下主要部分组成。

1. 采购成本（Purchasing Cost）

采购成本是指为了在预定地点获得货品的所有权和使用权而发生的成本，简单地说，就是指购买物资消耗的资金。

2. 订货成本（Ordering Cost）

订货成本是指向外部供应商发出采购订单的成本，包括提出请购单、分析供应商、填写采购订货单、来料验收、跟踪订货以及完成交易所必需的业务等各项费用。假定每次订货成本是固定的，则每年的总订货成本受到一年中订货次数的影响，也就是受到每次订货规模的影响，随着订货次数的减少（即订货规模的扩大），年总订货成本会下降。

3. 库存持有成本（Holding Cost）

库存持有成本是指为保持存货而发生的成本，分为固定成本和变动成本。固定成本与库存数量无关，如仓库折旧、仓库职工的固定月工资等；变动成本与库存数量有关，主要包括资金占用成本、存储空间成本、库存服务成本和库存风险成本四项内容。资金占用成本（Capital Cost）反映失去的盈利能力或机会成本，反映存货资本的隐含价值。资金投入到其他方面，就会要求取得投资报偿，资金占用成本就是计算这种尚未获得的报偿的费用，通常用库存商品的货币价值的百分比来表示，该项成本可占到总库存持有成本的80%。存储空间成本（Space Cost）包括与商品运入、运出仓库有关的搬运成本以及储存成本，即实物储存与搬运成本，它仅随库存水平的提高或降低而增加或减少。如果利用的是公共仓库，有关搬运及储存的所有成本将直接随库存数量而变化，它是进行库存决策时必须考虑的费用；如果利用自有仓库，大部分存储空间成本是固定的（如建筑物折旧），则不包括在存货储存成本中。因此，对存储空间成本应该考虑其固定成本及变动成本。库存服务成本（Inventory Service Cost）主要指保险及税金。保险金的高低与产品的价值和类型直接相关，而在许多国家都将存货列入应税的财产，高水平存货导致高税收。库存风险成本（Inventory Risk Cost）反映了一个非常现实的可能性，即由于企业无法控制的原因，如陈旧过时，造成存货的货币价值降低。该产品可以用产品价值的直接损失来计算，也可用重新生产产品或从备用仓库供货的成本来估算。

4. 缺货成本（Shortage Cost，SC）

缺货成本是由于没有满足订单造成的罚金成本或机会损失成本。根据顾客对缺货状态的反应，缺货成本可分为损失成本（Lost Sales Cost）和延期交货成本（Back Order Cost）

两种。当卖方出现缺货时，如果顾客选择收回自己的购买要求，就产生损失成本。该成本就是本应获得的这次销售的利润，也可能包括缺货对未来销售造成的影响。如果客户愿意等待订单履行，那么就会出现订单的延期，从而产生延期交货成本。由于客户的反应无法确定，所以准确衡量缺货成本非常困难。订货成本、库存持有成本和缺货成本是对库存决策起到重要作用的三大类成本，它们之间互相冲突或存在悖反关系。

第二节　库存管理系统存在的问题

传统的库存理论本来已经发展到比较成熟的阶段，但随着经济发展和环境的变化，对现有的库存理论又提出了诸多挑战。经济的全球化、顾客需求的个性化、迅速变化的市场需求使得库存管理变得越来越复杂。过去的库存理论主要集中在单个企业的库存管理，而很少从供应链的角度来考虑系统的解决库存问题。传统的企业库存管理则侧重优化单一的库存成本，从存储成本和订货成本出发确定经济订货量和订货点。从企业自身的角度看，这种库存管理方法有一定的适用性，但是从供应链的整体角度看，单一企业库存管理根本无法达到整个供应链全局优化的效果，无法实现供应链的整体最优。

对库存管理进行分析可以发现，当前供应链管理环境下的库存管理过程主要存在三个方面的问题：缺少供应链的整体观念、信息传递与准确性问题、供应链的战略与规划问题。

一、缺少供应链的整体观念

（一）绩效评价体系不统一

虽然供应链的整体绩效取决于各个供应链的节点企业的绩效，但是各个节点企业都是各自独立的单元，都有各自独立的目标与使命。有些目标和供应链的整体目标不相干，甚至冲突。这种各行其是的行为必然导致供应链整体效率的低下。另外，一般的供应链系统都没有针对全局供应链的绩效评价指标，供应链上某个节点企业可能采用某一种绩效指标，而另一个节点企业却有可能采用其他的绩效指标，这是普遍存在的问题。

例如，美国北加利福尼亚的计算机制造商的电路板组装作业，采用每笔订货费作为其压倒一切的绩效评价指标，该企业集中精力放在减少订货成本上。这种做法本身并没有不妥，但是它没有考虑这样做会对供应链中其他制造商和分销商产生影响，其结果是该企业要维持过高的库存才可以保证大批量的订货生产。这个例子说明，供应链库存的决定是各自为政的，没有考虑整体的效能。

（二）缺乏协调与合作

供应链管理的关键是链上各企业的协调与合作，而库存协调是供应链协调与合作的重要组成部分。供应链是一个整体，需要协调各方活动才能取得最佳的整体绩效。协调的目的是使那些可以满足客户服务质量要求的信息能够无缝地、流畅地在供应链中传递，从而使整个供应链与用户的要求步调一致，形成更为合理的供需关系，适应复杂多变的市场环境。例如，当用户的订货由多种产品组成，而各产品又是来自不同供应商的交货期进行协调。

如果企业间缺乏协调与合作就会导致交货期的延迟和服务水平的下降，同时库存水平也会因此而增加，为了应付不确定性，供应链上各个节点企业都设有一定的安全库存，这是企业采取的一种应急措施，但在多厂商特别是全球化的供应链中，组织的协调涉及很多利益群体，相互之间的信息透明度不高，这就使企业不得不维持一个较高的安全库存。

二、信息传递与准确性问题

（一）信息传递效率低

在供应链中，各个供应链节点企业之间的需求预测、库存状态、生产计划等都是供应链管理的重要数据，这些数据分布在不同的供应链节点企业之间。

要做到快速高效地响应用户需求，就必须加强各供应链节点企业间的协调联系，并采用信息系统集成的方法，做到信息的实时传递。但许多企业之间还缺少必要的协调与联系，各个节点企业的信息系统并没有很好地集成起来，当上游企业需要了解下游企业和用户的需求信息时，得到的常常是延迟的和不准确的信息，影响了库存的精确度，短期生产计划的实施也会遇到困难。

例如，企业为了制订一个生产计划，需要获得关于需求预测、当前库存状态、订货的运输能力、生产能力等信息，这些信息需要从供应链的不同节点企业数据库中获得，数据调用的工作量很大。数据整理完成后制订主生产计划再运用相关管理软件制订物料需求计划（MRP），这个过程一般需要很长时间。时间越长，预测误差越大，制造商对最新订货信息的有效反应能力也就越小，生产出过时的产品和造成过高的库存也就不足为奇了。

（二）不准确的交货状态数据

当顾客下订单时，他们总是想知道什么时候能交货。在等待交货过程中，也可能会对订单交货状态进行修改，特别是当交货被延迟以后。许多企业并没有及时而准确地把推迟的订单交货修改数据提供给用户，其结果必然引起用户的不满和良好愿望的丧失，最终导致用户满意度降低。如一家计算机公司花了一周的时间通知用户交货日期，该公司25%的订单是在承诺交货日期之后交货，30%的订单实际交货日期比承诺交货日期偏差7天之久，而且交货日期修改过几次。此时的交货状态数据不及时、不准确，就是上面提到的信息传递效率低下的最直接结果。

三、供应链的战略与规划问题

（一）库存控制策略简单化

无论是生产性企业还是物流企业，库存控制目的都是为了保证生产运行的连续性和应付不确定需求。第一步是了解和跟踪不确定性状态的因素，第二步是要利用跟踪到的信息去制定相应的库存控制策略。这是一个动态的过程，因为不确定性也在不断变化。有些供应商在交货与质量方面可靠性好，而有些则相对较差；有些物品的需求可预测性大，而有些物品的可预测性小一些。库存控制策略应能反映出这种情况。

此外，企业的库存控制策略除了要能够应付外界不确定性因素外，还要考虑来自企业自身的影响，发挥自身的优势，以实现有效的库存管理。在传统的库存控制策略中，多数是面向单个企业的，采用的信息基本上是来自企业内部，其库存控制没有体现供应链管理的思想。因此，如何建立有效的库存控制方法，并能体现供应链管理的思想，是供应链库存管理的重要内容。

（二）忽视不确定性对库存的影响

供应链运作中存在诸多的不确定因素，如订货提前期、货物运输状况、原材料的质量、生产过程的时间、运输时间、需求的变化等。为减少不确定性对供应链的影响，应了解不确定性的来源和影响程度。很多公司并没有认真研究和跟踪其不确定性的来源和影响，错误估计供应链中物料的流动时间（提前期），造成有的物品库存增加，而有的物品库存不足。

（三）产品的过程设计未考虑供应链上库存的影响

现代产品设计与先进制造技术的出现使产品的生产效率大幅度提高，而且具有较高的成本效益，但是供应链库存的复杂性常常被忽视。结果所有节省下来的成本都被供应链上的分销与库存成本给抵消了。同样，在引进新产品时，如果不进行供应链的规划，也会产生如运输时间过长、库存成本高等结果而无法获得成功。如美国的一家计算机外围设备制造商，为世界各国分销商生产打印机，打印机有一些具有销售所在国特色的配件，如电源、说明书等。美国工厂按需求预测生产，但是随着时间的推移，当打印机到达各地区分销中心时，需求已经发生了改变。这样的供应链缺乏柔性，其结果是造成产品积压，产生了高库存。后来，该设备制造商重新设计了供应链结构，主要对打印机的装配过程进行了改变，工厂只生产打印机的通用组件，让分销中心再根据所在国家的需求特点加入相应的特色组件，这样大量的库存就减少了，同时供应链也具有了柔性。

第三节　库存控制技术

一、库存控制的内容及目标

库存控制是以控制库存成本、协调服务和成本等为目的的方法、技术以及操作过程的集合。它是对企业（包括原材料、零部件、半成品以及产品）进行计划、协调和控制的工作。库存控制要回答以下问题：①如何优化库存成本？②怎样平衡生产和销售计划，来满足一定的交货要求？③怎样避免浪费，避免不必要的库存？④怎样避免需求损失和利润损失？因此，库存控制的内容主要是根据市场需求情况与企业的经营目标，决定企业的库存量、订货时间以及订货批量等。归根结底，库存控制的核心内容就是要解决以下 3 个问题：①确定检查周期；②确定订货批量；③确定订货水平。

库存控制的目标有两个：一是降低库存成本；二是提高服务水平。这两个目标之间存在悖反关系：在其他条件相同的情况下，保持高水平的服务水平就必须付出高额的成本；同样，降低成本必须以服务水平的下降为代价。库存控制就是要在二者之间寻求平衡，以达到二者之间的最佳结合。传统的库存控制往往更注重成本目标的实现，而随着买方市场的形成和竞争的日趋激烈，越来越多的企业开始重视客户服务水平的提高。

二、独立需求库存控制模型

独立需求库存控制模型根据其主要参数（如需求量、提前期等）确定与否，分为确定型和随机型两种。解决独立需求库存问题需要解决监测现有库存量和优化库存订货批量两方面的问题。最基本的库存控制模型有定量订货模型和定期订货模型两大类。定量订货模型（Fixed – Quantity System，Q模型）也称连续观测系统、订货点法。其工作原理是：连续不断地监视库存余量的变化，当库存余量下降到重新订货点时向供应商提出订货，经过一段备运时间，新近订货到达并补充库存。定期订货模型（Fixed – Interval System，P模型）也称定期观测系统、定期控制法或订货间隔期法。其工作原理是：按预定的订货间隔期检查库存量并随即提出订货，将库存补充到目标库存量。二者的作业程序如图10 – 1所示。

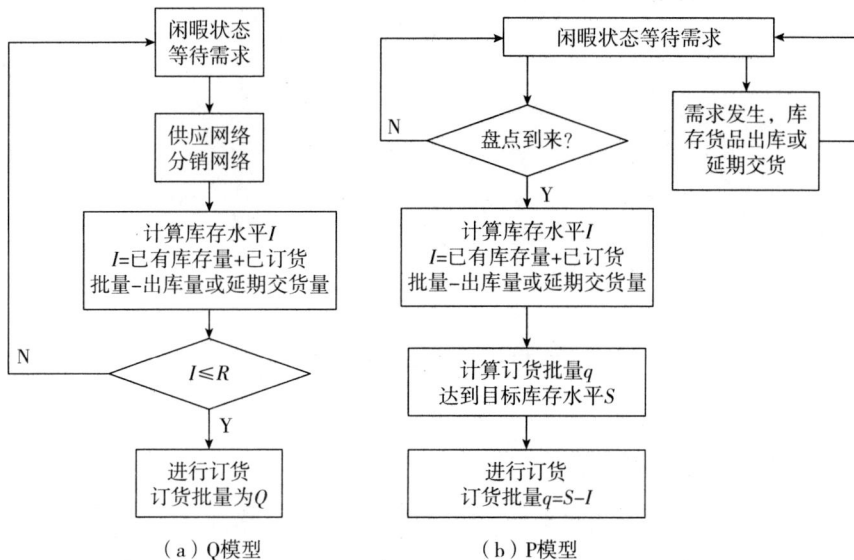

（a）Q模型　　（b）P模型

图 10 – 1　定量订货模型与定期订货模型的作业流程

二者的本质区别在于：定量订货模型是事件驱动，该事件有可能随时发生，主要取决于对该货品的需求情况；而定期订货模型是时间驱动，只限于预定时间期末进行订货。两种系统的有关特性的比较如表10 – 1所示。

表 10 – 1　定量订货模型与定期订货模型的比较

特征	定量订货模型（Q模型）	定期订货模型（P模型）
订货批量	Q固定（每次订货批量相同）	q变化（每次订货批量不同）
何时发货	R，即在库存量降到订货点时	T，即在盘点期到来时
库存记录	每次出入库都做记录	只在盘点期记录

特征	定量订货模型（Q模型）	定期订货模型（P模型）
库存大小	比定期订货模型小	比定点订货模型大
维持所需时间	由于记录持续，所以较长	较短
物资类型	昂贵、关键或重要物资	一般物资

在综合考虑定量订货模型和定期订货模型的优缺点后，有人提出了非强制补充订货模型（Optional Replenishment System），也叫最大最小系统。同P模型一样，它也是按照某一固定的订货间隔期对库存进行盘点，当库存水平降到某一数量以下时进行订货；否则在下一次库存盘点之前不订货，如图10-2所示。非强制补充订货模型可以合并订货批量，减少库存成本，但同样需要较大的安全库存量来防止检查周期内和订货提前期内的需求波动，一般用于进行严格库存控制的场合。

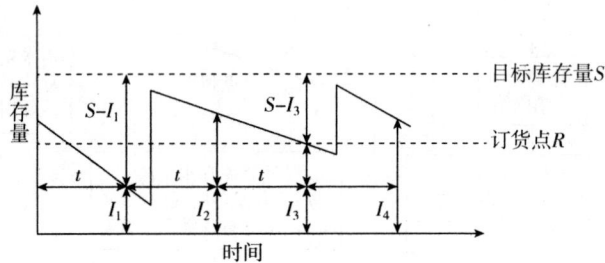

图 10-2 最大最小系统

三、确定型库存控制模型

确定型库存控制模型，是指需求量、提前期都是确定的条件下的库存控制模型，其基本控制模型就是经济批量模型（Economic Order Quantity，EOQ）。确定型库存控制模型可以分为不允许缺货、允许缺货两种情况。每种情况又分为瞬时到货、连续到货两种情形。

（一）不允许缺货，瞬时到货的库存控制模型，即EOQ模型

EOQ模型的思想是通过订货批量与总库存成本的关系分析找到一个最经济的订货批量，使得总库存成本最小，如图10-3所示。

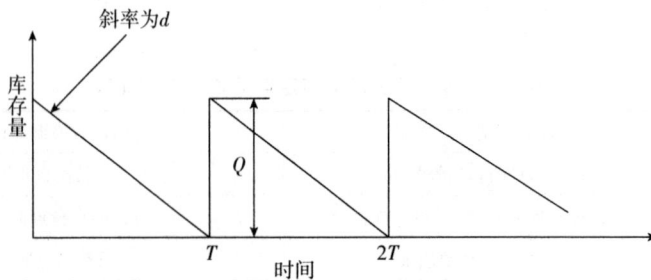

图 10-3 EOQ 模型

作为基本的库存控制模型，它包含以下 7 类假设条件：①需求连续、稳定，需求速率已知；②当库存量降为零时，可以立即得到补充（即提前期很短，可以近似地看为零）；③不考虑数量折扣（即单位货品的价格固定）；④缺货成本无穷大（即不允许缺货）；⑤每次订货成本、单位仓储费用不变；⑥只涉及一种货品；⑦不考虑资源限制（如资金、库容等）。

如图 10-3 所示，随着时间的推移，库存量以恒定的速度 d 下降，经过一个订货周期 T 后，库存量用完，此时订货，由于是瞬时到货，库存量立即上升到订货水平 Q。然后开始下一个周期，周而复始，形成多周期库存控制模型。对于这样的库存过程，为使库存总成本最小，订货批量必须适中，批量过大会增加库存持有成本；批量过小则会增加订货次数，也就增加了订货成本。因此，必须设法找到一个经济订货批量（EOQ），使得库存总成本最小。年库存总成本 = 年采购成本 + 年订货成本 + 年库存持有成本，即：

$$TC = DP + \left(\frac{D}{Q}\right)A + \left(\frac{Q}{2}\right)H \tag{10-1}$$

式中，TC 表示年总成本；D 表示年需求量；P 表示单位货品价格；Q 表示订货批量（最佳经济订货批量 Q^*）；A 表示生产准备成本或订货成本；H 表示单位货品的年平均仓储费。

式（10-1）的自变量只有一个 Q，其他均为常数，对 Q 求导并令导式为零，即：

$$\frac{dTC}{dQ} = 0 \tag{10-2}$$

得：

$$Q^* = \sqrt{\frac{2DA}{H}}$$

同时，利用关系式 $Q = DT$ 求出最佳订购周期：

$$T^* = \frac{Q^*}{D} = \sqrt{\frac{2A}{HD}} \tag{10-3}$$

对式（10-2）进行分析可以看出，经济订货批量与需求、订货成本、仓储费用成平方根关系，当需求扩大 1 倍时，经济订货批量扩大约 1.4 倍，订货成本与经济订货批量也有同样的关系，仓储费用扩大 1 倍，经济订货批量减小约 1.4 倍。

分析库存总成本对于经济订货批量变化的敏感性。在式（10-1）中，由于价格成本项 DP 与经济订货批量 Q 无关，所以可以只考虑订货成本项和库存持有成本项：

$$TC' = \left(\frac{D}{Q}\right)A + \left(\frac{Q}{2}\right)H \tag{10-4}$$

将式（10-2）代入其中，可得：

$$TC'(Q^*) = \frac{DA}{Q^*} + \frac{Q^*}{2}H = \sqrt{2DHA} \tag{10-5}$$

（二）不允许缺货、连续到货的库存控制模型

EOQ 模型中库存的补充瞬时到货，或在补充库存的过程中没有库存消耗，这是一种假设的理想情况。在实际的库存管理活动中，库存往往是边消耗边补充，这时库存的模型如图 10-4 所示，原来瞬时到货补充所形成的 90° 直线因库存消耗率 d 与库存进货率（或生产率 p）的协同作用而形成小于 90° 的直线。本模型的假设条件除进货连续进行的条件外，其余皆与模型 1 相同。

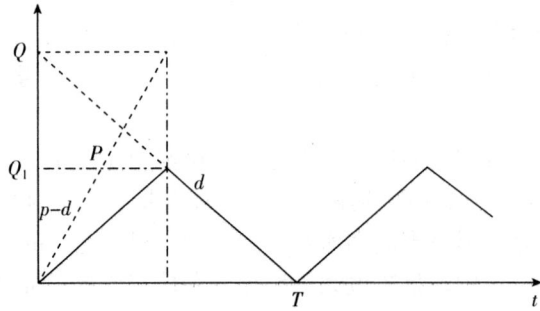

图 10 - 4　不允许缺货、连续到货的库存控制模型

平均库存量为：$\dfrac{Q_1}{2} = \dfrac{Q}{2p}(p-d)$，总成本为：$TC = DP + \dfrac{D}{Q}A + \dfrac{(p-d)A}{2p}H$。

根据同样的方法，可得：

$$Q^* = \sqrt{\dfrac{2DA}{H}\sqrt{\dfrac{p}{p-d}}} \tag{10 - 6}$$

$$T^* = \dfrac{Q^*}{D}\sqrt{\dfrac{2A}{HD} \times \dfrac{p}{p-d}} \tag{10 - 7}$$

式中，d 表示货品的固定需求率；p 表示货品的生产率。

（三）允许缺货、瞬时到货的库存控制模型

模型 1、模型 2 是在不允许缺货的情况下推导出来的，它们能绝对保证客户对货品的需求。但在有些情况下，可以允许暂时的缺货而不必完全满足客户的需求。由于允许缺货，所以在库存量降至零时还可以等一段时间再订货。一方面，由于订货周期的延长使一定时间内的订货次数减少，节省了订货成本；另一方面，缺货时的库存量为零使整个库存周期的平均库存量也减少了，又降低了库存持有成本。当然，这种情况会造成缺货成本，如违反合同的罚金、丧失销售机会、企业声誉受损等。但只要缺货成本小于因缺货而带来的各项成本的节省，这种库存控制模型还是可取的。允许缺货、瞬时到货的库存控制模型如图 10 - 5 所示，该模型的假设条件除允许缺货外，其余条件与模型 1 相同。假设缺货成本与缺货数量成正比，一个订货周期内单位货品的缺货罚金记为 B，则年库存总成本（含缺货成本）为：

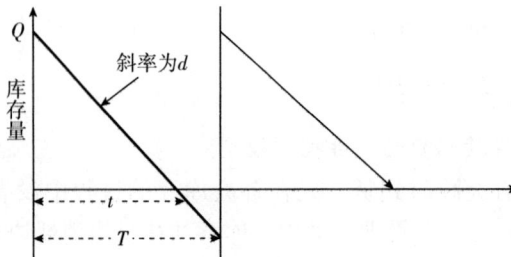

图 10 - 5　允许缺货瞬时到货的库存控制模型

$$TC(Q, Q_1) = DP + \frac{DA}{Q} + \frac{HQ_1^2}{2Q} + \frac{B}{2Q}(Q - Q_1)^2 \tag{10-8}$$

式中，Q_1 表示按期入库量（即补充完缺货后所剩的数量）。

对式$(10-9)$求偏导数，令$\frac{\partial TC}{\partial Q} = 0$，$\frac{\partial TC}{\partial Q_1} = 0$ 得：

经济订货批量（缺货后到货时需要补充）：

$$Q^* = \sqrt{\frac{2DA}{H}} \sqrt{\frac{H+B}{B}} \tag{10-9}$$

经济订货批量（缺货后到货时不需要补充）：

$$Q_1^* = \sqrt{\frac{2DA}{H}} \sqrt{\frac{B}{H+B}} \tag{10-10}$$

则

$$T^* = \frac{Q^*}{D} = \sqrt{\frac{2A}{HD}} \sqrt{\frac{H+B}{B}} \tag{10-11}$$

与模型 1 相比，式$(10-11)$多一个公式因子，当 B 很大（公式，即不允许缺货）时，模型 1 中式$(10-2)$和式$(10-3)$相同；该模型由于允许缺货的最佳订货周期为不允许缺货最佳订货周期的公式，所以订货周期延长；在允许缺货的条件下经过计算得出的库存策略是每隔 T^* 时间订货一次，订货批量为 Q^*，用 Q^* 中的一部分补足所缺货品，剩余部分进入存储，显然在相同的时间区间内，允许缺货的订货次数比不允许缺货的订货次数少。

（四）允许缺货、连续到货的库存控制模型

将模型 2 与模型 3 结合起来就是允许缺货、连续到货的库存控制模型，如图 10-6 所示。该模型的假设条件除允许缺货、到货需一定时间外，其余条件与模型 1 相同。则年库存总成本（含缺货成本）为：

$$TC(Q, Q_2) = DP + \frac{DA}{Q} + H\left[\frac{(p-d)Q}{2p} - Q_2 + \frac{pQ_2^2}{2Q(p-d)}\right] + B\frac{pQ_2^2}{2Q(p-d)} \tag{10-12}$$

式中，Q_2 表示一个订货周期的缺货量（最佳缺货量为 Q_2^*）。

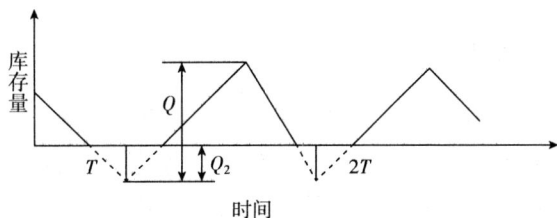

图 10-6　允许缺货、连续到货的库存控制模型

如模型 3 的解法，求得：

$$Q^* = \sqrt{\frac{2DA}{H}} \sqrt{\frac{p}{p-d}} \sqrt{\frac{H+B}{B}} \tag{10-13}$$

$$Q_2^* = \sqrt{\frac{2DA}{B}} \sqrt{\frac{p}{p-d}} \sqrt{\frac{H}{H+B}} \tag{10-14}$$

该模型是前三个模型的综合模型，它具有以下特点：①当 p 很大，而 B 有限时，其简化结果与模型 3 近似；②当 B 很大，而 p 有限时，其简化结果与模型 2 近似；③当 p 很大，而 B 也很大时，其简化结果与模型 1 近似。

（五）价格有折扣的库存控制模型

前四个模型所讨论的货品单价均为常量，得出的库存策略都与货品单价无关。然而，在现实生活中，供应商为了吸引购买者一次订更多的货品，往往规定对于订货数量达到或超过某一数量标准时给予购买者价格上的优惠，这个事先规定的数量标准称为折扣点。在数量折扣的条件下，由于折扣之前的货品单价与折扣之后的货品单价不同，因此必须对基本的 EOQ 模型进行必要的修正。在该模型中，除货品单价随订货数量而变化外，其余假设条件与模型 1 相同。

供应商所提供的数量折扣有两种形式：①非连续价格函数，即当订货批量达到折扣点后，订货批量的货品单价会整体降低；②连续价格函数，即当订货批量达到折扣点后，在特定订货批量范围内的订货批量可按折扣优惠价格计价。两种折扣政策下的价格函数如图 10 - 7 所示。以下不再赘述。

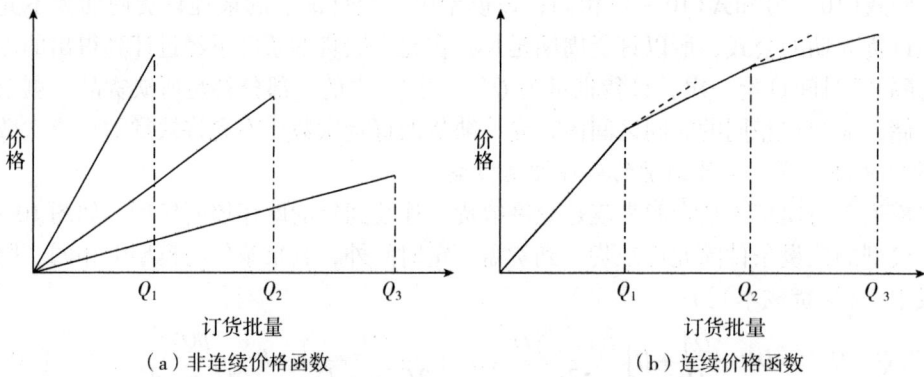

图 10 - 7　不同折扣政策下的价格函数

四、随机型库存控制模型

确定型库存控制模型的库存需求率和订货提前期都是恒定的，现实的库存需求往往呈随机变化特性，称为随机性需求。对随机型库存控制模型假设为：尽管每个需求本身具有随机性，但在一个较长时期内这种需求的整体服从某种统计规律、按某种特性分布形式表现出均值上的均衡或恒定特性。从产生随机性需求分析，其影响因素很多，但关键因素只有两个：一是库存需求率 D 的变化，它是导致随机需求的根源；二是订货提前期 L 的变化，它间接影响随机需求的服务水平。根据 D 与 L 的作用，随机需求库存的变化主要有三种组合：D 变化而 L 不变；L 变化而 D 不变；D 与 L 均变化。由于库存货品的属性不同，库存需求率或订货提前期的变化可能是连续的，也可能是离散的。就随机事件的分布特性而言，可将其分为正态分布、泊松分布、负指数分布等，其中最多最常用的是正态分布特性和泊松分布特性。在这里只讨论 D 变化而 L 不变的情况。因为在现实生活中，库存需求率变化但订货提前期恒定的情况并不少见，尤其是在竞争较为激烈、注重合同和信誉、与供应商有密切联系的情况下，得到准时的供货并不太困难，而要在上述情况下控制需求却是十分困难且有风险的。

（一）定量订货模型

假设库存量降到订货点 R 时订货，订货批量为 Q，假设库存需求分布是连续的，订货提前期的需求量 M 服从密度 $f(M)$ 的分布函数 $F(M)$。假设当供应商订货拖欠时，购买者不会因为缺货而转向其他企业，供应商不会因为缺货失去订货，此时的安全库存量 $SS = R - M$，则订货刚到之前的平均库存量即为 SS，这也是最小平均库存量，所以平均库存量为 $Q + R - M$，这是最大平均库存量，所以平均库存量为 $Q \div 2 + R - M$。

当订货提前期中的需求量超过 R 时，就发生缺货，则缺货的期望值为：

$$E(M > R) = \int_R^\infty (M - R)f(M)\,dM = \int_R^\infty Mf(M)\,dM - R[1 - F(M)] \tag{10-15}$$

则年库存总成本为：

$$TC(Q,R) = DP + \left(\frac{D}{Q}\right)A + H\left(\frac{Q}{2} + R - \overline{M}\right) + \frac{D}{Q}B\left\{\int_R^\infty Mf(M)\,dM - R[1 - F(M)]\right\} \tag{10-16}$$

对其求偏导数并令其为零，得：

$$F(R) = \frac{BD - HQ}{BD},\quad Q^* = \sqrt{\frac{2D\left(A + B\left\{\int_R^\infty Mf(M)\,dM - R[1 - F(M)]\right\}\right)}{H}} \tag{10-17}$$

根据得到的 $F(R)$，查累计分布表则可反求出 R，根据 $SS = R - M$，可得安全库存量。如果缺货会造成丧失订货，则对上述模型进行修正即可。

（二）定期订货模型

以上讨论的定量订货模型的思想和方法同样适应于定期订货模型。该模型关键要解决两个参量：库存订货（检查）周期 T 和最大库存量（目标库存量）S。假设在 $T + L$ 内的需求量 M 服从密度为 $f(M, T)$ 的分布函数 $F(M, T)$，每次订货定到 S，即若订货时的库存量为 y，则订货批量为 $S - y$。借用定量订货模型的处理方式，得到定期订货模型的年库存总成本为：

$$TC(S,T) = DP + \frac{A}{T} + H\left(S - \overline{M} - \frac{DT}{2}\right) + \frac{B}{T}\int_R^\infty (M - S)f(M,T)\,dM \tag{10-18}$$

式（10-19）右侧第一项为年采购成本（为定值），第二项为订货成本，第三项为库存持有成本，第四项为缺货成本。对其求偏导数并令其为零，即：

$$\frac{\partial F(M, T)}{\partial M} = 0$$

$$\frac{\partial F(M, T)}{\partial T} = 0 \tag{10-19}$$

五、相关需求库存控制技术

独立需求库存控制技术是建立在推动系统（Push System）基础上的。所谓推动系统是指供应链上游企业首先依据需求预测来生产或组装产品，然后通过供应链的下游企业向顾客进行推销。对应地，在供应链的各个环节保持一定数量的库存作为"缓冲器"来保证供应链上的生产和销售活动的顺畅进行。对于相关需求，如果采用这些方法确定库存水平，则与实际需求无法一致，尤其在需求不连续、时常变动或间断出现的情况下。随着库存控制概念的变化和通信信息技术的发展，在相关需求库存控制方面出现了许多行之有效的方法和技术。如物料需求计划（MRP）、企业资源计划（ERP）、配送需求计划（Distribution Requirement Planning，DRP）、准时制生产方式（JIT）、快速反应（Quick Response，QR）及有效客户反应（Efficient Customer Response，ECR）等。

（一）准时制生产方式（JIT）

JIT 生产方式的基本思想最初由日本丰田公司提出，20 世纪 70 年代初开始实施。70 年代后期，JIT 在日本企业中得到迅速推广，从 80 年代初以来，作为一种引人注目的先进生产运作方式在全球得到广泛重视和应用。JIT 的出现顺应了时代要求，经过几十年的实践已成为具有一整套包括从企业经营理念、管理原则到生产组织、计划与控制以及作业管理、人力资源管理等在内的较完整的理论和方法体系。其生产过程控制和库存管理的基本思想在生产运作管理史上具有重要意义。JIT 生产方式认为，库存是一种浪费，隐藏了生产经营过程中各类弊端和缺陷，是生产系统不合理、生产过程不协调和生产操作不良的体现。因此，JIT 生产方式要求生产运作以最低的库存水平来保持稳定的生产和满足顾客需求，JIT 生产方式采用的物流方式为拉动式，即最后一道工序的生产由顾客对产品的需求来启动，前道工序根据后道工序的需求而生产，整个企业以市场需求为目标组织准时化生产。基于拉动式生产的特点，在制品库存数量大大减少，避免了超量生产，有利于对生产和库存的控制。JIT 生产方式还通过小批量生存降低生产周期，减缩库存周期，加速库存周转。另外，小批量生产使生产次数增加，因而导致操作准备的次数增加，每次作业改换有作业更换成本。沿用 EOQ 模型的方法，在生产批量与作业更换成本之间进行权衡，寻求总成本最低，如图 10-8 所示。

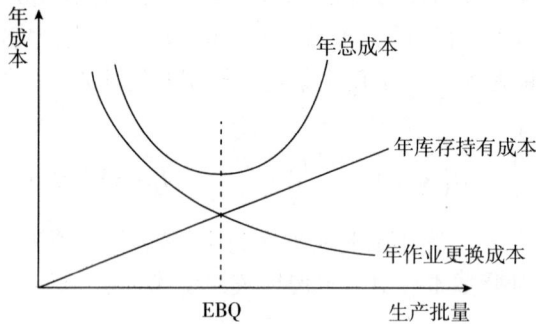

图 10-8 JIT 生产批量成本

在 JIT 生产方式中，作业更换成本可以通过生产操作的不断改进缩短作业更换时间，从而降低作业更换成本，由 EBQ 可知，经济生产批量减小，会降低库存成本，另外，JIT 还通过均衡生产来减少库存。随着科技发展和市场环境变化，JIT 生产方式也不断变化和改进。日本企业界和学术界提出了世界级制造系统（World Class Manufacturing，WCM）

的概念，要通过 JIT 实现新层次上的突破，在 JIT 理念原则下，引进 MRP 的原理和手段，加强计算机管理的职能，减少库存，提高效率，降低成本。JIT 生产方式中的库存控制主要集中在生产过程来改进和降低在制品库存，与经典库存控制理论相比，对市场需求分析相对较少。

（二）配送需求计划（DRP）

DRP 是广泛运用于产品销售物流系统的潜在功能强大的技术，它能确定恰当的库存水平，是一种适用于流通企业进行库存控制的方式。在这种技术下，企业可以根据客户的需求计划制订订货计划，从而确定恰当的库存水平，有效地进行库存控制。DRP 的实际应用表明：流通企业能够改进客户服务，降低产品的总库存水平，减少运输成本，改善物流中心的运作状况。DRP 的原理如图 10－9 所示，DRP 输入三个文件、输出两个计划如表 10－2 所示。

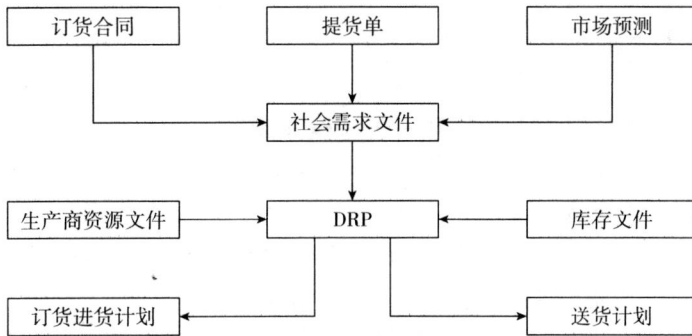

图 10－9　DRP 原理

表 10－2　DRP 输入文件和输出文件

	输入文件		输出计划
社会需求文件	包括所有用户的订货单、提货单和供货合同，以及下属公司、企业的订货单，此外还要进行市场预测，确定一部分需求量。所有需求要按品种和需求时间进行统计，整理成社会需求文件	送货计划	对用户的送货计划，为了保证按时送达，要考虑作业时间和运距，提前定时间开始作业。对于大批量需求可实行直送，而对于数量众多的小批量需求可以进行配送
库存文件	对自有库存物资进行统计列表，以便针对社会需求量确定必要的进货量	订货进货计划	指从生产商订货进货的计划，对于需求物资，如果仓库内无货或库存不足，则需要向生产商订货
生产商资源文件	包括可供应的物资品种和生产厂的地理位置等，地理位置和订货提前期有关		

DRP 和 MRP 一样，只提出了需求，而没有考虑执行计划的能力问题。在 DRP 的基础上，增加物流能力计划，就形成了一个集成，闭环的物资资源配置系统，称为 DRP Ⅱ，其原理如图 10－10 所示。

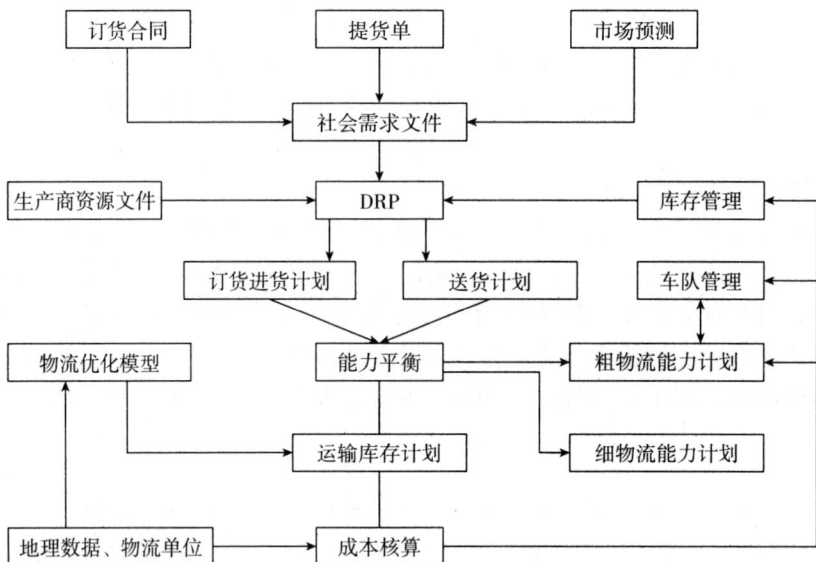

图 10 - 10 DRP II 原理

DRP II 具有以下主要特点：

在功能方面，DRP II 具有对物资进、销、存管理的功能；对车辆、仓库的配置利用以及成本、利润核算等功能；物流优化，管理决策等功能。

在具体内容方面，DRP II 增加了车辆管理、仓储管理、物流能力计划、物流优化辅助决策系统和成本核算系统。

具有闭环件，DRP II 是一个自我适应、自我发展的闭环系统。信息系统也是一个闭环反馈系统，订货信息和送货信息都可反馈到仓库和车队。

（三）实际应用中的问题

在实际应用中，我们习惯认为库存是资源的储备或暂时性的闲置，因此，长期以来对库存作用的理解就针对库存是因"储备"而存在，还是因"闲置"而存在产生截然相反的看法。持库存是储备的观点的人认为库存是维持正常生产，保持连续、应付随机需求所必需的，而持库存是闲置的观点的人认为库存是一种浪费，它掩盖了管理中的问题，因此主张消除库存，通过 JIT 生产方式不断地降低库存水平，暴露管理问题，然后解决问题，使管理工作得到改进，达到一个新的水平。深层次的研究发现，库存并不是简单的资源储备或闲置问题，而是一种组织行为问题，这是关于库存管理的新的理解：库存是企业之间或部门之间没有实现无缝连接的结果，因此，库存管理的真正本质不是针对物料的物流管理，而是针对企业业务过程的业务流程管理。

基于传统的物流观点，库存管理就是物料管理，于是人们花大量的时间与精力去优化库存，但是效果总是达不到预期。这种"只看树木不看森林"的管理思维一直没有得到突破。而所谓的库存管理也总是围绕物料管理、仓库管理等问题展开，或者基于降低浪费的角度采用 JIT 准时制进行无休止的改进以降低库存。虽然这些都是库存管理的有效方法，但是，仍然没有解决库存的本质问题。

第四节　库存管理的方法和发展

一、供应链管理环境下的库存问题

库存以原材料、在制品、半成品、成品各种形式存在于供应链的各个环节中，由于库存费用占库存物品价格的 20% ~ 40%，因此供应链中的库存控制是十分重要的。供应链的库存管理不是简单的需求预测与补给，而是要通过库存管理，获得用户服务与利润的优化。其主要内容包括评价库存策略、提前期和运输变化的准确效果；决定经济订货批量时考虑对供应链企业各方面的影响；在充分了解库存状态的前提下确定适当的服务水平。传统的企业库存管理侧重优化单一的库存成本，以存储成本和订货成本为基准，确定经济订货批量和订货点。从单一的库存角度看，这种库存管理方法有一定的适用性，但是从供应链整体的角度，单一企业库存管理的方法显然难以适应。供应链中的库存控制存在的主要问题有三大类，即信息类问题、供应链的运作问题及供应链的战略与规划问题。

这些问题可综合成以下几个方面的问题：①没有供应链的整体观念；②对用户服务的理解不恰当；③不及时的交货状态数据；④低效率的信息传递系统；⑤忽视不确定性对库存的影响；⑥库存控制策略简单化；⑦缺乏协调性；⑧产品设计没有考虑供应链库存。

二、供应商管理库存

供应链中的各个环节（如零售商、分销商和供应商等）拥有各自的库存，采取不同库存控制策略，因而不可避免地产生需求的扭曲现象，这使得供应商无法准确地获取需求信息，快速地响应用户的需求。因此需要一种能够统一管理供应链库存的运作策略，使供应链各个环节的活动同步地、协调地运行。供应商管理库存（Vendor Managed Inventory，VMI）在这样的要求下应运而生。

（一）VMI 的概念

一般而言，库存设置与管理是由同一组织完成的。而这种库存管理模式并不总是最优的。关于 VMI，有人认为是一种在用户和供应商之间的合作性策略，以对方都是最低的成本来优化产品的可得性，并在一个达成共识的目标框架下由供应商来管理库存，这样的目标框架被经常性监督和修正以产生一种持续改进的环境。因此，VMI 就是供货方代替用户（需求方）管理库存，库存的管理职能转由供应商负责。

也有人认为，VMI 是一种库存管理方案，是以掌握零售商销售资料和库存量作为市场需求预测和库存补货的解决方法。经由销售资料得到市场消费需求信息，供应商可以更有效地计划、更快速地反映市场变化和消费者的需求。因此，VMI 可以用来作为降低库存量、改善库存周转，进而保持库存水平的最优化，而且供应商和用户分享重要信息，所以双方都可以改善需求预测、补货计划、促销管理和装运计划等。VMI 把由传统通路产生订单作补货，改变为以实际的或预测的消费需求作补货依据。

（二）VMI 的基本思想

供应链的各个组织根据各自的需要独立运作，各自设置和管理库存，这样导致重复建立库存，因而无法达到供应链全局的最低成本，整个供应链系统的库存会随着供应链长度的增加而发生需求扭曲。VMI 库存管理系统能够突破传统的条块分割的管理模式，以系统的、集成的管理思想进行库存管理，以使供应链系统能够获得同步化的运作。VMI 的主要思想是供应商在用户的允许下设立库存，决定库存水平和补给策略，拥有库存控制权的好处在于可给客户提供更好的服务，增加公司的竞争力、提供更精确的预测、降低营运成本、计划生产进度，降低库存量与库存维持成本以及实施有效的配送。归纳起来，VMI 体现了以下几项原则：

1. 合作精神（合作性原则）

在实施该策略时，相互信任与信息透明很重要，供应商和用户都要有较好的合作精神，才能够相互保持较好的合作。

2. 使双方成本最小（互惠原则）

VMI 不是关于成本如何分配或谁来支付的问题，而是通过该策略的实施减少整个供应链上的库存成本，使双方都能获益。

3. 框架协议（目标一致性原则）

双方都明白各自的责任，观念上达成一致的目标，如库存放在哪里、什么时候支付、是否要管理费、要花费多少等问题都要回答，并且体现在框架协议中。

4. 持续改进原则

使供需双方能共享利益和消除浪费。VMI 的主要思想是供应商在用户的允许下设立库存，确定库存水平和补给策略，拥有库存控制权。精心设计与开发的 VMI 系统，不仅可以降低供应链的库存水平，降低成本，而且用户还可获得高水平的服务，改善资金流，与供应商共享需求变化的透明性和获得更高的用户信任度。

（三）VMI 系统的构成

VMI 系统可分成两个模块：一是需求预测计划模块，可以产生准确的需求预测；二是配销计划模块，可根据实际客户订单、运送方式，产生出客户满意度高及成本低的配送。

1. 需求预测计划模块

需求预测最主要的目的就是要协助供应商做库存管理决策。准确预测应该销售何种商品、销售给谁、以何种价格销售、何时销售等。预测所需参考的要素包括客户订货历史资料，即客户平常的订货资料，可以作为未来预测的需求；非客户历史资料，即市场情报，如促销活动资料。需求预测包括以下几个程序。

（1）供应商收到用户最近的产品活动资料，紧接着 VMI 作需求历史分析。

（2）使用统计分析方法，以客户的平均历史需求，客户的需求动向，客户需求的周期做考虑，产生最初的预测模式。

（3）由统计工具可模拟不同的条件，如促销活动、市场动向、广告、价格异动等，产生出调整后的预测需求。

2. 配销计划模块

配销计划模块最主要的是有效地管理库存量，利用 VMI 可以比较库存计划和实际库存量并得知库存量尚能维持多久。所产生的补货计划是依据预测模型得到的需求预测与用户约定的补货规则（如最小订购量、配送提前期、安全库存）、配送规则等。至于补货订单方面，VMI可以自动完成最符合经济效益的建议配达策略（如运达量、运输工具的承量）及配送进度。

（四）VMI的技术支持

VMI的支持技术主要包括ID代码、EDI/Internet、条码、连续补给程序等。

1. ID代码

供应商要有效地管理用户的库存，必须对用户的商品进行正确识别，为此对供应链商品进行编码，通过获得商品的表示代码并与供应商的产品数据库相连，以实现对用户商品的正确识别。国外企业已建立了应用于供应链的ID代码的类标准系统，如GAN‑13（UCC‑12）、EAN‑14（SCC‑14）、SSCC‑18以及位置码等，我国也建有关于物资分类编码的国家标准。供应商应尽量使自己的产品按国际标准进行编码，以便在用户库存中对本企业的产品进行快速跟踪和分拣。因为用户（批发商、分销商）的商品多种多样，有来自不同的供应商的同类产品，也有来自同一供应商的不同产品。实现ID代码标准化有利于采用EDI系统进行数据交换与传送，提高了供应商对库存管理的效率。国际上通行的商品代码标准是国际物品编码协会（EAN）和美国统一代码委员会（UCC）共同编制的全球通用的ID代码标准。

2. EDI/Internet

EDI是指电子数据处理，是一种在处理商业或行政事务时，按照一个公认的标准，形成结构化的事务处理或信息数据格式，借此完成从计算机到计算机的数据传输。供应商要有效地对用户（分销商、批发商）的库存进行管理，采用EDI进行供应链的商品数据交换是一种安全可靠的方法。为了能够实现供应商对用户的库存进行实时的测量，供应商必须每天都能了解用户的库存补给状态。因此，采用基于EDIFACT（Electronic Data Interchange for Administration Commerce and Transport，商业和运输电子数据交换管理，是联合国所确认的全球电子数据交换的通信标准）的库存报告清单能够提高供应链的运作效率，每天的库存水平（或定期的库存检查报告）、最低的库存补给量都能自动地生成，这样大大提高了供应商对库存的监控效率，分销商（批发商）的库存状态也可以通过EDI报文的方式通知供应商。

在VMI管理系统中，供应商有关装运与发票等工作都不需要特殊的安排，主要的数据是顾客需求的物料信息记录、订货点水平和最小交货量等，需求一方（分销商、批发商）唯一需要做的是能够接受EDI订单确认和配送建议，以及利用该系统发放采购订单。

3. 条码

条码是ID代码的一种符号，是对ID代码进行自动识别且将数据自动输入计算机的方法和手段。条码技术的应用解决了数据录入与数据采集的瓶颈，为供应商管理用户库存提供了有力支持。为有效实施VMI管理系统，应尽可能地使供应商的产品条码化。条码技术对提高库存管理的效率非常显著，是实现库存管理电子化的重要手段，它使供应商对产品的库存控制一直可以延伸到和销售商的POS（销售时点信息系统）系统进行连接，实现用户库存的供应链网络化控制。

国际上通用的国际条码标准主要包括《商品条码零售商品编码与条码表示》GB

12904～2000EAN－13（UPC－12）EAN－13、《商品条码储运包装商品编码与条码表示》GB16830～EAN－14（SCC－14）ITF－142008EAN/UCC－128、《商品条码128条码》GB15425－2014SSCC－18EAN/UCC－128、《商品条码128条码》GB15425—2014、条码应用标识符EAN/UCC－128、《商品条码128条码》GB15425－2014。

4. 连续补给程序

连续补给程序策略将零售商向供应商发出订单的传统订货方式，变为供应商根据用户库存和销售信息决定商品的补给数量。这是一种实现VMI管理策略的有力工具和手段。为了快速响应用户"降低库存"的要求，供应商通过和用户（分销商、批发商或零售商）建立合作伙伴关系，主动提高向用户交货的频率，使供应商从过去单纯地执行用户的采购订单变为主动为用户分担补充库存的责任，在加快供应商响应用户需求速度的同时，也使需求方减少了库存水平。

（五）VMI的实施方法与步骤

1. VMI的实施方法

（1）改变订单的处理方式，建立基于标准的托付订单处理模式，由供应商和批发商一起确定供应商的订单业务处理过程所需要的信息和库存控制参数，然后建立一种订单的处理标准模式，如EDI标准报文。最后把订货、交货和票据处理各个业务的功能集成在供应商一边。

（2）库存状态透明性（对供应商）是实施供应商管理用户库存的关键。供应商能够随时跟踪和检查到销售商的库存状态，从而快速地、准确地做出补充库存的决策，对企业的生产供应状态做出相应的调整。为此需要建立一种能够使供应商和用户（分销商、批发商）的库存信息系统透明连接的方法。VMI使用EDI使供应商与客户彼此交换资料，交换的资料包括产品活动、计划进度及预测、订单确认、订单等。

2. VMI的实施步骤

VMI策略实施可以分为以下几个步骤：

（1）建立顾客情报信息系统。供应商要有效地管理销售库存必须能及时获得顾客的有效信息。通过建立顾客的信息库，供应商能够及时掌握需求变化的有关情况，把以前由分销商进行的需求预测与分析功能集中到供应商的系统中来。

（2）建立销售网络管理系统。供应商要能很好地管理库存，必须建立起完善的销售网络管理系统，保证自己的产品需求信息和物流畅通。所以必须做到：保证自己产品条码的可读性和唯一性；解决产品分类、编码的标准化问题；解决商品存储运输过程中的识别问题。目前，已经有企业开始采用MRPⅡ或ERP系统，这些软件系统都包括销售管理的功能。通过对这些功能的扩展，可以建立完善的销售网络管理系统。

（3）建立供应商与分销商的合作框架协议。供应商和分销商一起协商，确定处理订单的业务流程和控制库存的有关参数（如订货点、最小库存水平等）、库存信息的传递方式（如EDI或Internet）等。

（4）组织机构的变革。供应商应该建立专门的职能机构用于管理客户库存，进行库存控制、库存补给和服务水平。通常来说，下述情况适合实施VMI策略：零售商或批发商没有IT系统或基础设施来有效管理库存；制造商实力雄厚并比零售商市场信息量要大；有较高的直接存储交货水平，因而制造商能够有效规划运输。

（六）VMI 的实施形式

根据 Carlyn 和 Mary 的研究，供应商管理存货的形式主要有以下 4 种。

（1）供应商提供包括所有产品的软件进行存货决策，用户使用软件执行存货决策，用户拥有存货所有权，管理存货。

（2）供应商在用户的所在地，代表用户执行存货决策，管理存货，但是存货的所有权归用户。

（3）供应商在用户的所在地，代表用户执行存货决策，管理存货，拥有存货所有权。

（4）供应商不在用户的所在地，但是定期派人代表用户执行存货决策，管理存货，供应商拥有存货的所有权。具体采用哪种形式，供需双方根据实际情况确定。

三、集配中心作业模式及其改进

VMI 本身对产品需求方来说已经是一种先进的库存控制技术，用在零售、制造行业应该比较普遍，但该方式却存在很多局限性。首先，库存成本不过是从供应链核心企业转移到上游企业，供应链整体库存成本根本没有降低；其次，管理库存和实施及时配送并非供应商的核心竞争能力，因此供应商很难做到及时快速响应；最后，需求方需要处理与众多供应商的业务，管理难度大，增加运作成本。此外，还存在信息共享不充分、供应风险控制问题。这些问题客观制约了整个供应链的竞争力和盈利能力的提升。

近年来，在 VMI 的基础上逐渐兴起一些新的模式，如集配中心作业模式（Supply – Hub）、循环取货调达模式（Milk Run）等，在欧美以及国内汽车制造企业应用日益普遍。

（一）集配中心作业模式

集配中心作业模式是借用集线器（Hub）的概念而形成，通过建立集配中心，负责集中供应商的零部件，然后按照看板方式或 JIT 方式向整机厂配送。

【延伸阅读】

江铃发动机厂的集配中心模式

江铃发动机建厂时的供应链规划就用集配中心模式取代 VMI 方式。在江铃发动机厂附近设立由第三方物流企业（3PL）管理的集配中心，用于储存来自上游供应商的所有或部分供应物料，第三方物流企业再根据江铃发动机的日装配计划将物料分拣出来后直接送往江铃发动机的生产工位。该模式用信息化作为支撑点，供应商、集配中心和江铃发动机之间及时共享信息，共用一个信息平台，实现供应链同步运作。供应商通过该平台清楚地看到自己每批配件的流向情况，从发运到第三方物流、质检、入库，在第三方物流的库存，再出库，上江铃的生产线，在生产线上的情况以及其工费和料费的情况甚至配件损耗的情况，最后下线出厂的情况，无一不清楚掌握。这为供应商科学制订生产计划、最大限度减少库存风险提供了决策支持，为实现供应链上合作企业共赢提供保障。这种模式具有以下两个优点。

（1）3PL 推动了合作三方（供应商、制造商、3PL）之间的信息交换和整合 3PL 提供的信息是中立的，根据预先达成的框架协议，物料的转移标志了物权的转移。

（2）3PL 能够提供库存管理、拆包、配料、排序和交付，还可以代表制造商向供应商下达采购订单。由于供应商的物料提前集中在由 3PL 运营的仓库中，使得上游的众多供应商省去了仓储管理及末端配送的成本，从而大大地提高了供应链的响应性并同时降低了成本。

资料来源：江铃发动机：探索全新汽配供应链［EB/OL］. 甘肃省物流商务公共信息平台，http：// www. gswlpt. com/item. aspx？id＝32725（经整理）.

（二）循环取货调达模式

虽然集配中心作业模式在入场物流中发挥了重要作用，但其改进、优化也为业界和学者所重视。而循环取货方式为集配中心作业模式持续改善提供了可行性，循环取货起源于英国北部的牧场，是为解决牛奶运输问题而发明的一种运输方式，很多售点需要牛奶，每个售点需要的都不多，采用一个车配送，一条线路覆盖各个售点，给每个售点补货，卡车按照预先设计好的路线依次将装满牛奶的奶瓶运送到各个售点，待原路返回牛奶场时再将空奶瓶收集回去。丰田、通用、福特等汽车制造企业在集配中心作业模式基础上引入循环取货，形成了循环取货调达模式。该模式由第三方物流企业按照预先设计的循环取货路线，依次到供应商处取货，然后送达集配中心，再由集配中心根据 JIT 方式配送到主机厂。

它是一种配合 JIT 生产的物流模式，具有多频次（取货周期短）、小批量（取货批量小）、定时性（取货时间确定）和合拍性（取货计划与生产计划相吻合）的特点，该模式主要具有以下几个优点。

1. 物流过程可控性强

运输车辆的状态、驾驶员的素质和专业要求等可以得到保证，从而确保安全、及时到货。

2. 充分利用资源，降低物流成本

在同等产量下，运输效率大大提升，容积率可以事先计划并在实施过程中尽量提高，从而使运输总里程和运输成本大大下降，通过循环取货还可以省去所有供应商空车返回的浪费。

3. 作业标准化

通过推进作业标准化对各物流公司的运输车辆、托盘、容器等实行标准化管理。同一种零部件、同一条线路、同一周期、同一交货地，可精确到按小时进行取货和交货，窗口时间经过合理规划，取货和到货时间更精确，零部件库存更少、更合理。对所有的空容器的打包进行标准设定，大大加快了空容器的周期。

4. 风险控制力度增强，货损率降低

调达物流将采购、取货、运输、交货、空容器回收所有环节都纳入了交货管控，生产和运输组织合理有序，采购供应链更加顺畅，节省了大量人力、物力和资金占用。增强了供应链各环节的收益风险控制力度，货损率大大降低。

实践证明，循环取货调达模式能够产生良好的效益。TNT 公司在北美为福特汽车公司提供的循环取货物流服务，使送货时间压缩至 3 天、运输滞留时间减少 80%、过度存货缩减了 50%。我国一些汽车制造企业以及产业链相关企业如上海汽车、东风汽车等先后效仿，取得了明显的成本改善。

（三）基于甩挂运输和循环取货融合的入厂物流模式

在循环取货调达模式基础上，融合甩挂运输、越库作业模式，应用 LNG 新能源以及 RFID 技术，构建低碳、高效的新型入厂物流系统，可望为制造企业深入挖掘物流效益、实现精益物流管理提供有力的决策支持。该模式包括以下技术要点。

1. 建立基于 RFID 技术的集装单元管理系统

分析汽车零部件品类和配送特点，建立料箱料架 RFID 编码体系，开发料箱料架管理系统，并可与供应商和汽车制造商的 ERP 衔接，形成自动周转通知（ASN），以实现快速集装和配送的需要。

2. 建立越库作业调度方法

针对汽车零部件集配中心作业特点，建立越库作业调度仿真模型，研究订货与库存策略、作业设施布局与任务的协调关系，形成越库作业调度方案，为零部件快速集配作业提供方法支持。

3. 建立基于循环取货和甩挂运输协同的配送调度优化方法

根据零部件配送订单和供应商地理分布特性分析，建立以集配中心为核心的循环取货区域；根据零部件配送的频次、数量和时间窗等要求，并考虑道路交通管制等因素，以配送成本、碳排放为优化目标，研究考虑循环取货和甩挂运输协同的配送调度方法，形成行之有效的配送调度计划。

4. 建立融合循环取货和甩挂运输的汽车入厂物流模式运作流程，形成规范化的体系

四、多级库存优化与控制

（一）多级库存优化与控制概述

供应链管理的目的是使整个供应链优质库存最小，但是，仅仅从一个企业内部的角度去考虑库存问题，并不能使供应链整体达到最优。多级库存控制的方法有两种；一是非中心化（分布式）策略；二是中心化（集中式）策略。非中心化策略指各个库存点独立地采取各自的库存策略，这种策略在管理上比较简单，但并不能保证整体上的供应链最优化，如果信息的共享度低，多数情况并不保证产生最优结果，因此非中心化策略需要更多的信息共享。对于中心化策略，所有库存点的控制参数是同时决定的。考虑了各个库存点的相互关系，通过协调可以获得库存的优化。但是中心化策略在管理上难度大，特别是供应链的层次较多，更增加了协调控制的难度。供应链的多级库存控制应考虑以下几个问题。

1. 明确库存优化目标

传统的库存优化问题无例外地都进行库存成本优化，在强调敏捷制造、基于时间的竞争下，这种成本优化策略是否适宜？供应链管理的两个策略 ECR 和 QR，都体现了顾客响应能力的基本要求，所以应重新考虑在实施供应链库存优化时的目标是什么，是成本还是时间？成本是库存控制中必须考虑的因素，但是，在现代市场竞争的环境下，仅优化成本一个参数显然不够，应该把时间（库存周转时间）的优化也作为库存优化的主要目标来考虑。

2. 多级库存优化的效率问题

理论上讲，如果所有的信息都可获得，并把所有的管理策略都考虑到目标函数中去，

中心化的多级库存优化要比非中心化策略好。但是，事实未必如此，管理控制的幅度常常是下放给各个供应链的部门去独立进行，因为多级库存控制策略的好处也许会被组织与管理的耗费所抵消。简单的多级库存优化并不能真正产生优化的效果，还需要对供应链的组织、管理进行优化，否则，多级库存优化策略效率将是低下的。

3. 明确库存优化的边界

供应链库存管理的边界即供应链的范围。在库存优化中，一定要明确所优化的库存范围是什么。供应链的结构有各种各样的形式，有全局的供应链，包括供应商、制造商、分销商和零售商各个部门；有局部的供应链，其中又分为上游供应链和下游供应链。在传统的所谓多级库存优化模型中，绝大多数的库存优化模型是下游供应链，即关于制造商（产品供应商）—分销商（批发商）—零售商的三级库存优化。很少有关于零部件供应商—制造商之间的库存优化模型，在上游供应链中，只要考虑关于供应商的选择问题即可。

4. 明确采用的库存控制策略

在单库存点的控制策略中，一般采用周期性检查与连续性相结合的检查策略。这些库存控制策略对于多级库存控制仍然适用。但是，至今关于多级库存控制都是基于无限能力假设的单一产品的多级库存，对于有限能力的多产品库存控制则是供应链多级库存控制的难点和有待解决的问题。下面分别从成本优化和时间优化两个角度探讨多级库存的优化控制问题。

（二）基于成本优化的多级库存控制

成本优化的多级库存控制关键就是确定库存控制的有关参数，如库存检查期、订货点、订货批量。在传统的多级库存优化方法中主要考虑的供应链模式是生产—分销模式。如图 10-11 所示。

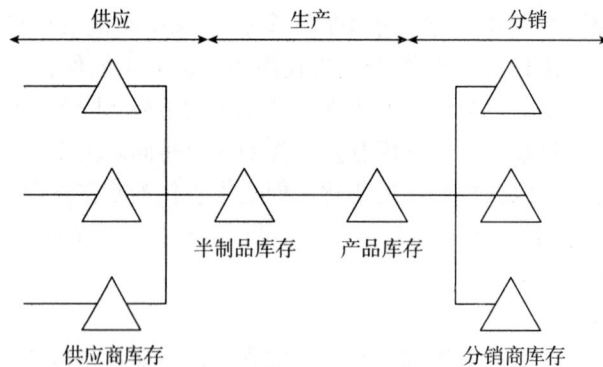

图 10-11　多级供应链库存模型

在库存控制中，考虑集中式（中心化）和分布式（非中心化）两种库存控制策略。在分析之前，首先确定库存成本结构。

1. 供应链的库存成本结构

（1）维持库存费用（Holding Cost）C_h。供应链的每个阶段都需要维持一定的库存以保证生产，即供应的连续性，这些库存维持费用包括资金成本、仓库和设备折旧费、税收、保险金等。维持库存费用与库存价值和库存量的多少有关，其沿着供应链从上游到下游有一累积的过程。如图 10 – 12 所示。

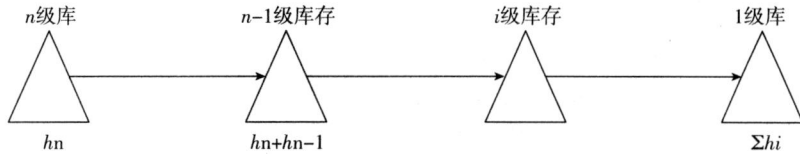

n级库　　　　　　$n-1$级库存　　　　　　i级库存　　　　　　1级库

hn　　　　　　$hn+hn-1$　　　　　　　　　　　　Σhi

图 10 – 12　供应链维持库存费用的累积过程

假设 h_i 为单位周期内单位产品（零件）的维持库存费用。如果 v_i 表示 i 级库存量，那么整个供应链的库存维持费用为：

$$C_h = \sum_{i=1}^n h_i v_i$$

（2）交易成本（Transaction Cost）C_t。即在供应链企业的交易合作过程中产生的各种费用，包括谈判费用、准备订单商品检验费用、佣金等。交易的平均成本随交易量的增加而减少。交易成本与供应链企业之间的合作亲密度有关。通过建立一种长期的互惠合作关系可以降低成本，战略伙伴关系的供应链企业之间，交易成本是最低的。

（3）缺货损失成本（Shortage Cost）C_s。缺货损失成本是由于供不应求，即库存 v 小于需求量时，造成市场机会损失以及用户罚款等。缺货损失成本与库存多少有关。库存量多，缺货损失成本小，反之，则缺货损失成本高。为了减少缺货损失成本，维持一定量的库存是必要的，但是库存过多又会增加维持库存的费用。

在多级供应链中，提高信息的共享程度、增加供需双方的协调与沟通有利于减少缺货损失。

总的库存成本为：

$$C = C_h + C_t + C_s$$

对多级库存控制的目标之一就是优化总的库存成本 C，使其达到最小。

2. 库存控制策略

多级库存的控制策略分为中心化控制策略和非中心化控制策略，以下对这两种策略分别加以说明。

（1）中心化库存控制。现在关于多级库存的中心化控制策略探讨不多，采用中心控制能够对整个供应链系统的运行有较全面的控制，能够协调各个节点企业的库存活动。中心化控制是将控制中心放在核心企业上，由核心企业对供应链系统的库存进行把握，协调上游与下游企业的库存活动。这样，核心企业也就成了供应链上的数据中心（数据仓库），担负着数据的集成、协调功能。如图 10 – 13 所示。

中心化库存优化控制的终极目标是使供应链上总的库存成本最低，即：

$$\min TC = \sum_{i=1}^m (C_{hi} + C_{ti} + C_{si})$$

理论上讲，供应链的层次可以是无限的，即从用户到原材料供应商，分为一级供应商、二级供应商、……、k 级供应商，然后到核心企业（组装厂）；分销商也可以是多层次的，有一级分销商、二级分销商、三级分销商等，最后才到用户。但是，现实的供应链层次并非越多越好，而是越少越好。采用供应—生产—分销这样的典型三层模式足以说明供应链的运作问题。如图 10 - 14 所示。

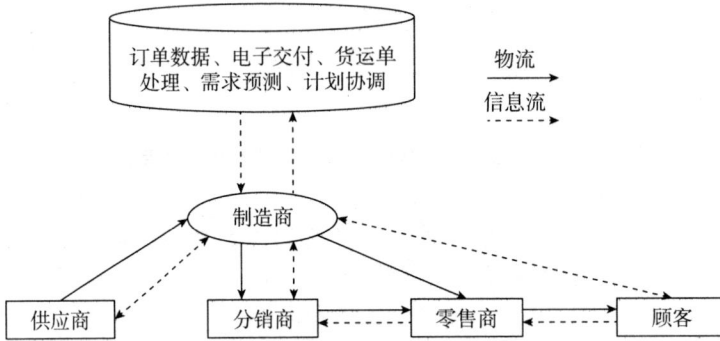

图 10 - 13 供应链中心化库存控制模型

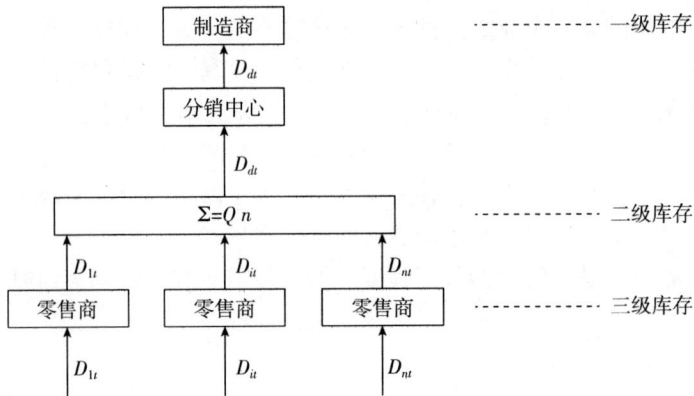

图 10 - 14 三级库存控制的供应链模型

各个零售商的需求 D_{it} 是独立的，根据需求做出的订货批量为 Q_{it}，各个零售商的订货汇总到分销中心，分销中心再将订货单给制造商，制造商根据订货单决定生产计划，同时对上游供应商传递物料需求。整个供应链在制造商、分销商、零售商三地存在三个库存，这就是三级库存。这里假设零售商的需求为独立需求，需求率 d_i 与提前期 LT_i 为同一分布的随机变量，同时系统销售单一产品，即为单一产品供应链。这个三级库存控制系统就是一个串行与并行相结合的混合型供应链模式，可以建立的控制模式为：

$$\min \ \{C_{mfg} + C_{cd} + C_{rd}\}$$

其中，第一项为制造商的库存成本，第二项为分销商的库存成本，第三项为零售商的库存成本。

至于订货策略是采用连续检查还是周期性检查，原则上讲两者都是适用的，但各有特点。问题在于采用传统的订货策略的有关参数和供应链环境下的库存参数应有所不同，因此，不能按照传统的单点库存控制策略确定库存参数，必须寻找新的方法。

那么，到底如何体现供应链这种集成的控制思想呢？可以采用级库存取代点库存解决这个问题。由于点库存控制没有考虑多级供应链中相邻节点的库存信息，容易造成需求放大现象，采用级库存控制策略，每个库存点不再是仅检查本库存点的库存数据，还可以传递处于供应链整体环境下的某一级库存状态。即

供应链级库存 = 某一库存节点现有库存 + 转移到或正在转移给其后续节点的库存

这样，检查库存状态时不但要检查本库存点的库存数据，而且还要检查其下游需求方的库存数据。这种库存决策是基于完全对其下游企业的库存状态掌握的基础上，因此避免了需求扭曲现象。建立在 Internet 和 EDI 技术基础上的全球供应链信息系统为企业间的快速信息传递提供了保证。

（2）非中心化的控制策略。非中心化库存控制将供应链的库存控制划分为三个成本归结中心，即制造商成本中心、分销商成本中心和零售商成本中心，三个中心各自做出优化的控制策略，如图 10 – 15 所示。

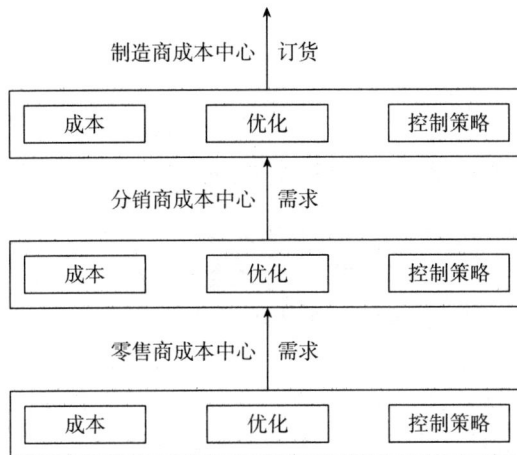

图 10 – 15　非中心化库存控制策略

非中心化的库存控制要取得整体的供应链优化效果必须保证供应链的信息共享程度，使供应链的各个中心都共享统一的市场信息。非中心化多级库存控制策略能够使企业根据自己的实际情况独立做出快速决策，有利于发挥企业自身的自主性和机动性。

非中心化库存订货点的确定按照单点库存的订货策略进行，即每个库存点根据库存的变化，独立地决定库存控制策略。但同时要求企业之间的协调性要好，如果协调性差，就与单点库存的订货策略无区别。

（三）基于时间优化的多级库存控制

前面探讨的成本优化的多级库存优化方法是传统的做法。随着市场的变化，竞争已从传统的成本优先的竞争模式转为时间优先的竞争模式，这就是敏捷制造的思想。所以供应链的库存优化不能仅简单地优化成本，库存优化还应包括对时间的优化，如库存周转率的优化、供应提前期的优化、平均上市时间的优化等。库存时间过长对产品的竞争力不利，

可以从提高用户响应速度的角度提高供应链的库存管理水平。

为了说明时间优化在供应链库存控制中的作用，来看下面的例子。某零售业统计测算了多年库存水平的有关数据，也统计了相应状态下的供应提前期的有关数据。结果发现，在提前的时间分别为0、2个、4个时间单位（天、月）（此为指数），其分别对应的库存水平的变化呈现一定的规律性。当提前期为0时，库存量的变化相对平缓；当提前期为2时，库存水平的波动幅度开始增大；当提前期为4时，库存水平的波动幅度变得更大。

一个零售商从供应商获得的库存水平与变化的提前期的关系随提前期的增加，库存量更大而且摆动更大。深入研究库存量的变化与供应提前期的关系有着显著的经济意义。高库存量意味着占压高额流动资金，会直接减缓企业资金流动速度，带来资金周转速度的降低。同时，库存增大时还要求仓库管理人员增加，库存减少时，由于劳动管理制度的限制，不便减少仓库管理人员，这些都会增加企业人员费用开支。这两个因素都会引起企业利润的减少，也就是说，延长供货提前期实际上会导致更大的库存、利润的减少，缩短提前期不但能够维持更少的库存，而且有利于库存控制，从而增加企业的利润。

【案例分析】

智能化立体库　打造液态食品行业的工业4.0

在提供自动化、智能化的企业立体库解决方案中，由于各行业的生产模式涵盖从行业需求、原材料、能源和终端产品的过程，既长又复杂多样。井松科技作为自动化物流资深企业，一如既往地注重核心技术研发，在技术难度最高的领域（自动化立体库、AGV、分拣机）不断突破，在协助食品行业打造属于液态食品的工业4.0中不遗余力。先后与北京牛栏山酒厂、广州恒大冰泉、合肥伊利乳业成功合作，打造的自动化立体库系统大大提高了企业生产效率，缩短了企业物流周期，同时也推动了企业在智能自动化行业的发展。

一、北京牛栏山二锅头酒厂

60多年来，北京牛栏山酒厂始终践行诚信立身，创新引领。酒厂不仅是国家级非物质文化遗产保护单位，也是具有较强创新力和影响力的中华老字号品牌企业。酒厂总占地面积606亩，拥有自动化生产车间、智能化立体库、勾调技术中心等生产设施，达到行业领先水平。

井松科技提供的立体仓库及物流系统用于牛栏山二锅头酒厂新厂房的成品存储。采用世界先进水平的自动化物流仓储设备，实现自动存储和自动化管理。北京牛栏山二锅头酒厂项目是当时国内酒类行业中自动化程度最高的项目之一，具有超过3万个货位，20个巷道，井松科技运用一轨、双穿梭车、双工位，让库房使用面积达到最大化地利用。

在项目规划中，为了更好地提高设备输送效率，最大化增加场地利用率，该项目独特设计了地上连廊与地下管廊连接多个大跨度库房，使库存量达到180万件酒。相比之前租赁平库存储70万件的库存量，新立库仓库的建成每年能节省2000万元租金、400

万人工费及中转费，帮助企业解决高昂的存储费用；整套智能化立库系统都预留备选方案，当任何一条物流线出现故障时，互备物流线会及时响应，确保整条生产线24小时不间断作业，稳妥高效的同时还帮助企业解决管理难题。井松科技在做牛栏山酒厂整个智能立体库项目总体规划时，针对其要求和实际情况，既满足酒厂当前的使用，又兼顾今后发展的需要。

二、恒大冰泉

广州恒大冰泉是中国规模最大的矿泉水企业，井松科技于2014年承建其自动化立体库，16个巷道、货位高达43840个，是继牛栏山项目后又一食品行业的重大突破。立库中所采用的双货位单伸与双货位双伸堆垛机更是在业内首屈一指。

工业4.0这个词还将继续在产业界发酵，井松科技也会永不间断地摸索与探究更前沿的技术，给液态食品行业定制提供更个性化、智能化的立库系统。由井松科技提供的智能化立体库，同时包含了企业内物料输送系统等软硬件研究开发及规划设计，让食品行业工厂不再"黑匣子"操作，使其管理变得透明化、生产变得智能化。同时，利用帮助企业打破传统的运营模式智能机器人（AGV）代替人工，智能立体仓库存储货物不仅可以减少工厂占地面积，降低运营成本，也能更好地协助企业成为食品行业智能制造的标杆。

资料来源：智能化立体库.打造液态食品行业的工业4.0［EB/OL］.搜狐网，http：//www.sohu.com/a/318977514_ 649545（经整理）.

思考：

1. 什么是智能化立体仓库？
2. 请分析智能化立体仓库如何帮助企业打破传统的运营模式。
3. 结合调查，请你举例还有哪些企业运用了智能化立体仓库。

【思考与练习】

1. 对于整个供应链来说，举例说明什么是库存？
2. 试举例阐述目前企业在供应链管理环境下的库存管理存在的主要问题。
3. 供应链库存管理中涉及的成本主要包括哪些？
4. 解释什么是安全库存，为什么需要安全库存？
5. 供应链管理环境下库存问题的特征有哪些？

【能力训练】

成立"学生创业小组"，对项目进行考察和调研。拟成立一家新公司并准备进行未来的智能化仓库的发展规划。

具体要求：

1. 将班级分组，形成若干个学生创业小组，这些小组即将进行创业，成立公司。
2. 需要考虑的基本问题：
（1）企业要发展需要哪些战略、策略？

（2）什么是智能化立体仓库？

（3）自动立体仓库主要由哪些软硬件系统组成？

（4）自动立体仓库具体的应用领域有哪些？

（5）自动立体仓库的功能特点是什么？

第十一章 企业资源计划 ERP

【学习目标】

描述独立需求和相关需求，理解 MRP 的基本思想；

描述 MRP 的发展历程；

掌握 MRP 系统的输入；

掌握 MRP 的处理过程；

描述 ERP 系统的发展和应用

【导入案例】

先泰药业应用 ERP 的经济效益

先泰药业是华北制药集团的子公司，以半合成青霉素原料药为主导产品，是国内最大、最重要的半合成青霉素系列抗生素原料制造基地之一。近年来，其产品阿莫西林占据着国内 1/3 的市场份额，且占有率还在不断扩大，远销欧洲、美国、东南亚等多个国家和地区。通过对神州数码易飞 ERP 系统潜能的不断摸索、开发与深挖，先泰药业已取得显著的管理效果和经济效益。

（1）库存下降 20%～30%。这是人们说得最多的效益，因为它可使企业的库存投资减少 40%～50%，库存周转率提高约 50%。

（2）延期交货现象减少 50%。当库存减少且很稳定时，企业的服务水平提高了。企业的准时交货率平均提高 55%，误期率平均降低 35%，从而大大提高了企业的信誉。

（3）采购提前期缩短 50%。采购人员有了及时准确的生产计划信息，能够集中精力进行价值分析、货源选择，研究谈判策略并了解生产问题，从而缩短了采购时间，节省了采购费用。

（4）停工待料现象减少 60%。由于物料需求透明度提高，计划也做了改进，物料输送能够做到及时与准确，大大减少了生产线上的停工待料现象。

（5）制造成本降低 12%。由于库存费用的下降、劳动力的节约、人员和采购费用节省、支出减少等一系列人、财、物的正向效应，必然会引起生产成本的降低。

（6）管理水平得到提高、管理人员减少 10%，生产能力提高 10%～15%。

资料来源：邓华：运营管理［M］．北京：中国工信出版集团，2017．

思考：

先泰药业实施 ERP 解决了哪些问题？

第一节 物料需求计划概述

一、独立需求和相关需求

1965 年美国 IBM 公司的奥利奇提出独立需求与相关需求的概念（见图 11 - 1），开创了物流需求计划的新纪元。

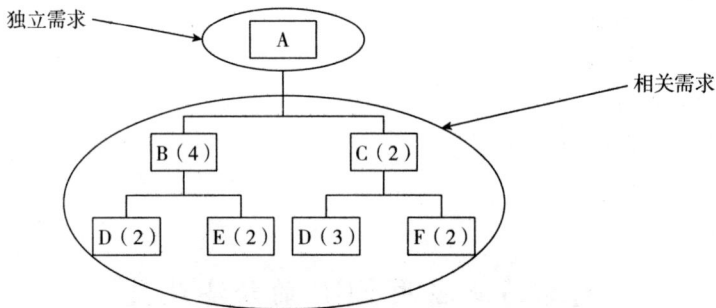

图 11 - 1 独立需求和相关需求

独立需求是指某种物料的需求与其他产品或零部件的需求无关。它来自企业外部，其需求量和需求时间由企业外部的需求决定，如客户订购的产品（如计算机、汽车等）以及售后用的备品备件（如鼠标、备用轮胎等），其需求数据一般通过预测或顾客订单来确定。解决独立需求问题的有效方法是经济订货批量模型。这种方法通过确定何时订货以及订多少货来控制库存。

相关需求是指某些物料的需求取决于另一些物料的需求。它主要发生在制造过程中，可以通过计算得到，如对原材料、毛坯、零件、部件的需求来自制造过程，是相关需求。

独立需求和相关需求的关系可以汽车为例来说明，汽车的零部件和物料是相关需求，因为任意时刻所需零部件与原材料的总量都是汽车生产量的函数。相反，产成品汽车的需求则是独立需求，因为汽车并非其他任何东西的组成元件。既可能是独立需求，又是相关需求的例子是备用零件。例如，电脑的电源线是组装电脑的必备品，是相关需求，但是电源线容易破损，厂商必须有备用电源线，备用电源线的需求就是独立需求，因为其需求并不直接取决于生产电脑的数量。

二、MRP 的基本思想

物料需求计划（Material Requirement Planning，MRP）是指根据产品结构各层次物品的从属和数量关系，以每个物品为计划对象，以完工时间为基准倒排计划，按提前期长短区别各个物品下达计划时间的先后顺序，这是一种工业制造企业内物资计划管理模式。对企业而言，MRP 既是由独立需求驱动的、能够准确确定某种项目需要多少以及何时需要的库存控制方法，也是一种时间进度安排方法，还是一种管理企业的哲学理念。

根据对需求的划分，MRP 的基本思想是：从最终产品（独立需求）的生产计划导出相关物料（零部件、原材料等）的需求量和需求时间，并根据相关物料的需求时间和生产（订货）周期来确定其开始生产（订货）的时间。MRP 思想的提出解决了物料转化过程中的几个关键问题，即何时需要、需要什么、需要多少。它不仅在数量上解决了缺料的问题，更关键的是从时间上解决了缺料问题，实现了制造业销售、生产和采购三个核心业务的信息集成和协同。

三、MRP 的发展阶段

（一）开环 MRP

20 世纪 60 年代发展起来的 MRP 仅是一种物料需求计算器。它根据主生产计划（MPS）的要求，输入库存记录及产品结构，由计算机进行物料需求计划，输出原材料及外购件的采购计划、零部件的采购计划以及计划执行结果报告和例外报告等。上述系统通常被称为开环 MRP（Open Loop MRP）。

（二）闭环 MRP

由于物料需求计划的制订仅考虑了产品结构和库存状态信息，而没有考虑实际生产中的其他条件，因此，根据基本 MRP 生成的采购计划可能因此受到运输能力、供货能力的限制而无法保证物料的及时供应，生产计划也可能会因为生产能力的不足而导致执行的偏离，难以顺利完成。因此，随着开环 MRP 应用实践的积累和市场发展的需求，逐步形成了闭环 MRP，如图 11 - 2 所示。

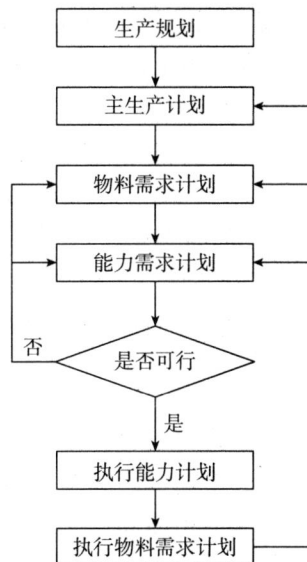

图 11 - 2　闭环 MRP

闭环 MRP 系统进一步发展，把能力需求计划、执行及控制计划的功能也包括进来，形成了一个环形回路，称为闭环 MRP（Closed Loop MRP）。闭环 MRP 中首先按照企业战略制定各阶段各产品族的生产数量（即生产规划），然后制定各个最终产品的生产计划（即主生产计划），根据主生产计划制定 MRP。如果是开环的 MRP，到此就结束了，但是闭环 MRP 需要进一步做能力需求计划以保证 MRP 的可行性。

闭环 MRP 是一个集计划、执行、反馈为一体的计划和控制系统，它能对生产中的人力、机器和材料各项资源进行计划和控制，使生产管理的应变能力有所增强。闭环 MRP 在开环 MRP 的基础上补充了以下功能：①编制能力需求计划；②建立信息反馈机制，使计划部门能够及时从供应商、车间作业现场、库房管理员、计划人员那里了解计划的实际执行情况；③计划调整功能。

（三）制造资源计划

闭环 MRP 系统的出现，使生产活动方面的各种子系统得到了统一。但这并不够，因为在企业管理中，生产管理只是一个方面，它所涉及的仅仅是物流，与物流密切相关的还有资金流。在许多企业中这是由财会人员另行管理的，就造成了数据的重复录入与储存，甚至造成数据的不一致。于是，在 20 世纪 80 年代，人们把生产、财务、销售、工程技术、采购等各个子系统集成为一个企业级集成系统，称为制造资源计划（Manufacturing Resource Planning，MRP）系统，为了区别 MRP，记为 MRP Ⅱ。

MRP Ⅱ 是企业管理集成思想与计算机、信息技术相结合的产物。其集成性表现在：

（1）在横向上，以计划管理为核心，通过统一的计划与控制使企业制造、采购、仓储、销售、财务、设备、人事等部门协同运作。

（2）在纵向上，从经营计划、主生产计划、物料需求计划、车间作业计划逐层细化，使企业的经营按预定目标滚动运作、分步实现。

（3）在企业级的集成环境下，与其他技术系统集成。

进入 90 年代，MRP Ⅱ 得到了蓬勃发展，其应用也从离散型制造业向流程式制造业扩展，不仅应用于汽车、电子等行业，也应用于化工、食品等行业。随着信息技术的发展，MRP Ⅱ 系统的功能在不断地增强、完善与扩大。

MRP Ⅱ 逻辑流程如图 11 - 3 所示。

（四）ERP

企业资源计划（Enterprise Resources Planning，ERP）是在现代企业管理的先进思想的基础上，以市场和客户的需求为导向，以计划和控制为主线，以先进的现代信息技术特别是网络技术为平台，全面集成了企业内外部的所有资源信息，包括客户、市场、销售、采购、计划、生产、财务、质量、服务等，为企业提供决策、计划、控制与业绩评估的全方位系统化的先进管理思想和方法。

ERP 实施的目标是通过消除企业生产经营过程中的一切浪费，实现信息流、物流和资金流、价值流和业务流的有机集成，最终提高顾客的满意度，提高企业业绩。ERP 是对 MRP Ⅱ 的继承和发展。ERP 除了继承 MRP Ⅱ 的制造、供销和财务模块，还扩展了其他管理模块，如质量管理、人力资源管理、电子通信、设备管理、电子商务等。ERP 是面向企业所处供应链的全面管理，ERP 将供应商、制造商、企业自身、协作商、用户都纳入管理体系中，实现了企业业务流的集成，从而在很大程度上提高了企业的响应速度和能力。

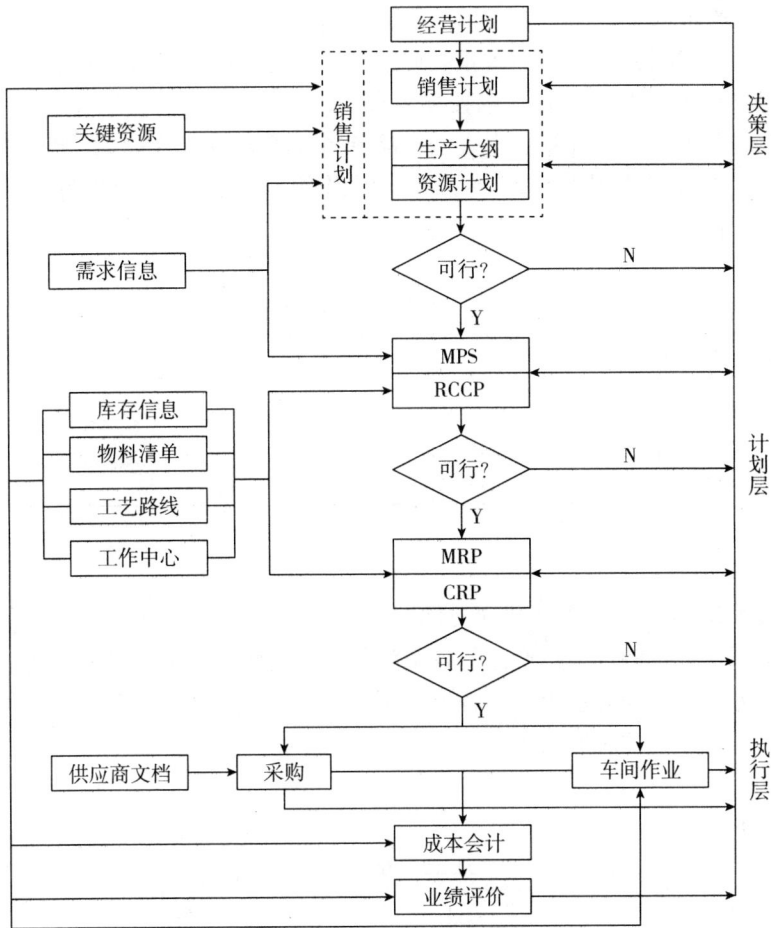

图 11-3 MRPⅡ逻辑流程

从 MRP、闭环 MRP、MRPⅡ至 ERP 是一个不断升华的过程,而且是一个快速的升华过程。因为每上升一个层次就是一次质的飞跃,表示克服了前项管理的某方面缺陷。从开环 MRP 到闭环 MRP 是克服了只考虑物料而没有考虑能力的缺陷;从闭环 MRP 到 MRPⅡ是克服了缺少财务管理功能的缺陷;从 MRPⅡ到 ERP 是克服了生产类型限制、功能不足的缺点以及技术手段落后的缺陷。今天,ERP 又在向 ERPⅡ过渡了,所以它还在不断地前进,但它的核心部分没有变,只是在升华的过程中,系统在不断地完善,管理水平也在不断地提高而已。

第二节 物料需求计划的处理逻辑

一、MRP 系统的输入

MRP 系统有主生产计划、物料清单、库存信息三个输入。

（一）主生产计划

主生产计划（MPS）是根据需求预测或顾客订单确定的，具有独立需求的特征。MPS说明了企业最终要生产哪些产品（或独立需求的配件或零件），何时生产以及生产多少。表 11-1 是某产品的主生产计划。它表示产品 A 在第 2 周出产 18 件，第 7 周出产 15 件；产品 B 的计划产量是第 1 周出产 27 件，第 5 周出产 33 件；产品 C 的计划产量是第 1~7 周每周出产 30 件。

表 11-1　某产品的主生产计划　　　　　　　　　　　　单位：件

周次	1	2	3	4	5	6	7	8
产品 A		18					15	
产品 B	27				33			
产品 C	30	30	30	30	30	30	30	

（二）物料清单

物料清单（BOM）又称产品结构文件。它表示了产品的组成及结构信息，反映了产品项目的结构层次以及制成最终产品的各个阶段的先后顺序。如果把产品组成部分的阶层关系用图形的方式直观地表示出来，就形成了产品结构树（见图 11-4）。在产品结构树中，配件之间呈现一定的阶层关系。

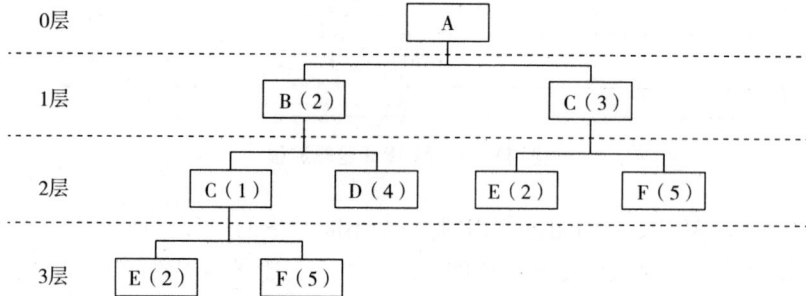

图 11-4　产品 A 的结构树

在图 11-4 中，1 个单位的 A 由 2 个 B 和 3 个 C 组成；1 个 B 又由 1 个 C 和 4 个 D 组成，1 个 C 由 2 个 E 和 5 个 F 组成；1 个 C 需要 2 个 E 和 5 个 F。

物料清单中所包含的物料可以分成两类：一是自制项目；二是采购项目（包括所有的原材料、外购件和外协件）。MRP 运算后，自制项目的物料需求计划便形成相应的生产作业计划，采购项目的物料需求计划便形成了相应的采购计划。

由图 11-5 可以看出，相同元件出现在不同的层次上，如元件 E 既出现在 2 层，又出现在 3 层，这固然可以清楚地表示出不同的层次上，但给计算处理带来麻烦。基于 BOM 的阶层关系，引入低位码的概念，可用于识别物料在 BOM 的层次。当同一种物料出现在不同的 BOM 或出现在同一 BOM 的不同阶层时，则取处在最底层的低位码作为该物料的低位码。这样，按照产品结构树，可以从上到下逐层分解，每一物料只需检索一次，避免重复运算。

（三）库存信息

物料清单是相对稳定的，库存信息却处于不断变动中。MRP 每运行一次，就发生一次大的变化。MRP 系统关于订什么、订多少、何时发出订货等重要信息，都存在于库存信息中。

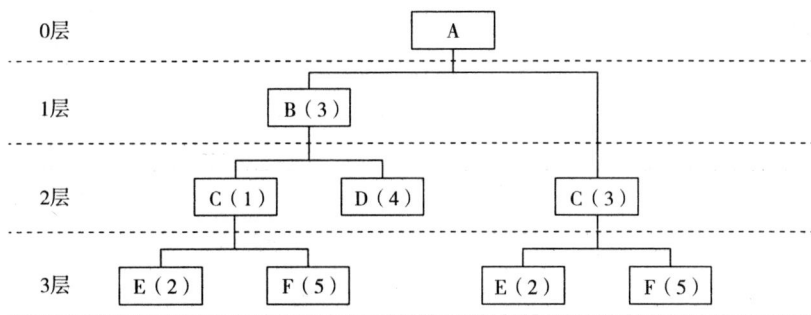

```
0层                              ┌───────┐
                                │   A   │
                                └───────┘
1层              ┌───────┐
                │ B (3) │
                └───────┘
2层      ┌───────┐     ┌───────┐        ┌───────┐
        │ C (1) │     │ D (4) │        │ C (3) │
        └───────┘     └───────┘        └───────┘
3层  ┌───────┐ ┌───────┐          ┌───────┐ ┌───────┐
    │ E (2) │ │ F (5) │          │ E (2) │ │ F (5) │
    └───────┘ └───────┘          └───────┘ └───────┘
```

图 11 - 5　调整后的产品结构树

库存信息的数据有两部分：一部分是静态的数据，在运行 MRP 之前就确定的数据，如物料的编号、描述、提前期、安全库存等；另一部分是动态的数据，如总需求、库存量、净需求量、计划发出量和计划订货量等。

下面对库存信息的几个动态数据进行说明并举例：

（1）总需求：如果是产品级物料，则总需求由 MPS 决定；如果是零件级物料，则由上层元件的计划发出订货量决定。

（2）预计到货量：已发订单，预计本期到货的数量。

（3）预期库存：预期到货加上本期到货的数量。

（4）净需求：净需求 = 总需求 - 预期到货 + 安全库存。

（5）计划订单入库：在规定时间内必须到货的物料数量。

（6）计划订单下达：在规定时间内必须发出的订单数量。计划订单下达和订单入库在时间上提前一段时间，即订货提前期。

（7）提前期（Lead Time，LT）：采购件的提前期是指一个物料从发出订单到收到货的时间间隔；自制件的提前期是指从订单下达开始，经过加工制造，直到检验入库所需的时间。

结合库存的动态信息数据，以图 11 - 4 的 A 产品为例，假设第 5 周和第 8 周的顾客对 A 产品的需求分别为 25 件和 30 件，已知第 2 周有预计到货量 40 件，那么 A 产品的库存信息变化如表 11 - 2 所示。

二、MRP 计算机处理系统

MRP 的基本原理就是根据主生产计划对最终产品的需求数量和交货期，依据物料清单和库存信息等数据，推导出零部件及原材料的投产日期和需求日期，再推导出自制零部件的投产日期和完工日期、原材料和采购件的订货日期和入库日期（见图 11 - 6）。

表 11-2　A 产品的库存状态

A 产品，提前期=2 周	1	2	3	4	5	6	7	8	9	10
总需求					25			30		
预计到货量		40								
预期库存	0	40	40	40	15	15	15	-15	0	0
净需求								15		
计划订单入库								15		
计划订单下达						15				

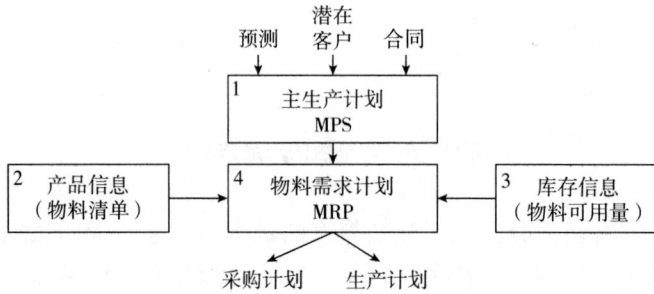

图 11-6　MRP 的工作原理

　　MRP 处理的关键是找出上层元件（父项）和下层元件（子项）之间的联系，即按父项的计划发出订货量来计算子项的总需求量，并保持时间上的一致。可采用自顶向下、逐层处理的方法。按照这种方法，先处理所有产品的零层，然后处理第一层……一直到最低层。

　　下面举例说明 MRP 的运算过程。

　　【例 11-1】福建晋江某制造企业主要生产 M 型产品，上个月收到了一个数量为 120 的订单，要求在第 6 周交货。M 型产品的结构树如图 11-7 所示。已知在第 2 周有 80 个单位的 B 可以装配完毕，在第 1 周有 100 个单位的 D 到货。如果采用按需配货的方式，为满足订单需求，试制定各种物料的需求计划。

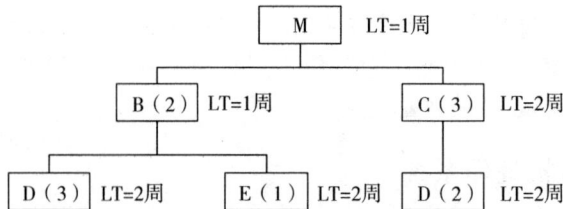

图 11-7　M 型产品的结构树

其中，产品 M 的低位码是 0，部件 B 和 C 的低位码是 1，零件 D、E 的低位码是 2。

解：

根据主生产计划及生产提前期确定产品 M 的计划。首先要求解的是各部件和零件的总需求，各部件（零件）的需求由父项（上一层）的计划发出订货量以及对应的比例关系来计算（下一层）部件需求的，并保持时间上的一致。例如，产品 M 的计划订单下达是在第 5 周 120，根据 1 个 M 需要 2 个 B 的比例关系，可以推算出部件 B 在第 5 周的总需求是 240。依次类推，可以算出其他部件（零件）的总需求。对于出现不同部件共用同一物料的情况，如零件 D 既是 B 的子件又是 C 的子件，其总需求即分别来自 B 和 C 的计划订单下达情况，保持时间上的一致和相应的比例关系，所以分别是第 3 周 720，第 4 周 480 的需求量。

计算净需求时，净需求 = 总需求 - 预期到货 + 安全库存，如部件 B 的净需求 = 240 - 80 + 50 = 210，零件 D 的净需求 = 720 - 100 + 100 = 720。由于是按需配货方式，没有批量要求，因此计划订单入库量与净需求相等，即在本例中，部件 B 的计划订单入库量是 210，零件 D 的计划订单入库量为 720，计划订单发出量是根据提前期分别前移一周和两周，分别是第 4 周 240、第 1 周 720。

MRP 的编制过程如表 11 - 3 所示。

表 11 - 3　M 型产品的物料需求计划

周次										
产品 M，提前期 = 1 周	1	2	3	4	5	6	7	8	9	10
总需求					120					
预计到货量										
预期库存										
净需求					120					
计划订单入库					120					
计划订单下达				120						
部件 B，提前期 = 1 周，安全库存 50	1	2	3	4	5	6	7	8	9	10
总需求					240					
预计到货量		80								
预期库存		80	80	80	- 210					
净需求					210					
计划订单入库					210					
计划订单下达				210						

周次										
部件 C，提前期 = 2 周	1	2	3	4	5	6	7	8	9	10
总需求					360					
预计到货量										
预期库存					-360					
净需求					360					
计划订单入库					360					
计划订单下达			360							
零件 D，提前期 = 2 周，安全库存 100	1	2	3	4	5	6	7	8	9	10
总需求			720	630						
预计到货量	100									
预期库存	100	100	-720	-630						
净需求			720	630						
计划订单入库			720	630						
计划订单下达	720	630								
零件 E，提前期 = 2 周	1	2	3	4	5	6	7	8	9	10
总需求				210						
预计到货量										
预期库存										
净需求				210						
计划订单入库				210						
计划订单下达		210								

三、MRP 的输出

MRP 系统可以按照需要提供多种不同内容与形式的输出，主要的是各种生产和库存控制用的计划和报告。其中，主报告是基本输出，二级报告是可选输出。

（一）主报告

主报告包括：①计划订单下达，明确了物料的生产（采购）时间和数量；②计划订单入库，明确了物料交货的时间和数量；③计划变更，包括预计日期、订货数量的改变与取消订单等。

（二）二级报告

二级报告包括：①计划执行情况报告，用于评价系统运作状况，帮助管理者判断是否存在偏差，并可以提供评定成本绩效的信息；②计划报告，主要提供用于评价未来物料需求的信息；③例外报告，提供关于最新订单、到货延迟、过多的残次品率等重大异常信息，引起管理者的关注。

第三节　企业资源计划 ERP

一、ERP 系统

（一）ERP 系统的定义

如今，ERP 已经成为全球各行业企业的主流信息系统，已成为企业主要的运营管理基础。几乎所有的企业都需要借助 ERP 进行企业的信息管理与业务运营。ERP 已经大大超出了其原有的含义，成为企业经营的主干。

ERP 概念形成背景是企业运营全球化、多场所、多工厂要求协同作业，统一部署；信息时代 IT 的迅速发展；企业信息管理的范畴要求扩大到对企业的整个资源集成管理甚至整个供应链的管理；市场竞争要素的变化，顾客需求的个性化，新的管理理念与管理模式的形成与发展。本书并不从 ERP 的起源来定义其概念，而是给出一个现代的概念。

ERP 是建立在信息技术基础上，利用现代企业的先进管理技术与思想，全面地集成了企业所有资源、信息，为企业提供决策、计划、控制与经营业绩评估的全方位和系统化的企业资源管理系统。ERP 试图从整体上有效使用和管理企业资源，改进企业运营，它表示了完整的企业管理技术与理念。

新的管理理念体现为以下三个过渡：①从基于企业内部资源向面向供应链基础资源过渡；②从面向职能配置资源向面向流程配置资源过渡；③从以产品为中心向以客户为中心过渡。

（二）ERP 系统的模块

ERP 系统包括了会计核算、财务管理、生产控制管理、物流管理、采购管理、分销管理、库存控制管理、人力资源管理等。

1. 会计核算

会计核算主要是实现收银软件记录、核算、反映和分析资产管理等功能。ERP 开发会计审核模块由总账模块、应收账模块、应付账模块、现金管理模块、固定资产核算模块、多币制模块、工资核算模块、成本模块等构成。

2. 财务管理

财务管理主要是实现会计核算功能，以实现对财务数据分析、预测、管理和控制。ERP 选型介于对财务管理需求，侧重财务计划中对进销存的控制、分析和预测。ERP 开发的财务管理模块包含财务计划、财务分析、财务决策等。

3. 生产控制管理

生产控制管理模块是收银软件系统的核心所在，它将企业的整个生产过程有机地结合，使企业有效地降低库存，提高效率。企业针对自身发展需要，完成 ERP 选型，连接进销存过程，使得生产流程连贯。企业在 ERP 选型时，应注意 ERP 系统生产控制管理模块包含主生产计划、物料需求计划、能力需求计划、车间控制、制造标准等。

4. 物流管理

物流管理模块是对物流成本把握，它利用物流要素之间的效益关系，科学、合理地组织物流活动，通过有效的 ERP 选型，可控制物流活动费用支出，降低物流总成本，提高企业和社会经济效益。ERP 系统物流管理模块包含物流构成、物流活动的具体过程等。

5. 采购管理

采购管理模块可确定订货量、甄别供应商和产品的安全。可随时提供定购、验收信息，跟踪、催促外购或委外加工物料，保证货物及时到达。ERP 系统可建立供应商档案，通过最新成本信息调整库存超市管理成本。ERP 系统采购管理模块包含供应商信息查询、催货、采购与委外加工超市管理统计、价格分析等功能。

6. 分销管理

分销管理模块主要对产品、地区、客户等信息管理、统计，并分析销售数量、金额、利润、绩效、客户服务等。分销管理模块包含管理客户信息、销售订单、分析销售结果等。

7. 库存控制管理

库存控制模块用来控制管理存储物资，它是动态、真实的库存控制系统。库存控制模块能结合部门需求、随时调整库存，并精确地反映库存现状。库存控制模块包含为所有的物料建立库存，管理检验入库、收发料等日常业务等。

8. 人力资源管理

以往的 ERP 系统基本是以生产制造及销售过程为中心。随着企业人力资源的发展，人力资源管理成为独立的模块，被加入 ERP 系统中，和财务、生产系统组成高效、高度集成的企业资源系统。ERP 系统人力资源管理模块包含人力资源规划的辅助决策体系、招聘管理、工资核算、工时管理、差旅核算等。

二、ERP 系统在非制造行业的应用

（一）在化学、生物、医药行业的应用

化学、生物、医药行业的特点是行业性很强，普通行业的 ERP 系统根本满足不了使用要求。系统不仅对于普通的客户、供应商安全、高效管理；智能的进销存系统；体贴的文档输出打印；专业、精细化的数据统计分析功能需求，更是对于化合物产品专业化管理、化合物的千万级数据库；智能封装、多语言网站支持；COA、MSDS、图谱等技术文档管理行业特性功能需求性迫切，而且要求严格。基于这些特性需求，绝大多数的化学、生物、医药领域企业选择 ERP 作为解决方案，并且能够根据企业需求量身定制功能，在一套系统内解决企业所有的管理问题，数据实时共享，全程监控各个环节的运转和协作，利用现有资源以取得最佳经济效益。

（二）在食品行业的应用

食品、饮料行业最大的特点就是产品种类繁多、对客户响应时间要求高以及愈演愈烈的安全问题，这成为食品、饮料行业信息化的最大挑战。一方面，企业亟须信息化的系统帮助其提高制造的各个环节效率，如 ERP 系统；另一方面，真正适合其行业特点的 ERP 系统又需要特别长的二次开发周期来为其实现量身定制。同时，针对安全问题，又需要提供集成售后服务的解决方案。基于这几方面，很多大型的食品、饮料行业公司都选择了微

软 ERP 系统的解决方案，它可灵活定制的特点极大地满足了食品、饮料行业的客户需求，同时它还可提供更多的解决方案，如利用预测实时销售信息发现市场趋势并开发新产品、对食品的规格和产品质量进行监控、检查产品状态等，这些都是食品行业和饮料行业非常看重的。

（三）在物流运输业的应用

由于物流运输行业的特殊性，对订货信息处理、合同管理、运送管理、运输管理、退货管理、服务质量管理、报表管理、费用结算和应收应付款管理等方面有着较高要求，尤其是配送业务的集中调度和数据集中处理。如何完成整个物流配送业务过程从订单受理、配送货物的在途监控、运输分送等各环节的过程控制等，都是 ERP 系统方案商需要解决的行业难点。国内物流运输行业的信息化解决方案大多都使用了 MyERP，作为物流运输行业应用最广泛的解决方案，MyERP 以财务为核心，集物流、资金流和信息流为一体，实现全程控制，实时数据共享；并通过业务策略、控制策略、管理策略扩展满足用户业务创新的需求，实现企业内外、上下、前后信息整合，很好地满足了物流运输行业在不同规模，不同运营管理模式下的多元化管理需求。

三、ERP 的发展及 ERP Ⅱ

（一）ERP 的发展

1. ERP 与电子商务的结合

Internet 和电子商务热席卷全球。是否可以结合 Internet 和电子商务带来新的信息技术，制订企业在电子商务时代的管理信息系统策略？对于已实施 ERP 系统的企业，如何在原有 ERP 系统投入得到保护的同时，利用电子商务技术？

在电子商务时代，供应商与客户的关系将发生重要的改变，不再局限于销售产品，更多的是服务、满足客户的需求，客户不仅以购买产品的方式获得所需的能力，也不再是产品时代的一次或多次的购买关系，而是一种长期的合作关系，二者之间的边界彻底改变，将是一种交互式的、透明的协同工作的方式。

ERP 与电子商务实现整合，从其构架、技术和功能上都必须适应电子商务时代的特点：①ERP 是电子商务的基础，特别是制造业，它既支持电子商务，又能指导电子商务；②前后台业务必须明确划分；③前后台流程必须无缝衔接；④前后台系统必须无缝集成，确保数据流畅通；⑤商务应用框架必须合理，还要考虑与其他组件的集成；⑥接口技术尽可能标准化。

电子商务将推动传统企业管理和经营模式的变革，主要体现在：①由地区性经营向区域性和全球化发展；②由企业内部管理向更加关注客户和市场发展；③大部分集中的企业行政职能转为员工自我服务，以提高效率；④企业管理层由日常事务管理转向智能化管理和决策。

通过对全球经济和企业的分析，将出现如下 4 种类型的变革模型：

（1）渠道增强模式。企业利用电子商务改进市场、销售和服务渠道。例如，计算机网上在线销售、在线市场营销及广告和促销、传媒行业在线发行、网上客户服务等。

（2）价值链集成模式。企业内部价值链扩展到连接企业的供应商和客户网络。企业通过电子商务强化的供应链，大大缩短从接受订单到发货的周期和降低成本，通过供应商、分销商和企业库存，实时共享，实现实时主动的生产计划等。

（3）行业转型模式。这类企业的大部分业务外包，通过电子商务实现企业和外部业务的紧密集成。企业的核心业务包括研究和开发、销售方案的建立、方案实现和客户服务，而生产、配送、安装、采购和供应等，财务、人事、信息系统等支持服务都通过外包服务实现。

（4）行业融合模式。价值链将跨越企业的界限，成为价值网。专业化分工高效运作的生产企业、物资供应企业、零售企业、信息服务企业等通过 Internet 为企业客户和消费客户提供个性化服务。

ERP 和电子商务的有效结合可以最大限度地提高企业对市场的反应能力，以及保证企业在经营管理中满足客户的个性化需求，帮助企业在新经济市场环境中获取更多的经济效益，同时也可以保证企业在经济市场中具备足够的核心竞争力。

2. ERP 与物联网的结合

物联网是每个行业和企业都在谈论的热门话题，而且几乎所有以创新开始的讨论都以物联网结尾。随着物联网的出现，世界越来越紧密地连接在一起，这是因为每天都有更新、不同和大量的数据被收集和应用。

物联网意味着一个东西（设备甲）与另一个东西（设备乙）通信。这些联网的设备和系统将通过机器或其他物理物体中的嵌入式传感器或执行器收集数据。同时，这些设备的互联将在几乎每个领域都创造出一股自动化浪潮。物联网被认为是物理世界与虚拟世界的完美结合，从而使它成为一个完美的万物联网世界。

就像物联网一样，ERP 软件的目的是以最好的方式为客户服务。物联网产生的海量数据可以输入到 ERP 软件中，以使制造商在产品生命周期中从设计、开发、制造、跟踪、交付到此后可能需要的任何支持中受益。

（二）ERP Ⅱ

从 MRP、闭环 MRP、MRP Ⅱ 至 ERP 是一个不断升华的过程，而且是一个快速的升华过程。今天 ERP 又在向 ERP Ⅱ 过渡了。有一句话说得好："ERP 不是目的地，ERP 是长征。"ERP 市场呈现出迅猛发展的趋势，但许多客户和厂商也看到传统意义上的 ERP 系统大多不能满足新的市场环境对企业管理提出的要求，其主要体现在：①ERP 是一种基于供应链的管理思想，在 MRP Ⅱ 的基础上扩展了管理范围；②社会正向经济时代过渡，第三产业的充分发展是现代经济发展的显著特点；③ERP 系统实施时，受到企业管理基础以及 ERP 系统跟不上计算机技术发展的影响；④电子商务时代的来临也给传统的 ERP 系统带来新的课题。

基于以上几种情况，为了克服传统 ERP 模式的不足，作为 ERP 理念的延续及深化，新一代的管理系统 ERP Ⅱ 应运而生，同时组织的推动以及供应商的拉动也使得 ERP 逐步向着新一代的 ERP 系统发展。

2000 年由美国调查咨询公司 Gartner Group 将 ERP 扩展为 ERP Ⅱ，并给出了 ERP Ⅱ 的定义：ERP Ⅱ 是通过支持和优化公司内部和公司之间的协作运营和财务过程，以创造客户和股东价值的一种商务战略和一套面向具体行业领域的应用系统。ERP Ⅱ 专注于各行业领域的专门技术，注重企业间的业务过程，支持价值链的共享与协同商务，因而可以很好地适应未来需求。ERP Ⅱ 的角色从传统 ERP 的资源优化和事务处理拓展为发挥信息的杠杆作用，使这些资源在企业的协作中产生功效。

ERPⅡ的领域包括了所有部门，其功能超越了制造、分销和财务领域的范围，扩展到特殊的行业部门和特殊的行业。ERPⅡ产品以 Web 为中心，集成设计的体系结构与 ERP 的单一结构有很大不同以至最终需要完全地变革。ERP 企图将所有的数据存储在企业内部，而 ERPⅡ则扩展到贯穿整个贸易共同体分布式处理数据。

ERPⅡ的目标不仅要整合企业内部的业务流程，与企业有合作关系的供应商或者合作伙伴，相互之间的业务也需要进行整合、集成。在这个过程中，明确企业的贸易关系，电子化的连接或者是可靠的互联网接入、了解合作伙伴的信息化水平是企业成功应用第二代 ERP 软件必须考虑的因素。

【案例分析】

南孚电池的 ERP 成功之路

从福州越过无数隧道，在曲折的山路上颠簸 3 个小时后，即可到达福建南平，很难想象占据中国电池 60% 市场份额的南孚电池有限公司（以下简称南孚）就在这个风景秀丽、交通不便的小城市里。这家原本是集体制的小企业，如今年销售额达 13 亿元，每年以 20% 以上的速度成长。

南孚的主营产品是电池，其产品线长、周转周期短、渠道的链条短而覆盖面宽。如果不能对客户、销量、货款回笼等严密监控，账面就会出现一大堆问题。此外，生产上从投料到成品出厂整个过程大概只要十几天，这十几天内的资金周转、库存等管理不当，就会在资金占用等方面出现问题。

生意越做越大，带来的必然是内部组织和外部合作伙伴的扩大，管理问题也随之出现。南孚总经理丁曦明至今还记得这些当初让他头痛的事"奖金回笼的时候，应该是他还给我的钱，我却记到别的客户头上。有时候供货也会出现问题，这个客户向我要的货却被发到别的客户那里。而且年终跟财务对总账经常对不起来"。各部门都有自己难念的经。南孚生产运营部经理陈熙在安徽遇到的问题则是：生产与采购计划相脱节、用料变化与领料脱钩，生产调度上的救火之急和紧急采购时有发生。

一、管理之手的延伸

有着一个阳刚名字的漂亮女孩高雪松在北京加能电池销售中心（以下简称加能）主管订货和出纳，身为南孚华北总代理的加能靠南孚起家，与之合作已近 10 年，销售额的 80% 都来自南孚，2006 年其南孚电池的销售额在 5000 万元左右。由于将南孚电池经营得很成功，其他品牌也纷纷找上门来。

高雪松明显地感觉到与其他供货商相比，南孚的订货速度很快，而且不管是订货、送货，还是订货之后的开发票等事情，程序都清楚明了。发出订单后的第二天就能收到货，每年在对账上也没有出过大纰漏。而其他品牌一般送货至少需要两天，而且时常会出现某些产品缺货，几天后才能补齐的情况。一次，高雪松在给某品牌发出订单几天还没收到货后打电话询问，对方说根本就没收到订单。这样的事在南孚却鲜有发生。

南孚电池驻北京办事处的安洋对此做出了解释："在收到订单后，我们就将其输入系统发回总部。如果客户信用没问题，通常第二天就可以发货。当客户打电话询问发货情况时，从系统里我们就可以看到这份订单的进程，是已经审批完了呢，还是刚从物流公司发出。"安洋口中的"系统"指的就是南孚启用的系统。

2002 年，南孚的渠道体系发生了较大的变化，沃尔玛、家乐福等大卖场也可以直接从南孚进货，由于这些大超市的连锁店遍布全国，无形中南孚就等于多出了很多个客户。如今南孚的销售网络直到村一级，形成了纵深很长的销售链，既有代理商，也有自己直接控制的客户，大大小小加起来有 300 万家。南孚希望对众多批发商直接控制，以免层级过多，而且对代理商的下一级销量也要了然于胸，以掌握代理商的信用、控制坏账风险。

这样的工作显然是人工记录难以胜任的，于是在 2002 年，面对供应商管理等诸多挑战，南孚引入了用友的 ERP 中的存货、采购、销售、财务四大系统。之前南孚曾先后几次上马过其他软件商的财务、生产制造等系统，但均无功而返，选择用友也只是抱着尝试的心态，当时投入不过 20 多万元。

南孚总部对经销商的管理只到二级批发商这一层，虽然三级以下由区域经理直接联系，但其数据会直接汇总到上一级批发商，像沃尔玛、家乐福这些大超市的每个店面的数据也都直接在南孚的掌握中。南孚还在扩大管理网络，向下延伸，希望伸到乡镇一级或者像华西村这样的村里面。

"今天我只要一打开计算机，就可以知道全国整体的库存量有多大，这个月的销量有多少，然后根据曲线图就可以安排下个月或下星期的生产了"，丁曦明说。原来销售部门只是在报表上才能看到销售数据，现在每天能会有销售日报。每天的发货量、经销商的走货量反馈回来，再跟第三方调查公司的数据进行比对后，南孚就能分析出市场占有率的变化、市场趋势、每个品种在每个地区的走向，据此及时调整。

原先仅数据采集的周期就很长，分析结果出来后很有可能都过时了，对市场就会形成误判。从了解终端的销售情况，到决定下料生产，这个周期原来至少需要两个月，而现在大约一周就够了。

"这几年南孚做 ERP 由难到易。原来各部门不提需求，现在拼命提。而且不仅涉及南孚自己内部的业务本身，还开始伸向经销商和供应商。"廖江辉指的是，原本客户订货都是发传真，由南孚的工作人员录入到系统内下达订单，现在南孚向一些资质较优的供应商直接开放端口，让他们直接在南孚的系统内操作。

南孚还伸向了供应商，和一些重要的并有意愿的供应商实现了对接。例如，上海一家供应新苯的供应商就可以通过查看南孚的数据库，根据自己产品在南孚的库存量提前安排生产。

二、内功

像加能这样的供应商只能感受到南孚的外部，而内里的变化只有南孚自己知道。"我们感触最深的就是应收账款得到了解决，做到了能够跟总账相符"，南孚商务会计部经理黄功贵怎么也忘不掉那些对账对得头昏脑涨、老和销售部打架的日子。2002 年之前，两三千家的应收账款全都要靠手工记录，虽然总账上记了一笔应收账款，但是具体到每个客户就没法那么细地记账，因此常常会发生总账跟客户的账对不上的事情，这时就是财务部门头最大的时候。由于南孚的销售方式是现销，新系统解决好对账问题后，应收账款的周期自然就下降了。

出报表也是财务最重要的任务之一。以前财务数据需要人工导出，再用电子表格分析统计，结账之后的 15 日才能出月报，出年报时就更是加班加点。现在南孚的业务量是系统上线前的 2 倍，按照美方的要求，必须在结账后的第 5 天（包括周末）出具报告。"如果不上这个系统，大家都在那里没日没夜地做，也做不出来！"财务会计部经理黄宁说。

资料来源：用友 ERP 系统助力南孚电池实现企业信息化案例［J］. 现代商业，2010，2（经整理）.

思考：

南孚电池实施 ERP 解决了哪些问题？

【思考与练习】

1. 何谓独立需求和相关需求？

2. MRP 要解决什么问题？

3. MRP 的基本思想是什么？MRP 有哪些输入？

4. 闭环 MRP 和开环的 MRP 有何区别？

5. 简述 ERP 的内涵和管理理念。

6. 简述从 MRP 到 ERP 再到 ERPⅡ的发展历程。

7. 浅谈 ERP 在非制造者行业中的应用前景。

8. 某企业生产产品 A，上个月收到一个数量为 280 的订单，要求在第 5 周交货。产品 A 和部件的所有订货提前期均为 1 周。产品 A 的结构树如图 11 - 8 所示。

已知在第 3 周有 80 个单位的 B 可以装配完毕，在第 1 周有 200 个单位的 D 到货。如果采用按需配货的方式，为满足订单需求，试制定 E 物料的需求计划。

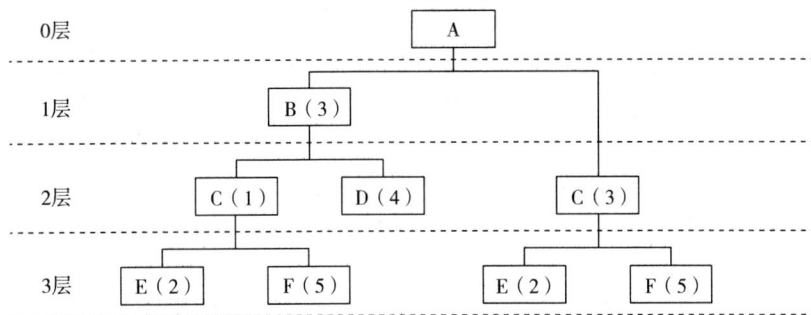

图 11 - 8　产品 A 的结构树

【能力训练】

（1）走访当地的 ERP 软件公司（例如用友新道科技有限公司等），或者网上查阅有关的 ERP 软件公司，了解该公司在企业资源计划 ERP 的发展上有哪些特色？他们提供哪些 ERP 软件服务？

（2）如果条件允许，学校有相关的 ERP 软件，可以开展 ERP 软件下的 MRPⅡ的模拟操作。

第十二章 作业计划

【学习目标】

理解作业排序的内涵，描述作业排序的分类；

解释作业排序的准则；

掌握一个作业中心的排序问题；

描述两个作业中心的排序；

解释生产作业控制；

描述服务业作业计划的影响因素；

理解预约系统；

掌握人员班次安排；

解释服务能力调整策略

【导入案例】

上海仁济医院医患冲突：怎样通过排队系统，避免可怕的人性恶？

2019年4月24日，上海仁济医院医患冲突的事情闹得沸沸扬扬。上海仁济医院胸外科主任医师赵晓菁被警方"铐走"，现场视频在网络上引发热议。

网传赵晓菁在接诊过程中，因患者家属多次插队，拒绝为其接诊，所以产生冲突。但4月26日，随后上海警方发布通知，对事件进行澄清，患者是预约就诊，不是无理插队。赵晓菁也不是直接手铐带离，而是涉嫌违法，口头传唤其配合调查。

这次医患事件，医院一方、患者一方、警方一方，各执一词。

谁对谁错，并不真的了解，不敢妄自评论，更不敢去揣测人性善恶。大家都是善意的，病患想看病，医生想治病，没有谁想故意闹事。发生问题的根本原因，是因为医院排队系统的设计有问题，到底是"预约就诊"，还是"无理插队"，让双方产生了分歧。

如果能解决排队问题，医患关系就会更加和谐，这种事情也许就不会再发生。

资料来源：刘润．上海仁济医院医患冲突：怎样通过排队系统，避免可怕的人性恶？［EB/OL］．搜狐网，http：//www.sohu.com/a/311069831_ 117018（经整理）．

第一节　作业计划及作业排序

MRP 确定各车间的零部件投入出产计划，将全厂性的产品出产计划变成了各车间的生产任务。各车间要将车间的生产任务变成各个班组、各个工作地和各个工人的任务，将任务安排到工作地，牵涉到任务分配和作业排序问题。

一、作业排序的内涵

排程和排序是在每个企业中，管理者每天都必须完成的最普通的工作之一。好的排程和排序可以提高生产和服务计划的效率。排程是指对特定的作业、人员或设备的开始和完成时间所做的安排。例如，快餐店、医院和电话服务中心都需要对职工的班次进行安排；医生和股票经纪人需要对患者和顾客的服务时间作业安排；机场需要对机组人员和服务人员进行排班；运动组织需要对团队和裁判进行排程；法院需要对听证人员和陪审团进行各种时间安排；销售人员需要就应付老顾客和拜访新顾客的时间进行安排。很多排程问题，从长远看都是重复性的，像对零售商店和生产线上的员工进行排班就是这样的。排程一般按月、按周甚至按天进行，像电话服务中心的雇员、护士或销售人员的排班就是这样的。

作业排序是指用来确定工作或任务的处理顺序问题。例如，工厂要对每个工人和工作地安排每天的生产任务，规定开始时间和完成时间；小型民用机场的管理者需要对跑道上等待起飞的飞机进行排序；医院要安排患者手术，为此要安排手术室、配备手术器械、手术医师和护士；分诊护士必须确定对急救患者进行救治的顺序；学校要安排上课时间表，使学生能按规定的时间到规定的教室听事先安排的教师讲课。在所有这些情况下，用有限的能力处理共同资源的问题就产生了。因此，排序问题最终决定了为达到某些目标而利用资源的程度，如满足需求或顾客的等待期限。编制作业计划实质上是要将资源分配给不同的任务，按照既定的优化目标，确定各种资源利用的时间问题。

【延伸阅读】

UPS 的排程与排序

UPS 是世界上最大的包裹递送公司，也是全球领先的供应链服务商。UPS 已经扩展了其全球运营能力，在全球范围内增加了其重型空运服务的保证能力，以便能够快捷地为顾客提供服务。每一项服务都具有时效性，因而，需要对不同的资源进行排程和优先级排序。具体作业活动包括货物的装载和卸载、包裹和飞行处理系统和规程等。

二、作业排序问题的分类

作业排序问题有很多种不同的分类方法，如图 12-1 所示。

根据行业的不同，排序问题可分为制造业的排序问题和服务业的排序问题。制造业的排序问题基本解决工件在生产过程中的加工次序问题，而在服务业中客户的参与以及服务产品的不可储存性使得服务业的排序问题主要解决如何安排服务能力以适应服务需求。

根据排序的对象不同，排序问题可分为劳动力（或服务者）排序和生产作业（或服务对象）排序。劳动力排序主要确定机器设备或服务人员何时工作；生产作业排序则主要是将不同工件安排到不同的设备上，或为不同的服务对象安排不同的服务者。

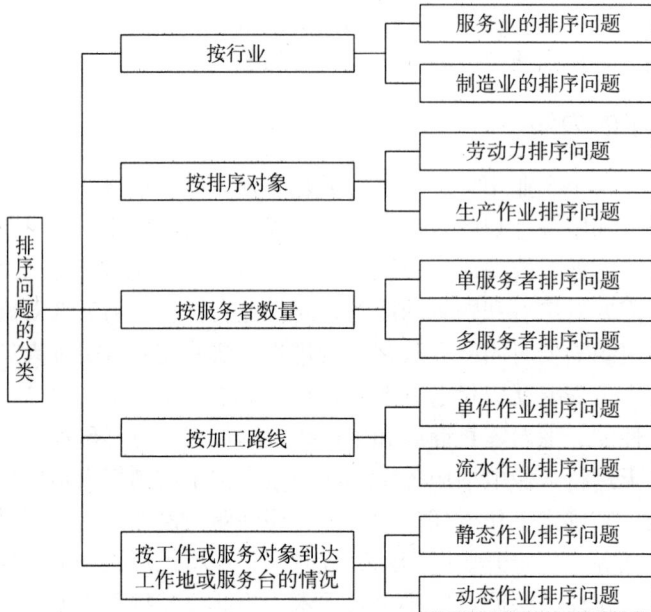

图 12-1　排序问题的分类

根据提供服务的服务者数量，排序问题可分为单服务者排序问题和多服务者排序问题。单服务者排序问题是指单队单服务台排队问题；而多服务者排序问题是指单队多服务台或多队多服务台的排队问题。在制造业中，则可分为多种工件在单台设备上的加工排序问题和在多台设备上的加工排序问题。

对于多台设备的排序问题，排序问题可根据加工路线分为单件作业（Job Shop）排序问题和流水作业（Flow Shop）排序问题。单件作业排序是指工件的加工路线不同的多设备排序问题，流水作业排序是指所有工件的加工路线完全相同的多设备排序问题。在本章中，在分析多设备排序问题时，指的是流水作业排序问题。

按工件或顾客到达工作地或服务台的具体情况，排序问题可分为静态作业排序问题和动态作业排序问题。当在进行作业排序时，所有需加工的工件或需服务的顾客都已到达，则在排序时可以进行确定性的排序，这种情况称为静态作业排序问题；如果加工工件和顾客是陆续到达的，则在进行作业排序时要随时考虑新的情况，调整排序，这种情况称为动态作业排序问题。

三、作业排序的准则

在对在某台设备上或工作地上应该先加工哪一种工件，后加工哪一种工件进行决策时，需要采用作业排序的优先调度规则。优先调度规则对作业排序的优劣具有很大的影响，为了得到理想的排序方案，需要借助合适的优先规则。迄今为止，人们提出了 100 多个作业排序，在实际中常用的有：

（一）先到先服务（First Come First Served，FCFS）优先准则

优先选择最早进入可排序的作业，也就是按照作业到达的先后顺序进行加工。

（二）最短作业时间（Shortest Processing Time，SPT）优先准则

优先选择作业时间最短的作业。

（三）交货期最早（Earliest Due Date，EDD）优先准则

优先选择完工期限最紧的作业。

（四）最小松弛时间（Shortest Slack Time，SST）优先准则

优先选择松弛时间最短的作业。所谓松弛时间，是指当前时点距离交货期的剩余时间与工件剩余加工时间之差。

（五）剩余作业时间最长（Most Work Remaining，MWKR）优先准则

优先选择余下作业时间最长的作业。

（六）剩余作业时间最短（Least Work Remaining，LWKR）优先准则

优先选择余下作业时间最短的作业。

（七）剩余作业数最多（Most Operations Remaining，MOPNR）优先准则

优先选择余下作业数最多的工件。

（八）临界比最小（Smallest Critical Ratio，SCR）优先准则

优先选择临界比最小的作业。所谓临界比，是指作业允许停留时间与余下作业时间之比。

（九）随机（Random）法则

随机地挑选出一项作业。

这些排序准则各具特色。FCFS 准则适用于服务业的排队。按 SPT 准则可使作业的平均流程时间最短，从而减少在制品量。EDD 准则、SCR 准则及 SST 准则可使作业延误时间最小。MWKR 准则使不同工作量的作业完工时间尽量接近。LWKR 准则使工作量小的作业尽快完成。MOPNR 准则与 MWKR 准则类似，但更多地考虑了作业在不同作业中心上的转运排队时间。

第二节　制造业的作业计划问题

对于多个作业在一个作业中心加工的情况，无论以什么样的顺序把待加工作业安排到作业中心都不会影响作业中心的负荷，即作业中心的资源占用都是一样的。但是，如果考虑全部作业的平均流程时间、作业的延迟时间等指标，就有了作业排序问题。作业排序是作业计划的基础。合理的作业排序，可以缩短生产周期，提高按时交货的能力；充分利用设备能力，提高生产资源的利用率；减少在制品数量，提高资金周转率。

一、一个加工中心的排序问题

多个作业在一个工作中心加工时，作业加工顺序不同，全部作业的流程时间、延迟时间等指标都会不同，解决这一排序问题，常用的排序准则为：FCFS 准则、SPT 准则、EDD 准则。下面结合具体的例子来说明三种排序准则的应用。

【例 12 - 1】某保险公司的核保业务包括 5 项商业保险项目，所需提供的处理时间和预定交工日期如表 12 - 1 所示。

表 12 -1　保险公司核保业务处理信息　　　　　　　　　单位：天

工作	处理时间	预定交工日期
1	4	15
2	7	16
3	2	8
4	6	21
5	3	9

注：预定交工日期为相对天数。例如，工作 1 的预定交工日期是 15 天，即以作业开始时间为第 1 天，第 15 天交工。

解：

（1）排序方案采用 FCFS 准则，排序为 1 - 2 - 3 - 4 - 5，其处理信息如表 12 - 2 所示。

表 12 -2　FCFS 准则排序方案　　　　　　　　　单位：天

工作	处理时间	实际交工日期	预定交工日期	延迟时间
1	4	4	15	0
2	7	11	16	0
3	2	13	8	5
4	6	19	21	0
5	3	22	9	13

平均流程时间为：$(4 + 11 + 13 + 19 + 22)/5 = 13.8$（天）

平均延迟时间为：$(0 + 0 + 5 + 0 + 13)/5 = 3.6$（天）

（2）排序方案采用 SPT 准则，排序为 3 - 5 - 1 - 4 - 2，其处理信息如表12 - 3 所示。

平均流程时间为：$(2 + 5 + 9 + 15 + 22)/5 = 10.6$（天）

平均延迟时间为：$(0 + 0 + 0 + 0 + 6)/5 = 1.2$（天）

（3）排序方案采用 EDD 准则，排序为 3 - 5 - 1 - 2 - 4，其处理信息如表 12 - 4 所示。

平均流程时间为：$(2 + 5 + 9 + 16 + 22)/5 = 10.8$（天）

平均延迟时间为：$(0 + 0 + 0 + 0 + 1)/5 = 0.2$（天）

表 12 – 3　SPT 准则排序方案　　　　　　　　　　单位：天

工作	处理时间	实际交工日期	预定交工日期	延迟时间
3	2	2	8	0
5	3	5	9	0
1	4	9	15	0
4	6	15	21	0
2	7	22	16	6

表 12 – 4　EDD 准则排序方案　　　　　　　　　　单位：天

工作	处理时间	实际交工日期	预定交工日期	延迟时间
3	2	2	8	0
5	3	5	9	0
1	4	9	15	0
2	7	16	16	0
4	6	22	21	1

二、两个加工中心的排序问题

在本部分，我们考虑了只有两种加工中心的流程车间。假设每项工作先经过加工中心 1 处理，再经过加工中心 2 处理，每项工作在每个加工中心的加工时间是已知的。与单个加工中心排序形成鲜明对照的是，两个加工中心下工作的总完工时间根据不同的排序准则而有所不同，因此，对两个工作中心排序问题，努力找到一种最小化总完工时间的排序更有意义。

约翰逊和贝尔曼为了找到一种最小化总完工时间的安排，于 1954 年提出了以下算法，简称是 Johnson 准则。这种准则的算法程序如下：

（1）在全部作业中，找出加工时间最短的作业（当有时间相同时，任意选取其中的一项）。

（2）如果最短的加工时间发生在第一作业中心，则把相应的作业排在第一位；如果最短的加工时间发生在第二作业中心，则把相应的作业排在最后一位。

（3）把所确定的作业从作业序列中去掉，再重复步骤（1）和步骤（2），直至确定了全部作业的加工顺序为止。

【例 12 – 2】周一的早晨，某钢铁公司的铣床和钻床两个部门有如表 12 – 5 所示的工作等待处理。请应用 Johnson 准则制订一个最小化总完工时间计划。

表 12 – 5　某钢铁公司两个作业中心的加工时间　　　　　　　　单位：小时

作业中心	加工时间					
	J_1	J_2	J_3	J_4	J_5	J_6
铣床	8	6	10	5	3	6
钻床	4	10	5	6	8	2

解：

按照上述步骤，求解如下：

排 J_6 在第六位						J_6
排 J_5 在第一位	J_5					J_6
排 J_1 在第五位	J_5				J_1	J_6
排 J_4 在第二位	J_5	J_4			J_1	J_6
排 J_3 在第四位	J_5	J_4		J_3	J_1	J_6
排 J_2 在第三位	J_5	J_4	J_2	J_3	J_1	J_6

最优排序为：J_5、J_4、J_2、J_3、J_1、J_6。

可以得到最优排序：J_5、J_4、J_2、J_3、J_1、J_6。

在这个最优排序中，其总的加工周期是最短的。图 12-2 给出了排序后的甘特图，此时，总的加工周期达到最短，为 40 小时。

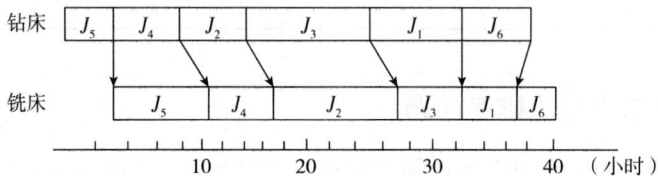

图 12-2　排序方案的甘特图

三、生产作业控制

生产作业控制就是对作业计划的实施情况进行监控，发现作业计划与实际完成情况之间的偏差，采取调节和校正措施，以确保计划目标的实现。如果生产作业计划的功能是预先安排作业活动，那么生产作业控制的功能就是根据产量、质量、进度、成本、收率等评定生产实绩的各种标准，对与生产相关的活动实施实时调整。生产作业控制是生产管理的重要职能，是实现生产计划和生产作业计划的重要手段。

（一）生产进度控制

生产进度控制就是依照预先制定的作业计划，检查各种零部件的投入和出产时间、数量以及配套性，保证产品能准时装配出厂。生产进度控制的目标应是准时出产，即只在需要的时间按需要的品种生产需要的数量，既不拖期，也不提前。生产进度控制是生产作业控制的中心任务之一，贯穿作业准备到作业结束的全部生产过程。生产预计分析和生产均衡性控制是生产进度控制的两项主要内容。

1. 生产预计分析

生产预计分析是指根据进度统计资料所反映的计划完成进度和生产计划趋势，对本期计划指标可能完成的程度作一种预测，再根据预测结果，采用不同的调度措施，适时增加或减少资源的投入。下面介绍生产预计分析常用的方法——差额推算法。

差额推算法常用于对产量、产值等绝对指标的预测。应用差额推算法，首先要计算出实际完成产量的差额，然后根据生产条件分析趋势，从而推算出计划期末可能达到的数量和计划完成程度。其具体步骤如下：

（1）根据报告期已经完成的每日（或月）的生产统计数据，计算从报告期至当前时间为止累计实际与累计计划的差额以及计划完成的程度。

（2）初步预测期末生产计划完成的可能性。计算到预计日（即报告期末）为止的计划完成和尚需完成的计划产量，再按平均日（或月）产量的初步计划完成尚需的日（或月）数和期末计划可能完成程度。

（3）根据所掌握的情况及生产发展趋势，调整初步预计数据。

2. 生产均衡性控制

所谓生产的均衡性，就是不仅要完成整个计划期的生产任务，而且要完成某个具体时段（如周、日、小时）的生产任务，即实现均衡生产。企业类型不同，时段的细致程度有区别。但随着科技水平的提高，企业普遍采用柔性加工单元，所以至少要控制每天的实际产量，使其与计划产量一致。

（二）生产调度

生产调度是执行生产作业控制的重要职能。一般企业有专门的生产调度部门，协助各级行政领导指挥生产，协调各部门工作，行使调度权力，处理生产中出现的问题。

1. 生产调度的作用

（1）检查生产作业计划的执行情况，掌握计划执行情况，及时采取必要的调整措施。

（2）检查生产作业的准备情况，督促和协调有关部门做好生产准备工作。

（3）根据生产需要，合理调配生产资源，保证各生产环节、各工作地协调、均衡地进行生产。

2. 生产调度要坚持的原则

（1）计划性原则。以计划指导生产，全面完成计划是生产调度的主要目标。

（2）预见性原则。生产调度要有预见性，及时准确掌握生产信息，预测和推断生产发展趋势，及早发现生产中出现的问题，并进行纠正。

（3）集中性原则。影响生产过程的变化因素很多，生产调度经常涉及企业多个部门，必须坚持集中统一原则，保持调度的权威性。

（4）关键点原则。生产调度工作应将重点放在关键工序（瓶颈）或环节上。

3. 生产调度的工作制度

（1）值班制度。为了随时掌握生产情况，应建立调度值班制度。每个工作班、车间和工厂都设值班调度员，以便及时发现并随时处理生产中临时出现的问题，并填写调度值班记录，做好调度工作的衔接。

（2）会议制度。调度会议是解决生产过程中问题的一种团队管理方法。日常调度会议定期举行，主要通报一段时间的生产进展情况以及需要解决的问题。除日常调度会议外，还应经常召开现场调度会议，以解决现场突发性与临时性的问题。

（3）报告制度。为了使企业各级管理者都能及时了解生产进展，需要建立调度报告制度。调度报告有书面的正式报告和口头的非正式报告两种。正式调度报告一般按照企业调度工作要求，定期对某段时间的生产调度情况进行总结，把存在的问题与解决措施和建议作为报告的内容提交给主管生产的经理。非正式报告就是在调度过程中随时向上级或有关部门报告出现的异常情况。

【延伸阅读】

现实生产计划中的生产调度模式有哪几种？

生产调度分为动态调度和静态调度两大类，静态调度是在调度环境和任务已知的前提下的事前调度方案。在实际生产过程中，虽然在调度之前进行了尽可能的符合实际的预测，但由于生产过程的诸多因素，如处理单元和物料等资源的变化，难以预先精确估计，往往影响调度计划，使实际生产进度与静态调度的进度表不符，需要进行动态调整。特别是在市场经济供需变化快速、全球供应链竞争激烈的情况下，没有一种方法能够完全预测生产过程的动态变化。事实上，由于市场需求变化会引起产品订单变化，如产品数量的变化、交货期的变化等；另外，生产设备故障、能源的短缺和加工周期的变化等，都可能使原来的调度不符合实际要求。

为了适应实际生产过程中的不确定性和随机性，一般采用周期性的调度和再调度相结合的策略，定义一些关键事件，如设备故障、订单改变等，当关键事件发生时，立即重新调度，这也称为基于事件的调度方式；否则，采用周期性调度，即进行所谓的动态调度，或者称为再调度、重调度。动态调度是指在调度环境和任务存在着不可预测的扰动情况下的调度方案，它不仅依赖于事前调度环境和任务，而且与当前状态有关。

动态调度有两种形式：滚动调度和被动调度。滚动调度是指调度优化时间随着时间的推移，在一个接一个的时间段内动态进行生产调度。被动调度是指当生产过程发生变化，原来的调度不再可行时所进行的调度修正。被动调度是在原有的静态调度的基础上进行的，它的调度目标是尽量维持原调度水平，性能指标下降越小越好。滚动调度既可以在原有的静态调度的基础上进行，也可以直接进行，其最终目的都是在当前优化区域内得到最优或次优调度。

资料来源：现实生产计划中的生产调度模式有哪几种？[EB/OL]. 世界经理人，http：//www. ceconlinebbs. com/FORUM_ POST_ 900001_ 900002_ 1054860_ 0. HTM.

第三节　服务业的作业计划问题

一、服务业作业计划的影响因素

制造业提供的是有形的产品，可以进行储存，而服务业提供的服务不能储存；制造业是通过工人或机器生产产品，通过产品为顾客提供服务，而服务业是通过员工的劳动直接为顾客服务；服务企业与顾客的关系比制造企业与顾客之间的关系更加紧密。服务业排序与制造业排序存在很大的区别，其根本原因在于：服务不能像产品一样被储存、服务无法进行预先生产以及顾客需要服务的随机性。在整个服务过程中，顾客需要参与，因此作业排序对顾客有直接影响。这与制造业不同，在制造业中，生产作业排序对产品的最终顾客没有直接影响。顾客参与会影响服务作业实现标准化，从而影响服务效率。同时，由于顾客的需求各异，使服务时间难以预计，导致所需服务人员的数量难以确定。

服务的特殊性决定了服务作业计划与制造业作业计划有很大的差异。影响服务作业计划的主要因素有服务的易逝性及顾客参与服务过程两大类。

（一）服务的易逝性对服务作业计划的影响

服务的易逝性对服务作业计划的影响体现在以下两个方面：

1. 计划内容

在服务业中，作业计划要规定服务交易的时间或地点，而在制造业中，作业排序仅仅涉及产品的生产加工过程。

2. 人员规模

因服务的易逝性，加之顾客的到达及服务时间都是随机的，所以服务的输出与劳动力的最佳规模之间的关系很难确定；而在制造业中，两者之间有紧密联系，因此可通过计算寻求最优作业排序方案。

（二）顾客参与服务过程对服务作业计划的影响

顾客参与服务过程对服务作业计划的影响体现在以下三个方面：

（1）因顾客的参与使得服务系统难以实现标准化，这在一定程度上影响了服务效率。

（2）有时为了满足顾客心理需求，需要服务人员与之交谈，这就增加了控制服务时间的难度。

（3）对服务的评价往往是基于主观判断的。由于服务是无形的、服务质量与顾客感觉有关。不准确的评价信息反馈影响员工的工作积极性甚至服务质量的进一步提高。

二、服务业作业排序

（一）预约系统

预约可以被看作是对服务时间和能力的预定。使用预约可以提供一种途径来最大化依赖于时间的服务能力和降低客户放弃预定的风险。预约系统在很多业务领域中得到了应用，如看病、咨询、税款准备、音乐教育、医药、牙齿保健和兽医领域。预约降低了提供服务的成本，因为服务人员在每个工作日怠工的情况变少了。预约系统必须努力与顾客相适应，并对顾客行为进行预测，如预测放弃预定比率或需要更多处理时间的难缠顾客。

以下是关于设计预约系统需要考虑的四个问题。

1. 确定预约时间间隔，如 1 小时或者 15 分钟

一些专业性的服务，如牙医、内科医生等需要使用更短的预约时间间隔，然后根据顾客的需求在不同程序类型的基础上对其进行修正。

2. 基于对每天的顾客群体所做的分析，确定每个工作日的工作时间和下班时间

对典型问题的回答包括：我们是否应该每天安排 10 个小时来登记接待顾客，且连续工作 4 天后周五安排休息，或者有其他的安排？我们是否应该在周一、周三和周五用 8 个小时来接待顾客而在周二和周四用 10 个小时工作以确保不会失去工作？我们是否应该在每年的十二月、三月、六月和九月的最后一周休假呢？一旦上班和休假的时间（即每年的接待能力）确定下来，且假设保持一定的顾客群体和超额预定比率，则服务人员就可

以对当年的总收入进行预测。

3. 确定如何处理一周中每天的超额预定问题

顾客通常不在预约的时间准时出现，如果放弃预定的比率很低，如2%，那可能就不需要超额预定了。一旦放弃预定的比率达到或超过了10%，超额预定就非常必要了，它可以使收入最大化，使宝贵的时间得到充分的利用。

4. 制定能最大化顾客满意度的顾客预约规则

例如，某些服务人员会在每个工作日将预约时间间隔开放。还有一些安排如服务人员有60分钟的午餐休息时间，如果必要的话也可以从午餐时间中挤出来成为接待顾客的时间，这些计划的休息时间可以被看作安全的服务能力。这样就使得服务人员在面临特定顾客的情形和协调特殊顾客方面具有一定的应变能力和柔性。如果最后一个预约间隔时间没有用到，那么服务人员可以利用这段时间来完成其他的工作或者提前回家休息。电话和电子预约提醒是帮助服务能力最大化利用的又一条途径。

（二）人员安排

将服务员工安排到不同的服务需求时间上的作业计划是服务员工轮班问题。它是一类排序问题，轮班问题多种多样，企业的工作制度不同，工作轮班的方式也不同，下面介绍两种常见的轮班方式：员工固定的轮班计划和员工变化的轮班计划。

1. 员工固定的轮班计划

对于需求较稳定的服务业，企业每天的上班人数是固定的，并且按照固定的班组上班，如一天两班、三班或四班，这个轮班计划以班组为单位，如何安排不同班组的休息与上班时间是工作轮班计划的主要任务。两班制的轮班比较简单，每天分两个班，每班上8小时，每隔一周或两周调换一次。三班制的轮班稍微复杂些，一般而言，三班制的夜班比较辛苦，因此必须进行倒班，轮流夜班。表12-6是一种三班制的轮班计划。

表12-6　三班制的轮班计划

班次	第一周	第二周	第三周	第四周
早班	甲	乙	丙	甲
中班	乙	丙	甲	乙
夜班	丙	甲	乙	丙

三班倒强度大，因为如果连续工作，又没有顶班的话，这三个班的员工是没有休息日的，为此，一般采用四班三运转轮班方式，企业运作常年不中断，每天24小时正常上班，每天保证有一班在休息，三个班在上班。表12-7为四班三运转的轮班计划。

表12-7　四班三运转的轮班计划

工作日	1	2	3	4	5	6	7	8	9	10	11	12	13	14	15	16
早班	甲	甲	丁	丁	丙	丙	乙	乙	甲	甲	丁	丁	丙	丙	乙	乙
中班	乙	乙	甲	甲	丁	丁	丙	丙	乙	乙	甲	甲	丁	丁	丙	丙
夜班	丙	丙	乙	乙	甲	甲	丁	丁	丙	丙	乙	乙	甲	甲	丁	丁
轮休班组	丁	丁	丙	丙	乙	乙	甲	甲	丁	丁	丙	丙	乙	乙	甲	甲

2. 员工变化的轮班计划

餐饮、零售、邮局营业员、公交汽车的司机等服务业遇到的是变化的需求，管理层必须不断调整以适应这种变化的需求。同时，一些法规要求向每周工作时间超过 40 小时的员工（按小时工作的工人）支付加班费。很明显，如果计划不能给每个员工提供两个休息日，就有可能要支付不必要的加班费。另外，大多数员工可能更希望每周有两个连续的休息日。循环排序法就是解决这类问题的既简单又实用的启发式方法。这种方法的具体步骤如下：

（1）确定需求：明确一个周期内每天需要的员工数量。这里的周期可以是一周，也可以是 10 天，还可以是一个月。

（2）找数组：在一个周期内，把相邻的两个数看作一个数组。找这样的数组：其中大的那个数不会超过其他任意一个数组中大的数。如果有不止一个这样的数组，就选择数组中两个数之和最小的那个数组。如果数组中两个数之和也相等，就随机选择一个数组。

（3）确定休班日期，就每一个员工，让其在剩余需求数中的数组对应的两天休班。

（4）更新需求员工的人数。安排完一名员工休班后，将没安排休班的日期对应的需求量减掉 1，作为新的人员需求量。依次类推。直至把全部员工的休班时间确定下来为止。

【例 12 –3】某会计师事务所里每天的员工需求如表 12 – 8 所示。事务所要求每名员工连续工作 5 天，然后连续休息 2 天，事务所主管必须编制一份工作安排表以使所需员工数量最少。

解：

表 12 – 8　某会计师事务所最低员工需求

员工需求数量	星期一	星期二	星期三	星期四	星期五	星期六	星期日
	8	6	6	6	9	5	3

对于第一名员工，通过找到符合条件的数组，确定其休班日期，如表 12 – 9 所示。

表 12 – 9　第一名员工休班方案

员工需求数量	星期一	星期二	星期三	星期四	星期五	星期六	星期日
	8	6	6	6	9	5	3
1	8	6	6	6	9	<u>5</u>	<u>3</u>

可以看到，（5，3）构成的数组中大的那个数不会超过其他任意一个数组中大的那个数。所以安排第一名员工在星期六和星期日连休。更新需求数据。如表 12 – 10 所示。

此时，（5，5）、（5，3）两个数组中大的数都是 5，这时选择后面一个数组，因为该数组中两个数之和小于另一个数组中两个数之和。因此，应该安排第二名员工在星期六和星期日休息。如果数组之和仍然是一样的，那么选择总需求最少的那对数组作为休假的时间。

表 12 – 10　第二名员工休班方案

员工需求 数量	星期一	星期二	星期三	星期四	星期五	星期六	星期日
	8	6	6	6	9	5	3
1	8	6	6	6	9	5	3
2	7	5	5	5	8	5	3

以此类推，直至安排完全部员工。结果如表 12 – 11 所示。

表 12 – 11　某会计师事务所的休班方案

员工需求 数量	星期一	星期二	星期三	星期四	星期五	星期六	星期日
	8	6	6	6	9	5	3
1	8	6	6	6	9	5	3
2	7	5	5	5	8	5	3
3	6	4	4	4	7	5	3
4	5	4	4	3	6	4	2
5	4	3	3	2	5	4	2
6	3	2	3	2	4	3	1
7	2	1	2	1	3	3	1
8	2	1	1	0	2	2	0
9	1	0	1	0	1	1	0
10	0	0	0	0	0	1	0

在保证需求且员工都可以连续两天休班的前提下，会计师事务所最多需要 10 名员工。但是从表 12 – 11 倒数第二行可以看出，第九名员工实际上只需工作 4 天，第十名员工只需工作 1 天。考虑节约成本，可以少聘一名员工，让其他一名员工（如第九名）不要连休，隔开时间休息，考虑给予适当补偿。如表 12 – 12 所示。

表 12 – 12　某会计师事务所的休班最终方案

员工需求 数量	星期一	星期二	星期三	星期四	星期五	星期六	星期日
	8	6	6	6	9	5	3
1	8	6	6	6	9	5	3
2	7	5	5	5	8	5	3
3	6	4	4	4	7	5	3
4	5	4	4	3	6	4	2
5	4	3	3	2	5	4	2
6	3	2	3	2	4	3	1
7	2	1	2	1	3	3	1
8	2	1	1	0	2	2	0
9	1	0	1	0	1	1	0

还有一个更加困难的问题，如何进行班次轮换以使得员工不要总在同样的两天休假。在更长的预测周期中，如一个季度，应该确保所有的员工在每个可能的日期都有过休假。这样就制定了一个更加公平和合理的人员安排，但是这样做会极其复杂，超出本书的范围。可以考虑借助软件技术完成相应的挑战。

三、调整服务能力的策略

前面提到的如预约、人员安排等调整顾客需求分布的措施，虽然这些转移需求的办法在一定程度上能够缓解需求的不均匀性，但并不能完全消除需求的不均匀性。现代市场的竞争十分激烈，企业越来越重视客户服务。具有真正竞争实力的企业是那些能够对顾客需求做出快速反应的企业，这就需要企业具有高度的柔性。因此，服务型企业应该从提高自己的服务能力角度出发寻找策略，下面是企业调整自身服务能力的一些基本策略。

（一）进行有效的人员班次排序

由于需求分布的不均匀性，在有些时段出现需求的高峰，有些时段出现需求的低谷。如前面所分析的，如果完全按照高峰需求安排服务人员，会造成人力资源的浪费；如果按照平均需求来安排服务人员，又会出现顾客等待的现象，这将导致顾客满意度的下降甚至顾客离去。采用有效的人员班次排序，在需求高峰期安排较多的服务人员，在需求低谷期安排较少的服务人员。这样使组织对需求变化有高度的柔性，既保证了服务水平又不会使服务能力闲置。

（二）对组织结构、服务流程进行重组

提高企业服务柔性的另一种途径在于对组织结构和服务流程进行重新设计，释放其中的潜力。良好的服务流程设计可以避免服务流程中的瓶颈，缩短整个服务的周期。例如，位于瑞典斯德哥尔摩的卡珞琳斯卡医院（The Karolinska Hospital）在重组前有47个独立部门而且各个部门高度分散，服务水平很差。一些患者从第一次与医院接触到接受治疗要相隔255天，而治疗过程仅占全部过程的2%。医院缩减了部门的数量并且对保留的部门进行了重新设计，组织重组取得了显著的成果，等待手术的时间已经从6~8个月削减到3个星期。虽然医院关闭了15个手术室中的3个，但是，每年反而能够多进行3000例手术，比过去增加了25%。

（三）雇用和培养多技能的员工

调整服务能力的本质在于增强企业应对服务需求变化的柔性，增强企业柔性的一个方面在于提高人员的柔性。相对于只掌握一种技能的员工来说，多技能员工具有更大的柔性，当负荷不均匀时，可以将多技能员工调整到高负荷的岗位，从而能够在一定程度上平衡负荷。

（四）利用临时工或兼职人员

调整服务能力的另一种方法在于按照平均需求设计服务能力，当需求出现高峰时，采用临时工或兼职人员来弥补。这样既保证了企业具有稳定的服务人员队伍，又避免了负担多余的服务人员，同时还能满足高峰时期的需求。利用临时工或兼职人员是服务业常用的一种调整服务能力的措施，如麦当劳采用兼职服务生，在周末或晚上工作，从而满足需求高峰时期对服务能力的增量需求。

【案例分析】

医院门诊分诊排队叫号系统

随着我国医疗建设的发展，营造良好的设施、幽雅的就医环境、提供优质的医疗服务已成为医院运营必不可少的手段。建立一套智能化的医院门诊排队叫号系统可改善嘈杂、混乱的排队现象，改善就医环境，大大提高就诊效率与服务形象。

门诊分诊排队叫号系统是在医院各门诊候诊区域所使用的智能化分诊和排队叫号管理系统，该系统可有效地解决患者就诊时排队的无序、医生工作量的不平衡、就诊环境嘈杂等问题。系统具有一级、二级分诊排队模式，在候诊区进行首次分诊，在诊室门口进行第二次分诊。通过两次分诊可使患者做到就诊时间心中有数，避免拥堵排队造成的急躁情绪，使候诊现场井然有序，就诊体验良好。

门诊排序系统可以清晰显示就诊者的基本信息和医生的基本信息（见图 12-3）。

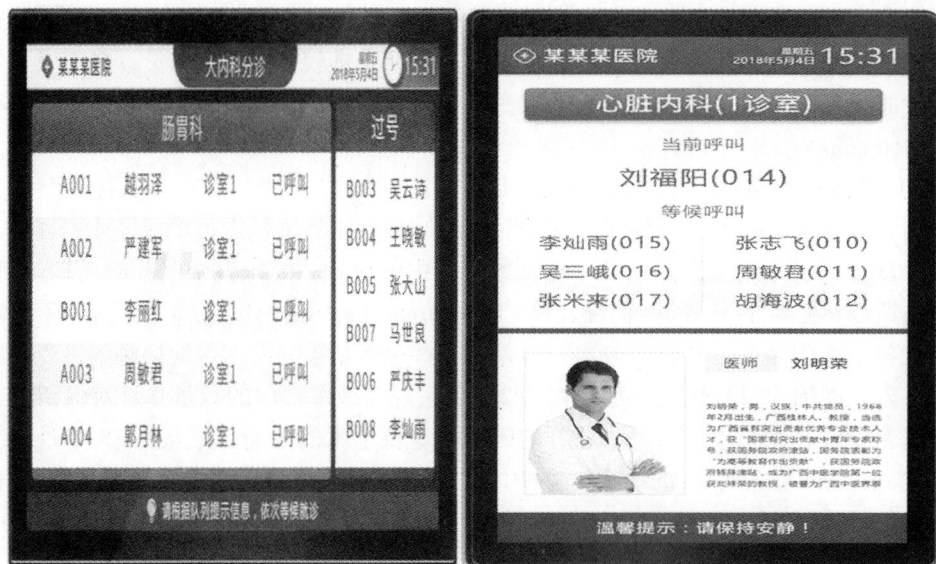

图 12-3　门诊排序系统信息显示

门诊排队系统主要包括以下功能：

1. 查询检索

可手动输入排队号、就诊卡号或患者姓名等查看指定患者的排队情况，便于为患者咨询。

2. 实时查看

可实时查看各个队列的详细情况如排队队列名称、候诊人数、已就诊人数、未到过号人数、当前队列最后一次呼叫的患者姓名、排队序号、呼叫医生或诊位、叫号时间等。

3. 复诊（回诊）处理

当患者做完检查项目后，可回到护士导诊台，护士把患者安排在原来就诊医师的队列中，做复诊处理，同时可根据需求设置复诊插队策略，如优先插队、间隔插队、可设置间隔人数。

4. 患者选医师

支持将患者手动分配至指定医生或诊室下排队候诊。

5. 优先

可对特殊患者进行标识，并对此类患者进行优先就诊操作，例如，老、幼、军人、离休等患者可优先就诊，同时叫号屏幕可显示此类患者标识，如"军""幼"等，并用其他颜色以示区别，打消其他患者疑虑。

6. 现场预约

支持预约功能，可按照某一天某个时段对患者进行预约，有效分散患者就诊时间，具备预约时段管理。

7. 退号处理

当患者临时有事或遇其他特殊情况无法就诊时，可向护士说明，护士将患者的信息删除，做退号处理。

8. 过号处理

可将过号患者重新加入队列中。医师呼叫未就诊的患者回来就诊时，由护士将患者重新加入到相应队列中。导诊台护士可根据需求设置过号患者优先就诊、延后就诊，延后就诊可设置延后位数。

9. 转移队列

可以对患者进行转科及转诊操作。患者自己要求或护士对某个诊室候诊人数较多，医师来不及就诊时使用此功能将患者转移至其他科室或诊室进行就诊。

10. 挂起功能

针对医院检查科室，如B超室，快轮到某人做B超检查时，而患者前期又没有准备好（如要憋尿），这样就无法进行下一步检查，这时通过此功能将此人进行挂起，挂起后检查室就不能进行排队叫号，等此人准备好了，再进行重新排队叫号即可。

11. 编辑信息

可以修改患者的排队信息。

12. 手动挂号

可以手动输入患者信息，加入到指定排队队列中。

13. 信息及时更新

所有因分诊护士操作导致的分诊信息变化，可以立即在候诊屏上显示。

14. 信息内容显示

对VIP患者可进行优先就诊的操作，并根据需要选择是否在候诊屏和诊室屏上显示。

15. 停电保存功能

停电后能自动保存所有排队情况，来电时不影响系统正常工作。

16. 系统复位功能

每天第一次开机时系统自动复位清零，重新排队。

17. 管理多个科室功能

一套导诊台门诊排队叫号软件可管理多个科室，一个科室可包含多个门诊类别（即职称），一个门诊类别可包含多个诊室，一个诊室可包含多个医师就诊。

18. 支持 2 种排队叫号方式

读取 HIS 患者挂号数据后，医师可直接对患者进行呼叫；也可设置成读取数据后，患者到导诊台签到后，医师才能对其排队叫号，这样可以避免医生排队叫号过号问题。

19. 批量签到

早间高峰期患者突增情况下，分诊台软件须支持自动报到和手动批量报到机制，避免患者拥堵分诊台签到，降低排队护士工作量。

20. 延迟呼叫

支持延迟呼叫，如在检查、检验科室，当患者暂时不满足检查、检验条件时，护士可对患者进行延迟就诊操作，延迟时长可自定义，时间截止时，自动取消患者延迟状态，也可以通过护士手动取消患者延迟状态。

21. 绿色通道

支持绿色通道功能，可不经语音叫号直接就诊。

22. 广播功能

支持广播功能，分诊台可向候诊区广播语音，向液晶一体机屏幕上发布文本文字信息内容。

有关数据表明：通过门诊排队系统的使用，门诊患者就医时间平均缩短约 25 分钟，医生工作效率提高 18%，诊疗质量提高，医疗纠纷明显减少，营造了和谐安静、有序、清晰的诊疗环境。

资料来源：银之鑫医院门诊分诊排队叫号系统 [EB/OL]. http://www.cqyzx.com/channel/content-133.html（经整理）.

思考：

1. 你在医院有排队等待的经历吗？讨论下你经历过的排队等待的现象和感受。
2. 结合案例，你对医院的门诊排队系统有何看法？

【思考与练习】

1. 回顾一下自己曾经有过的不好的预约经历，分析原因，并提出改进建议。
2. 常用的排队优先规则有哪些？
3. 编制作业计划要解决什么问题？
4. 作业排序有哪些类别？
5. 生产调度的工作制度有哪些？
6. 简述服务业的作业计划的影响因素。
7. 调整服务能力的策略有哪些？
8. 有一台机床需要加工 5 种工件，已知各种工件在该机床上的加工时间和交工时刻如表 12-13 所示，请分别按照 FCFS 准则、SPT 准则、EDD 准则安排作业。

表 12 – 13　各工件加工信息　　　　　　　　　　单位：分钟

工件	处理时间	预定交工时刻
1	7	14
2	8	12
3	10	20
4	2	10
5	5	15

9. 给定 6 项作业，它们的顺序经过两个作业中心，其各自的加工时间如表 12 – 14 所示，请给出最优加工顺序。

表 12 – 14　6 项作业的加工时间　　　　　　　　　　单位：小时

作业中心	加工时间					
	J_1	J_2	J_3	J_4	J_5	J_6
I	5	1	8	5	3	4
II	7	2	2	6	7	4

10. 急诊室一周内每天需要的护士总数如表 12 – 15 所示。

表 12 – 15　急诊室一周内护士的需求数　　　　　　　　　　单位：人

	星期一	星期二	星期三	星期四	星期五	星期六	星期日
护士数	5	5	6	5	4	3	3

要求制定出一份每周每名护士有连休两天且总护士需求量最小的轮班计划表。

【能力训练】

访谈附近制造性企业或服务性单位（如学校、医院）的负责人，了解该单位所面临的排程和排序问题，并积极提出解决方案。建议以小组为单位进行。

第十三章　质量管理

【学习目标】

描述质量管理大师的基本思想；

解释 ISO9000：2000 族标准的原理和核心内容；

解释质量管理的概念和发展阶段；

描述 6σ 管理的内涵和度量方法；

解释如何应用七种质量管理工具

【导入案例】

美国空军和降落伞制造商的故事

"二战"中期，美国空军和降落伞制造商之间发生了分歧，原因在于降落伞的安全性能不够。事实上，厂商经过努力已将降落伞的合格率提高到了 99.9%，然而军方要求达到 100%。军方认为 99.9% 的合格率意味着每 1000 个跳伞士兵中就会有一个因降落伞的质量问题而送命。降落伞厂商觉得 99.9% 的合格率已经够好的了，世界上没有绝对的完美，不可能达到 100%。在交涉失败后，军方改变了质量检测方法。他们从厂商前一周交货的降落伞中随机挑出一个，让厂商负责人装备上身后，亲自从飞机上往下跳。这时，厂商才真正意识到 100% 合格率的重要性。奇迹很快出现了：降落伞的合格率达到了 100%。

这是个很著名的安全故事，给了我们很大的震撼与启示，面对我国的安全现状，安全事故并没有因为随着社会的进步与科技的发展而减少，安全隐患就像一个个定时炸弹，时刻威胁着社会的健康运转，往往很多事故报告总显示是员工素质不高而造成操作不当引起的，但更深层次的原因是什么又有多少人会深思呢？

资料来源：张卓颖. 降落伞制造中的管理哲学［J］. 人才资源开发，2007（10）：10.

第一节　质量管理发展沿革

格力空调的质量是一流的，百丽皮鞋质量不错，希尔顿酒店服务质量一流，电信的服务质量不尽人意，邮政配送服务效率低，公共服务事业的服务质量尚需改善……质量是指什么？如何度量质量？谁关心质量？质量是动态还是一成不变的？

男士皮鞋的质量可能意味着耐穿、皮亮、舒适、潮流、透气、防水、低价格；女鞋则注重款式新潮、鞋跟的设计等。不同年龄不同性格会有不同的选择。邮政配送的质量呢？可能是配送的延迟，还可能是配送包裹的损坏，也可能是配送人员的服务态度不好甚至包裹的丢失等。那么到底谁是质量的裁判？质量如何定义？

一、质量和质量管理的基本概念

（一）质量

要给质量下一个准确的定义十分困难，历史上的质量管理大师都对质量下过定义。美国著名质量管理专家朱兰博士说："质量就是产品的适应性。"日本的质量管理专家石川馨也谈道："质量不仅是指产品质量，从广义上说，质量还指工作质量、过程质量、活动结果的质量等。"ISO国际标准化组织总结了近百年质量发展的成果和著名质量管理专家的意见，得出如下定义：质量是一组固有特性满足要求的程度。这一术语反映了质量管理原则的要求，尤其反映了以顾客为关注点的要求，其核心是满足要求的程度，强调在固有特性与要求之间要求是主导的、第一位的。

（二）质量管理

质量管理是组织为使产品质量能够满足不断更新的质量要求、达到顾客满意而开展的策划、组织、实施、控制、检查、审核和改进等所有相关管理活动的总和。概括起来，质量管理主要包括以下四个方面的内容：质量方针和质量目标的制定、质量策划、质量控制与质量保证、质量改进与持续改进。

1. 质量方针和质量目标的制定

质量方针是由组织的最高管理者正式发布的该组织总的质量宗旨和方向。质量方针是组织全体成员开展质量活动的准则，为质量目标的制订提供了框架和方向。质量目标即组织在质量方面所追求的目的，依据组织的质量方针而制定。通常对组织的相关职能和层次分别制定相应的质量目标。

2. 质量策划

质量策划致力于制定质量目标并规定必要的运行过程和相关资源以实现质量目标。其内容之一是编制质量计划。质量计划是质量策划的结果之一，是质量策划活动所产生的书面文件。

3. 质量控制与质量保证

质量控制是指为满足质量要求而对产品质量形成全过程中上述两方面的诸因素进行控制，其实质是致力于满足质量要求。质量控制的工作内容包括专业技术和管理技术两个方面。质量控制的具体方式或方法取决于组织的产品性质，也取决于对产品质量要求的改变。同时，在实际中应明确具体的控制对象，如工序质量控制、外协件质量控制、公司范围质量控制等。

质量保证是指组织针对顾客和其他相关方要求对自身在产品质量形成全过程中某些环节的质量控制活动提供必要的证据，以取得信任。质量保证分为外部质量保证和内部质量保证。前者向组织外部提供保证，以取得用户和第三方（质量监督管理部门、行业协会、消费者协会）的信任；后者是使组织的管理者确信组织内各职能部门和人员对质量控制的有效性。

质量控制与质量保证之间的关系可理解为质量控制是基础，是具体操作过程，如检验过程本身；质量保证是目的，着重在质量策划，最终取得信任，如质量方针和计划的制订。

4. 质量改进与持续改进

质量改进是指组织不断增强在满足质量要求方面的能力。就质量改进而言，要求可以是多个方面的，如有效性、效率或可追溯性。其中，有效性是指完成策划的活动和达到策划结果的程度；效率是指达到结果与所使用的资源之间的关系；可追溯性是指追溯所考虑对象的历史、应用情况或所处场所的能力。

持续改进是增强满足要求的能力的循环活动。这体现了诸多质量管理大师的思想：顾客满意，持续改进。

今天，高质量的产品和服务是消费者和企业客户的期望，成了企业生存和赢得竞争优势的基本条件。质量必须贯穿整个价值链，开始于供货，扩展到日常运营和售后服务。

【延伸阅读】

华为：质量是一种习惯，质量就是符合要求

——来自苏立清，华为首席信息官，曾任华为终端产品线首席质量官

质量是什么？曾任华为终端产品线首席质量官的苏立清认为："质量是一种习惯。质量工作要做好，要把这种理念融入到每个人的工作、学习和日常生活中去，让每个人都有一种强烈的把事情做好的愿望。"质量文化建设工作必须全员参与，才能真正有效果，并且要长期坚持。通过质量文化建设和管理工作的互动，使员工更深入地理解质量文化的内涵。质量的原动力来自一种愿望：一种把工作做好的意识和愿望，基于这种愿望才能把质量的基础建立起来。

质量文化建设，首先要从深层次上挖掘出人们向往美好事物的天性，这是所有质量工作的基础。接着演绎出我们对质量的理解，如克劳斯比、戴明等大师的质量理念；再对其理论化，让员工去学习，提升理论水平。如果基础的东西长期被忽略，内心追求没有体现在工作中，质量文化建设工作容易成为空中楼阁，如果员工被动接受质量文化，不是真正理解，就很难成为自发的行动。

上面谈到"大质量"的概念，再谈谈"小质量"的概念——"把产品做好"。满足了用户要求，那就是最好的产品。什么是用户的要求？我们有时会片面追求狭隘的质量，如过程符合度，或者问题解决率等指标，而忽略了用户的要求——"我要及时拿到一个高质量的产品"。有时候人们会说质量和进度之间存在矛盾，其实并不存在矛盾，它们统一于如何正确理解、满足用户要求，在这个基础上，质量、进度、成本需要作综合考虑。质量文化的核心是业务，一定要把业务做好，一切都要围绕产品、解决方案、服务，给用户带来价值。质量成本文化建设，一定要深入到每一个员工的内心深处，只有这样，才能产生这样一种理念：工作是为人们创造美好的东西。人一生中大部分的时间都是在工作，如果理解工作是为了给人们生活带来美好，那么就不会做出假冒伪劣的产品。

质量人员要有强烈的做好质量工作的愿望，并去唤起员工内在的愿望，让员工主动去关注质量，当员工把质量工作变成一种自动自发的行为时，质量文化建设工作才能算成功了。所以今后工作中要体现这样的牵引作用，通过培训、宣传等使得员工发自内心地去理解质量、热爱质量。有了这个基础以后，再运用PDCA的管理方法，运用CHECK的方法去检查执行的情况，使管理成为闭环。质量文化建设需要把一些基本的理论方法，如PD-CA、克劳斯比的满足用户要求等理念宣讲透彻。

"质量就是符合要求"，看起来就这么一句简单的话，但如果每个部门，尤其管理者都能够正确理解，则价值将是非常大的。每个人都要学会去问："目标客户的需求是什么？产品的需求规格是否符合了用户的需求？为什么用户要提这样的要求？"要达到这样的境界，我们一定要走出去、一定要贴近客户才能正确地获得用户需求。

质量工作最核心的是落实。每一个管理者必须要知道你带的团队和你的产品最关键的部分是什么，有哪些关键的问题没有攻克，有哪些潜在的问题没有得到标识，你的团队在哪些方面做得不错，在哪些方面做得欠缺，要结合团队的现状实施管理。根因分析、质量回溯是质量工作中比较核心的内容，能够帮助我们避免同样的问题不再发生。

任正非曾经对华为的工作进行了总结，并提出建立大质量管理体系这一持续的发展规划。华为自创立伊始秉承"质量为最重要的基础"这一核心发展观念，也正是这一观念让华为在业界打下了扎实的根基，加上其自主研发的创新精神，一举成为行业的领军企业，稳固了其不可撼动的龙头地位。

资料来源：华为：质量是一种习惯，质量就是符合要求［EB/OL］．搜狐网，https：//www. sohu.com/a/202887321_ 650366.

二、质量管理的发展阶段

（一）质量检验阶段

1. 操作者质量管理

20世纪以前，生产方式主要是小作坊形式，工人既是操作者又是检验者，制造和检验的质量只能统一集中在操作者身上。

2. 工长质量管理

20世纪初，F. W. Taylor提出了操作者与管理者的分工，建立了工长制，由工长行使对产品质量的检验。这一变化强化了质量检验的职能。

3. 检验员质量管理

随着科技进步和生产力的发展，企业的生产规模不断扩大，在管理分工概念的影响下，企业中逐步产生了专职的质量检验岗位、专职的质量检验员和专门的质量检验部门，使质量检验的职能得到了进一步的加强。质量检验所使用的手段是各种各样的设备和仪表，方式是严格把关，进行百分之百的检验。

随着社会科技、文化和生产力的发展，质量检验阶段的事后检验、全数检验、破坏性检验等方式存在许多不足。

（二）统计质量控制阶段

事后检验、全数检验和破坏性检验存在的不足引起了人们的关注。20世纪20年代，美国电报电话公司的贝尔（Bell）实验室成立了两个研究组。以W. A. Shewhart博士为首的工序控制组提出"事先控制，预防废品"的观念，发明了具有可操作性的质量控制图，另一个是产品控制组的 H. F. Dodge（道奇）和 H. G. Romig（罗米格）提出的产品检查批容许不合格品率的概念及抽样方案，后又提出平均检出质量极限的概念及其抽样方案。1944 年，道奇—罗米格抽样方案正式公布，两人提出抽样的概念和抽样方法，并设计抽样检验表，用于解决全数检验和破坏性检验所带来的问题。

由于当时西方资本主义国家经济衰退，这两套理论的推广受到了一定的影响。直到第二次世界大战期间，美国需要大量生产军需用品，因而迫切要求进行质量控制，它们才得以推广。

自 20 世纪 40 年代起，W. E. Deming（戴明）博士把统计质量控制的方法传播给了日本企业，该方法对日本的质量管理做出了巨大贡献。

从质量检验阶段发展到统计质量控制阶段，质量管理的理论和实践都发生了飞跃，从"事后把关"变为预先控制，并很好地解决了全数检验和破坏性检验的问题。但是，由于过多地强调了统计方法的作用，忽视了其他方法和组织管理对质量的影响，人们误认为质量管理就是统计方法，而且这种方法是统计学家的事情，这限制了统计方法的推广发展，也限制了质量管理的范畴（将质量的控制和管理局限在制造和检验部门）。

（三）全面质量管理阶段

美国通用电气公司（GE）质量总经理 A. V. Feigenbaum 和著名的质量管理专家 S. M. Juran（朱兰）等在 20 世纪 60 年代先后提出了全面质量管理的概念，开创了质量管理的新时代。

1961 年，A. V. Feigenbaum（费根鲍姆）出版了 Total Quality Control 一书，指出"全面质量管理是为了能够在最经济的水平上和考虑充分满足用户要求的条件下进行市场研究、设计、生产和服务，把企业各部门的研制质量、维持质量和提高质量的活动构成一体的有效体系"。

其全面质量管理理论强调：质量管理仅靠检验和统计控制方法是不够的，解决质量问题的方法和手段多种多样，而且还必须有一整套的组织管理工作；质量职能是企业全体人员的责任，企业全体人员都应具有质量意识和承担质量责任；质量问题不限于产品的制造过程，解决质量问题也是如此，应该在整个产品质量产生、形成、实现的全过程中都实施质量管理；质量管理必须综合考虑质量、价格、交货期和服务，而不能只考虑狭义的产品质量。

Juran 提出全面质量管理有质量策划、质量控制和质量改进三个环节，这就是朱兰三部曲。朱兰还于 1951 年首次出版了《质量控制手册》，该书成为质量管理领域的权威著作。朱兰被誉为质量领域的首席建筑师，在其 70 多年的质量管理生涯中，他从企业主管、政府官员、大学教授、公司董事、管理咨询师等诸多角色中积累了丰富的经验，他的理论对战后的经济复苏和质量革命的推动起到了巨大的促进作用，同时他也为世界质量管理的理念拓展和方法论做出了卓越贡献。

日本在推进全面质量管理过程中进行了创新探索，提出开展质量控制（QC）小组活动，使质量管理工作扎根于员工之中，使其具有广泛的群众基础，并且提出了质量改进七种工具，在日本又被称为全公司的质量控制（CWQC）或一贯质量管理（新日本制铁公司）。日本著名的 QM 专家石川馨提出广义的质量以及因果图，田口玄一提出质量损失函数概念，赤尾洋二提出质量功能展开 QFD 等方法，这些方法都对质量管理的发展做出了卓越贡献，在世界各国得到了广泛的推广。

美国虽然是全面质量管理理论的诞生地，但该理论真正取得成功却是在日本，其实施特点是结合本国实际。20 世纪 80 年代，面对国际竞争的不利局面，美国人反思了自身在质量管理上的失误，在 Deming 的推动下，又把质量管理置于企业管理的核心地位，并努力付诸实施，终于取得成效，到了 90 年代，美国的钢铁、汽车等质量又超过了日本。这种经历又为全面质量管理重在实践、重在应用做了最好的脚注。

从 TQC 发展为 TQM（Management），管理的概念更全面、更人性化、更具有竞争性。

（四）ISO9000 族标准发展的阶段

1. ISO9000：2015 族标准的发展背景

为了提高质量水平、生产率及运营管理的有效性，消除国际贸易在质量体系注册和认证方面的技术壁垒、促进国际贸易的顺利发展，国际标准化组织（International Organization for Standardization，ISO）推行世界范围内适用的标准，其目的是通过发布系列标准和相应的指南来实现。这些标准增加了质量和可靠性的级别，提高了生产率和安全性。其中一个著名的标准就是 ISO9000 标准，ISO9000 标准适用于质量管理，用于保证组织的产品或服务满足顾客需求。

国际标准化组织在 1987 年正式颁布了 ISO9000 系列标准的第一版，包括 ISO9000《质量管理和质量保证标准——选择和使用指南》、ISO9001《质量体系——设计开发、生产、安装和服务的质量保证模式》、ISO9002《质量体系——生产和安装的质量保证模式》、ISO9003《质量体系——最终检验和试验的质量保证模式》、ISO9004《质量管理和质量体系要求——指南》5 项标准。这 5 项标准与 ISO8402：1986 一起统称为 ISO9000 系列标准。ISO9000：1987 系列标准发布以后，很快得到了世界各国工业界或其他行业的广泛认同和推广，在全球掀起了 ISO9000 热潮。

根据 ISO 的有关规则，每隔 5~8 年要对标准进行修订或修正。到 2000 年，ISO9000 族标准已经完成了两次大的修正，即 1994 年对 1987 版的修正和 2000 年对 1994 版的修正。2004 年，各成员国对 ISO9000：2000 族标准进行了系统评审，以确定是否对其撤销、保持原状、修正或修订。评审结果表明：需要对 ISO9000：2000 族标准进行修订或修正。

就 ISO9000 标准经过修订，2005 年颁布了 ISO9000：2005《质量管理体系基础和术语》，于 2009 年 5 月 1 日正式实施。

就 ISO9001 标准经过修正于 2015 年 9 月正式发布。对这个标准修正的主要目的是更加明确地表述其内容，并加强与 ISO14001：2004 的兼容性。这次修正的基本要求为：标题、范围保持不变；继续保持过程方法；修正的标准仍适用于各行业不同规模和类型的组织；尽可能地提高与 ISO14001：2004《环境管理体系要求及使用指南》的兼容性；ISO9001 标准和 ISO9004 标准仍然是一对协调一致的质量管理体系标准；使用相关支持信息协助识别需要明确的问题；根据设计规范进行修正，并经验证和确认。

就 ISO9004 标准经过修订于 2009 年 11 月 1 日发布。与 2000 版 ISO9004 标准相比，无论内容上还是结构上都发生了较大的变化。标准的名称由原来"业绩改进指南"更换为"组织持续成功管理——一种质量管理方法"。新标准旨在通过一种质量管理途径，为所有处于复杂与不断变化环境下的组织持续地取得成功提供指南。

就 ISO19011 标准于 2011 年完成了修改，标准的名称也由"质量和（或）环境管理体系审核指南"更换为"管理审核指南"。

2. ISO9000：2015 族标准的构成

ISO9000：2015 族标准延续了 ISO9000：2008 族标准的基本体系结构和特点。ISO9000：2015 族标准由一系列关于质量管理的标准、指南、技术规范、技术报告、小册子和网络文件组成。其中，由 4 项密切相关的质量管理体系标准构成了 ISO9000：2015 族标准的核心标准，如表 13 – 1 所示。

表 13 – 1　ISO9000：2015 族核心标准的构成

核心标准	名称
ISO9000：2005	质量管理体系　基础和术语
ISO9001：2015	质量管理体系　要求
ISO9004：2009	质量管理体系　组织持续成功管理——一种质量管理方法
ISO19011：2011	质量管理体系　管理审核指南

3. ISO9000 族标准的管理原则

ISO9000 族标准必须遵守下列 8 项质量管理原则，质量管理是组织各项管理的内容之一。8 项质量管理原则已得到确认，最高管理者可运用这些原则，领导组织进行业绩改进。

（1）以顾客为关注焦点（Customer Focus）。组织依存于顾客。因此，组织应当理解顾客当前和未来的需求，满足顾客要求并争取超越顾客期望。

（2）领导作用（Leadership）。领导者确立组织统一的宗旨及方向，应当创造并保持使员工能充分参与实现组织目标的内部环境。

（3）全员参与（Involvement of People）。各级人员都是组织之本，只有充分参与，才能使他们的知识和技能为组织带来收益。

（4）过程方法（Process Approach）。将活动和相关的资源作为过程进行管理，可以更高效地得到期望的结果。

（5）管理的系统方法（System Approach Management）。将相互关联的过程作为系统加以识别、理解和管理，有助于组织提高实现目标的有效性和效率。

（6）持续改进（Continual Improvement）。持续改进总体业绩应当是组织的一个永恒目标。

（7）基于事实的决策方法（Factual Approach to Decision Making）。有效决策是建立在数据和信息分析基础上的。

（8）与供方互利的关系（Mutually Beneficial Supplier Relationships）。组织与供方是相互依存的，互利的关系可增强双方创造价值的能力。

三、现代质量管理大师

许多人对质量管理的思想和应用做出了实质性贡献。其中有三个人在质量革命中被认为是"管理的领袖"，他们是戴明、朱兰和菲利浦·B. 克劳斯比。

（一）戴明和 PDCA 循环

1. 戴明的 14 条原则

与其他的管理领袖和咨询专家不同，戴明从来不用精确的语言来定义或描述质量。在他最后一本书中提到："如果它能帮助一些人，使人们享受一个产品的乐趣并赢得可持续的市场，那么这一产品就有好的质量。"戴明声称高质量引起更高的生产力和更低的成本，进而带来市场占有率的提高和长期竞争力。早在美国工作时，戴明就开始宣扬他的14 条原则。虽然从戴明宣讲的 14 条原则开始到现在，管理者的实践有了很大的不同，但是对运营经理和组织的其他管理者来说，这 14 条原则仍然传达着重要的思想。①制定愿景并做出承诺；②学习的哲学；③理解检验；④不再仅根据成本做出决策；⑤持续改进；⑥专业培训；⑦专业的领导体制；⑧克服恐惧心理；⑨打破部门之间的界限；⑩废除口号；⑪取消数量化的定额；⑫废除掠夺自豪的羁绊；⑬鼓励教育和自我提高；⑭采取行动。

2. PDCA 循环

戴明认为质量管理同生产活动、科学研究以及日常生活、工作、学习等所有过程的活动一样，应该分为四个阶段，即

计划（Plan）：找出所存在的问题及原因，针对主要原因制定措施。

实施（Do）：按规定的目标和方法实实在在地去做。

检查（Check）：检查计划实施的结果是否与计划阶段所制定的目标一致。

处理（Action）：巩固措施，总结成果的经验和失败的教训，形成标准（制度化和规范化），对遗留问题，提交到下一个循环来解决。

这四个阶段构成一次完整的循环过程。PDCA 循环可以使质量管理工作更加条理化、形象化和科学化。PDCA 循环像车轮一样，不断地转动，而且每转动一次就提高一步。PDCA 循环的四个阶段不是孤立的，而是密切联系地互相推动、互相促进，使组织不断向前发展，如图 13－1 所示。

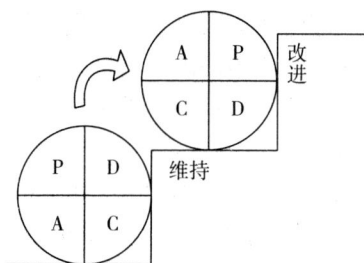

图 13－1　戴明的 PDCA 循环

（二）朱兰的螺旋曲线

20 世纪 50 年代，美国质量管理大师朱兰认为产品质量有个产生、形成和实现的过程，并率先采用一条螺旋上升的曲线来表达这一过程，被称为朱兰的螺旋曲线（见图13－2）。

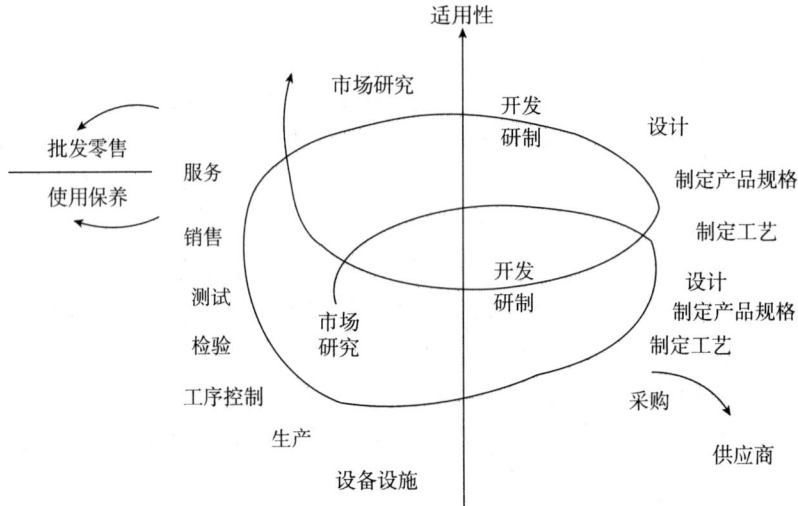

图 13 - 2　朱兰的螺旋曲线

朱兰的螺旋曲线反映了产品质量产生、形成和发展的客观规律，归纳起来有以下几点：

产品质量形成的全过程包括市场研究、开发、设计、制定产品规格、制定工艺、采购、仪器仪表及设备装置、市场、工序控制、检验、测试、销售、服务共 13 个环节。这是一个循序进行的工作过程，一环扣一环，相互依存、相互促进，不断循环，周而复始。

产品质量的形成过程是不断上升、不断提高的过程，每一次循环到达服务环节后，又以更高的水平进入下一次循环的起点——市场研究。

产品质量的形成过程是各环节质量管理活动落实到各部门及其有关人员的过程，因而就产生产品质量全过程管理的概念。

在螺旋曲线中有三个箭头分别指向供应商、零售商和用户，说明了产品质量的形成过程中还要涉及组织以外的单位、部门和个人。所以，质量管理也是一项社会系统工程。

除具有代表性的螺旋曲线外，朱兰还提出了质量管理的三元论，即质量计划、质量控制和质量改进。质量管理三元论的核心是不断改进质量。

（三）克劳斯比的零缺陷

20 世纪 60 年代，克劳斯比在马丁·玛丽埃塔公司（Martin Marietta）工作中提出了零缺陷概念，并以名言"开头就开好"而闻名。他强调预防，并对"总会存在一定程度的缺陷"的说法提出相反的看法。70 年代，他成为 ITT（美国国际电话电报）公司主管质量的副总裁并说服总裁在公司中树立质量意识。按照零缺陷概念，克劳斯比认为任何水平的质量缺陷都不应存在。为有助于公司实现共同目标，必须制定相应的质量管理计划。他的主要观点如下：①高层管理者必须承担质量管理责任并表达实现最高质量水平的愿望；②管理者必须持之以恒地努力实现高质量水平；③管理者必须用质量术语来阐明其目标是什么以及为实现这一目标，基层人员必须做什么；④每个人都尽到自己的工作职责；⑤企业应当追求零缺陷质量水平，防止商品和服务错误的发生，而不是发现错误再来改正。

第二节　质量管理的工具

一、七种质量管理工具（方法）

质量管理工具有"老七种"和"新七种"之分。"老七种"工具通常指质量控制工具，即流程图、散点图、检查表、直方图、帕累托图、因果图、控制图，主要是用来发现实际生产过程中的质量问题，以及估计这些问题产生原因的关联性。"新七种"工具指质量管理工具，即亲和图、树图、过程决策程序图、矩阵图、关联图、优先顺序矩阵图和活动网络图，主要用于管理和策划质量改进活动。这是主要介绍"老七种"工具（"新七种"工具可以查阅有关质量管理的书籍）。

（一）流程图

流程图是对一个工序的直观描述，它能够帮助检查人员确定工序中哪些点可能出现问题。流程图中的菱形代表工序中的决策点，矩形代表操作，箭头代表工序中各步骤发生的先后顺序。画流程图时不要画得过于详细，但也不能遗漏工序中的任意一个关键步骤。流程图示例如图 13-3 所示。

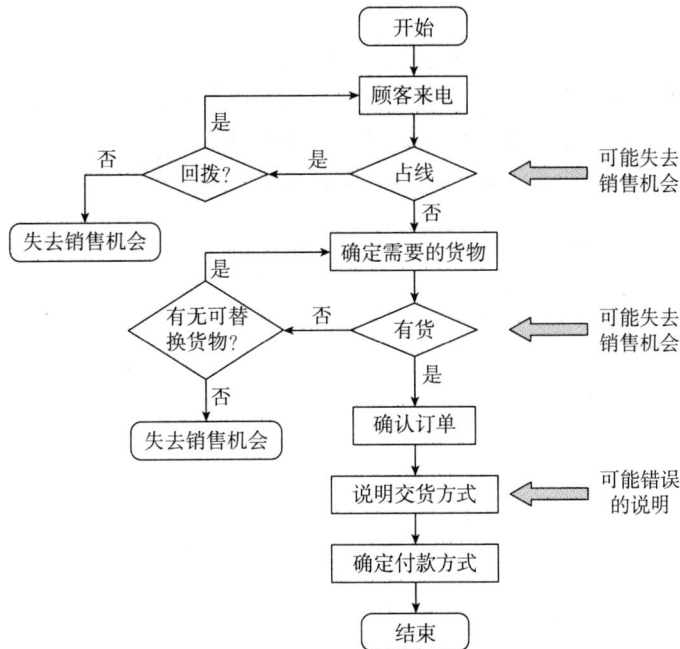

图 13-3　电话销售流程图

（二）散点图

散点图是描绘两种质量特性之间相关关系分布状态的图形，通过散点图来发现过程的运行趋势与规律。散点图主要看点的分布状态，以判断自变量和因变量有无相关性，它的类型可以从强正相关到弱负相关以及非线性相关，如图 13 – 4 所示。

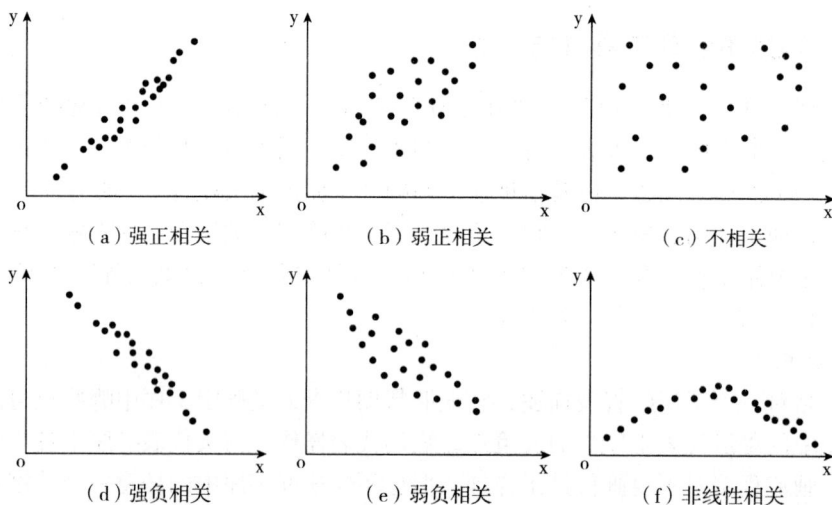

图 13 – 4　散点图

（三）检查表

检查表又称统计分析表，是一种收集整理数据和粗略分析质量原因的工具，为了调查客观事物、产品和工作质量，或为了分层收集数据而设计的图表。检查表主要是用来记录原始数据、进行原因调查以及日常管理等。检查表示例如图 13 – 5 所示。

| 日期 | 时间 | 缺陷类型 | | | | | 合计 |
		遗漏 标签	贴偏 标签	油墨 污迹	胶管 或卷	其他	
星期一	8 ~ 9	||||	||				6
	9 ~ 10		|||				3
	10 ~ 11	|	|||	|			5
	11 ~ 12		|		|	| 撕裂	3
	1 ~ 2		|				1
	2 ~ 3		||	|||	|		6
	3 ~ 4		||	| Ⅱ |			8
合计		5	14	10	2	1	32

图 13 – 5　检查表示例

（四）直方图

直方图又称质量分布图，是将所收集的测定值或数据的全部分为若干相等的区间，以此作为横轴，并将各区间内的测定值所出现次数累积而成的面积，用柱子排起来，因此又成了柱状图。直方图可以直观地看出质量特性分布、判断工序是否稳定、确定改进方向，它用于对大量计量数据进行整理加工，找出其统计规律，分析数据分布形态，以便对其总体的分布特征进行分析。直方图的示例如图 13 - 6 所示。

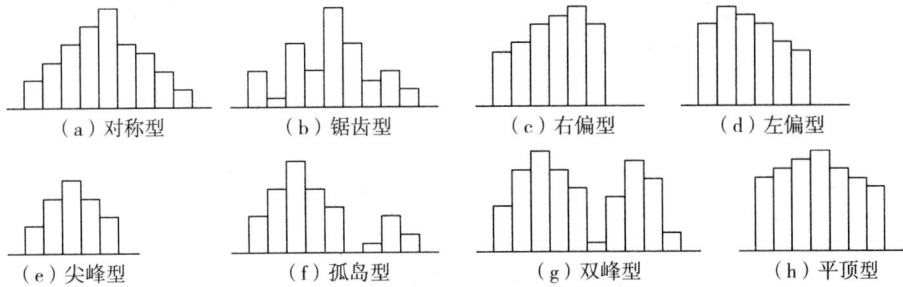

（a）对称型　　（b）锯齿型　　（c）右偏型　　（d）左偏型

（e）尖峰型　　（f）孤岛型　　（g）双峰型　　（h）平顶型

图 13 - 6　直方图

观察直方图时，应该着眼于整个图形的形态，对于局部的参差不齐不必计较，根据形状判断是正常型还是异常型，如果异常，还要进一步判断它是哪种类型，以便分析原因，采取措施。常见的异常直方图的形成原因如表 13 - 2 所示。

表 13 - 2　几种典型异常直方图及形成原因

异常直方图	原因
锯齿型	测量方法或读数误差，分组不当
孤岛型	加工条件变动，错用仪表，读数错误，不同批号相混
双峰型	两个不同批号或不同规格的产品相混
扁平型	加工习惯（如有意放大或缩小尺寸）
偏向型	工具磨损，员工疲劳

（五）帕累托图

帕累托图是以 19 世纪意大利经济学家帕累托的名字命名的。帕累托图说明少数几个因素对整个问题（如抱怨、不合格品）造成的影响一般占有绝对优势。其思想是根据问题的重要程度对其进行分类，以确定首先要解决的问题或故障，并集中解决那些最重要的问题，适当考虑次要的问题。即通常所说的 80/20 原则，如 80% 的机器故障发生在占机器总数 20% 的那些零部件上；世界 80% 的财富集中在 20% 的人手中。帕累托图及示例如图 13 - 7 和图 13 - 8 所示。

（六）因果图

因果图也叫树枝图、鱼刺图，是日本的石川教授发明的方法，用来帮助工人找到问题的真正原因，所以也叫石川图。它是一种系统分析质量问题原因的有效方法。一般的质量

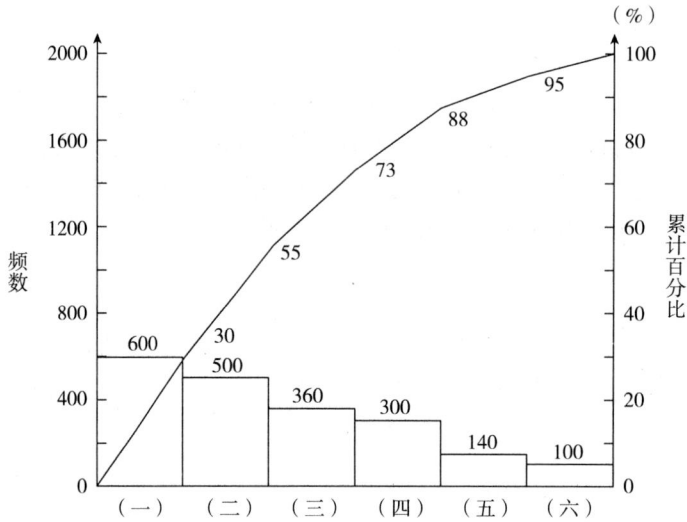

图 13 – 7　帕累托图

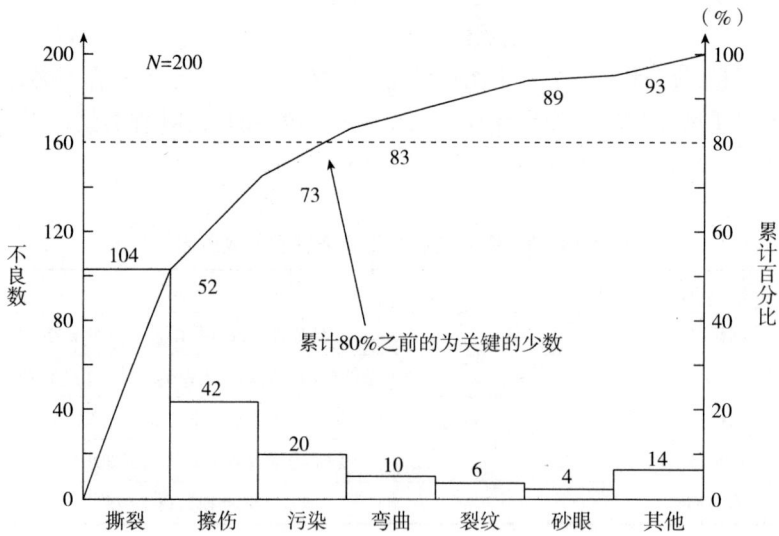

图 13 – 8　不良品不良类型的帕累托图

问题的原因分析主要就是五个方面：操作者、环境、材料、设备、方法。根据这五种原因，再深入分析从大原因中找小原因，一层一层地分析，把所有的原因找出来，采取不同的措施进行改进。因果图及示例如图 13 – 9 和图 13 – 10 所示。

（七）控制图

控制图是最常用的一种统计质量管理工具，也是统计过程质量控制 SPC 的核心工具。控制图可以用来确定质量问题发生的时间以及引起质量差异的原因，判断质量是否处于受控状态。

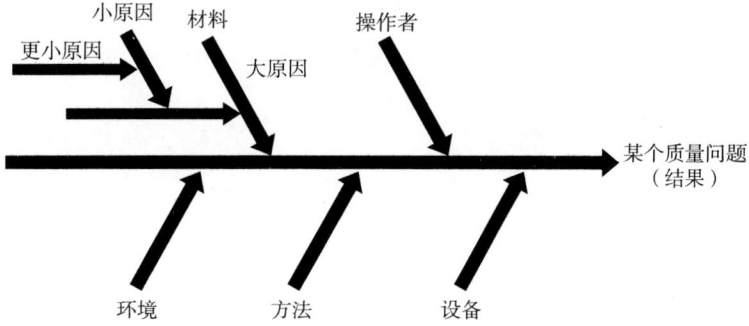

图 13 – 9　因果图

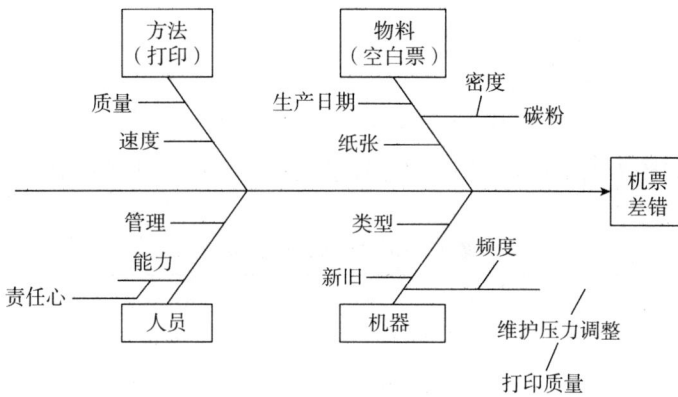

图 13 – 10　机票差错的因果图

在图 13 – 11 中，用 CL 表示中心线，是控制量的平均值。上下两条线是控制上限和控制下限，一般取 3 倍标准方差，即 $\bar{x} \pm 3\sigma$。控制图有两种：一是计量特性值的控制图；二是计数特性值的控制图。下面分别介绍两种控制图的应用方法。

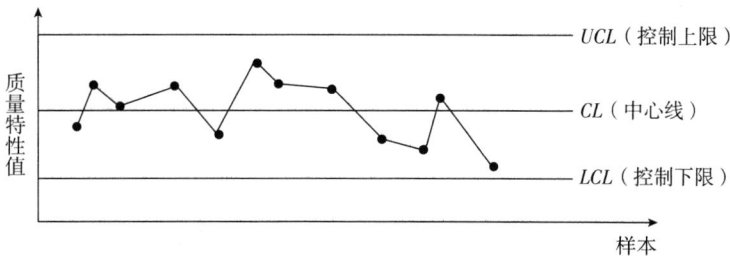

图 13 – 11　控制图的基本模式

1. 计量特性值控制图——均值、极差控制图

计量值的控制图主要有均值和极差控制图，即 $\bar{x} - R$ 图。其制作过程如下：

第一步：收集数据，从需要管理的工序中取样本，并且定时取样，数据不少于 50 个。

第二步：数据分组，一般组数为 20～25，每组数据为 2～5 个。

第三步：计算控制图的各指标值。中心线 CL，即平均值 $\overline{\overline{x}}$ 与极差 R。

平均值中心线 $CL_{\overline{x}} = \overline{\overline{x}} = \dfrac{\sum\limits_{i=1}^{k} \overline{x}_i}{k}$ (13－1)

平均值上下界限

$UCL_{\overline{x}} = \overline{\overline{x}} + 3\sigma_{\overline{x}} = \overline{\overline{x}} + A_2 \overline{R}$ (13－2)

$LCL_{\overline{x}} = \overline{\overline{x}} - 3\sigma_{\overline{x}} = \overline{\overline{x}} - A_2 \overline{R}$ (13－3)

极差中心线 $CL_R = \overline{R}$ (13－4)

极差上下界限

$UCL_R = \overline{R} + 3\sigma = D_4 \overline{R}$ (13－5)

$UCL_R = \overline{R} - 3\sigma = D_3 \overline{R}$ (13－6)

式中，$\overline{x}$ 表示各样本的平均值（$i = 1,2,\cdots,k$）；k 表示组数；A_2 表示控制界限的参数，可根据每组的样本大小查表 13－3 得到；$\overline{R}$ 表示样本极差的平均值。

表 13－3 控制界限参数

n	2	3	4	5	6	7	8	9	10	11	12	13	14	15
A_2	1.880	1.023	0.729	0.577	0.483	0.419	0.373	0.337	0.308	0.285	0.266	0.249	0.235	0.223
D_4	3.267	2.575	2.282	2.115	2.004	1.924	1.864	1.816	1.777	1.744	1.716	1.692	1.671	1.652
D_3	0	0	0	0	0	0.076	0.136	0.184	0.223	0.256	0.284	0.308	0.329	0.348

2. 计数特征值控制图

计数特征值控制图主要以不合格品、不合格品率、缺陷数等质量特性来控制产品质量。这里仅介绍 p 控制图。

p 控制图用于检测市场过程中产生的不合格品所占百分数。p 控制图的控制界限由式（13－7）～式（13－9）确定。

中心线 $CL_R = \overline{p}$ (13－7)

上下界限

$UCL_P = \overline{p} + 3\sqrt{\dfrac{\overline{p}(1-\overline{p})}{n}}$ (13－8)

$UCL_P = \overline{p} - 3\sqrt{\dfrac{\overline{p}(1-\overline{p})}{n}}$ (13－9)

式中，$\overline{p}$ 表示总体不合格率平均值；n 表示样本大小。

【例 13－1】某制造厂生产高档管件，质量顾问以切割内螺纹加工为突破口进行调查分析，切割操作的理想指标是 30.00 毫米，质量要求是 30.000±0.125，顾问在 7 天内随机抽取了每班 4 个产品，并记录实际尺寸，如表 13－4 所示。试计算 $\overline{x}$ 控制图和 R 控制图的控制界限，并绘制 $\overline{x}$－R 图。

表 13 - 4　高档管件的统计数据　　　　　　　　　　　　　单位：毫米

样本	观测值				平均值$\bar{x}$	极差 R
	x_1	x_2	x_3	x_4		
1	29.97	30.01	29.89	29.93	29.95	0.12
2	29.94	30.01	29.99	29.99	29.98	0.07
3	30.05	30.03	29.99	29.96	30.01	0.09
4	30.06	30.06	30.01	30.04	30.04	0.05
5	29.95	30.00	29.96	29.99	29.98	0.05
6	29.99	29.98	29.93	29.98	29.97	0.06
7	29.94	30.05	29.99	29.97	29.99	0.11
8	29.98	30.02	29.99	29.99	29.99	0.04
9	30.04	29.98	30.01	29.98	30.00	0.06
10	30.01	30.04	30.09	29.97	30.03	0.12
11	30.04	30.00	30.06	30.02	30.03	0.06
12	29.99	30.05	30.03	30.01	30.02	0.06
13	29.99	30.01	30.01	29.96	29.99	0.05
14	30.01	29.98	30.02	30.02	30.01	0.04
15	30.01	29.99	29.99	30.02	30.00	0.03
16	30.02	29.95	30.03	30.00	30.00	0.08
17	30.04	30.04	29.99	30.05	30.03	0.06
18	30.03	30.05	29.99	29.99	30.02	0.06
19	29.99	30.01	30.04	30.03	30.02	0.05
20	30.02	30.02	30.02	30.00	30.02	0.02

解：

根据观测数据，计算样本的平均值与极差，列于表 13 - 4 的右侧两列。因为 $n = 4$，查表可知：$A_2 = 0.279$、$D_3 = 0$、$D_4 = 2.282$。

根据式（13 - 1）得 $CL_{\bar{x}} = \bar{\bar{x}} = \dfrac{\sum\limits_{i=1}^{k} \bar{x}_i}{k} = 30.0$，即为 $\bar{x}$ 控制图的中心线。

控制图的上下界限如下：

$$UCL_{\bar{x}} = \bar{\bar{x}} + A_2\bar{R} = 30.0 + 0.729 \times 0.064 = 30.05$$

$$LCL_{\bar{x}} = \bar{\bar{x}} - A_2\bar{R} = 30.0 + 0.729 \times 0.064 = 29.95$$

把统计数据代入式（13 - 4）得 $CL_R = \bar{R} = 0.064$，即为 R 控制图的中心线。

控制图的上下界限如下：

$$UCL_R = \bar{R} + 3\sigma = D_4\bar{R} = 2.282 \times 0.064 = 0.146$$

$$UCL_R = \bar{R} - 3\sigma = D_3\bar{R} = 0$$

绘制$\bar{x} - R$控制图，如图13-12所示。

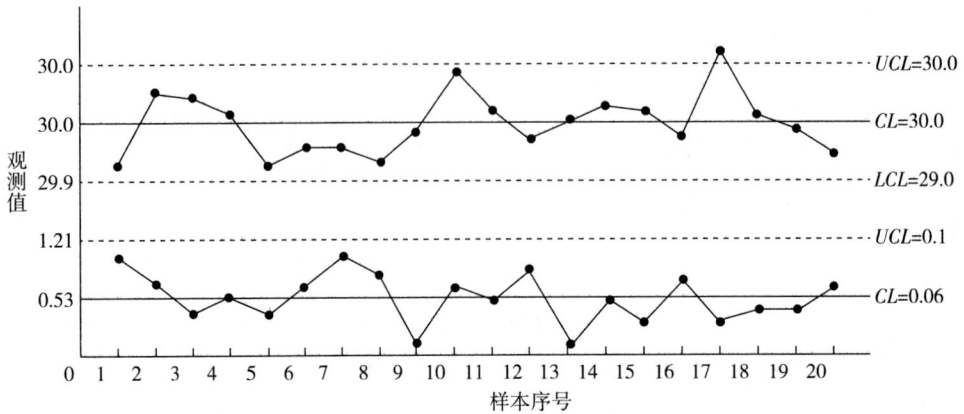

图 13-12　管件的$\bar{x} - R$控制图

二、质量控制

（一）检验数量和检验频度

依产品不同，检验的数量也会变化，可能不做任何检查，也可能是频繁地对每件产品进行检查。量大成本低的产品如螺母、回形针、纸张和木制铅笔通常只需进行小量检验，这是因为，因漏掉不合格品所造成的损失非常低，生产这些产品的过程通常很可靠以至于废品很少。相反，量小价值高的产品由于漏掉不合格品会导致重大损失，所以常常要求实行大范围的检查。毫无疑问，对人造飞船的每个关键部件都要经过仔细检查，因为这些部件失效不但会造成任务不能完成和惊人的损失，还会给人类安全带来极大的危险。在批量大的生产系统中，可选择自动检验。

在实际质量控制中，大多数项目需要检查，但是为了进行质量控制，对一件产品的每个部件或一项服务的每个环节都做严格的检查，既不可能，也不符合经济性。百分之百检查所发生的费用必然会超过由此带来的利润。全数检查本身及所采用的检验方法会导致生产过程的中断或延误。值得注意的是，对手工检验来说，即使百分之百的检验也不能保证所有的缺陷产品都能被发现并剔除。厌倦和疲劳是发生误检的主要原因。但是，由于漏检不合格品所造成的损失相当高，所以不能完全忽略检查。通常的目标是追求两者费用之和最小。尤其是当检查费用超过了与漏检不合格品有关的罚款时，就应该减少检查数量。目前的看法则是只要减少不合格品，就会降低成本。

（二）检测点的确定

一个操作过程的检测点可能很多。因为每一项检验都会增加产品或服务的成本，所以，重要的是在最容易出现质量问题的地方进行检验。

1. 制造业典型的检测点

（1）原材料和外购件。即要控制源头质量。

（2）成品出厂前。用户是否满意以及公司的形象如何都要在成品中见分晓。通常情况下，在现场修理或更换产品比在工厂里进行成本高很多。同时，卖方通常要承担退货运输费用，而买方可能会因为没有得到合格的产品而拒绝付款。

（3）在高附加值操作之前。其含义是，不要浪费高水平的劳动力（工资高）和机器设备（折旧高）去加工那些已经存在质量问题的产品。

（4）在一个不可逆的工序之前。很多情况下，在某一工艺加工点之前，产品能够被重新加工，一旦超过这一点，就不能再对其进行修复了。例如，陶器在烧制之前可返工，一旦烧结，不合格品只能被弃掉或作为次品降价处理。

（5）在一道属于覆盖性工序之前。油漆、电镀和安装往往掩盖了产品的缺陷。

检验可以用来提高工序的产出。在关键点进行检验可以完善工序，降低次品率，提高工序产出，减少或消除需要检验的机会。

2. 服务业典型的检测点

在服务领域，检测点是采购的材料和物资的入库点，服务人员服务窗口（如服务台）和已完成的服务项目（如已修理好的设备、汽车）。表13-5列举了一些具体例子。

表13-5　服务行业质量检测点举例

业务类型	检测点	检验项目或标准
快餐	收银员	准确
	服务区	外观、效率
	就餐区	清洁、不杂乱
	厨房	清洁、整齐、食物储存
	停车场	安全性、采光好
旅馆、宾馆	主服务台	外观、等待时间、票据准确
	开票	准确快捷
	建筑和地面	外观和安全性
	服务人员	待人接物、外表、业务完成情况、效率
	预订/住宿	过度预订/预订不足、住宿率问题
	房间服务	等待时间、食物质量
	供应免费用品	订货、验收、入库
	餐厅	厨房、菜单、膳食、账单
超市	出纳员	准确、礼貌、效率
	提货	质量、数量
	商品	新鲜、货物充足
	走廊和仓库	安排不杂乱
	库存控制	不缺货
	存储架	供应充足、易腐货物的周转
	展示架	外观
	购物小车	运行良好、数量充足、偷窃、损坏
	停车场	采光好、安全

业务类型	检测点	检验项目或标准
医院	工作人员	外表、工作效率
	医生	熟练、知识渊博、有经验、友好、热心
	病历	整齐、准确、最新
	账单	准确
	检查室	清洁、温度控制
	候诊室	外观、舒适性

（三）检验地点的确定

在某些情况下需要进行现场检验。例如，当检查船身的裂缝情况时，就要求检查人员到船上检查。而当进行药品试验、食物样品分析、金属强度测试、润滑剂的流动黏性测试时，在实验室里进行效果更好。

检验人员可根据集中（通常为实验室）检验和现场检验各自的特点，结合具体要检验的产品来确定检验地点。集中检验的特点有：①可进行一些特殊项目的检验，如可进行药品的毒理和药理分析；②设备精良；③检验环境良好，低噪声、无震动、无粉尘；④按事先制定好的检验规程进行操作，结果更为准确；⑤由训练有素的检验人员进行检验；⑥等待检验结果的时间较长，有时为了等待检验结果可能会使生产中断一段时间。

现场检验的特点有：①可避免外来因素对检验结果的影响，如样品的损坏或样品在带到实验室的过程中所发生的理化性质的变化；②可以很快得到检验结果，以便迅速做出决策；③对检验设备、试剂、操作规程或人员等有一定的限制。

第三节　6σ方法管理

一、6σ管理理念

（一）6σ 的兴起

六西格玛（Six Sigma，6σ）是企业改进的一种方法，这种方法致力于寻找、发现并减少在制造业和服务流程中引起的缺陷和错误，其关注重点是顾客对产品的关键需求和能否为组织带来营业收入。采用6σ 理念的终极目标是使组织所有关键流程的质量水平达到六西格玛，即接近零缺陷。

20 世纪 80 年代，日本一家公司从摩托罗拉公司手中买走了其在美国的一家电视机制造厂后，在很短的时间内这个电视机厂像变戏法一样，电视机的缺陷率降到原来的 1/20。正是这个事情，摩托罗拉公司和美国通用电气（GE）先后放弃了电视机的生产甚至整个美国都放弃了电视机的生产。在这样的背景下，1987 年乔治·费谢尔创立了一种质量管理方法，这种革新性的改进方法就是6σ。与此同时，美国政府为了提高国内产品的质量，于 1987 年设立了马尔科姆·鲍德里奇奖。

在随后的几年里，摩托罗拉在全公司范围内推行6σ方法，鲍勃·高尔文提出初始目标：未来5年使质量提高10倍。当然摩托罗拉公司的绝对目标是产品质量达到6σ。摩托罗拉公司于1989年赢得了马尔科姆·鲍德里奇国家质量奖。其推行6σ方法带来的节约额累计达到140亿美元；股票价格平均每年上涨21.3%；销售额增长5倍；利润每年增加20%。

1996年初，杰克·韦尔奇领导的GE实施了6σ、全球化和服务三大战略举措。GE认识到：其生存有赖于顾客满意，顾客满意度决定于产品或流程的质量、价格和交付期。6σ是解决质量问题既治标又治本的方法。事实上，正是GE真正把6σ这一高度有效的质量管理战略变成了管理哲学和实践，从而形成一种企业文化，首创并培养了"冠军""黑带大师""黑带""绿带"等不同层次的骨干。

继摩托罗拉、GE等先行者后，其他世界级公司也先后推行了6σ项目，这些公司有得州仪器（1986年）、ABB（1993年）、霍尼韦尔（1994年）、柯达（1995年）、西屋（1996年）、西门子（1997年）、诺基亚（1997年）、索尼（1997年）、亚马逊（1999年）。

（二）6σ管理理念

6σ是一种统计评估法，核心是追求零缺陷生产，防范产品责任风险，降低成本，提高生产率和市场占有率，提高顾客满意度和忠诚度。6σ管理既着眼于产品、服务质量，又关注过程的改进。6σ追求的是最完美的质量水准：百万分之三点四即3.4DPMO。世界级公司的经验表明：6σ是一种回报丰厚的投资，依照6σ配置资源，企业将获得：质量水准每提高1σ，产量提高12%～18%，资产增加10%～36%，利润提高20%左右。6σ是一种商业战略和哲学：顾客的实际效用意味着产品或服务必须具有相应的价值；企业的实际效用意味着在交易过程中必须为公司创造价值。6σ管理"以顾客为中心，超越顾客期望"的理念使顾客满意度大为提高，提升了客户关系价值，使商家与顾客利益达到高度统一。

二、6σ质量水平的度量

根据统计学的常识，在3σ范围内，包括了99.73%的质量特性值，而在6σ范围内，包括了99.99999998%的质量特性值，达到6σ质量标准时，即只有十亿分之二的不合格品被生产出。6σ的中心思想是，如果能"测量"一个过程有多少缺陷，便能系统地分析出怎样消除它们和尽可能地接近"零缺陷"。对6σ质量水平的度量可以用单位缺陷数和百万机会缺陷数、首次产出率和流通产出率等重要指标。

（一）单位缺陷数（DPU）和百万机会缺陷数（DPMO）

在6σ的术语中，缺陷是传递给顾客的错误和过失。例如，银行职员要在一张单上5个地方打字，有一个地方打错了，这就叫作一个"缺陷"，整张纸叫一个单元。如果一张单据上有5个地方要打字，那么这个单元的缺陷机会为5，这就是缺陷机会。那么每百万次采样数的缺陷率就是DPMO。

$$DPU = \frac{发现的缺陷数}{产品数量} \tag{13-10}$$

测算6σ时，另一个重要指标是百万机会缺陷数（DPMO），其计算公式为：

$$DPMO = \frac{DPU \times 1000000}{出错机会} \tag{13-11}$$

其中，出错机会是指在一个单位工作中可能发生的且最终导致客户不满意的最大错误个数。

如果 DPMO 是百万分之三点四，即达到 99.99966% 的合格率，那么这就是 6σ，DPMO 与 6σ 的对应关系如表 13 - 6 所示。

表 13 - 6 DPMO 与 6σ 的对应关系

σ	正品率（%）次失误/百万次操作	DPMO	以印刷错误为例	以钟表误差为例
1	30.9	690000	一本书平均每页 170 个错字	每世纪 31.75 年
2	69.2	308000	一本书平均每页 25 个错字	每世纪 4.5 年
3	93.3	66800	一本书平均每页 1.5 个错字	每世纪 3.5 个月
4	99.4	6210	一本书平均每页 301 个错字	每世纪 2.5 天
5	99.98	230	一套百科全书只有 1 个错字	每世纪 30 分钟
6	99.9997	3.4	一个小型图书馆的藏书中只有 1 个错字	每世纪 6 秒钟

在服务业中，每百万机会缺陷数用 EPMO 表示，其计算公式为：

$$EPMO = \frac{DPU \times 1000000}{\text{出错机会}} \qquad (13 - 12)$$

例如，假设一个航空公司希望测量行李处理系统的有效性，然而平均每个乘客的行李都有可能出问题。如果每个乘客平均行李数量为 1.6 个单位，航空公司记录一个月 9000 名乘客中有 4 个丢失了行李，那么

$$EPMO = \frac{DPU \times 1000000}{\text{出错机会}} = \frac{4}{9000} \times 1000000 \div 1.6 = 277.78$$

用 DPMO 和 EPMO 能让我们从更大的范围定义质量。在航空公司的例子中，就意味着从开始检票到最后找回行李不能满足顾客期望的每一个机会。6σ 代表了一个质量水准，这个水准是每一百万出错机会中几乎只有 3.4 个缺陷。如表 13 - 7 所示。它已经广泛用于产品开发、新业务获得、客户服务、审计和其他企业部门。例如，假设一个银行跟踪顾客支票业务的错误数量，如果发现 1000 次业务中有 12 个错误，就等同于每百万次出错机会中有 12000 次错误。引入 6σ 概念后，不同的企业、工厂、流程、服务之间都可以进行量化的比较。

表 13 - 7 DPMO 与 σ 水平转换表（考虑了 1.5σ 漂移）

DPMO	σ	DPMO	σ	DPMO	σ	DPMO	σ
274253.1	2.1	15386.3	3.66	3072.0	4.24	171.8	5.08
241963.7	2.2	13552.6	3.71	2717.9	4.28	159.1	5.1
211855.4	2.3	12224.5	3.75	2477.1	4.31	147.3	5.12

DPMO	σ	DPMO	σ	DPMO	σ	DPMO	σ
184060. 1	2.4	9641.9	3.84	2186.0	4.35	141.7	5.13
158655. 3	2.5	6755.7	3.97	1988.4	4.38	131.1	5.15
135666. 1	2.6	6209.7	4	1807.1	4.41	121.3	5.17
115069. 7	2.7	5867.7	4.02	1588.9	4.45	116.6	5.18
96800. 5	2.8	5703.1	4.03	1489.0	4.47	107.8	5.2
80756. 7	2.9	5386.1	4.05	1394.9	4.49	99.6	5.22
66807. 2	3	5084.9	4.07	1144.2	4.55	92.0	5.24
54799. 3	3.1	4798.8	4.09	935.4	4.61	85.0	5.26
44565. 5	3.2	4661.2	4.1	762.2	4.67	72.4	5.3
35930. 3	3.3	4269.2	4.13	597.6	4.74	59.1	5.35
31442. 8	3.36	4145.3	4.14	375.8	4.87	50.1	5.39
30054. 0	3.38	3792.6	4.17	232.6	5	37.5	5.45
22750. 1	3.5	3681.1	4.18	224.1	5.01	29.1	5.52
21691. 7	3.52	3567.0	4.2	207.8	5.03	17.4	5.64
19226. 2	3.57	3364.2	4.21	192.6	5.05	9.8	5.77
17429. 2	3.61	3166.7	4.23	178.5	5.07	3.4	6

（二）首次产出率和流通产出率

首次产出率（First Time Yield，FTY）是指过程输出一次达到顾客要求或规定要求的比率，也就是一次提交合格率。

流通产出率（Rolled Throughput Yield，RTY）是指构成过程的 FTY 的乘积。设某过程由 n 个子过程构成，那么，$RTY = FTY_1 \times FTY_2 \times \cdots \times FTY_n$。因此，RTY 就是由若干子过程构成的大过程的一次提交合格率。

用 FTY 或 RTY 度量过程可以揭示由于不能一次达到顾客要求而造成的报废和返工返修以及由此而产生的质量、成本和生产周期的损失。这与通常采用的产出率的度量方法不同。在很多企业中，只要产品没有报废，在产出率上就不计损失，因此掩盖了由于过程输出没有一次达到要求而发生的返修费用和生产周期的延误。

【例 13 - 2】某电子元器件需要经过 6 道主要工序才能加工完成。在整个加工过程中分别在第 2、第 4、第 6 道工序设置了质量检验点。其中，第 2 道工序为高附加值作业，第 4 道工序为不可逆转作业，第 6 道工序为覆盖性作业。根据生产计划，投料 100 件。经过第一个检验点发现有 5 件不合格品，其中，1 件报废，另外 4 件经返修处理后送往下一道工序继续加工。这样，连同合格半成品有 99 件半成品进入了后续的加工过程。这 99 件产品经过第二个检验点发现有 2 件不合格品，由于这道工序为不可逆工序，无法进行修复。这样，有 97 件半成品送往下一道工序继续加工。这 97 件半成品经过第三个检验点发现有 4 件不合格品，其中 1 件报废，另外 3 件经修复后达到质量规格要求。最后，共有 96 件产品交付顾客。试计算第 2、第 4、第 6 三道工序的首次合格率（FTY）以及整个加工过程的流通合格率（RTY）。这种电子元器件的加工过程如图 13 - 13 所示。

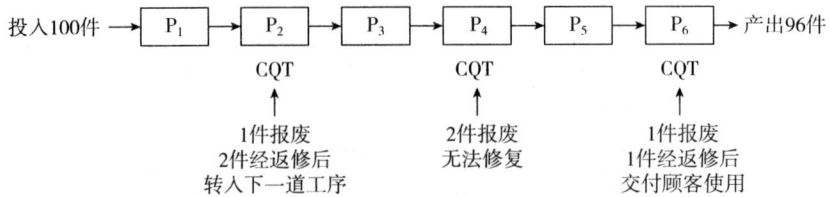

投入100件 → P_1 → P_2 → P_3 → P_4 → P_5 → P_6 → 产出96件

CQT　　　　　CQT　　　　　CQT

1件报废　　　　2件报废　　　　1件报废
2件经返修后　　无法修复　　　　1件经返修后
转入下一道工序　　　　　　　　交付顾客使用

图 13 - 13　电子元器件的加工过程

解：

$$FTY_2 = \frac{100 - (1 + 4)}{100} = 95\%$$

$$FTY_4 = \frac{99 - 2}{99} = 98\%$$

$$FTY_6 = \frac{97 - (1 + 4)}{97} = 96\%$$

$$RTY = FTY_2 \times FTY_4 \times FTY_6 = 95\% \times 98\% \times 96\% = 89\%$$

在上述例题中，如果按照生产计划部门的统计方法，产出率为96%。该统计数据掩盖了中间环节发生的返修问题，而返修必然增加了生产成本和生产周期。通过计算流通合格率可以知道，一次就能达到要求的可能性是89%，11%的产品需要返修或报废。在本例题中只有6道工序，如果有10道甚至更多的工序，可以想象，不注重每个环节的质量控制，流通合格率就会大幅度下降。在6σ管理中，引入首次合格率和流通合格率符合克劳斯比提出的"第一次就做对最经济"的质量管理思想。

三、6σ 管理的特征

（一）以顾客为关注焦点的管理理念

6σ 是以顾客为中心，关注顾客需求的一种管理理念。它的出发点就是研究客户最需要的是什么、最关心的是什么。例如，改进一辆载货车，可以将动力增大一倍，载重量增大一倍，这在技术上完全做得到，但成本和油耗都会增加，顾客不一定想要，那什么是顾客最需要的呢？这就需要去调查和分析。

假如顾客买一辆摩托车要考虑30个因素，这就需要去分析这30个因素中哪一个最重要，通过计算找到最佳组合。因此6σ就是根据顾客的需求来确定管理项目，将重点放在顾客最关心、对组织影响最大的方面。

（二）通过提高顾客满意度和降低资源成本促使组织的业绩提升

6σ 项目瞄准的目标有两个：一是提高顾客满意度，通过提高顾客满意度来占领市场、开拓市场，从而提高组织的效益；二是降低资源成本，通过降低资源成本，尤其是不良质量成本损失（Cost of Poor Quality，COPQ），从而增加组织的收入。因此，实施6σ管理方法能给一个组织带来显著的业绩提升，这也是它受到众多组织青睐的主要原因。

（三）注重数据和事实，使管理成为一种真正意义上基于数字的科学

6σ 管理方法是一种高度重视数据，依据数字、数据进行决策的管理方法，强调"用

数据说话""依据数据进行决策""改进一个过程所需要的所有信息都包含在数据中"。另外，它通过定义"机会"与"缺陷"，通过计算 DPU（每个机会中的缺陷数）、DPMO（每百万机会中的缺陷数），不但可以测量和评价产品质量，还把一些难以测量和评价的工作质量和过程质量变得像产品质量一样可测量和用数据加以评价，从而有助于获得改进机会，达到消除或减少工作差错及产品缺陷的目的。因此，6σ 管理广泛采用各种统计技术工具，使管理成为一种可测量、数字化的科学。

（四）一种以项目为驱动力的管理方法

6σ 管理方法的实施是以项目为基本单元，通过项目的实施来实现。通常项目是以"黑带"为负责人，牵头组织项目团队，通过项目成功完成来实现产品或流程的突破性改进。

（五）实现对产品和流程的突破性质量改进

6σ 项目的一个显著特点是项目的改进都是突破性的。通过这种改进能使产品质量得到显著提高，或者使流程得到改造，从而使组织获得显著的经济利益。实现突破性改进是 6σ 的一大特点，也是组织业绩提升的源泉。

（六）有预见地积极管理

"积极"是指主动地在事情发生之前进行管理，而不是被动地处理那些令人忙乱的危机，有预见地积极管理意味着应当关注那些常被忽略的业务运作，并养成习惯：确定远大的目标并且经常加以检视；确定清晰的工作优先次序；注重预防问题而不是疲于处理已发生的危机；经常质疑做事的目的，而不是不加分析地维持现状。

6σ 包括一系列工具和实践经验，它用动态的、即时反应的、有预见的、积极的管理方式取代那些被动的习惯，促使企业在当今追求几乎完美的质量水平而不容出错的竞争环境下能够快速向前发展。

（七）无边界合作

"无边界"是通用电气成功的秘籍之一。杰克·韦尔奇致力于消除部门及上下级间的障碍，促进组织内部横向和纵向的合作。这改善了过去仅仅是由于彼此间的隔阂和企业内部部门间的竞争而损失大量金钱的状况，这种做法改进了企业内部的合作，使企业获得了许多受益机会。而 6σ 扩展了这样的合作机会。在 6σ 管理中无边界合作需要确切地理解最终用户和流程中工作流向的真正需求，更重要的是，它需要用各种有关顾客和流程使各方受益，由于 6σ 管理是建立在广泛沟通基础上的，因此 6σ 管理法能够营造出一种真正支持团队合作的管理结构和环境，"黑带"是项目改进团队的负责人，而"黑带"项目往往是跨部门的，要想获得成功就必须由"黑带"率领它的团队打破部门之间的障碍，通过无边界合作完成 6σ 项目。

（八）追求完美，容忍失误

作为一个以追求卓越作为目标的管理方法，6σ 为企业提供了一个近乎完美的努力方向。没有不执行新方法贯彻新理念就能实施 6σ 管理的企业，而这样做总会带来风险。

在推行 6σ 的过程中，可能会遇到挫折和失败，企业应以积极应对挑战的心态，面对挑战和失败。

（九）遵循 DMAIC 的改进方法

6σ 有一套全面而系统的发现、分析、解决问题的方法和步骤，这就是 DMAIC 改进的方法。

（十）强调骨干队伍的建设

6σ 管理方法强调骨干队伍的建设，其中，倡导者、"黑带"大师、"黑带"、"绿带"是整个 6σ 队伍的骨干。对不同层次的骨干要进行严格的资格认证制度。例如，"黑带"必须在规定的时间内完成规定的培训，并主持完成一项增产节约幅度较大的改进项目。

四、6σ 管理的实施

6σ 不仅是一种理念，同时也是一套业绩突破的方法，它从简单的测量质量发展到致力于加速改进和取得卓越绩效的总体战略，这种战略是建立在关注顾客关键需求基础上，通过公司内部找到并消除流程中的错误或差错的原因来实现的。

实施 6σ 的标杆企业是 GE，GE 的 6σ 解决问题的步骤是由 DMAIC（Define – Measure – Analyze – Improve – Control）五个阶段组成的（见表 13 – 8）。

表 13 – 8　DMAIC 过程各阶段的主要工作和活动要点

阶段	主要工作	活动要点
D 阶段	确定顾客的关键需求，识别需要改进的产品或过程，将改进项目界定在合理的范围内	项目启动，确定 CTO（关键质量特性）
M 阶段	通过对现有过程的测量，确定过程的基线以及期望达到的目标，识别影响过程输出和输入，对测量系统的有效性作出评价	测量 Y，确定项目基线
A 阶段	通过数据分析确定过程的关键影响因素	确定关键影响因素
I 阶段	寻找优化过程输出 Y 并且消除或减小关键 X 影响的方案，使过程的缺陷或变异降低	设计并验证改进方案
C 阶段	使改进后的过程程序化并通过有效的检测方法保持过程改进的成果	保持成果

（一）定义（Define）

定义阶段主要是明确问题、目标和流程。主要任务是确定需要改进的产品及相关的核心流程，利用流程图描述核心流程，识别顾客的心声，确定质量控制点及关键质量特性，确定 6σ 项目实施所需要的资源。

（二）测量（Measure）

测量阶段主要是以灵活有效的衡量标准测量和权衡现存的系统数据，了解现有质量水平。分析问题的焦点是什么，借助关键数据缩小问题的范围，找到导致问题产生的关键原因，明确问题的核心所在。

（三）分析（Analyze）

通过采用逻辑分析法、观察法、访谈法等，对已评估出来的导致问题产生的原因进行进一步分析，确认它们之间是否存在因果关系。

（四）改善（Improve）

拟订几个可供选择的改进方案，通过讨论并多方面征求意见，从中挑选出最理想的改进方案付诸实施。实施 6σ 改进，可以是对原有流程进行局部的改进；在原有流程问题较多或惰性较大的情况下，也可以重新进行流程再设计，推出新的业务流程。

（五）控制（Control）

根据改进方案中预先确定的控制标准，在改进过程中及时解决出现的各种问题，使改进过程不至于偏离预先确定的轨道，发生较大的失误。

在服务业应用6σ要测量四个关键性指标：①精确性，用正确的财务数据、完整的信息，不能有数据误差；②周期，多长时间能完成规定的任务，例如支付货款的时间；③成本，即内部流程活动所发生的费用（在许多情况下，成本在很大程度上取决于正确性或流程的周转时间；持续时间越长，就越有可能出现错误，成本也就越高）；④顾客满意度，这是代表测量成功的首要因素。

五、6σ管理的人员组织结构

6σ质量项目的成功实施依赖于团队的建设，需要一套合理、高效的人员组织结构来保证改进活动得以顺利实现。6σ团队的关键成员包括6σ管理委员会、执行负责人、"黑带"大师、"黑带"、"绿带"。

（一）6σ管理委员会

6σ管理委员会是企业实施6σ管理的最高领导机构。该委员会主要成员由公司领导层成员担任，其主要职责是：设立6σ管理初始阶段的各种职位；确定具体的改进项目及改进次序，分配资源；定期评估各项目的进展情况，并对其进行指导；当各项目小组遇到困难或障碍时，帮助他们排忧解难等。

成功的6σ管理有一个共同的特点，就是企业领导者的全力支持。6σ管理的成功在于从上到下坚定不移地贯彻。企业领导者必须深入了解6σ管理对于企业的利益以及实施项目所要达到的目标，从而使他们对变革充满信心，并在企业内倡导一种旨在不断改进的变革氛围。

（二）执行负责人

6σ管理的执行负责人由一位副总裁以上的高层领导担任。这是一个至关重要的职位，要求具有较强的综合协调能力的人才能胜任。其具体职责是：为项目设定目标、方向和范围；协调项目所需资源；处理各项目小组之间的重叠和纠纷，加强项目小组之间的沟通等。

（三）"黑带"大师

这是6σ管理专家的最高级别，一般是统计方面的专家，负责在6σ管理中技术指导。统计学方面的培训必须由"黑带"大师来主持，"黑带"大师的人数很少，只有"黑带"人数的1/10。

（四）"黑带"

"黑带"（Black Belt）来源于军事术语，指那些具有精湛技艺和本领的人。"黑带"是6σ变革的中坚力量。对"黑带"的认证通常由外部咨询公司配合公司内部有关部门来完成。"黑带"由企业内部选拔出来，全职实施6σ管理，在接受培训取得认证之后，被授予"黑带"称号，担任项目小组负责人，领导项目小组实施流程变革，同时负责培训"绿带"。"黑带"的候选人应该具备大学数学和定量分析方面的知识基础，需要具有较为丰富的工作经验。他们必须完成160个小时的理论培训，由"黑带"大师一对一地进行项目训练和指导。经过培训的"黑带"应能够熟练地操作计算机，至少掌握一项先进的统计学软件。

（五）"绿带"

"绿带"的工作是兼职的，他们经过培训后将负责一些难度较小的项目小组，或成为其他项目小组的成员。"绿带"培训一般包括项目管理、质量管理工具、质量控制工具、解决问题的方法和信息数据分析等。"绿带"由"黑带"负责培训，并在培训中和培训后给予协助和监督。

【案例分析】

波音危机：你和竞争对手之间的差距是这样拉开的！

一、连遭重创，波音危机有多大

2019年3月28日，世界贸易组织（WTO）发布了针对波音公司补贴案执行情况的上诉机构报告，裁定美国华盛顿州以减税方式每年向波音公司提供约1亿美元违规补贴。对于眼下深陷坠机事件漩涡的波音来说，在停飞、退订单、索赔、接受质询等麻烦不断的情况下，接到这一裁定，无疑是"屋漏偏逢连夜雨"。

二、空客拿下关键一役

就在波音深陷737MAX"信任危机"之际，其主要对手空客成功拿下中国巨额订单。3月25日，中国航空器材集团有限公司与空客公司在法国巴黎签署了300架空客飞机的批量采购协议，其中包括290架A320系列、10架A350系列飞机，目录价格约300亿欧元。中国上一次签署大规模民航客机采购订单是在2017年11月，中国与波音公司签署了价值370亿美元的300架客机订单。

时过境迁，对波音而言，当年还只是"小弟"的空客如今成为实力相当的竞争对手，并且拿下了这一次的巨额订单，而波音自身在危机中脱不了身。

三、波音危机的由来

2019年3月10日，埃塞俄比亚航空203航班在亚的斯亚贝巴起飞6分钟后坠毁，飞机上157人全部丧生，包括8名中国旅客。2018年10月29日，印度尼西亚狮航610航班在雅加达起飞13分钟后坠毁，飞机上189人全部丧生。两起可怕的事故涉及的都是波音737-MAX8客机，都是新近交付使用才几个月的新飞机。但最先进的发动机和电子技术没能防止恶性的机毁人亡事故，引起世界的震惊。事故影响远远超出波音737MAX产品线，受损的是波音多年攒下的声誉，如果波音不能正确处理这次危机，恐怕空客还会吃下更多的订单。相比WTO的裁决，波音的质量信誉危机更严重。一个巨大的工业机器骤然被喊停，带来的连锁反应是震撼的：除了全球停飞737MAX，资料显示还有4000多架订单没有交付。国际评级机构惠誉（Fitch Ratings）将737MAX称为"波音的一个关键项目"。惠誉警告，如果埃塞俄比亚和印度尼西亚空难的影响进一步恶化，波音及其供应商的信用评级可能会受到影响。

四、拒绝任何借口，可靠性和安全性都应该是产品的第一标准

空客宣称始终坚持质量第一（Quality First），一次做对。波音、空客各有所长，设计

理念的不同导致发展的方向有所差别。波音：采用机械传动，结构复杂，采用各种小零部件铆接组成整体受力件，故维修保养周期短，发展方向为减重、节能。737MAX为航空公司带来更低的燃油成本。空客：采用电传动和计算机，以机械传动为应急传动，结构简单，大量采用整体件，维修保养周期长，发展方向为自动化、高舒适性。竞争引发的产品设计或存缺陷。由于对下一代飞机的开发滞后，以及空客对重点市场地挤压，737再次升级更新投放市场。波音自信的前提是，波音737是民航界史上最畅销的客机（截至2018年）。

针对不同客户的需求，空客分别在新一代小飞机和新一代中型飞机上发力，采用新发动机推出A320NEO和A321NEO机型。与此同时，波音在时间和技术上都不占优势，再次升级更新波音737，用新发动机、机舱和驾驶舱设计推出波音737MAX系列成为抗衡的一大利器。然而，波音737系列自推出已经有51年了。当然，我们不能因为波音737MAX的事故就质疑整个波音公司的产品，需要思考的是，不管是新产品推出还是老产品更新设计，可靠性和安全性都应该是产品的第一标准，这条线绝对不能越过。

五、海恩法则：任何不安全事故都是可以预防的

737MAX8飞机存在重大的设计隐患，但是波音并没有重视。2018年10月29日，印度尼西亚狮航610航班的空难事故后波音被指责未提供充分安全提醒，波音公司对全球使用737MAX8飞机的航空公司所做的，就是修改了手册，并未对导致事故的根本MCAS系统做任何改进，而且最糟糕的是，波音也没有把飞机控制模型数据提交给模拟机厂家，让厂家修改模拟机程序，让航空公司所有飞行员都可以通过模拟机训练避免类似事故发生。

美国工业界的安全先驱赫伯特·威廉·海因里希提出的关于工业安全的海恩法则。海恩法则指出：每一起严重事故的背后，必然有29次轻微事故和300起未遂先兆以及1000起事故隐患。法则强调两点：一是事故的发生是量的积累的结果；二是再好的技术，再完美的规章，在实际操作层面，也无法取代人自身的素质和责任心。

一些企业接连发生安全事故甚至重特大安全事故，问题就出在对事故征兆和事故苗头的忽视上。海恩法则对企业来说是一种警示，它说明任何一起事故都是有原因的，并且是有征兆的；它同时说明安全生产是可以控制的，安全事故是可以避免的；它也给了企业管理者生产安全管理的一种方法，即发现并控制征兆，建立风险预警机制。

同样，海恩法则适用于飞机制造商波音和空客。按照海恩法则分析，当一件重大事故发生后，我们在处理事故本身的同时，还要及时对同类问题的事故征兆和事故苗头进行排查处理，以防止类似问题的重复发生，及时解决再次发生重大事故的隐患，把问题解决在萌芽状态。

回头再看波音737MAX8客机的两次空难，波音并没有认真总结事故发生的一点一滴的原因，并做出对应的、合理的、能够解决问题的操作方案。当然，有报道说波音曾有过更新手册，"它们（波音公司）没有提供我们所驾驶飞机的全部信息，"美国联合飞行员协会的发言人丹尼斯·塔耶尔（Dennis Tajer）告诉CNN记者，"它们的公告并不是在重申现有程序，而是在补充新的信息。"

"凡事预则立，不预则废。"将隐患消灭于萌芽之中是安全管理的重要一环。如果不能及时总结原因并清除技术隐患，事故发生的概率就会成倍放大。这是谁都不愿意见到的

事情。

资料来源：郁伟. 波音危机：你和竞争对手之间的差距是这样拉开的！［EB/OL］. 搜狐网，http：//www. sohu. com/a/306353078_ 120066563.

思考：

1. 这个案例体现了质量管理的哪些理念？
2. 波音公司如何做好质量危机公关？
3. 波音公司未来如何做好安全事故的预防和质量管理？

【思考与练习】

1. 请你谈谈对质量的理解。
2. 简述朱兰螺旋曲线所反映的质量管理思想。
3. 简述戴明 PDCA 循环所反映的质量管理思想。
4. 如何理解克劳斯比提出的零缺陷？
5. ISO9000：2008 族标准的内容有哪些？
6. 如何确定检验的数量、检验的频度以及检验点？
7. 结合生活实际谈谈你对"开头就开好""第一次就做对"的理解。
8. 对一批轴承的轴径进行测量，4 个产品，共 20 个样本。如表 13 - 9 所示，要求：请用 $\bar{x} - R$ 求出控制图的上下控制界限，并判断工序是否处于控制状态？为什么？

表 13 - 9　对轴承的轴径进行测量

样本	x_1	x_2	x_3	x_4
1	21	26	23	24
2	27	27	26	28
3	32	42	29	35
4	26	33	32	30
5	24	30	20	22
6	32	27	28	27
7	33	40	23	30
8	36	20	38	32
9	32	36	26	27
10	21	33	30	23
11	24	30	32	29
12	24	24	27	27
13	32	27	35	25
14	35	39	26	24
15	22	33	35	32
16	28	31	28	35

样本	x_1	x_2	x_3	x_4
17	36	23	27	42
18	39	31	30	28
19	32	29	37	30
20	40	39	36	30

【能力训练】

1. 分别用流程图、检查表、因果图、直方图解决一个实际生产或生活中的质量问题。
2. 用质量管理工具分析学生创业小组项目的服务质量或产品质量。

第十四章　项目管理

【学习目标】

解释项目管理所涉及的问题；

解释网络图的绘制方法；

描述如何应用关键路线法；

描述时间—成本优化法

【导入案例】

雅典奥运会承办的尴尬

雅典为 2004 年奥林匹克运动会的东道主。但是，雅典过分地低估举办奥运会的建设成本，同时过高估计它的准备能力和场馆建设能力，组织者陷入了建设延期和超预算的困境，这迫使主办者把 7 年的工作压缩到 4 年，主体育馆中的玻璃钢房间的延期使整个工程推迟到 7 月末，紧接着，奥运会在 8 月 13 日开幕。国际奥委会甚至考虑取消雅典举办此次奥运会。问题也出现在其他体育馆。工程延期已经影响希腊本土的运动员，他们被迫离开自己的训练中心甚至为此次比赛而重修的著名体育场馆 Parthenon，在大量的游客到来时仍旧还只是刚刚把脚手架安装好。尽管存在这些问题，此次比赛还是成功举行了。

资料来源：金磊．雅典奥运会：成本与收益的博弈［J］．投资北京，2004（11）：10（经整理）．

思考：

1. 雅典奥运会是一个项目吗？

2. 项目的工期和成本如何平衡？

第一节　项目管理概述

一、项目的内涵

购物中心的建造、电影制作、举办商业演出、广告设计、软件开发、网页设计、港珠澳大桥的建设等都是项目（Project），它是为完成某一预定明确目标而进行的具有明确的开始、结束时限以及明确的资源的一系列相关作业。

项目可以按人数分为个人项目、群体项目、单一组织项目、多组织项目、单个国家的项目、多国项目等；可以按不确定性的高低分为高度不确定性项目、低度不确定性项目；可以按负责程度分为简单项目和复杂项目。

各个项目的规模、时间长度、范围有很大的不同，依其性质和目标而定。但所有项目都有一个共同之处：都要经历一个生命周期的发展过程，即定义项目、提出方案、实施项目、终止项目，如图 14 - 1 所示。

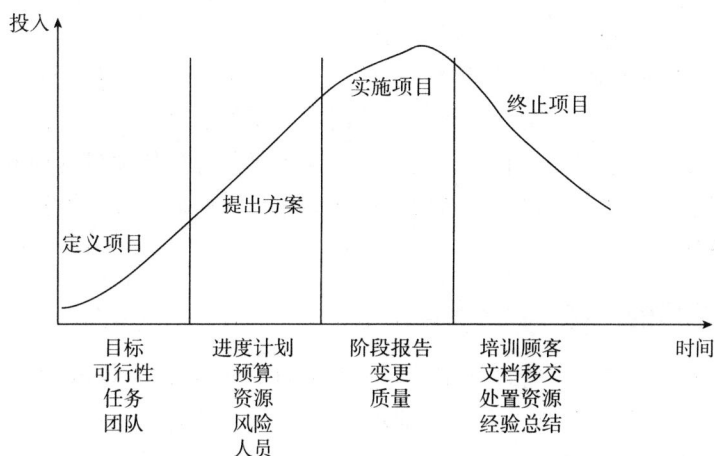

图 14 - 1　项目生命周期

在所有项目进行的过程中，项目需要系统的管理。项目管理（Project Management）包含所有涉及计划、筹划和控制项目的活动。项目管理是以团队为基础来管理项目的，它与通常的运营管理有差别，项目管理有时间限制，涉及的活动独特、重点突出、一段时间有特定的目标，而且较少层级。

二、项目管理的产生与发展

项目管理通常被认为是第二次世界大战的产物（如美国研制原子弹的曼哈顿计划），但其实项目实践可以追溯到几千年前，如我国古代的都江堰水利工程、万里长城、故宫古建筑群等。

20 世纪 50 年代，当时主要运用在军事工业和建筑业，项目管理的任务是项目的执行。1957 年美国的路易斯维化工厂，由于生产过程的要求，必须昼夜连续运行，过去的检修时间一般为 125 小时。后来，他们把检修流程精细分解，竟然发现缩短最长路线上工序的工期，就能够缩短整个检修的时间。经过反复优化，最后只用了 78 个小时就完成了检修，节省时间达到 38%，当年产生效益达 100 多万美元。这就是至今项目管理工作者还在应用的著名的时间管理技术关键路径法，简称 CPM。就在这一方法发明一年后，美国海军开始研制北极星导弹。当时的项目组织者想出了一个管理方法：计划评审技术

（PERT）为每个任务估计一个悲观的、一个乐观的和一个最可能情况下的工期，在关键路径法技术的基础上，用三值加权方法进行计划编排，最后竟然只用了4年的时间就完成了预定6年完成的项目，节省时间达33%以上。现在，CPM和PERT常被称为项目管理的常规"武器"和经典手段。主要应用于国防和军工项目。

20世纪七八十年代，项目管理迅速传遍其他各国，当时，我国的CPM称为统筹法（这是华罗庚教授首先将其介绍到国内时，根据其核心思想为它取的名称）。项目管理从美国最初的军事项目和宇航项目很快扩展到各种类型的民用项目。其特点是面向市场迎接竞争，项目管理除了计划和协调外，对采购、合同、进度、费用、质量、风险等给予了更多重视，初步形成了现代项目管理框架。项目管理是一种特别适用于那些责任重大、关系复杂、时间紧迫、资源有限的一次性任务的管理方法。

进入20世纪，现代项目管理得到新发展。它更加注重人的因素、注重顾客、注重柔性管理，力求在变革中生存和发展。在这个阶段，应用领域进一步扩大，尤其在新兴产业中得到了迅速的发展，如通信、软件、信息、金融、医药等现代项目管理的任务已不仅仅是执行任务，而且还要开发项目、经营项目以及为项目完成后形成的设施、产品和其他成果提供必要的条件。

三、项目管理的内容

美国项目管理协会的项目管理知识体系（Project Management Body of Knowledge，PMBOK）把项目管理分为四个核心内容，即项目范围、项目时间、项目费用和项目质量；四个辅助内容，即项目人力资源、项目沟通、项目风险和项目采购，此外，还提出了项目综合管理的要求。我国的项目管理知识体系则包括综合管理、范围管理、时间管理、费用管理、沟通管理、风险管理、质量管理、采购管理和人力资源管理。具体如下：

（一）项目综合管理

项目综合管理是为了协调项目的所有组成部分而进行的对各个过程的集成。其核心是在多个互相冲突的目标和方案之间做出权衡，以便满足项目利益相关者的要求。项目综合管理由规划子过程、执行子过程和控制子过程三个关键性子过程组成。这三个子过程贯穿项目始终。

（二）项目范围管理

项目范围管理是确保项目完成而且仅仅完成全部规定的任务，以最终达到项目目标的一个知识领域。其要点是在做什么与不做什么之间划清界限。基本内容是定义和控制列入或未列项目的事项。项目范围管理主要有启动、范围规划、范围定义、范围核实和范围变更控制五个子过程。

（三）项目时间管理

项目时间管理是为了确保项目按时完成的过程，主要有活动定义、活动排序、时间估算、制定进度表和时间控制五个子过程。

（四）项目费用管理

项目费用管理是为了保证在批准的预算内完成项目所必需的全部过程，主要有资源规划、费用估算、费用预算和费用控制四个子过程。

（五）项目沟通管理

项目沟通管理是保证及时、准确地提取、收集、传播、存储以及处理项目信息，主要有沟通规划、信息发布、进度报告和收尾善后工作四个子过程。

（六）项目风险管理

项目风险管理是把有利事件的积极结果尽量扩大，而把不利事件的后果降到最低程度，主要有风险识别、风险量化、提出应对措施和实施应对措施四个子过程。

（七）项目质量管理

项目质量管理是为了保证项目能够满足原来设定的各种要求，主要有质量规划、质量控制和质量保证三个子过程。

（八）项目采购管理

项目采购管理是为了从项目组织外部获取物资或服务，主要有采购规划、询价规划、询价、供应商选择、合同管理和合同收尾六个子过程。

（九）项目人力资源管理

项目人力资源管理是为了保证最有效地使用项目参与者的能力，主要有组织规划、招聘人员和班子建设三个子过程。

四、决定项目成败的因素

一项研究表明，超过30%的软件项目在执行前都被取消了，并且超过一半的成本使它们原来的预算成倍增加。许多项目的成功都依赖于一系列的关键性管理决策：决定执行哪些项目、选择项目经理、选择项目小组、计划和设计项目、管理和控制项目资源、决定项目是否以及何时结束（见表14-1）。

表 14-1　项目成功的推动因素和阻碍因素

项目成功的推动因素	项目成功的阻碍因素
清楚明确一致的目标	项目目标界定不明
高层管理者的支持	缺乏行政支持
项目经理强大的领导力	不能开发和激励人员
清楚界定项目的定义	项目定义界定不明
精确的时间和成本估计	缺乏精确完整的数据
团队合作协调	人际关系和团队合作协调得不好
有效利用项目管理工具	低效利用项目管理工具
沟通渠道畅通无阻	沟通渠道不畅
足够的资源以及合理的期限	不合理的时间压力以及资源缺乏
建设性地解决冲突	无法解决冲突

【延伸阅读】

如何有效管理项目

项目管理是一种工作和记录事件的组织方式，它能够给任何存在目标的任务带来条理与协调性。

项目管理最早可以追溯到军事与建筑行业，美国国家航空和宇宙航行局的登月行动采用了项目管理。从那以后，政府与企业都接受了项目管理。即使管理最简单任务的人现在也能够找到便宜的项目管理软件。

何谓项目？一个项目是一个任务或者一系列任务，它们需要在特定的时间段内完成，而且有一定的成本制约，项目的目标是为了取得一定的成果。

任何一个项目管理分为三部分。首先，项目有一个目标；其次，为了达成目标，每个项目需要判断人力与材料资源的多少；最后，每个项目只有将资源用于原来预想的结果才算完成。安排一个假期、装修一个房间、建造一个花棚、搬到一个新房子、组织一个聚会，这些全都是项目的例子。为了完成目标，需要注意项目管理的三个共同点。这三点存在于所有的项目，而无论其规模、是否产出实体产品（如大桥或计算机系统）、是否是一个活动（如产品发布或体育比赛）、是否是环境的改变（如搬到一个新地方）。

此外，所有项目有三个必须考虑的要素：时间、成本和质量。

三者的关系经常是三角关系，密不可分。三个要素在一个项目进行中也经常发生冲突。一般来讲，人们总希望在非常短的时间内，以尽可能低的成本获得最好的质量结果。然而，这三种要素中的任何一个都可能成为重中之重，一旦确定其中一点，那么另外两点就需要进行相应调整。大部分项目都被迫要服从至少一个要素，所以必须知道重点。

例如，假如你要在 2000 年前给你所有的 IT 系统打上千年虫补丁，考虑的重点可能是：时间，要在 1999 年 12 月 31 日前完成；质量，要在新年来到时做到零错误；成本，不计成本地让全部电脑系统在 2000 年 1 月 1 日运行正常。

设计一个新项目要考虑三种关系，明白重点所在。还要记住，在所有的项目案例中，需要有效地完成项目。三个组成部分与三个要素的结合表明，一个项目具有一定的生命周期，需要产生一个专门、可以衡量的结果，它还包含了一套相应的实现目标的行动，并且将有限的资源最大化运用。为了完成项目，你也需要一个适当的组织——一种让所有人参与进来，具有各自角色与职责的结构。每个人都需要知道做什么、为什么做、如何做以及他们的任务何时完成。项目是有限制的，要有一个明确的开始和结束。如果时间段不明确，或者目标不明确，这都不是一个项目。

资料来源：如何有效进行项目管理［EB/OL］．百度文库，https：//wenku.baidu.com/view/e39065f182d049649b6648d7c1c708a1284a0aa4.html（经整理）．

第二节　网络计划技术

一、网络计划技术的产生

网络计划技术就是利用网络图表示计划任务的进度安排和各项活动之间的关系，在此基础上进行网络分析，计算网络时间值、确定关键路线，利用时差不断改进网络计划，求得工期、资源、成本的优化。

网络计划技术是项目管理的重要方法。它起源于美国，1957 年美国杜邦公司和兰德公司首先提出并应用一种新的计划管理方法——关键路线法（CPM），1958 年美国海军武器局特别规划室在研究北极星导弹潜艇时，应用了计划评审技术（PERT）方法，使北极星导弹潜艇比预定计划提前两年完成。在 CPM 和 PERT 应用过程中，为满足某些特别需要，又发展出优先网络（Precedence Network）、概率网络（probability network）等技术。这些技术的出现使网络计划方法的应用更加广泛和深入。其中 CPM 和 PERT 最具代表性。两者的异同点如表 14 - 2 所示。

表 14 - 2　CPM 和 PERT 的相同和异同

	CPM	PERT
相同点	都是通过网络形式表达某个项目计划中各项具体活动的逻辑关系	
不同点	假定活动时间是确定的	活动时间基于概率估计
	考虑活动时间，也考虑活动费用以及费用和时间的权衡	较少考虑费用问题
	采用节点型网络图	采用箭线型网络图

二、网络图

网络图是由若干个圆圈和箭线组成的网状图，它表示一项工程或一项生产任务中各个工作环节或各道工序的先后关系和所需时间。网络图有两种形式：一种以箭线表示活动，称为箭线型网络图，另一种是以圆圈表示活动，称为节点型网络图。两者如图 14 - 2 所示。本书主要介绍箭线型网络图。

节点型网络图　　　　　　箭线型网络图

图 14 - 2　网络图的两种表示方法

（一）网络图的组成要素

1. 活动

活动是指一项工作（工序）或一项作业。它需要消耗一定资源（人力、物力、财力）和时间。在箭线型网络图中用箭线表示活动，箭尾表示活动的开始，箭头表示活动结束，箭线上标示活动的名称，箭线下标示该活动所需的时间。在不设有时间坐标的网络图中箭线的长短与活动所需时间无关。有时为了正确反映各项活动之间的逻辑关系，需要引入虚活动。所谓虚活动，是不消耗时间与资源的活动，仅表示活动的逻辑关系。

2. 事件

事件指一项活动的开始或结束的瞬间，不消耗资源，也不占用时间，用圆圈表示，是两条或两条以上箭线的交接点，又称节点。第一个事件指网络的始点事件（源），表示计划任务的开始。最后一个事件指网络的终点事件（汇），表示计划任务的结束。介于始点和终点之间的事件称为中间事件，表示前一活动的结束、后一活动的开始。

3. 路线

路线是从网络始点事件开始，沿箭线方向，到网络终点事件为止，中间有一系列首尾相接的节点和箭线组成的通道。路线所需时间是路线中各项活动的作业之和。时间最长的路线（或时差为 0 的路线）为关键路线。

（二）网络图的绘制原则

1. 方向性

各项活动从左至右，不能反向。

2. 活动有始有终

箭线的首尾必须有节点，不能从一条箭线中间引出另一条箭线。

3. 两点一线

相邻两个节点之间只能有一条箭线直接相连，如存在两个以上的活动，其余活动应使用虚活动。

4. 顺序编号

从小到大、从左至右，不能重复。

5. 源汇合一

一个网络图中只能有一个始点事件和一个终点事件。如出现几道工序同时开始或结束，可用虚箭线把始点事项或终点事项连接起来。虚箭线表示作业间的逻辑关系，但它不消耗时间。

三、网络时间参数的计算

（一）确定各项活动的作业时间

作业时间是指完成一项活动所需的时间。以 $t(i, j)$ 表示以第 i 个节点为起点，以第 j 个节点为终点的事件的时间。作业时间的单位可以是小时、日、周、月等。它是计算其他各项时间值的基础。确定作业时间的常用方法有单一时间估计法和三种时间估计法。

1. 单一时间估计法

单一时间估计法又称单点估计法，对各项活动的作业时间只确定一个时间值，以可能性最大的作业时间为准。这种方法适用于有类似的工时资料或经验数据，且影响活动完成的各有关因素相对确定的情况。

2. 三种时间估计法

三种时间估计法又称三点估计法，对于不确定性较大的问题，可预先估计三个时间值，应用概率的方法计算各项活动作业时间的平均值和方差。三个值分别为：最乐观时间，以 a 表示，指在顺利情况下最快可能完成的时间；最保守时间，以 b 表示，指在不利情况下最慢可能完成的时间；最可能时间，以 m 表示，指在正常情况下的可能时间。则作业时间的期望值和方差分别为：

$$t = \frac{a + 4m + b}{6} \tag{14-1}$$

$$\sigma^2 = \left(\frac{b-a}{6}\right)^2 \tag{14-2}$$

【例 14-1】建发装修公司办公楼项目的作业清单如表 14-3 所示，其作业时间用三种时间表示，请计算所有作业时间的期望值和方差。

解：

利用式（14-1）和式（14-2），求得作业 A 的期望值为：

$$t = \frac{a + 4m + b}{6} = \frac{15 + 4 \times 18 + 20}{6} \approx 18$$

$$\sigma^2 = \left(\frac{b - a}{6}\right)^2 = \left(\frac{20 - 15}{6}\right)^2 \approx 0.69$$

其他作业的计算结果如表 14-3 所示。

表 14-3　建发装修公司办公楼项目的作业清单

序号	作业代号	作业名称	紧前作业	作业时间（天）			期望值	方差
				a	m	b		
1	A	修补办公楼	—	15	18	20	18	0.69
2	B	安装外部管道	A	10	12	18	13	1.77
3	C	安装内部管道	A	8	10	13	11	0.69
4	D	粉刷外墙	B	10	14	16	14	1.00
5	E	铺地板	A	7	10	13	10	1.00
6	F	粉刷内墙	C	8	10	14	11	1.00
7	G	安装内部设备	E, F	6	9	12	9	1.00
8	H	安装外部设备	D	8	11	15	12	1.37

（二）节点时间

节点本身不占用时间，它只是表示某项工作应在某一时刻开始或结束。因此，节点有两个时间：最早开始时间和最迟结束时间。

1. 节点最早开始时间

节点最早开始时间是以该节点开始的各项活动最早可能开始的时间，以 $ET(j)$ 表示。在计算时，从网络图的起始节点开始，按节点编号顺向计算，直到网络图的终止节点为止。一般假定网络图的起始节点的最早开始时间为零，即 $ET(1) = 0$。其余节点的最早开始时间按下式计算：

$$ET(j) = \max\{ET(i) + t(i, j)\} \tag{14-3}$$

2. 节点最迟结束时间

节点最迟结束时间是以该节点为结束的各项活动最迟必须结束的时间，以 $LT(i)$ 表示。在计算时，从网络图的终止节点开始，按节点编号逆向计算，直到网络图的起始节点为止。一般假定网络图的终止节点的最迟结束时间等于其最早开始时间，即 $LT(n) = ET(n)$。其余节点的最迟结束时间按下式计算。

$$LT(i) = \min\{LT(j) - t(i, j)\} \tag{14-4}$$

（三）活动时间

1. 活动最早开始时间

活动最早开始时间指代表该活动箭线的箭尾节点最早开始时间，以 $ES(i, j)$ 表示，即 $ES(i, j) = ET(i)$。因为 $ET(1) = 0$，所以 $ES(1, j) = 0$。

2. 活动最早结束时间

活动最早结束时间指该活动可能结束的最早时间，以 $EF(i, j)$ 表示，该活动最早开始时间与其作业时间之和的计算公式为：

$$EF(i, j) = ES(i, j) + t(i, j) = ET(i) + t(i, j) \qquad (14-5)$$

3. 活动最迟结束时间

活动最迟结束时间是代表该活动箭线的箭头节点最迟结束时间，以 $LF(i, j)$ 表示，即 $LF(i, j) = LT(j)$。

4. 活动最迟开始时间

活动最迟开始时间是指为了不影响紧后活动如期开工而最迟必须开始的时间，以 $LS(i, j)$ 表示，计算公式为：

$$LS(i, j) = LE(i, j) - t(i, j) = LT(j) - t(i, j) \qquad (14-6)$$

（四）时差与关键路线

1. 活动总时差

活动总时差是指在不影响整个项目完工时间的条件下，某项活动的最迟开始时间与最早开始时间之差，以 $S(i, j)$ 表示。它表明该活动开工时间允许推迟的最大限度，也称宽裕时间或富余时间。它以不影响紧后作业的最迟开始时间为前提，可在整个线路上利用。总时差的计算公式为：

$$S(i, j) = LS(i, j) - ES(i, j) = LF(i, j) - EF(i, j) \qquad (14-7)$$

或

$$S(i, j) = LT(j) - t(i, j) - ET(i) \qquad (14-8)$$

2. 活动分时差

活动分时差是指在不影响紧后活动在其最早开始时间开工的前提下，本活动的完工期可能有的机动时间，以 $R(i, j)$ 表示。单时差只能在本活动中使用，不能转让给其他活动。本活动如果要利用时差，首先要利用分时差，不够时再考虑利用总时差中的一部分。分时差的计算公式为：

$$R(i, j) = ES(i, k) - EF(i, j)(i < j < k) \qquad (14-9)$$

3. 关键路线

时差为零的活动即为关键活动，顺序把关键活动联结起来所得到的从起始节点到终止节点的路线就是关键路线。关键路线上全部活动时间之和即为工期。

关键路线是整个项目网络中耗时最长的路线，在项目计划和控制中扮演着重要角色，关键路线上如果工作的作业时间提前或延迟一天，则整个计划任务的完工日期便会提前或延迟一天。在网络图中，有时可能出现多条关键路线，关键路线越多，工期紧张的工作越多。关键路线是在一定条件下形成的，不是固定不变的，关键路线和非关键路线有时是可以相互转化的。计算时差就是为更好地掌握网络图中各条路线在时间上的轻重缓急，使项目管理者心中有数，必要时利用线路时差，抽调非关键路线上的人力、物力，以确保关键路线如期实现。

【例 14 - 2】 建发装修公司办公楼项目的作业清单如表 14 - 4 所示，要求：绘制该项目的箭线型网络图；计算节点时间；计算活动时间；确定关键路线；计算总工期。

表 14 - 4 建发装修公司办公楼项目的作业清单

序号	作业代号	作业名称	紧前作业	作业时间（天）
1	A	修补办公楼	—	15
2	B	安装外部管道	A	10
3	C	安装内部管道	A	8
4	D	粉刷外墙	B	10
5	E	铺地板	A	7
6	F	粉刷内墙	C	8
7	G	安装内部设备	E、F	6
8	H	安装外部设备	D	8

解：

（1）根据绘制网络图的原则，可以得到如图 14 - 3 所示的网络图。

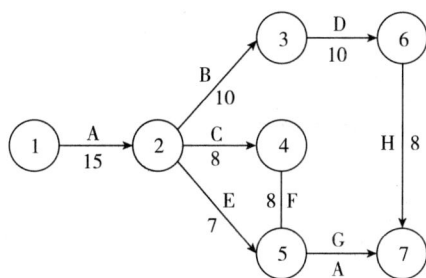

图 14 - 3 建发装修公司办公楼网络图

（2）计算节点时间。

1）节点最早开始时间：

$ET(1) = 0$

$ET(2) = 0 + 15 = 15$

$ET(3) = 15 + 10 = 25$

$ET(4) = 15 + 8 = 23$

$ET(5) = \max\{[ET(4) + t(4, 5)], [ET(2) + t(2, 5)]\} = \max\{[23 + 8], [15 + 7]\} = 31$

$ET(6) = 25 + 10 = 35$

$ET(7) = \max\{[ET(6) + t(6, 7)], [ET(5) + t(5, 7)]\} = \max\{[35 + 8], [31 + 6]\} = 43$

2）节点最迟结束时间：

$LT(7) = ET(7) = 43$

$LT(6) = 43 - 8 = 35$

$LT(5) = 43 - 6 = 37$

$LT(4) = 37 - 8 = 29$

$LT(3) = 35 - 10 = 25$

$LT(2) = \min\{[LT(3) - t(2, 3)], [LT(4) - t(2, 4)], [LT(5) - t(2, 5)]\} = \min\{[25 - 10], [29 - 8], [37 - 7]\} = 15$

$LT(1) = 15 - 15 = 0$

（3）计算活动时间。

根据节点时间和式（14-5）、式（14-6）、式（14-7）就可以计算出全部活动的最早开始和最早结束时间、最迟开始时间和最迟结束时间，如表 14-5 所示。

表 14-5　活动时间计算结果　　　　　单位：天

作业代号	节点编号		作业时间	最早开始时间	最早结束时间	最迟开始时间	最迟结束时间	总时差	关键作业
	i	j	t_{ij}	$ES(i, j)$	$EF(i, j)$	$LS(i, j)$	$LF(i, j)$	$S(i, j)$	
A	1	2	15	0	15	0	15	0	√
B	2	3	10	15	25	15	25	0	√
C	2	4	8	15	23	21	29	6	
D	3	6	10	25	35	25	35	0	√
E	2	5	7	15	22	30	37	15	
F	4	5	8	23	31	29	37	6	
G	5	7	6	31	37	37	43	6	
H	6	7	8	35	43	35	43	0	√

（4）确定关键路线。

根据表 14-5 可以看出，A、B、D、H 的总时差为零，因此确定为关键路线 A—B—D—H。

（5）计算总工期。

关键路线上的全部时间之和即为总工期，即 43 天。

第三节　项目计划控制与优化

通过绘制网络图，计划时间参数并确定关键路线可以得到一个初始计划方案，但初始方案往往满足不了技术经济指标要求，项目计划控制与优化就是在企业资源约束下利用时差不断改善网络计划的方案。网络计划优化包括时间—成本优化和时间—资源优化。

一、时间—成本优化

时间—成本优化就是在考虑工期和费用之间关系的前提下，寻求以最低的项目总费用获得最佳工期的一种方法。项目成本可以分为直接成本和间接成本。直接成本是指人工、材料、能源等费用。间接成本是指管理费用、销售费用等。一般来说，缩短工期则会引起直接费用的增加和间接费用的减少，而延长工期则会引起直接费用的减少和间接费用的增加。两种费用与时间关系可用图 14 - 4 表示。

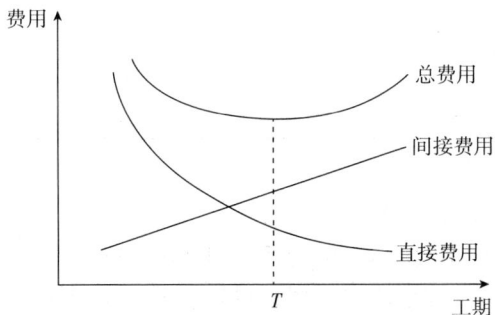

图 14 - 4　两种费用与时间的关系

时间—成本优化有手算法和线性规划方法等。手算法的基本思路是通过压缩关键活动的作业时间来得到不同方案的总费用、总工期，进行比较，选出最优方案。其步骤为：

（1）绘制网络图。

（2）找出关键路线，计算工期。

（3）计算正常时间的成本，即不赶工的情况下，总的直接成本与间接成本之和。

（4）计算网络计划中各项活动的成本斜率。公式如下：

$$成本斜率 = \frac{赶工成本 - 正常成本}{正常时间 - 赶工时间} \tag{14 - 10}$$

（5）选择关键路线上成本斜率最低的活动为赶工对象进行赶工，在压缩工期时，确保本活动所在路线仍为关键路线。

（6）寻找新的关键路线，并计算赶工后的工期。

（7）计算赶工后的总成本，赶工后的总成本等于直接成本、间接成本与赶工成本之和。

（8）重复以上步骤，计算各种改进方案的成本。

（9）确定总成本最低的工期。

【例 14 - 3】建发装修公司办公楼项目各作业的成本和时间资料如表 14 - 6 所示。该项目每天的间接费用为 400 元。试进行时间—成本优化，求最佳工期。

解：

结合【例 14 - 2】得到：

（1）绘制网络图，如图 14 - 3 所示。

（2）找出关键路线为 A—B—D—H，工期为 43 天。

表 14 – 6　建发装修公司办公楼项目的工程成本和时间资料

作业代号	紧前作业	作业时间（天）		直接费用（元）		成本斜率
		正常作业时间	赶工作业时间	正常作业成本	赶工作业成本	
A	—	15	14	1000	1500	500
B	A	10	8	800	1200	200
C	A	8	7	1200	1400	200
D	B	10	4	2000	3800	300
E	A	7	6	1600	1900	300
F	C	8	6	1500	1800	150
G	E、F	6	5	800	1200	400
H	D	8	4	500	900	100

（3）计算正常时间下的总成本。

总成本 =（1000 + 800 + 1200 + 2000 + 1600 + 1500 + 800 + 500）+ 400 × 43 = 26600（元）

（4）根据式（14 – 10）算出成本斜率，得到表 14 – 6 的最后一列。

（5）选定赶工对象，从关键路线可以看出作业 H 的成本斜率最小，将其压缩 4 天，工期为 39 天，作业成本 =（1000 + 800 + 1200 + 2000 + 1600 + 1500 + 800 + 500）+ 39 × 400 + 4 × 300 = 9400 + 15600 + 1200 = 26200（元）。

（6）第一次压缩后的关键路线仍然是 A—B—D—H，作业 B 的成本斜率最小，将其压缩 2 天，更新后的总工期为 37 天，作业 B 不能再赶工了，此时的总成本 = 9400 + 37 × 400 + 8 × 200 = 25800（元）。压缩后的关键路线有两条：A—B—D—H 和 A—C—F—G。

（7）第二次压缩后的关键路线为 A—B—D—H 和 A—C—F—G。作业 D 的成本斜率最小，将其压缩 6 天，更新后的总工期为 31 天，作业 D 不能再赶工了，此时的总成本 = 9400 + 31 × 400 + 4 × 300 = 23000（元）。而另一条关键路线 A—C—F—G 中 F 成本斜率最小，进行赶工压缩后，得到的总成本 = 24300（元）。根据成本最低原则，选择 A—B—D—H 关键路线。

第三次压缩后，关键路线只有 A—B—D—H，A 可以压缩，要压缩 A，压缩后的总成本 = 9400 + 30 × 400 + 14 × 500 = 28400（元），此时总成本开始上升，所以最经济的项目工期为 31 天。

二、时间—资源优化

资源包括人力、物力以及财力。资源是影响项目进度的主要因素。在一定条件下，增加投入的资源可以加快项目进度、缩短工期；减少资源，则会延缓项目进度拉长工期。资源利用得好，分配合理，就能带来好的经济效益。下面分两种情况来说明时间—资源的优化。

（一）资源一定，寻求工期最短

主要途径有：缩短关键路线活动作业时间；采取组织措施，关键路线活动交叉作业；利用时差，从非关键活动抽调资源用于关键活动。

（二）在工期一定的条件下，通过平衡资源，求得工期与资源的最佳结合

制定网络计划时，对资源平衡的要求是：按规定工期和工作量，计算所需资源，做出日程安排；将资源优先分配给关键路线活动，并尽量均衡、连续投入；充分利用时差，错开非关键活动的开工时间，以避开资源需求高峰；必要时调整工期，以保证资源的合理利用。

对于有限资源约束条件下的日程安排是十分复杂的。由于项目涉及资源众多，一般采用启发式算法，找到较优方案。

【案例分析】

巅峰之作：港珠澳大桥是如何通过项目管理成为经济桥梁的

港珠澳大桥（Hong Kong – Zhuhai – Macao Bridge）是中国境内一座连接香港、珠海和澳门的桥隧工程，位于中国广东省伶仃洋区域内，为珠江三角洲地区环线高速公路南环段。港珠澳大桥东起香港国际机场附近的香港口岸人工岛，向西横跨南海伶仃洋后连接珠海和澳门人工岛，止于珠海洪湾立交；桥隧全长55千米，其中主桥29.6千米、香港口岸至珠澳口岸41.6千米；桥面为双向六车道高速公路，设计速度100千米/小时；工程项目总投资额1269亿元。

建设历程：1983年，香港富商胡应湘提出兴建连接香港与珠海的伶仃洋大桥。1998年，中国国务院正式批准伶仃洋跨海大桥工程项目。1999～2002年，伶仃洋大桥工程项目搁置。2003年，伶仃洋大桥项目被港珠澳大桥项目取代。2009年12月15日，港珠澳大桥正式开工建设。2018年10月23日，港珠澳大桥开通仪式在广东珠海举行，中国国家主席习近平出席仪式并宣布大桥正式开通；10月24日，港珠澳大桥公路及各口岸正式通车运营。

设计参数：港珠澳大桥全长55千米，其中包含22.9千米的桥梁工程和5.6千米的海底隧道，隧道由东、西两个人工岛连接；桥墩224座，桥塔7座；桥梁宽度33.1米，沉管隧道长度5664米、宽度28.5米、净高5.1米；桥面最大纵坡3%，桥面横坡2.5%内、隧道路面横坡1.5%内；桥面按双向六车道高速公路标准建设，设计速度100千米/小时，全线桥涵设计汽车荷载等级为公路I级，桥面总铺装面积70万平方米；通航桥隧满足近期10万吨、远期30万吨油轮通行；大桥设计使用寿命120年，可抵御8级地震、16级台风、30万吨撞击以及珠江口300年一遇的洪潮。

管理机构：港珠澳大桥的管理机构为港珠澳大桥管理局，由广东省、香港和澳门三地政府共同组建成立，承担大桥主体部分建设、运营、维护和管理的组织实施等工作。

技术难题：港珠澳大桥工程具有规模大、工期短，技术新、经验少，工序多、专业广，要求高、难点多的特点，为全球已建最长跨海大桥，在道路设计、使用年限以及防撞防震、抗洪抗风等方面均有超高标准。在港珠澳大桥修建过程中，中国国内许多高校、科研院所发挥了重要技术支撑作用。

重点工程：

●外海造岛：港珠澳大桥海底隧道所在区域没有现成的自然岛屿，需要人工造岛。受800万吨海床淤泥的影响，施工团队采用了"钢筒围岛"方案：在陆地上预先制造120个

直径 22.5 米、高度 55 米、重量达 550 吨的巨型圆形钢筒，通过船只将其直接固定在海床上，然后在钢筒合围的中间填土造岛。

●沉管对接：港珠澳大桥沉管隧道及其技术是整个工程的核心，港珠澳大桥沉管隧道采用中国自主研制的半刚性结构沉管隧道，具有低水化热低收缩的沉管施工混凝土配合比，提高了混凝土的抗裂性能，从而使沉管混凝土不出现裂缝，并满足隧道 120 年内不漏水要求。

●索塔吊装：港珠澳大桥的斜拉桥距离机场很近，受密集航班影响，海上作业建筑限高严格，传统的架设临时塔式起重机吊装方法无法施展。为此，施工团队采用预制索塔牵引吊装的方案，即在陆地上造桥塔，然后通过桥梁底座上的连接轴进行连接，由巨大的钢缆将原水平置放的桥塔牵引旋转 90 度角垂直于桥面后再固定。

●隧道开挖：港珠澳大桥拱北隧道是全球最大断面双层公路隧道，拱北隧道采用上下并行的双层隧道方案，隧道开挖断面达 336.8 平方米；同时采用"大断面曲线管幕顶管施工""长距离水平环向冻结""分台阶多步开挖"相结合的施工工法，顺利完成隧道开挖。

●新型材料：为满足港珠澳大桥高标准的抗震抗腐蚀等要求，中国科学家们研制了多种高性能材料，应用于桥隧建设。其中，港珠澳大桥斜拉桥锚具材料采用经热处理与表面改性超高强韧化技术的碳低合金钢，力学性能大大提高。

科研成果：港珠澳大桥建设前后实施了 300 多项课题研究，发表论文逾 500 篇（科技论文 235 篇）、出版专著 18 部、编制标准和指南 30 项、软件著作权 11 项；创新项目超过 1000 个、创建工法 40 多项，形成 63 份技术标准、创造 600 多项专利（中国国内专利授权 53 项）；先后攻克了人工岛快速成岛、深埋沉管结构设计、隧道复合基础等十余项世界级技术难题，带动 20 个基地和生产线的建设，形成拥有中国自主知识产权的核心技术，建立了中国跨海通道建设工业化技术体系。

资料来源：港珠澳大桥［EB/OL］. 百度百科，https：//baike. baidu. com（经整理）.

思考：

1. 港珠澳大桥项目给我们带来什么启示？
2. 项目管理成功要具备哪些基本条件？

【思考与练习】

1. 请解释项目管理生命周期。
2. 简述 PMBOK 提出的项目管理九大知识领域。
3. 简述 CPM 和 PERT 的相同和异同。
4. 网络图的绘制原则是什么？
5. 何谓关键路线？控制关键路线的意义何在？
6. 某体育学院正在计划一场足球比赛，该项目的每项作业如表 14 - 7 所示。要求：
（1）画出项目计划网络图；
（2）计划活动时间及总时差；
（3）找出关键路线和工期。

表 14 - 7 足球比赛的计划表

作业代号	作业名称	紧前作业	作业时间（天）
A	邀请球队	—	5
B	安排食宿	—	9
C	促进计划	A、B	3
D	印刷门票	A、B	4
E	销售门票	D	9
F	完成准备	B	7
G	制定赛程	E、F	3
H	球队练习	C、G	2
I	进行比赛	E、H	3

7. 已知某项目的各项作业的正常时间和赶工时间，如表 14 - 8 所示。该项目的间接费用为每周 1000 元，在正常作业时间，人力、物力投入的直接费用为 40000 元。试确定成本最低的完工期。

表 14 - 8 某项目的作业时间及费用

作业名称	紧前作业	作业时间（周）		直接费用（元）		赶工费用（元/周）
		正常	赶工	正常	赶工	
A	—	6	5	5000	7000	2000
B	A	3	1	4000	5000	500
C	A	8	4	6000	9000	750
D	B	4	3	3000	5000	2000
E	B	5	3	8000	11000	1500
F	C、D	7	4	10000	12000	660
G	E、F	2	1	4000	6000	2000

【能力训练】

考虑一个你在学校或在工作或在生活中参与过的项目，如入学周年庆活动或元旦庆典活动等，把该项目列出来，画出网络图，如果允许，计算该项目的关键路线。

第十五章 供应链管理

【学习目标】

掌握供应链管理的相关概念；

理解并掌握供应链合作伙伴选择；

理解供应链的构建与优化；

了解供应链风险管理

【导入案例】

转型样本：成立20年，从物流到供应链，佳怡如何跨越经济周期

一家企业能够生存发展20年很难，一家物流企业能够转型为供应链企业更难，佳怡供应链企业集团如何突破这两次挑战？

一、4个五年，铺定大局

如今的佳怡，成为了一家以供应链物流为核心，以供应链信息技术平台为支撑，提供包括供应链信息流、商流、资金流以及基础配套设施为增值产品的供应链一体化服务的现代化、综合型供应链服务企业集团，是5A级物流企业，也是中国物流百强企业。在此，不妨以佳怡供应链企业集团总裁岳丽对佳怡4个五年、4个阶段的总结为参考。

"一五"阶段（2000～2004年）：规范化经营，专业化服务。在成立之初，佳怡就明确定位为"为制造企业和商贸流通企业提供专业的第三方物流服务"，并提出了倡导行业规范化经营的发展理念。

"二五"阶段（2005～2009年）：稳定发展练内功，复制山东扩北方。"二五"期间，佳怡将物流服务优势扩展到中国北方，成为北方最具竞争优势的物流服务提供商，随着企业的发展，佳怡进入中国物流百强企业。

"三五"阶段（2010～2014年）：全面向以物流为核心的供应链企业转型。其在物流方面不断创新物流服务，成为了第一批国家交通部甩挂运输试点企业。在信息流方面，引进高端人才，成功开发了服务于八大物流活动的信息系统，全面服务于供应链上的成员企业，并实现了与供应链上下游的信息共享。在资金流方面，开始与银行及第三方金融机构对接，尝试为客户提供仓单质押融资、应付账款保理融资、订单融资等一系列金融服务。在商流方面，为客户提供过季产品、积压产品、外包装磨损产品的代销服务。在人力资源

方面，大量引进国内外知名院校的供应链及物流专业的硕士以上优秀人才。

"四五"阶段（2015~2019年）：创新企业科学治理结构，开启职业经理人经营治理阶段。佳怡通过建立分层分类的人才发展机制、SBU新生裂变晋升机制，给员工提供更加立体的晋升平台；并启动了佳怡出彩合伙人计划，通过员工持股平台让更多家里人共享经营成果。

二、什么是佳怡的核心竞争力

当前经济运行稳中有变、变中有忧，外部环境复杂严峻，经济面临下行压力。但无论外部环境如何变化，企业生存与发展的关键和基础在于修炼内功。企业该怎样在供应链管理环节提高企业的生存和竞争能力？20年发展，佳怡的竞争力在哪里？对于供应链物流的效益提升，基于单纯活动的、单一环节的以及单纯的压价方式已经到了一个极限，很难再带来明显的提升。如何打破这样的瓶颈？是全新的技术、全新的业务模式？这些都还很漫长，在一定的时间内很难有突破，最好的方式就是从企业顶层去设计及规划企业的供应链物流网络。公司多年前就开始设计供应链物流运营网络，根据我们服务的甲方企业供应链物流需求以及特点去专门设计我们的网络运营体系，相对来说针对性更强、灵活性更高，能够更好地满足甲方企业的物流需求。

当前，我国的经济正处在提质增效的关键阶段，科技的进步、客户对服务的要求、人力成本的上升，一切都让物流企业面临转型的压力。与此同时，经过早期草莽式发展，物流企业也面临着组织建设和人才建设等考验。

资料来源：叶帅.转型样本：成本20年，从物流到供应链，佳怡如何跨越经济周期？［EB/OL］. 搜狐网，http：//m. sohu. com/a/324030501_ 343156（经整理）.

思考：

1. 回顾佳怡发展史，它为何高速成长20年？
2. 佳怡供应链企业集团的发展能给物流同行哪些启示？

第一节　供应链管理概述

一、供应链的概念

（一）供应链的定义

在我国国家标准《物流术语》（GB/T 18354—2006）中，对供应链的定义是"链是生产及流通过程中，为了将产品或服务交付给最终用户，由上游与下游企业共同建立的需求链状网"。马士华认为，供应链是围绕核心企业，通过对信息流、物流、资金流的控制，从采购原材料开始，制成中间产品以及最终产品，最后由销售网把产品送到消费者手中的将供应商、制造商、分销商、零售商直到最终用户连成一个整体的功能网链结构模式。该定义具有以下特点。

（1）它是一个范围更广的企业结构模式，包含所有加盟的节点企业，从原机的供应开始，经过链中不同企业的制造加工、组装、分销等过程直到最终用户。

（2）它不仅是一条连接供应商到用户的物料链、信息链、资金链，而且是一条价值链，物料在供应链上因加工、包装、运输等过程而增加其价值，给企业带来收益。

（3）在这个网络中，每个贸易伙伴既是其客户的供应商，又是其供应商的客户，它们既向上游的贸易伙伴订购产品，又向下游的贸易伙伴供应产品。

（二）供应链的特征

从某种程度上讲，所有的增值过程都是通过供应商的重视和关心，提供相似的顾客满意感。更深层的意义是，供应商在某种程度上提供的是产品或服务适合消费者需求的一种"保证"。所有这些内容，都可以通过提供与产品和服务相关的一系列信息得到支持和加强。一般来说，供应链还具有以下特征：①复杂性；②动态性；③面向用户需求；④交叉性；⑤创新性；⑥风险性。

此外，供应链的特征还表现在它是增值的（Value Added）和有利可图的（Profitable），否则就没有存在的必要。所有的生产运营系统都是将一些资源进行转换和组合，增加适当的价值，然后把产品分送到那些在产品的各递送阶段可能考虑到也可能被忽视的顾客手中。

（三）供应链的分类

根据不同的划分标准，供应链的分类也有多种不同结果。在此主要介绍根据供应链的研究对象、产品种类、稳定性和功能模式划分的供应链类型。

1. 根据研究对象划分

史蒂芬·纽（Stephen New）将供应链管理的研究对象分为企业供应链、产品供应链和基于供应链合作伙伴关系的供应链三种类型，这三种类型分别对应供应链管理的三种研究方法。需要特别指出的是，这里说的研究对象是指供应链涉及的企业。

（1）企业供应链。其管理是就单个公司所提出的含有多个产品的供应链管理，该公司在整个供应链中处于主导者地位，不仅考虑与供应链上其他成员合作，也较多地关注企业多种产品在原料购买、生产、分销、运输等技术资源的优化配置问题，并且拥有主导权。例如，我们经常提到的生产企业主导的供应链（如海尔公司的供应链）、大型零售企业主导的供应链（如沃尔玛公司的供应链）等。

（2）产品供应链。这是与某一特定产品或项目相关的供应链，如某种品牌饮料的供应链，又如一个生产汽车公司的供应商网络包括上千家企业，为其供应从钢材、塑料等原材料到变速器、刹车等复杂装配件等多样的产品。在产品供应链上，系统的广告效应和行业的发展会引起对该产品的需求。而仅仅在物流运输、分销领域进行供应链管理的改进是收效甚微的。例如，衬衣制造是供应链的一部分，它的上游是化纤厂和织布厂，下游是分销商和零售商，最后到最终消费者。按定义，这条供应链的所有企业都是相互依存的，但实际上它们彼此却并没有太多的协作，要关注的是围绕衬衣所联结的供应链节点及其管理。

（3）基于供应链合作伙伴关系（供应链契约）的供应链。供应链合作伙伴关系主要是针对这些职能成员间的合作进行管理。供应链管理是对供应商、制造商、分销商、顾客等组成的网络中的物流、信息流、资金流（成本流）进行管理的过程。供应链的成员可以定义为广义的买方和卖方，只有当买、卖双方组成的节点间产生正常的交易时，才发生物流、信息流、资金流（成本流）的流动和交换。表达这种流动和交换的方式之一就是契约关系，供应链上的成员通过建立契约关系来协调买方和卖方的利益。

2. 根据产品种类划分

根据产品的生命周期、需求稳定程度及可预测程度等可将产品分为两大类，即功能型产品（Functional Products）和创新型产品（Innovative Products）。功能型产品一般用于满足用户的基本需求，变化很少，具有稳定的、可预测的需求和较长的寿命周期，但它们的边际利润较低，如日用百货。创新型产品对市场来说很新，因此需求的不确定性很高，需求一般不可预测，寿命周期也较短，如时装。

（1）功能型供应链。对于功能型产品，由于市场需求比较稳定，容易实现供求平衡。对各成员来说就是如何利用供应链上的信息协调活动以使整个供应链的费用降到最低，从而提高效率。重点在于降低其生产、运输、库存等方面的费用，即以最低的成本将原材料转化成产品。

（2）创新型供应链。对创新型的产品而言，市场的不确定性是问题的关键。为了避免供大于求造成的损失，或供低于求而失去的机会收益，管理者应该将其注意力集中在市场调解及其费用上。这时管理者们既需要利用供应链中的信息，还要特别关注来自市场的信息。

对于一种产品来说，特别是功能型产品，从其生产投放市场直到过时淘汰，一般都要经历几个典型的生命阶段，即开发、进入、成长、成熟、衰退五个阶段。在产品生命周期的各个阶段，产品有其明显区别于其他阶段的特征，对供应链的要求相应有所不同。因而对同一产品在生命周期的不同阶段，要注意控制内容和侧重点，采取相应的供应链策略。

3. 根据稳定性划分

根据供应链存在的稳定性划分，可以将供应链分为稳定的供应链和动态的供应链。基于相对稳定、单一的市场需求而组成的供应链稳定性较强，而基于相对频繁变化、复杂的需求而组成的供应链动态性较高。在实际管理运作中，需要根据不断变化的需求，相应地改变供应链的组成。

4. 根据功能模式划分

根据供应链的功能模式（物理功能和市场中介功能）可以把供应链划分为有效型供应链（Efficient Supply Chain）和反应型供应链（Responsive Supply Chain）两种。有效型供应链主要体现供应链的物理功能，即以最低的成本将原材料转化成零部件、半成品、产品以及在供应链中的运输等；反应型供应链主要体现供应链的市场中介功能，即把产品分配到满足用户需求的市场，对未预知的需求做出快速反应等。有效型供应链和反应型供应链的对比如表 15 - 1 所示。

二、供应链管理的主要内容

供应链管理主要涉及供应链不同主体之间的供应链计划、协作、运行和控制，这也是供应链管理的关键和难度所在。供应链管理怎样才能管理供应链上的商流、物流、信息流、资金流及增值服务，怎样使供应链上的成员都能分享到适时、适质、适量、适价的服务直接关系供应链的综合集成效果。当一些厂商还停留在供应接管理的局部应用时，处于世界领先水平的供应链管理供应商已成功地实现了供应链管理与企业生产系统、仓库管理系统、运输管理系统、ERP 系统和客户关系管理（Customer Relationship Management，CRM）系统等的集成。

表 15 – 1   有效型供应链和反应型供应链的比较

项目	市场反应型供应链	物理有效型供应链
基本目标的需求	尽可能地反映不可预测的需求，以使缺货、降价、废弃库存达到最小化	以最低的成本供应可预测的需求
制造核心	配置多余的缓冲库存	保持高的平均利用率
库存策略	部署好零部件和成品的缓冲库存	产生高收入而使整个链的库存最小
提前期	大量投资，以缩短提前期	尽可能短的提前期（在不增加成本的前提下）
选择供应商的方法	以速度、柔性、质量为核心	以成本和质量为核心
产品设计策略	用模块化设计和延迟制造技术实现产品的差异化	最大化绩效、最小化成本

供应链成员企业正是通过整合客户需求信息、实时制造信息、仓储和运输及配送信息，以及企业的资金和客户信息等，实现物流、资金流、信息流在整个供应链上的共享与优化，在更高的战略层次上形成竞争优势。由于不同主体在供应链中所处的地位、作用不同，具体的供应链管理内容会有较大差别，一般而言，供应链管理的主要内容应当包括：①供应链计划；②供应链信息流；③客户服务管理；④库存管理；⑤运输管理；⑥设施选址决策；⑦合作关系管理；⑧供应链企业的组织结构；⑨供应链绩效评价与激励机制；⑩供应链风险管理。

三、供应链管理的发展趋势

随着市场环境的改变，不断发展和完善供应链管理已成为企业提高自身市场竞争力的新型手段。供应链管理也在实践中出现了一些新的发展趋势。

（一）全球化供应链

经济全球化的浪潮使国际市场竞争日益激烈，企业面临着严峻的生存和发展问题，以往那种企业与企业之间单打独斗的竞争形式已不复存在，取而代之的是以协同商务、协同竞争和双赢原则为商业运作模式的，由消费者、供应商、研发中心、制造商、经销商和服务商等合作伙伴组成的供应链与供应链之间的竞争，或者是一个跨国集团和另一个跨国集团之间的竞争。在这种趋势下，全球化供应链管理越来越受到重视。全球化供应链管理就是要求以全球化的观念，将供应链的系统延伸至整个世界范围，在全面、迅速地了解世界各地消费者需求偏好的同时，对供应链进行计划、协调、操作、控制和优化，在供应链中的核心企业与其供应商以及供应商的供应商核心企业与其销售商乃至最终消费者之间，依靠现代网络信息技术支撑，实现供应链的一体化和快速反应运作，达到物流、价值流和信息流的协调通畅，以满足全球消费者需求。全球化供应链管理包括市场与行销策略、价格策略、全球采购策略、产品与制造管理、虚拟制造、就地组装、全球补货策略与体系、快速反应系统、电子商务、策略联盟、合同管理、配送策略等。它包含物流运转中心、物流系统设计与综合性服务、共同配送系统、顾客需求支援系统等，范畴较宽，是一种综合性的、跨国跨企业集成化的管理模式，也是适应全球化下企业跨国经营的管理模式。

作为一种新型的管理理念，全球化供应链管理具备如下特征：首先，以全球范围内的消费者来驱动供应链运作，以消费者满意为核心。其次，是一种新型合作竞争理念。与传统企业经营管理不同，全球化供应链管理是从全球市场的角度对供应链全面协调性的合作式管理，它不仅要考虑核心企业内部的管理，还更注重供应链中各个环节、各个企业之间资源的利用与合作，让各企业之间进行合作博弈，最终达到双赢或多赢。

全球化供应链管理的理念受到了全球理论界和企业界的广泛关注，被认为是面向 21 世纪的先进管理思想。

（二）敏捷化供应链

敏捷性是美国学者于 20 世纪 90 年代初提出的新型战略思想，当时提出这种战略思想主要是针对制造技术领域，目标是提高制造系统对外部环境变化的应变能力。

敏捷供应链的提出是在 20 世纪 90 年代末期。所谓敏捷供应链，是指以核心企业为中心，通过对资金流、物流、信息流的控制，将供应商、制造商、分销商、零售商及最终消费者（用户）整合到一个统一的、无缝化程度较高的功能网络链条，以形成一个极具竞争力的战略联盟。

敏捷供应链以增强企业对市场需求的适应能力为导向，以动态联盟的快速重构为基本着眼点，致力于支持供应链的迅速结盟、优化联盟运行和联盟平稳解体。强调从整个供应链的角度考虑、决策和绩效评价，使企业与合作者共同降低产品价格，并追求快速反映市场需求，提高供应链各环节边际效益，实现利益共享的双赢目标。

敏捷供应链是一种全新理念，它突破传统管理思想，从以下几个方面为企业带来全新的竞争优势，使企业能够在未来经济生活中大展宏图。

1. 速度优势

网络经济时代，企业实行敏捷供应链战略的一个重要竞争优势就在于速度。企业如果按敏捷供应链观念组织生产，其独特的订单驱动生产组织方式，在敏捷制造技术支持下可以最快速度响应客户需求。

2. 顾客资源优势

企业在实行敏捷供应链战略过程中，会通过对客户的电子商务环节开办个性化订购服务，客户可在网页上根据公司对产品组件和功能介绍，自己选择零部件，自己设计产品的款式、颜色、尺寸，顾客的需求信息直接反映到产品设计、规划阶段，成为企业最直接也是最有价值的信息资源。企业应尽量迅速、准确地满足顾客个性化、多样化的需求，不断地培养并提高顾客忠诚度，从而拥有较为稳定的顾客资源。

3. 个性化产品优势

依靠敏捷制造技术、动态组织结构和柔性管理技术三个方面的支持，敏捷供应链解决了流水线生产方式难以解决的品种单一问题，实现了多产品、少批量的个性化生产，使个性化产品生产成为现实。

4. 成本优势

通常情况下，产品的个性化生产和产品成本是一对负相关目标，从事传统产业经营的人员对这一点体会更为深刻。然而在敏捷供应链战略的实行中，这一对矛盾却得以成功解决，在获得多样化产品的同时，由于零库存成本和零交易成本，使企业获得了低廉的成本优势。

（三）绿色化供应链

近年来，围绕生态环境问题，人类提出了可持续发展战略——经济发展要考虑到自然生态环境的长期承载能力，使环境和资源既能满足经济发展的需要，又使其作为人类生存的要素之一满足人类长远生存的需要，从而形成了一种综合性的发展战略。有鉴于此，实施绿色供应链管理（Green Supply Chain Management，GSCM），将绿色或环境意识理念融入整个供应链管理过程，使得整个供应链的资源消耗和对环境的负面影响最小，是现代企业实现可持续发展的一种有效途径。

绿色供应链的概念由美国密歇根州立大学的制造研究协会于 1996 年提出，并将绿色供应链作为一个重要的研究内容。1996 年，国际标准化组织（ISO）开始推出 ISO14000 系列标准，促使绿色供应链管理的研究更加活跃。

绿色供应链是指从社会和企业的可持续发展出发，引入全新的设计思想，对产品从原材料购买、生产、消费直到废物回收再利用的整个供应链进行生态设计，通过链中各个企业内部部门和各企业之间的紧密合作，使整条供应链在环境管理方面协调统一，达到系统环境最优化。

实施绿色供应链管理应该遵循的基本原理有共生原理、循环原理、替代转换原理与系统开放原理等。一般来说，绿色供应链可以产生以下管理优势：①从经营战略上加强企业竞争优势；②有利于规避绿色技术贸易壁垒；③有利于从源头上解决生产制造对环境的影响；④有利于资源的合理高效配置。

绿色供应链管理的体系结构应是绿色供应链管理的目标、实施对象和支撑系统等多力集合，应能给人们研究和实施绿色供应链管理提供多方位的视图和模型。

（四）柔性化供应链

供应链管理中存在高度的不确定性，从市场情况、消费需求的多变到系统内部的供应链管理，都是管理的难点。其中有一些因素是可以通过人为的努力将其化解的，而另一些是无法预测的，只能采取一些措施和设计相应的管理模式加以规避，以取得最好的效果。在这种情况下，则要求供应链的管理要灵活、开放、有效、动态和敏捷，而建立柔性链（Flexible Supply Chain，FSC）就是解决问题的重要途径之一。

所谓柔性是指企业快速地响应变化的环境的能力。柔性管理是以柔性理论为基础，通过提高企业各种资源的柔性实现灵活、敏捷的经营机制。以柔性的组织管理、柔性的人员和柔性的生产系统提高企业的市场竞争能力。在供应链管理的环境下，柔性策略的运用将使系统的运作更能适应快速变化的市场需求。

供应链应有产品柔性、时间柔性和数量柔性 3 种。产品柔性是指供应链在一定时间内引进新产品的能力；时间柔性是指供应链响应顾客需求的速度；数量柔性是指供应链应对顾客需求数量变化的能力。

构建柔性供应链应首先从供应链链条上的各个节点企业内部抓起，通过建立以需求为导向的企业战略和与之相适应的组织结构，采用先进的生产和管理技术，加强企业内部各个部门的信息共享和沟通，不断提高各个企业自身实力和柔性。其次要加强供应链各个节点之间的连接。建立可靠的信息共享平台，选择信誉好、具有竞争优势的供应商进行合作，避免供应链连接环节出现问题。最后供应链上的各个企业都应有系统的观点，从系统论的角度来分析、解决供应链中发生的问题，用共赢、多赢的思想来共同促进有效信息共享，加快物流配送速度，使供应链高效运作。

在供应链管理过程中，还应当采用的柔性包括技术柔性、人力资源柔性、供应链运营的柔性化、融资柔性、战略管理的柔性等。

（五）电子化供应链

按照世界贸易组织电子商务专题报告的定义，电子商务即通过电信网络进行生产、营销、销售和流通活动，它不仅指基于 Internet 的交易，也指所有利用电子信息技术来解决问题、降低成本、增加价值和创造高级的商务活动，包括通过网络实现从原材料查询、采购产品展示、订货到出品、储运以及电子支付等一系列的贸易活动。

企业建立自己的内部网络，再将其扩展到企业外部，与供应商和客户连接就可以从事电子商务。电子商务对企业供应链具有以下影响：

1. 企业内部供应链

企业内部通过 Internet 自动处理商务操作及工作流，增加对重要系统和关键数据的存取，共享经验，共同解决客户问题，并保持组织之间的联系。因而可以提高商务活动的敏捷性，对市场变化做出更快的反应，更好地为客户提供服务。

2. 企业与合作伙伴

在电子商务中，企业之间可以通过电子形式将关键的商务处理构成连接起来，形成一个虚拟企业。信息的流通有利于合作伙伴之间高度的信息共享，共同为整体供应链提供增值服务。

3. 企业与客户

企业开设网上商店，使客户与企业提供双向交互通信，节省了客户和企业双方的时间和空间。电子商务也将使供应商与客户的关系发生重大的改变，其关系将不再仅仅局限于产品的销售，更多的将是以服务的方式满足客户的需求来替代将产品卖给客户。越来越多的客户不仅以购买产品的方式来实现其需求，而且更加重视应用的规划与实施，系统的运行维护等，本质上讲他们需要的是某种效用或能力，而不是产品本身，这将极大地改变供应商与客户的关系。企业必须更加细致、深入地了解每一个客户的特殊要求，才能巩固其与客户的关系，这是一种长期的有偿服务，而不是产品时代的一次性或多次性的购买。

由此可见，电子商务带来供应链管理的变革。它运用供应链管理思想，整合企业的上下游产业，以中心制造厂商为核心，将产业上游供应商、产业下游经销商（客户）、物流运输商及服务商、零售商以及往来银行进行垂直一体化的整合，消除了整个供应链网络上不必要的运作和消耗，促进了供应链向动态的、虚拟的、全球网络化的方向发展。

（六）供应链信息化

供应链管理系统应具备良好的可视性，即在任何给定的时间，对于任何给定的过程，在任何给定的区域，为供应链合作伙伴提供关于订货、出货、运输单位和车辆等信息。提高供应链的可视性能够为供应链管理带来很大的便利，提高库存和运输资源管理效率，进而改善需求响应性。利用物联网技术，我们将供应链中的每一个"物品"贴上电子标签（Electronic Product Code，EPC），标签里包含该物品的所有相关信息，通过红外感应技术，信息采集技术和视频监控技术，让每个人通过信息系统都可以追溯产品的成本、生产厂址及日期、加工过程，流通详情以及生产该产品的原资料来源。这种价值信息链通过互联网在企业内部网络 Intranet 以及外部网 Extranet 进行共享和交换，从而实现了供应链管理的可视化。

随着人们对供应链系统安全的日益关注，云计算已经成为供应链解决方案中的一部分，移动计算和移动设备由于即时响应性特点，在供应链管理中发挥越来越重要的作用。更有价值的是，这些技术将 ERP 和运营系统更好地整合，以多样化的形式实现数据共享。随着在线订购、国际运输以及逆向物流的增长，供应链管理软件系统还要能够响应电子商务和多渠道销售的要求。

第二节　供应链合作伙伴选择与关系管理

一、供应链合作伙伴的概述

（一）供应链合作伙伴的定义

全球竞争中，先进制造技术的发展要求企业将自身业务与合作伙伴业务集成在一起，缩短相互之间的距离，站在整个供应链全局的立场上考虑增值，所以许多成功的企业都开始与合作伙伴建立联盟的战略合作伙伴关系。

所谓供应链合作伙伴关系，也就是供应链中各节点企业之间的关系，对制造业来说，主要是供应商与制造商的关系。马罗尼·本（Maroney Benton）对供应链合作伙伴关系（Supply Chain Partnership，SCP）的定义是：在供应链内部两个或两个以上独立的成员之间形成的一种协调关系，以保证实现某个特定的目标或效益。供应链管理的精髓就在于企业间的合作，没有合作谈不上供应链管理。像通用汽车、雀巢等强大的制造商，沃尔玛、家乐福等占统治地位的零售商以及大型批发商都在寻求整个物流与服务流管理的新的合作方式，其战略视野正从单一的组织转向由许多组织建立起合作伙伴关系。供应链合作伙伴关系形成于供应链中有特定的目标和利益的企业之间，形成的目的通常在于降低整个供应链总成本，降低库存水平，增强信息共享水平改善相互之间的交流、产生更大的竞争优势，以实现供应链节点企业的财务状况、质量、产量、交货、用户满意度、业绩的改善和提高。

供应链合作伙伴关系意味着新产品/技术的共同开发、数据和信息的交换、研究和开发的共同投资。在供应链合作伙伴关系环境下，供应链合作伙伴也不再是只考虑价格，而是更注重选择能在优质服务、技术革新、产品设计等方面提供合作的伙伴。

供应链合作伙伴关系的潜在效益，往往在其建立后三年左右甚至更长的时间才能转化成实际利润或效益，企业应以战略的眼光看待供应链合作带来的整体竞争优势。

（二）建立供应链合作伙伴关系的驱动力

市场要求瞬息万变，竞争者虎视眈眈，很多企业都在寻求如何能在这样的环境中使自己立于不败之地。顺应市场潮流、取长补短、取外部资源为其所用，保持最具独特优势的核心竞争力是竞争的诀窍所在。伙伴关系的形成是很多因素共同作用的结果，如产品生命周期的缩短、顾客需求的日益提高等，但起主要作用的是核心竞争力、不断变化的顾客期望和外包战略三个最基本的驱动力。其中，核心竞争力是企业自身的优势保持和发展的内在驱动力，顾客期望的不断变化是伙伴关系得以产生的外部压力，伙伴关系可以说是外包含义的延伸和深化。

（三）建立供应链合作伙伴关系的意义

供应链合作伙伴关系的建立，使合作各方都能受益，具体表现为良好的供应链合作伙伴关系可以降低供应链成本、降低库存水平、增强信息共享、保持战略伙伴相互之间操作的一致性、改善相互之间的交流状况，最终创造更大的竞争优势。

二、供应链合作伙伴的选择

（一）选择供应链合作伙伴的必要性和原则

供应链合作伙伴的选择是企业间进行合作的第一步，也是关键的一步。选择良好的合作伙伴，是建立供应链合作关系的重要条件。合作伙伴的评价选择是供应链合作关系运行的基础。所选企业是否能和整个供应链的步调保持一致、增强整个供应链的竞争力，是供应链上每个企业所关注的问题。当今，合作伙伴的业绩对企业的影响越来越大，单个企业的业绩要依靠所有合作伙伴的精诚合作才能提高。所以，合作伙伴的选择是企业和供应链提高业绩首要的和基本的问题。

抽象地讲，供应商选择的标准有如下两条：

1. 合作伙伴必须拥有各自的核心竞争力

唯有合作企业拥有各自的核心竞争力，并把各自的核心竞争力相整合，才能提高整条供应链的运作效率，从而为企业带来可观的贡献。仅是单个企业具备核心竞争力或者合作企业具备的核心竞争力无法整合，不能从整体宏观上提高整条供应链的运作效率。

2. 拥有相同的价值观和战略思想

企业价值观的差异表现在是否存在官僚作风；是否强调投资的快速回收；是否采取长期的观点等。战略思想的差异表现在市场策略是否一致，注重质量还是注重价格等。可见，若价值观及战略思想差距过大，合作必定以失败告终。

一般的企业之间的关系是买卖关系，注重的主要是价格、质量和交货期。而企业要建立长期的伙伴关系，不但要考虑上述这三个基本要素，还要考虑选择供应商的长期标准，主要是评估供应商是否能提供长期而稳定的供应，其主产能力能否配合公司的成长而相对扩展，是否具有健全的企业体制，与公司相近的经营理念，其产品未来的发展方向能否符合公司的需求以及是否具有长期合作的意愿等。实际中选择的原则可以归纳为：①工艺与技术的连贯性；②企业的业绩和经营状况；③有效的交流和信息共享。

此外，必须注意的是合作伙伴不要求多，而在于精。若选择合作伙伴的目的性和针对性不强，过于泛滥的合作可能导致过多的资源、机会与成本的浪费。

（二）供应链合作伙伴选择的方法和步骤

1. 供应链合作伙伴选择的方法

选择合作伙伴是对企业输入物资的适当品质、适当期限、适当数量与适当价格的总体进行选择的起点与归宿。选择合作伙伴的方法较多，一般要根据供应单位的多少、对供应单位的了解程度以及对物资需要的时间是否紧迫等条件来确定。较常用的方法如下：

（1）直观判断法。这是根据征询和调查所得的资料并结合人的分析判断，对合作伙伴进行分析、评价的一种方法。这种方法主要是倾听和采纳有经验的采购人员的意见，或者直接由采购人员凭经验做出判断，常用于选择企业非主要原材料的合作伙伴。

（2）招标法。当订购数量大、合作伙伴竞争激烈时，企业可采用招标法来选择适当的合作伙伴。

（3）协商选择法。这是由企业先选出供应条件较为有利的几个合作对象，同他们分别进行协商，再确定适当的合作伙伴。与招标法相比，协商方法由于供需双方能充分协商，在质量、交货期和售后服务等方面有更多保证。当采购时间紧迫、投标单位少、竞争程度小、订购物资规格和技术条件复杂时，协商选择法比招标法更为合适。

（4）采购成本比较法。对质量和交货期都能满足要求的合作伙伴，则需要通过计算采购成本来进行比较。采购成本一般包括售价、采购费用、运输费用等各项支出。采购成本比较法通过计算分析与各个潜在合作伙伴合作的采购成本，选择采购成本较低的作为合作伙伴。

（5）层次分析法。基本原理是根据具有递阶结构的目标、子目标（准则）、约束条件、部门等来评价各方案，采用两两比较的方法确定判断矩阵，然后把判断矩阵的最大特征相对应的特征向量的分量作为相应的系数，最后综合给出各方案的权重（优先程度）。它作为一种定性和定量相结合的工具，已在许多领域得到了广泛的应用。

（6）神经网络算法。通过对给定样本模式的学习和总结，获取评价专家的知识、经验、主观判断及对目标重要性的倾向，可再现评价专家的知识、经验和直觉思维，从而实现了定性和定量分析的结合，可较好地保证评价结果的客观性。

2. 供应链合作伙伴选择的步骤

建立合作伙伴关系的步骤一般如下：

（1）从企业战略的角度来检验是否需要建立供应商合作关系，以及建立哪个层次的供应商合作关系。

（2）确定挑选合作伙伴的准则，评估潜在的候选企业。

（3）正式建立合作伙伴关系。

（4）维持和提升合作伙伴关系，包括增强彼此间的合作关系或解除合作伙伴关系。

上述四个阶段也可以简单地归纳成合作伙伴的粗筛选、合作伙伴的细筛选、合作伙伴的确认、合作伙伴的跟踪评价。

随着企业界对动态联盟实践的日益深入，越来越多的企业都在专用的企业网上公开自己的实力与优势，核心企业将发现众多优秀的企业可供选择。当面临为数众多的潜在合作伙伴时，对每一个或真或假、或夸大或隐藏其实力的企业都进行评估显然是不经济的。核心企业首先可以通过一种快速过滤的方法，将候选合作伙伴的数目降到合适水平。如何快速有效地筛选这些企业是这一阶段的主要问题。其次核心企业可以采取定量化的综合评判方法，进一步缩小供应商的数目。再次企业通过某种方式确立一个最优的合作伙伴个数，建立正式的伙伴关系。最后则是评判和维持阶段。

（三）供应链合作伙伴的评价与选择

供应链合作伙伴的评价与选择是供应链合作伙伴关系运行的基础和前提条件。供应链合作伙伴的综合评价选择可以归纳为以下几个步骤：

第一步：需求和必要性分析。

有需求才有必要。建立基于信任、合作、开放性交流的供应链长期合作关系，必须首先分析市场竞争环境，目的在于找到针对目标产品市场开发何种供应链合作伙伴关系最恰当。其次必须了解和把握现在的产品需求、产品的类型和特征，以便确认用户的需求以及是否有建立供应链合作伙伴关系的必要。如果供应链合作伙伴关系已经建立，则根据需求的变化确认供应链合作伙伴关系变化的必要性，从而确认供应链合作伙伴选择的必要性。同时必须结合分析现有合作伙伴的现状以及分析总结企业存在的问题。

第二步：确定合作伙伴的选择目标。

企业必须确定实质性、可操作的选择目标。其中降低成本是主要目标之一，供应链合作伙伴的评价、选择不仅仅就是一个简单的评价、选择的过程，它本身也是企业自身和企业与企业之间的一次业务流程重构的过程，实施得好，就可以带来一系列的利益。

第三步：建立合作伙伴评价标准。

供应链合作伙伴综合评价的指标体系是企业对合作方进行综合评价的依据和标准，是反映企业本身和环境所构成的复杂系统不同属性的指标，按隶属关系、层次结构有序组成的集合。企业应根据系统全面性、简明科学性、稳定可比性、灵活可操作性的原则，建立集成化供应链管理环境下合作伙伴的综合评价指标体系。一般评价指标内容有技术水平、产品质量、可靠性（信誉）、技术开发、用户满意度、交货协议和快速响应能力等。

第四步：建立评价小组。

企业必须建立一个小组以控制和实施对合作伙伴的评价。组员以来自采购、质量、生产工程等与供应链合作关系密切的部门为主，组员必须有团队合作精神，具有一定的专业技能。评价小组必须同时得到制造商企业和供应商企业最高领导层的支持。

第五步：合作伙伴参与。

一旦企业决定实施合作伙伴评价，评价小组必须与初步选定的企业取得联系，以确认它们是否愿意与企业建立供应链合作关系、是否有获得更高业绩水平的愿望。企业应尽可能早地让合作伙伴参与到评价的设计过程中来。然而因为企业的力量和资源是有限的，企业只能与少数的、关键的企业保持紧密的合作，所以参与的合作方应尽量少。

第六步：评价供应链合作伙伴。

评价供应链合作伙伴的主要工作是调查、收集有关信息，然后利用一定的工具和技术方法进行评价。

第七步：实施供应链合作关系。

找到符合条件的企业，签订有关合作协议之后，也便建立起了供应链合作伙伴关系。

（四）供应链合作伙伴关系的管理

作为一个由多个相互独立的合作伙伴构成的供应链，其中的合作关系管理是关系到供应链运作成功与否的关键因素之一。为此，建立供应链合作关系必须注意以下几点：

1. 相互信任

作为一种行为，信任通常意味着合作，而低水平的信任则意味着只顾为自身利益进行的明合作、暗斗争。供应链合作伙伴之间信任关系的建立可以避免供应链管理中的冲突，降低合作伙伴之间的交易成本。在供应链节点各个企业的组织结构、文化背景等方面都存在着较大差异的情况下，信任关系的建立可以大大降低伙伴之间的协调工作量，从而有利于形成稳定的供应链合作关系，使供应链管理总成本最小。为了实现相互信任，供应链各合作伙伴之间要经常沟通、相互了解，求同存异。

2. 信息共享

在合作过程中，如果伙伴之间始终能保持信息共享，那么相互之间的信任程度也会提高，合作效果会更加明显。为此，供应链各合作伙伴之间必须借助 Internet/EDI 技术，构建供应链管理信息系统，使各伙伴之间能共享信息。制造商必须让供应商了解制造企业的生产程序和生产能力，使供应商能够清楚地知道企业需要产品或原材料的交货期、质量和数量；制造商还应向供应商提供自己的经营计划、经营策略及相应的措施，使供应商明确其希望，以使自己能随时达到制造商的要求。

另外，各伙伴之间必须相互沟通所获取的最新的市场信息，了解顾客的需求变化，以调整各自的生产和经营计划，达到双赢或多赢的效果。

3. 权责明确

正如企业内部的分工要明确一样，各合作伙伴也要明确各自的责任，并对其余各方负责。供应链伙伴之间不能为了自身利益而不负责任，牺牲他人利益。企业在合作过程中不要希望竭尽全力地将利益收归自己的囊中，同时将责任、风险、成本等转嫁给合作企业，这种做法对供应链合作是极其有害的。

4. 解决合作伙伴之间问题的方法和态度

在瞬息万变的市场环境中，一条长长的供应链的高速运转不可能是一帆风顺的，链中的各企业由于工作目标不尽相同，其工作方法也会因组织管理方式、模式以及组织文化等方面存在的差异而有所不同，同时，在日程安排、成本的分摊及利益的分配等方面也可能存在分歧。这些问题如果得不到及时、圆满的解决，整条供应链的运作效率将大打折扣。因此，企业最高层领导对于供应链管理要给予足够的重视和支持，成立专门的小组，保持灵活、务实、忍耐、宽容的态度，及时协调、解决可能发生的各种问题，以促进供应链整体目标的实现。

第三节　供应链构建的体系框架

一、供应链构建的整体框架

整个供应链体系的构建包括供应链管理组织机制的建立、运营管理流程的设计与优化、物流网络的建立、合作伙伴的选择、信息支持体系的选择等诸多内容，为叙述方便，将其简称为供应链构建。供应链构建是一个庞大而复杂的工程，也是十分重要的管理内容。

关于供应链构建的理论体系与实践范畴，学术界和企业界都还没有统一的认识，但已引起了很多人的关注，从事这方面的研究与实践的人越来越多。本书综合相关研究与实践的成果，给出了一个供应链构建体系的总体模型，如图 15 - 1 所示。

供应链订单响应周期

① ② ③ … N

组织结构

供应商 制造商 分销商 零售商

运行机制 供应链运行机制（拉/推）

推动 拉动

计划控制 供应链生产计划与控制

同步生产计划与控制

增值流程

客户合同管理 采购和服务 生产和服务 物流/分销管理

响应速度

物流网络

信息技术

电子化供应链 预测

供应链中枢

仓储管理系统 配送管理系统 订单管理系统

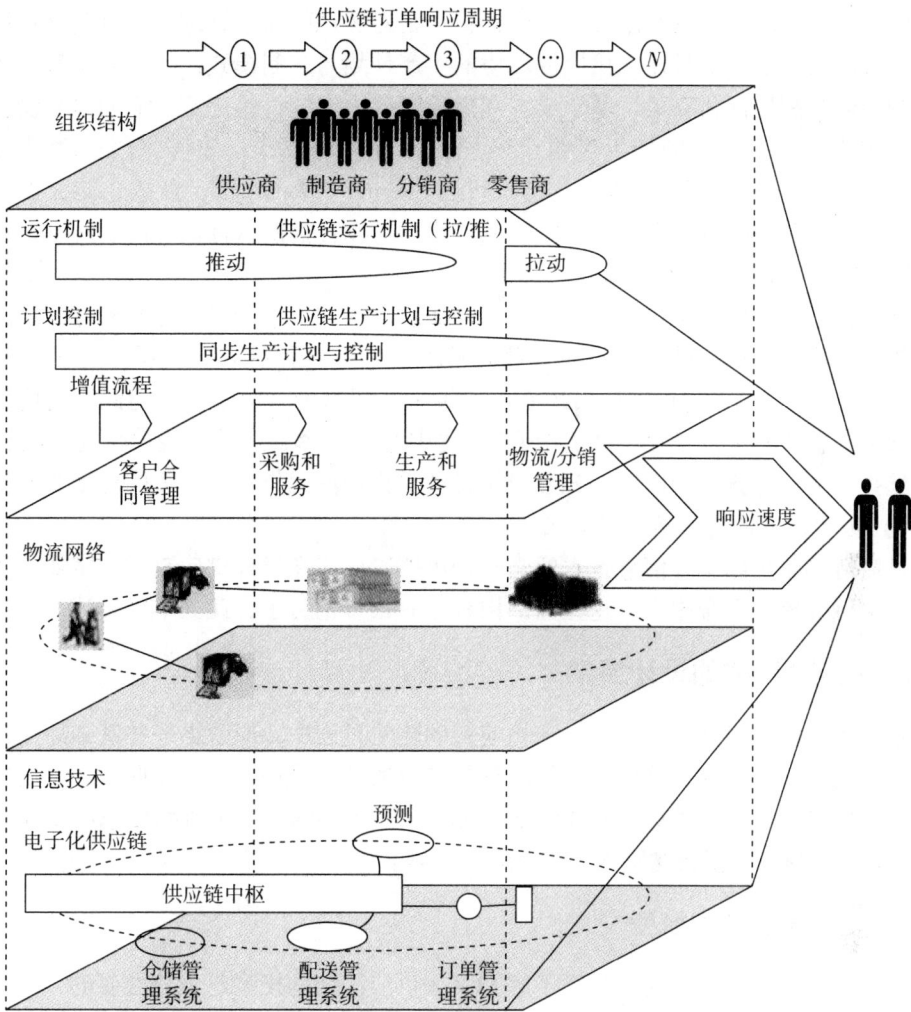

图 15-1 供应链构建体系的整体模型

下面对这一模型的主要内容做一简要说明。

（一）供应链管理的组织架构模型

供应链的构建必须同时考虑本企业和合作伙伴之间的管理关系，形成合理的组织关系以支持整个供应链的业务流程。因此，在进行供应链设计时，需要考虑的内容之一就是供应链上企业的主客体关系。根据核心企业在供应链中的作用，恰当设计出主客体的责任、义务及利益，接着就是完成组织设计，支持主客体关系的运作。

（二）供应链环境下的运作组织与管理

供应链能够取得单个企业所无法达到的效益，关键之一在于它动员和协调了整个产品设计、制造与销售过程的资源。但这并不是说只要将所有企业捏合到一起就可以达到这一目标，其核心问题在于能否将所有企业的生产过程实现同步运作，最大限度地减少由于不协调而产生的停顿、等待、过量生产或者缺货等方面的问题。因此，供应链构建的问题之一是如何构造适应供应链环境的生产计划与控制系统。

完成这一过程需要考虑的主要内容包括：一是对客户的需求管理，准确掌握市场对本企业产品的需求特征。二是建立供应链环境的生产计划与控制模式，主要涉及基于供应链响应周期的资源配置优化决策、基于成本和提前期的供应链订单决策、面向同步制造的供应链流程重构等。三是与同步生产组织匹配的库存控制模式，如何应用自动补货系统（AS/RS）、供应商管理库存（VMI）、接收转运（Cross – Docking）、虚拟仓储、提前期与安全库存管理等各种技术，实现整个供应链的生产与库存控制目标。

（三）供应链环境下的物流管理

与同步制造相呼应的是供应链环境下的物流组织模式。它的目标是如何寻找最佳的物流管理模式，使整个供应链上的物流管理能够准确响应各种需求（包括来自客户的需求和合作伙伴的需求等），真正体现出物流是"第三利润源泉"的本质。为此，在构建供应链时必须考虑物流网络的优化、物流中心/配送中心的选择、运输路线的优化、物流作业方法的选择与优化等方面的内容，充分应用各种支持物流运作管理决策的技术与方法。

（四）基于供应链的信息支持系统

对供应链的管理离不开信息技术的支持，毋庸置疑，在设计供应链时一定要注意如何将信息技术融入整个系统中来。这方面的内容已有很多论著了，此处不再赘述。

二、供应链构建的设计原则

从以上提出的思想和模型出发，在供应链的构建过程中，应遵循一些基本原则以保证供应链构建的设计和重建能使供应链管理思想得以实施和贯彻：①自顶向下和自底向上相结合的设计原则；②简洁性原则；③集优原则（互补性原则）；④协调性原则；⑤动态性（不确定性）原则；⑥创新性原则；⑦战略性原则。

三、供应链的结构模型

为了有效指导供应链构建过程，了解和掌握供应链结构模型是十分必要的，下面着重从企业与企业之间关系的角度考察供应链的结构模型。

一般来说，供应链的结构是网状的，如图 15 – 2 所示。在产品生命周期不断缩短、企业之间的合作日益复杂以及客户的要求更加严格的今天，原材料或零部件供应商、产品制造商和分销商被组织起来，形成了供应—生产—销售的供应链。供应商、制造商和分销商在战略、任务、资源和能力方面相互依赖，构成了复杂的供应链网。所以，供应链实质上是一个网链结构。

（一）供应链网的结构特性

供应链网的结构具有层次性、双向性、多级性、动态跨地区的特性。

（二）供应链网结构分析的现实意义

（1）明确了供应链网的概念，有助于人们加深理解供应链的内涵和外延。供应链网强调的是供应链的网状结构，使人们能够从宏观和微观两方面正确认识供应链和供应链管理的本质。

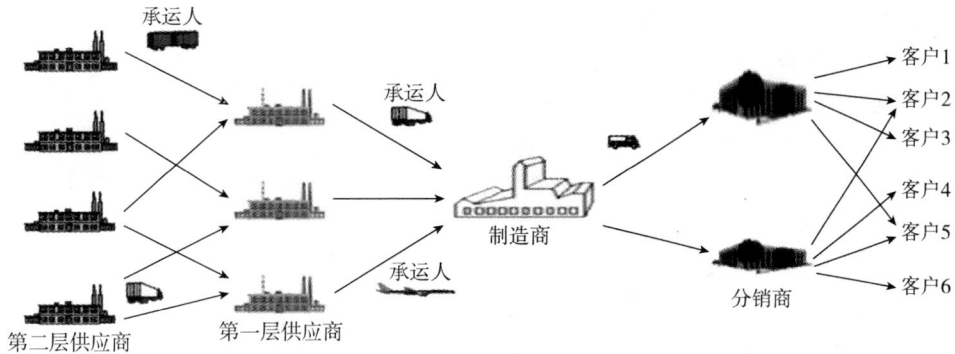

图 15 - 2 供应链的结构示意图

（2）对供应链网结构特征的分析有助于企业制定恰当的供应链构建策略。例如，企业可以对供应链网进行层次区分，确定主干供应链和分支供应链，建立起最具竞争力的供应链网。另外，从供应链网的多级性特征来看，企业又可以对供应链进行等级排列，对供应商进一步细分，进而制定出具体的营销组合策略。世界著名的耐克公司（NIKE）之所以取得全球化的成功，关键在于它准确地分析了公司供应链网的多级结构，有效地运用了供应商多级细分策略。实践表明，对供应链网的分层和分级是十分重要的。同时，供应链网结构的动态性特点指导企业建立供应链适时修正战略，跨地区性特点提醒企业密切注意国际惯例和各国文化、法律的差异。

（3）供应链网结构研究能够区分不同行业的供应链网，为企业建立合适的供应链网提供了参考。企业应该根据自身的行业特点、业务规模和业务流程来选择最佳的供应链网。

（4）供应链网结构研究分析了不同行业供应链网管理的主要问题，有利于改进供应链管理。更重要的是，供应链网结构研究强调供应链网成员的共同目标和改进重点，为企业提高管理水平指明了方向。

四、供应链构建的设计与优化方法

（一）供应链分析诊断技术

在进行供应链构建的设计与重建中，必须对现有的企业供应链模式进行诊断分析，在此基础上进行供应链的创新设计。通过系统诊断分析找到企业目前存在的主要问题，为新系统设计提供依据。

（1）供应链的不确定性分析。

（2）供应链的性能定位分析。

（3）供应链的诊断方法。

诊断方法主要有：

（1）定位分析法。较好的系统化比较分析方法。

（2）AHP法。被广泛采用的多目标综合评价方法，并且可以结合模糊数学进行定性和定量相结合的分析。

另外，还包括神经网络/专家系统法、物元模型法、熵模型法等。这些方法都已比较成熟,读者可以找相关著作学习,本书不再赘述。

（二）供应链构建的设计方法与工具

（1）网络图形法。供应链设计问题有几种考虑方式:一是单纯从物流通道建设的角度设计供应链;二是从供应链选址（Supply Chain Location）的角度选择在哪个地方的供应商,在哪个地方建设加工厂,在哪个地方要有分销点等。设计所采用的工具主要是图形法（如用网络图表示）,直观地反映供应链的结构特征。在具体的设计中可以借助计算机辅助设计等手段进行网络图的绘制。

（2）数学模型法。这是研究经济和管理问题普遍采用的方法。把供应链作为一个管理系统问题来看待,可以通过建立数学模型来描述其经济上的数量特征。最常用的数学模型是系统动力学模型和经济控制论模型,特别是系统动力学模型更适合供应链问题的描述。系统动力学最初的应用也是从工业企业管理问题开始的,它是基于系统理论、控制理论、组织理论、信息论和计算机仿真技术的系统分析与模拟方法。系统动力学模型能很好地反映供应链的经济特征。

（3）计算机仿真技术法。将实际的供应链构建问题根据不同的仿真软件要求,先进行模型化,再进行仿真运行,最后对结果进行分析。

（三）供应链设计的一般过程

（1）螺旋循环设计模型。Lawson（1980）在研究设计及设计过程的特征时,认为设计行为有如下特征:设计目标及设计要求是很难清楚描述的;设计是一个无止境的过程;设计总有缺陷;设计与人的判断价值有关;设计问题的解决与问题的出现同时存在;不存在最优设计方案;设计是为了实施。从设计的行为特征来看,系统设计过程是一个开放性的螺旋上升过程。在软件开发过程中,Gane 和 Sarson（1979）就建立了一个螺旋设计模型,Boehm（1988）将它发展为螺旋模型,Kidd（1994）将它移植到敏捷企业设计。供应链的设计过程其实也是一个螺旋设计过程,同样可以采用相关的理论。

（2）组织元模型。供应链的每一个节点都是以信息处理为中心、以计算机网络为工具的人、信息和组织的集成体,我们用 Agent 来描述。Agent 有狭义和广义的定义。从狭义来讲,Agent 是指一个智能体（或代理）,一般是一个软件或信息系统,称之为软件世界的智能体。但广义来讲,Agent 是指分布的、独立的、相互合作的网络中的成员,宏观上,它就像我们所指的加盟供应链的代理商;基于多 Agent 集成的供需合作机制指的也是基于这层意义上的代理机制。组织元模型就是 Agent 模型,供应链建模或设计最为重要的就是组织元的确定。在供应链结构中要区分上游组织元和下游组织元,因为这两种组织元的功能不同,因而其评价的标准不同。例如,可以用 AHP 法对组织元进行评价,基本框架如图 15-3 所示。通过评价模型对组织元的评价,优选出满意的 Agent 组织元。

（3）流程的合理配置。在选定组织元之后,生产组织方式上采用团队的工作方式,业务流程的重构也是必需的工作。为实现最简捷的流程及时间最短的单元组合,需要建立一个流程分析模型对流程中涉及的要素进行合理配置。

（4）任务协调与匹配选定组织元和流程之后,就要对企业的资源从供应链的整体层面进行合理配置,特别是保持企业内部及企业之间的综合平衡。首先是委托实现机制的建立,然后是采用面向对象的 QFD（产品质量功能配置）和制造决策、MRP II 及作业计划

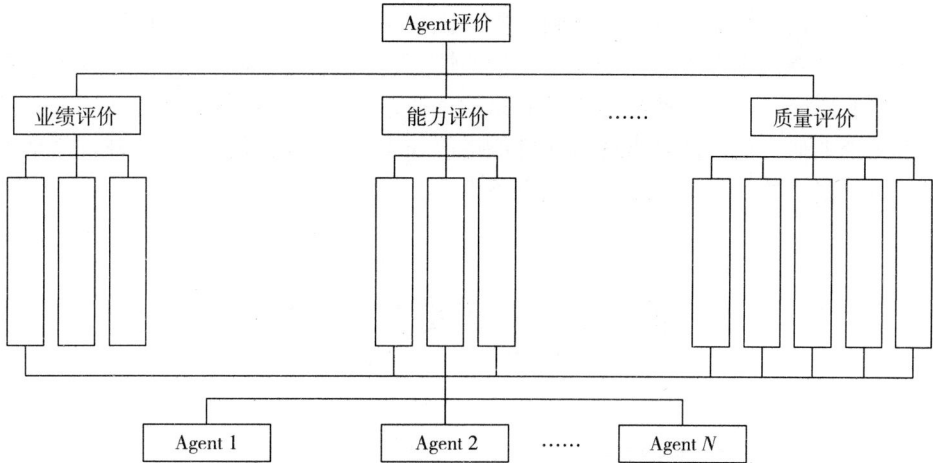

图 15 – 3 组织元评价 AHP 框架模型

的制订等。

4. 供应链的重构与优化

为了提高现有供应链运行的绩效，适应市场的变化，增加市场的竞争力，需要对企业的供应链进行优化与重构。通过供应链的重构获得更加精益的、敏捷的、柔性的企业竞争优势。Hau Lee 等诸多学者和企业界人士对供应链的重构偏重销售链（下游供应链）的重构研究，提出了一些重构的策略，如供应商管理库存（VMI）、延迟制造（Postponement）等。Towill 也对供应链的重构进行了研究，提出了关于供应链重构的方法模型。图 15 – 4 为具有一般指导意义的供应链重构优化模型。

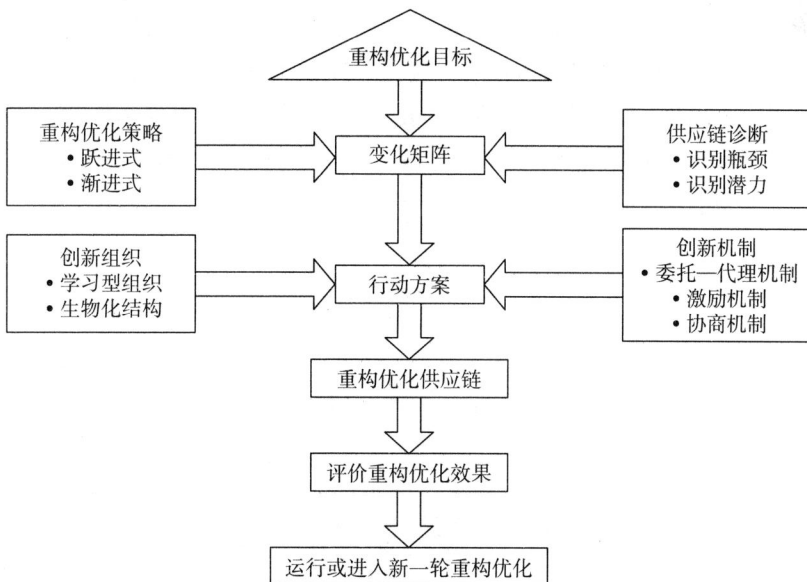

图 15 – 4 供应链重构优化流程

供应链的重构与优化，首先应明确重构与优化的目标，如缩短订货周期，提高服务水平、降低运费、降低库存水平、增加生产透明性等，明确了重构的目标后进行企业的诊断和重构策略的研究，需要强调的是重构策略的选择，必须根据企业诊断的结果来选择重构策略，但无论如何，重构的结果都应使价值增值和用户满意度得到显著提升，这是实施供应链管理始终坚持的一条原则和主体约束条件。

第四节　供应链风险管理

一、供应链风险管理概述

供应链风险管理，就是为提高供应链运营的稳健性而对风险环境分析、风险识别、风险应对及供应链危机恢复过程中，所采取的风险应对计划、组织、协调和控制活动的总称。

（一）供应链风险的特征

尽管供应链能带来诸多好处，供应链环节中的企业仍是市场中的独立经济实体，彼此之间存有潜在利益冲突和信息的不对称，在这种不稳定的系统内，各节点企业是通过不完全契约方式来实现企业之间的协调的，因而供应链必然存在风险性，且这种风险与单个企业的风险有很大不同。与一般的企业风险相比，供应链风险的特征有传递性、复杂性、可操作性、多样性、冲突性。

（二）供应链风险管理的内容

供应链风险管理旨在识别潜在的风险并采取适当的行动以规避或消除风险，可定义为"通过供应链成员之间协作，识别和管理供应链内部风险和外部风险，来降低整体供应链的脆弱性"。供应链风险管理理论和方法是从一般风险管理理论中划分和发展出来的，其内容也和风险管理大体相似。借鉴在世界范围内影响较大，且被国际标准化组织（ISO）认可的国家性标准——澳大利亚风险管理标准（AS/NZS4360：1995），结合供应链管理实际情况，归纳出供应链风险管理体系应包括的内容，如图15-5所示。

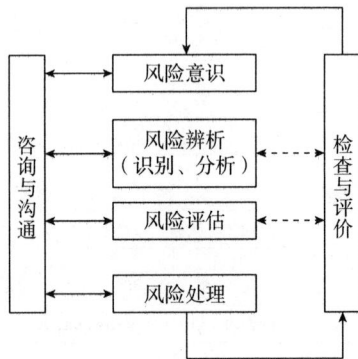

图 15-5　供应链风险管理过程

1. 风险意识

在供应链的各种活动中，风险并未受到人们的充分认识，难以置信的结果可能令人手忙脚乱。其实，有些后果是可以避免的，这就要求将各种可能出现的风险能被系统地管理起来，识别风险并能确定其影响范围，也就是说供应链中的员工特别是管理者必须提高对风险的主动意识，对待风险及其影响要做到有目的、有计划、有预案、有措施。

2. 风险辨析

风险辨析分为风险识别和风险分析两个过程。风险识别是指通过调查与分析来识别供应链面临风险的存在；风险分析就是通过归类，掌握风险产生的原因和条件以及风险具有的性质。风险辨析的目的是在风险意识的基础上辨析存在于供应链内部的危险、起因和后果，对风险进行统一的分离，简化风险分析，并促进有效的风险处理。辨析风险的前提是要将风险分类。从不同的角度、按照不同的标准，对供应链风险有不同的分类结果。根据供应链管理的目标，供应链风险可以分为时间风险、质量风险和成本风险。供应链是一个多参与主体、多环节的复杂系统，参与供应链活动的行为主体，包括提供原辅材料和服务的供应商、生产商、批发商、零售商及物流服务商等。按照行为主体的不同，供应链风险又可划分为供应商风险、生产商风险、批发商风险、零售商风险、物流服务商风险等。通过风险识别的过程，供应链管理者便可以对可能出现的风险有一个初步的了解。

3. 风险评估

风险评估是指对可能引起风险的因素进行定性分析、定量计算，以测量可能发生风险的概率，为风险处理提供依据。其目的和任务是评价供应链已识别风险对供应链稳定性的影响程度。

4. 风险处理

风险处理的目标是通过适当的措施把风险造成的后果控制在可预料或可承受的范围内，通过系统方法，根据风险的起因与后果对其进行连贯一致的处理。

5. 检查与评价

风险管理是个定期重复的过程，但随着供应链内外环境的变化，原来的管理方法可能不再适用于新的管理环境。在风险管理决策贯彻和执行过程中，必须对其贯彻和执行情况不断进行检查、评价、指挥和协调。理由如下：其一，风险管理的过程是动态的，风险是在不断变化的，新的风险会产生，原有的风险会变大、变小或完全消失；其二，通过检查和评估来发现风险管理决策中可能存在的错误。对每一期的供应链风险管理效果进行评价，并将评价的结果反馈到下一期的风险管理中去，以期不断改进和提高供应链的风险管理水平。

6. 咨询与沟通

咨询与沟通是风险信息和分析结果双向多边的交换和传达，以便相互理解和采取有效管理措施，所有的风险管理步骤必须包括与内部及外部利益相关方沟通。

二、供应链风险识别与分析

供应链风险管理的核心在于识别、分析以及对危机发生后的响应。过去，人们习惯于将风险理解为自然界的不确定性事件，如地震、飓风、冰雪灾害、流行病影响等这些突发性的非常规性事件。这些事件基本上是不可预测的，但也并不是每天都会出现，不过，一且发生对人类社会的影响则非常大，有时是灾难性的。而供应链管理中的风险因素，除了上述这些非常规性事件外，更多的是常规性的，但是并没有引起管理者充分注意的常规性事件。例如，三鹿奶粉事件，在原奶中掺有三聚氰胺所导致的危机。原奶中掺有三聚氰胺的行为并不是突然发生的，而是公司人人皆知的一种行为，但是谁也没有把它看成是一种风险。然而，当这个看似无关紧要行为背后的风险因素不断累积，一旦达到某个临界点爆发出来时，就有可能转化为重大危机事件，这时再去处理就来不及了。因此，我们识别供应链风险因素，必须同时注意自然灾害产生的风险，以及人为因素产生的风险，并能够清楚地识别不同的供应链风险。

（一）供应链风险识别

在风险事件发生前，风险管理主体需要运用各种方法系统地、不间断地识别供应链的各种风险。风险识别与分析的工作就是通过调查了解和识别供应链面临的风险及其来源，并对其进行归类，掌握风险产生的原因和条件及其表现形式。对于风险管理主体来说，凭借其经验和一般知识便可识别和分析供应链面临的常见风险。但对于新的、潜在的风险，其识别和分析难度较大，需要按照一定的方法，在必要时还要借助外部力量，来进行识别与分析。其主要方法包括情景分析法、历史分析法、流程分析法、风险问卷法和财务报表法。

（二）供应链风险分析

无论从理论，还是从实践来说，广义上任何与供应链有关的因素都有可能影响供应链的绩效，进而导致供应链风险的发生。但是，并不是所有因素都会对供应链绩效产生显著影响。因此，风险因素识别的关键是识别那些对供应链持续稳定运作和绩效有显著影响，即可能导致达不到供应链管理目标乃至造成供应链解体的关键风险因素。按供应链所处的内、外部环境可以将供应链风险分为内生风险和外生风险。外生风险是指和供应链的外部宏观环境有关的风险，包括自然灾害风险、政治法律风险、宏观经济风险和市场环境风险等。内生风险则和供应链的内部环境有关，供应链内部环境是指供应链的设计和运行管理，包括计划控制风险、组织合作风险、供应风险和需求风险等。

三、供应链风险管理的措施

在识别和分析供应链风险之后，关键问题是如何做出应对，也就是如何选择和应用最合适的管理措施以应对识别和分析得出的供应链风险。供应链中存在无数的风险，同样我们也可以有很多方法来应对这些风险。不过，应对的策略取决于风险的影响力。对于轻微类风险，因为它发生的概率低和影响小，一般管理者可以忽略它。对于中度重要类风险，管理者一般可以通过对正常运作流程的调整来应对，如持有更多的库存、设置缓冲能力等。而对于重大类风险，则需要更严肃的对待，应对措施的选择和设计都要非常慎重。

需要强调的是，不同的风险应该采用不同的管理策略和方法，而不能采用统一的管理策略和方法去应对所有风险事件。因此，供应链风险管理的主要任务是要建立起管理体系，用最合适的管理策略和方法去处理不同的供应链风险。通过对供应链风险的管理，应能够保证供应链持续地正常运作，或者使得供应链中断达到最小。它体现了企业对待风险的态度以及有效处理各种供应链风险的策略。

（一）建立供应链风险管理机制的策略

人们通过大量的研究，通常将供应链企业面对的风险因素分为未知的不确定性因素和可知的（可观测到的）不确定性因素两类。针对两种不同特性的风险事件，也有两种不同的风险管理机制，如图15－6所示。

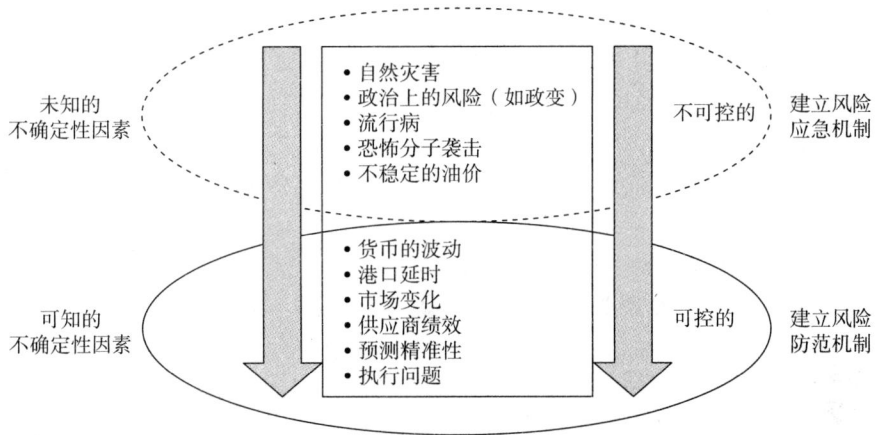

图 15 - 6　两种不同的风险管理机制

对于未知的不确定性因素，人们不可能观测到，无法预计什么时候将发生风险，针对这类风险事件，应建立起有效的风险应急机制。也就是说，在风险爆发后，企业能够做出快速响应，不至于因为没有应急机制而手足无措，错失风险处理良机。而对于可观测到的某些不确定性因素，可以建立起风险防范机制，将可能发生的风险消除在萌芽状态中。实际上最好的风险管理是不要让风险真的爆发出来，因为一旦形成风险了，再有效的处理也无法避免损失，只是尽量减少损失而已。如果能够防范危机发生，则可以大大减少不必要的损失。

（二）构建供应链风险管理体系

根据企业对风险的不同态度，可以总结出企业供应链风险管理的一些基本措施，不同的企业可能会采取不同的措施。但是，不管采取何种措施，都无一例外地应该建立起一套有效的风险管理体系和运行机制，从组织上保证对风险管理的需要。一方面，建立正式的风险管理组织机构与供应链企业内的其他管理职能一样，真正了解和重视供应链风险管理的组织，首先要做的就是在组织内建立一个专门负责风险管理的部门。有的企业建有风险管理小组这类临时性机构，虽然对风险管理有一定作用，但是缺乏长效机制。因此，最有效的风险管理机制是在企业内建立一个专门的供应链风险分析和管理部门。另一方面，确定供应链风险管理部的职能：

1. 制定风险应急计划，系统进行风险分析

供应链风险管理部要对企业及供应链系统所处的内外部环境进行风险因素分析，详细掌握各种风险因素的动态，然后定期或不定期地进行企业运营风险分析，并将分析报告及时提交给最高决策者。

2. 做好应对风险爆发后的"被害预测"

如前所述，有些风险事件是无法预测的，其爆发时无任何征兆，对这类风险引发的重大风险，供应链风险管理部要事先制订预案，然后进行风险分级管理。一旦真的发生重大风险，要迅速做出"被害预测"，根据每一项风险的解决方案，明确责任人与责任完成时间。

3. 处理风险事件的模拟训练

根据"被害预测"，做成对应的预案和实施措施，还要不定期举行不同范围的风险爆发处理的模拟训练。不仅要对高层管理者进行应对风险的训练，还要对全体员工进行应对各种风险事件爆发后的训练。平时的训练非常重要，一是可以让企业员工都建立起风险防范意识，二是知道一旦发生风险如何应对。否则，风险爆发后将会给企业和个人造成巨大损失。

（三）制定风险防范措施

针对供应链企业合作存在的各种风险及特征，应该采取不同的防范对策，制定出不同的风险防范措施。关于风险的防范，可以从战略层和战术层分别考虑，主要措施包括以下几种。

1. 建立战略合作伙伴关系

供应链企业要实现预期的战略目标，客观上要求供应链企业进行合作，形成共享利润、共担风险的双赢局面。因此，与供应链中的其他成员企业建立紧密的合作伙伴关系，成为供应链成功运作、风险防范的一个非常重要的先决条件。这不仅包括了制造商与制造商之间的横向合作，也包括了供应商与制造商之间的纵向合作，这两种合作都对降低供应链的脆弱性和减少风险起着举足轻重的作用。建立长期的战略合作伙伴关系，首先要求供应链的成员加强信任；其次应该加强成员间信息的交流与共享；最后建立正式的合作机制，在供应链成员间实现利益共享和风险共担。

2. 加强信息交流与共享，优化决策过程

供应链企业之间应该通过相互之间的信息交流和沟通来消除信息扭曲，从而降低不确定性和风险。

3. 加强对供应链企业的激励

对供应链企业间出现的道德风险的防范主要是通过尽可能消除信息的不对称性，减少出现败德行为的土壤。同时，要积极采取一定的激励手段和机制，使合作伙伴能够获取比败德行为更大的利益，以消除代理人的道德风险。

4. 柔性化设计

供应链合作中存在需求和供应方面的不确定性，这是客观存在的规律。在供应链企业合作过程中，要通过在合同设计中互相提供柔性，可以部分消除外界环境不确定性的影响，传递供给和需求的信息。柔性设计是消除由外界环境不确定性引起的变动因素的一种重要手段。

5. 风险的日常管理

竞争中的企业时刻面临着风险，因此对于风险的管理必须持之以恒，建立有效的风险防范体系。要建立一整套预警评价指标体系，当其中一项以上的指标偏离正常水平并超过某一临界值时，发出预警信号。其中，临界值的确定是个难点。临界值偏离正常值太大，会使预警系统在许多风险来临之前就发出预警信号；而临界值偏离正常值太小则会使预警系统发出太多的错误信号。必须根据各种指标的具体分布情况，选择能使该指标错误信号比率最小的临界值。

6. 建立应急处理机制

在预警系统发出警告后，应急系统及时对紧急、突发的事件进行应急处理，以避免给供应链企业之间带来严重后果。针对合作中可能发生的各种意外情况，其应急工作是一项复杂的系统工程，必须从全方面、多层次考虑这个问题。通过应急系统，可以化解供应链合作中出现的各种意外情况带来的风险，减少由此带来的实际损失。

7. 资源配置到位

当对策制定完毕，风险爆发付诸实施时，公司内部经费的安排一定要保障硬件与软件的配合。

8. 确保对话渠道畅通

确保企业内外部对话渠道畅通，与外部世界建立良好的互动、协作关系，改善企业外部的生存环境。如果缺乏内外部的沟通，风险可能会放大百倍以上。

四、重构弹性供应链

当今企业处于一个不确定、动荡的市场环境中，供应链的脆弱性成为让企业头疼的大问题。随着供应链越来越庞大复杂，供应链风险也就越来越威胁到企业的生存和供应链的正常运作。企业只有通过构建弹性供应链才能更好地管理和规避风险。

供应链弹性（Supply Chain Resilience）不仅是指管理风险的能力，更加强调的是，供应链作为一个复杂系统，在风险发生后，能快速恢复到初始状态，或者进化到一个更有利于供应链运作状态的能力，且涉及如何在供应链中断的环境下比竞争者更好地重新定位。

（一）构建弹性供应链的工作重点

根据 Christopher 和 Peck（2004）的研究，可从以下四个方面构建弹性供应链，并抓住其中的工作重点。

1. 供应链设计（重构）

传统的供应链更多地侧重于优化成本和客户服务，很少在目标函数中把弹性作为考虑因素，而现代供应链则更加强调供应链弹性。越来越多的学者和企业人士强调，要在供应链设计过程中考虑弹性。

2. 供应链理解

这是改进供应链提高弹性的前提。更好地理解供应链网络结构、供应商以及供应商的供应商，或者客户及客户的客户，都是进行有效的供应链设计和重构的基础。因果图法和关键路径法都有助于识别供应链中的关键点和关键路径。关键点一般是供应链的瓶颈所在，能力的约束可能导致整个供应链风险的产生。关键路径是网络和供应链的一个特征，在一个供应链中，可以有一条或者多条关键路径。关键路径一般具有提前期长、单源供应、可视性差、高风险特征。供应链风险识别的结果一般与关键点和关键路径相关，因此关键点和关键路径就成为风险管理的重点。

3. 供应群体战略

供应群体的发展趋势是减少供应商实现单源供应，好处在于质量和服务的保证，但是降低了供应链的弹性。因此在企业确定采购策略和进行供应商选择时，就应该将潜在的风险考虑进去。供应商是否具有风险监控和应对机制成为选择供应商的一个标准。同时，企业应该与供应商紧密合作，对上下游的潜在风险进行监控和防范。

4. 供应链设计准则

在供应链风险激增的市场环境下，产生了一些新的供应链设计准则。例如，选择供应链战略时确保有其他后备可选项；重新思考效率和冗余之间的权衡，尤其是关键点和关键路径。

（二）供应链协作

供应链脆弱性是一个网络范围概念，因此，供应链风险管理也从企业的范围扩展到整个供应链管理网络的范围。毫无疑问，高水平的供应链协作有助于控制和减缓风险。传统的供应链偏重自身企业的管理，但是越来越多的行业开始展开企业和企业之间的合作，尤其是快速消费品行业。制造商和零售商之间在合作计划、预测和补货方面都实现了高层次的供应链协作。

供应链协作的关键之一就是通过信息共享来降低供应链的不确定性。供应链共同体的形成就是为了在成员企业之间更好地实现信息共享，从而降低供应链风险。同时，它的目标也是达到更高水平的供应链智能。这里所谓的供应链智能是指供应链形成的和成员之间分享知识的过程，这些知识可以是战略层次的，也可以是运作层次的。

（三）供应链敏捷性

供应链敏捷性可以定义为快速响应不可预知的需求或者供应变化的能力。企业存在风险的原因很多时候在于不能快速对变化做出响应。敏捷性有很多的维度，并且与供应链网络结构密切相关，而不仅仅是与单个企业相关。敏捷性的两个主要维度是供应链可视性和供应链速率。

1. 供应链可视性

这里的可视性可以简单定义为一个渠道从头到尾的能见度，包含对库存、需求、供应状况、生产计划、采购计划等信息的清晰掌握。可视性的实现依赖于企业和上下游合作伙伴之间的紧密协作。与客户的协作计划是确保需求可视的关键，与供应商之间的协作计划和时间管理逻辑是确保供应不会中断的关键。一个明显的可视性障碍来自核心企业内部组织结构，职能化的组织结构容易导致部门之间沟通的缺乏。这相应地导致与企业外部合作伙伴之间沟通的困难。跨职能部门之间的流程团队的存在是一个很好的解决途径。

2. 供应链速率

速率一般定义为距离和时间之间的比率，因此，为了提高速率，时间必须被缩短。与敏捷性相关的不仅仅是从源头到终点的总时间，更重要的是加速度。也就是说，供应链有多快的速度响应需求的变化。流水线流程、缩短上游提前期、缩短非增值时间是三个主要的提高速率和加速度的方法。流水线流程是最基本的，流程的重构和并行设计可以减少活动的数量，在小批量的基础上可以更好地提高柔性和经济批量效应。选择具有快速响应能力的供应商是保证缩短上游提前期的关键，并且相互之间基于共享信息的同步计划也可以确保供应商具有更高的敏捷性，而不是通过库存来实现快速响应。从客户的角度而言，在供应链中减少非增值活动的时间可以大大提高供应链的敏捷性。

（四）供应链风险管理

众所周知，全面质量管理的实施有赖于企业文化的培养。同样，供应链风险管理的实现也需要在企业中形成相应的供应链风险管理文化；并且这样的一种文化应该是跨企业的，而不仅仅局限在企业内部，从而形成整个供应链的连贯性管理。和所有的文化变化一样，没有来自企业高层的支持，任何的文化变革都是不可能的。同时，供应链风险评估应该成为每一层次的决策过程所应考虑的部分。供应链风险管理团队的设置也是必要的，而且这个团队应该是跨多个职能部门的。

【案例分析】

7-11、ZARA 这些高手是如何优化供应链的

新零售会推动所有企业转变商业模式，这不仅仅是渠道的变化，更是整个商业模式的变化。

零售君说：每周一和周五，送到 ZARA 门店的商品中，一半是售罄商品的补货，一半是新品。7-11 出品的牛肉炒饭，昨天卖 5 盒，今天卖 10 盒，明天却不一定要补货 10 盒。西贝莜面村的一款食材，比如羊肉，必须能做 5~10 个菜式。你知道这些企业做法背后的原因吗？

一、零售业是如何赚钱的

零售的本质，是关于分工与协作、信任与交易、产品与服务以及如何更好地服务顾客。

企业想赚钱，它的商品必须能够持续销售，持续增长。持续销售有两种方式：第一种是采用外延式，即密集铺店，多做广告。这需要企业付出成本。第二种是采用内涵式。如何在货架有限、不开新店、流量停滞的情况下，单店仍然每年增长 20%？答案是要想方设法提高货架的动销率、曝光品质、单品管理、假设验证——这些正是精益零售的概念。这种效率的提高没有天花板，7-11 就是一个好例子。另外，畅销品不允许出现缺货情况，畅销品缺货等于浪费流量，浪费流量等于流失稀缺资源。

企业不仅要关注高毛利率，而且要追求高毛利额与高周转。某些服装企业坚持不打折，结果，毛利率虽然稳定，但非常低，导致库存堆积如山。企业只有更快推出新品才可能解决问题。总结下来，零售企业赚钱的三个关键：高动销、不缺货、高周转，企业一定要在这三个杠杆点发力。

二、快速反应≠快速补货

如今，由于渠道分散、信息爆炸，消费者变得见多识广、追求高性价比，企业要想赚钱，就必须建立柔性快反商品供应链体系。

传统企业成功应用快反供应链体系的优秀案例非 7-11 莫属。7-11 采用的是 S2B（Supply chain platform to business）模式。由平台赋能 B 端，再以 B 端服务 C 端，从战术角度总结 7-11 的成功，最关键的是它做到了极致单品管理——对爆（款）旺（款）平滞（款）、生命周期、畅销商品背后原因进行分析。比如，7-11 出品的牛肉炒饭，昨天

卖5盒，今天卖10盒，明天不一定要补货10盒。因为，有可能只是今天某公司开会，所以中午订饭较多的缘故。并且，7-11总部不会自动补货，而是由店长进行补货，系统会根据过去7天记录、同期对比判断，为店长提供补货建议。单品管理背后的逻辑有两点。第一，货架不能浪费，因为它是最稀缺的资源。第二，精益物流体系。7-11创始人有一句名言：7-11不会在工厂3公里以外开店。商品做到量少、高频、高周转，物流成本也就较低。所以，7-11能够做到一年40多次的9天存货周转，同时缺货率非常低。

上述逻辑成立的关键，在于7-11的自有品牌（Private Brand，PB）商品开发。7-11总部每年开发近5000个SKU，供旗下门店选择。实施自有品牌商品开发，意味着7-11可以控制价格和消费者体验，同时，也能第一时间满足消费者的需求。这种做法，使得7-11的综合毛利率高达32%，而国内百货商超最高毛利率只在17%~20%。

三、快反也要端到端

柔性快反商品供应链体系体现的，是全链环节一体化的紧密协同过程，将商品企划、设计、采购、生产、分销、零售等环节紧密结合，以月/周为单位做PDCA循环（即计划-Plan、执行-Do、检查-Check、处理-Act）。

第一起点是基于快反的商品企划（Merchandising，MD）。通过借鉴精益零售，以一年52周为单位，把时间进行细化与切割，观察并应对消费者生活方式的变化。比如，零售门店为顾客提供服务，实际上是在经营消费者生活方式——顾客早上7点起床，晚上10点睡觉，一天经过哪些场景，有哪些需求，企业会怎样组织商品满足顾客需求？通过52周观察消费者，最终由下列3点决定商品的企划：①商品何时引入；②销售顶峰周在哪里；③什么时候截止销售。

智能制造是企业未来的核心竞争力。如果企业一条生产线同时生产5个品种的效率，跟生产1个品种的一样，同时，还能够动态地平衡产能，这将是企业未来的核心竞争力。比如，杭州一家旗袍企业，能够做到5个款式同时生产，最小批量15件，最大批量50件——这意味着，这些货品在银泰百货出售时不再需要准备库存，卖多少则生产多少，企业周转效率非常高。对未来零售而言，这是新制造与新零售紧密融合的例子。

对于分销体系，我们总结了优秀企业的做法——实施"自来水系统"，即门店、区域仓、总仓、工厂联动。2018年，奥克斯决定实施分销体系，坚决放弃经销商，由总部直接对接门店。基于每个SKU进行动态管理，供给端根据销售端实际情况进行补货，以补货代替订货，提高门店的资金周转效率。这对原来的线下经销体系无疑是较大冲击，但我认为这是未来的趋势。

四、为什么柔性快反会失败

最新的调研显示，公司推行柔性快反最大的障碍在于企业体制。由于很多企业不做零售只做批发，所以，货品数据其实掌握在经销商手中。因为担心数据被品牌方掌握，因而经销商大多会拒绝使用品牌方推出的供应链系统。企业的商品部、研发设计部、供应链部、销售部往往KPI不一样，互相有自己的主张，无法统一。另外，品牌之间也是割裂的，无法共享设计、工艺、原材料资源。供应商配合度低。主要是由于过去，企业并没有把供应商视为战略合作伙伴，或是帮企业赚钱的对象，而是被看成成本单位。

我们认为供应链的最终趋势是可视化、可感知、可调节的。现代企业还做不到全流程可视化。但是，零售端、分销体系、采购环节的数据是可以进行分析的。这样，全链路都可以实现数据化，能够及时捕捉供应链中出现的问题。人工智能和大数据在供应链中会发挥重要作用。比如，阿里巴巴的天猫超市。根据供需情况、产品生命周期、滞销与缺货情况来做动态营销。天猫超市有8万个SKU，每周靠算法驱动以及智能补货。

我们曾说新零售离不开新制造、新金融、新技术以及大数据。所以，我认为新零售会推动所有企业转变商业模式，这不仅仅是渠道的变化，更是整个商业模式的变化。

资料来源：游五洋. 7-11、ZARA这些高手是如何优化供应链的？［EB/OL］. 商业评论网，http：//www.ebusinessreview.cn/.

思考：

1. 零售企业赚钱的三个关键点是什么？
2. 供应链中快反的本质是什么？7-11和ZARA是如何做到的？
3. 供应链的最终趋势是什么？结合你所了解的行业做一个案例分析。

【思考与练习】

1. 简述物流和供应链的关系。
2. 供应链管理有哪些特点？
3. 简述供应链合作伙伴关系的定义。
4. 选择供应链合作伙伴的原则是什么？
5. 如何对供应链合作伙伴进行评价？
6. 供应链构建的设计原则是什么？
7. 供应链构建的优化方法有哪些？
8. 供应链风险管理的特点是什么？
9. 供应链风险管理的措施有哪些？

【能力训练】

成立学生创业小组，对项目进行考察和调研。拟成立一家新公司并准备进行未来的供应链发展规划。

具体要求：将班级分组，形成若干个学生创业小组，这些小组即将进行创业，成立公司。需要考虑的基本问题包括：

（1）企业供应链管理的发展需要哪些战略、策略？
（2）什么是供应链合作伙伴？如何进行供应链合作伙伴的选择？
（3）如何进行供应链合作伙伴的优化？
（4）供应链的构建原则是什么？
（5）供应链构建的优化方法有哪些？
（6）如何对企业进行供应链风险管理？
（7）供应链风险管理的特点和措施有哪些？

参考文献

［1］马风才．运营管理（第4版）［M］．北京：机械工业出版社，2019.

［2］威廉·史蒂文森．运营管理（原书第11版）［M］．张群等译．北京：机械工业出版社，2012.

［3］邓华．运营管理［M］．北京：人民邮电出版社，2017.

［4］戴维·科利尔，詹姆斯·埃文斯．运营管理［M］．北京：机械工业出版社，2011.

［5］季建华．运营管理（第二版）［M］．上海：格致出版社，2010.

［6］杨建华，张群，杨新泉．生产运作管理（第3版）［M］．北京：电子工业出版社，2016.

［7］靳志宏，关志民．运营管理［M］．北京：机械工业出版社，2007.

［8］理查德·蔡斯，罗伯特·雅各布斯．运作管理：供应链管理的视角（精要版：第3版）［M］．北京：中国人民大学出版社，2013.

［9］宋雅杰．运营管理［M］．郑州：河南大学出版社，2014.

［10］许淑君．运营管理［M］．北京：中国人民大学出版社，2013.

［11］胡欣悦．服务运营管理［M］．北京：人民邮电出版社，2016.

［12］季鸿，张云霞，何菁钦．服务设计＋通讯应用实践［M］．北京：清华大学出版社，2018.

［13］崔忠付．中国物流与采购信息化优秀案例集［M］．北京：中国财富出版社，2018.

［14］维克托·迈尔—舍恩伯格，肯尼斯·库克耶．大数据时代：生活、工作与思维的大变革［M］．杭州：浙江人民出版社，2013.

［15］傅和彦．现代物料管理［M］．厦门：厦门大学出版社，2005.

［16］马克·戴维斯等．运营管理基础［M］．汪蓉等译．北京：机械工业出版社，2004.

［17］胡质健．收益管理［M］．北京：旅游教育出版社，2009.

［18］陈建岭．供应链管理［M］．北京：北京大学出版社，2016.

［19］王道平．供应链库存管理与控制［M］．北京：北京大学出版社，2010.

［20］张相斌，林萍，张冲．供应链管理——设计、运作与改进［M］．北京：人民邮电出版社，2015.

［21］马士华，林勇．供应链管理（第5版）［M］．北京：机械工业出版社，2016.

［22］施先亮，王耀球．供应链管理（第 3 版）　［M］．北京：机械工业出版社，2016.

［23］韩小霞，王钢．供应链管理［M］．北京：清华大学出版社，2016.

［24］陈建岭．供应链管理［M］．北京：北京大学出版社，2016.